O Caldeirão de Medéia

Coleção Debates
Dirigida por J. Guinsburg

Equipe de Realização – Revisão: Tania Mano Maeta; Foto do autor: Caros Amigos/Johnny; Produção: Ricardo W. Neves, Heda Maria Lopes e Eloisa Graziela Franco de Oliveira.

roberto romano
O CALDEIRÃO DE MEDÉIA

EDITORA PERSPECTIVA

Direitos reservados à
EDITORA PERSPECTIVA S.A.
Av. Brigadeiro Luís Antônio, 3025
01401-000 – São Paulo – SP – Brasil
Telefax: (0--11) 3885-8388
www.editoraperspectiva.com.br
2001

Pra Maria Sylvia, com amor.

Este livro, eu o dedico aos que lutam por um Brasil justo e feliz. Ele homenageia em especial a Associação Juízes para a Democracia e todos os que defendem os direitos civis, na figura eminente do cardeal Dom Paulo Arns.

SUMÁRIO

De Olho na Verdade – *J. Guinsburg* 11

Introdução 13

1. O Caldeirão de Medéia 21
2. A Transparência Democrática: Esperanças e Ilusões 45
3. Razão e Retórica na Filosofia de Thomas Hobbes 79
4. A Dança e a Lira: Notas sobre a Guerra e a Paz em Hegel, Empédocles e Hölderlin 87
5. Hegel e a Guerra 101
6. A Razão Sonhadora 139
7. Voltaire e a Sátira 177
8. Diderot, Penélope da Revolução 217
9. O Pensamento Conservador 247
10. O Sublime e o Prosaico: Revolução Contra-Reforma 265
11. Igreja Domesticadora de Massas? 295

12. "Lembra-te de que és Homem": Governantes e
    Juízes no *Policraticus* de Jean Salisbury 329
13. Sob a Sombra de Trasímaco: Reflexões à Margem
    da Violência.............................. 345
14. A Democracia e a Ética.................... 363
15. O Reino Animal do Espírito: Equívocos do
    Mundo Universitário 391

Nota Bibliográfica 437

DE OLHO NA VERDADE

Roberto Romano reúne nesta coletânea um conjunto expressivo de temas e problemas que vêm, ao longo dos anos, atraindo sua reflexão e sua pena de ensaísta em filosofia política. No fórum ou, se se quiser, na arena do pensamento brasileiro, fora ou dentro da academia, não são muitos os que estarão tão bem armados e terão a mesma perícia dialética para discutir com tanta propriedade, profundidade e abrangência as questões deste campo de estudo e participação, no qual razão e paixão costumam preparar estranhos pratos, mesmo para o paladar já bastante globalizado de nossa pesquisa e crítica de idéias, cujo condimento mais requestado tem sido o ideologismo cego e destemperado. E o motivo não está apenas nas receitas salvadoras ou nos singulares ingredientes que compõem os seus molhos especulativos, como na própria natureza do recipiente em que se processam suas manipulações.

Na verdade, não se trata mais de uma boa e corriqueira panela para dar conta de um cardápio caseiro ou mesmo de um tacho, com o azinhavre da tradição, para uma festa caipira ao gosto patriótico do coreto na praça cívica; mas de um efetivo caldeirão das fúrias em que as forças entrópicas da irracionalidade social, política, econômica e tecnológica se entregam ao preparo dos bárbaros banquetes de nosso tempo a celebrar o festim do mercado.

A este espetáculo da gula tecnocrática e monetarista entregue à pantagruélica devoração de índices de produtividade e lucro, na voragem dos sentidos e dos valores do "pós-tudo", Roberto Romano opõe sua decidida e lúcida recusa filosófica estribada na ética da liberdade e da igualdade. E ele o faz examinando os fundamentos ontológicos, epistemológicos, morais, estéticos, históricos e sociológicos das concepções, dos ideologemas e epistemes que vieram a estruturar e estruturam as doutrinas, as instituições e as práticas integrantes do *menu* do milênio na *pólis* e seus regimes recomendados. E como se isso não bastasse, consolida os argumentos de seu discurso, submetendo-os à leitura iluminista dos textos-matrizes e dos pensadores seminais que, na filosofia moderna e contemporânea, alimentaram a constituição não só das modernas razões de Estado, sob a guarda responsável, ou irresponsável..., dos avanços da pesquisa científica, em que as relações custo-benefício explodem eletronicamente, ao sabor das cotações digitalizadas, o caldeirão de Medéia, entorpecendo com seu caldo as razões da justiça social e do direito à dignidade do homem.

Mas não é para a esfera das idealidades que Roberto Romano nos encaminha nas suas rigorosas análises críticas, e sim para o mundo em que vivemos, para as realidades que nos tangenciam, especialmente no Brasil de tantas distorções e exclusões. Nessa contextualização deliberada e perseguida incessantemente, o filósofo parece, a cada passo, exigir de seu leitor, tanto quanto uma reflexão, uma ação, uma intervenção no estado de coisas para promover as mudanças que estão na lógica do militante político, mas que pertencem, essencialmente, ao anseio do humanista.

J. Guinsburg

INTRODUÇÃO

Após a Segunda Guerra Mundial a filosofia acadêmica deixou os recintos fechados, as bibliotecas e os seminários eruditos para se intrometer nos assuntos humanos. Além das correntes socialistas, setores mais "neutros" e alheios ao empenho político, como a fenomenologia, foram capazes de gerar ardorosos críticos sociais, como Jean-Paul Sartre. A presença de Bertrand Russel, filósofo da ciência e das matemáticas, ao lado de Sartre nos julgamentos dos EUA e de sua guerra genocida no Vietnã, prova o quanto a filosofia abandonara o seu tradicional hábito contemplativo. Ultrapassada a experiência do socialismo soviético, com a hegemonia das correntes opostas à intervenção do Estado no plano social, houve um refluxo dos filósofos empenhados na vida ética. Em contrapartida, aumentou o número dos que praticam a filosofia política. Eles nem sempre se notabilizam pela crítica aos dominantes, na administração pública ou nas direções econômicas. Mesmo os dedicados aos temas éticos não se adaptam aos moldes da antiga esquerda.

Se a escrita e as atitudes dos que exercitam a filosofia política não mais se prendem aos pressupostos da oposição (autoritária ou democrática) ao capitalismo, em troca o panorama daquela disciplina se ampliou. Nela é possível recolher os mais diversos objetos de reflexão, caminhos e atalhos cada vez mais numerosos. Começam a cair as fronteiras entre as análises estéticas, religiosas, morais. A filosofia renasce, como na sua infância grega, em formas plurais, afastando-se dos monocromatismos ideológicos que ossificaram os sistemas de esquerda (como o estalinista por exemplo) e os conservadores (nazistas, fascistas, neoliberais).

Os estudos reunidos no presente livro procuram romper as mencionadas barreiras entre ética, estética, religião e política. Em todos eles tento abarcar aspectos da vida humana antes separados pela disciplina das escolas ou dos partidos. O primeiro texto, "O Caldeirão de Medéia", procura mostrar o quanto é atual, embora difícil, o projeto democrático das Luzes, especialmente após o fim da Revolução Francesa e das suas herdeiras, as revoluções socialistas do século vinte. Nele, contra as perspectivas rousseaunianas e românticas, mostro que as teses expostas por Diderot e seus discípulos são eficazes para a efetivação da vida no âmbito democrático. Aliar o saber erudito às massas, dando a estas últimas capacidade crítica, é o modo por excelência de diminuir o controle da propaganda e do populismo demagógico, os quais reproduzem e ampliam a divisão entre os dirigentes e dirigidos. Apresentei o estudo em questão, pela primeira vez, no Congresso Nacional, mais precisamente na Câmara dos Deputados, num seminário reunido pela Frente em Defesa da Ciência e Tecnologia, que na época era integrada por aproximadamente setenta deputados federais. A Frente não vingou, mas trouxe bons frutos para o aperfeiçoamento das relações entre movimentos políticos, universidades e institutos de pesquisa. O artigo foi publicado na *Revista da Procuradoria Geral do Estado de São Paulo*, sob a responsabilidade do seu Centro de Estudos dos Direitos Humanos, sendo Marcio Sotelo Felippe o procurador geral.

No segundo escrito, "A Transparência Democrática", procurei aprofundar a análise da experiência política e ir além do que esbocei em "O Caldeirão de Medéia". O que moveu minha atenção foi a enorme quantidade de falas que defendem, no Brasil, a transparência na vida pública. Tentei refletir sobre o nascimento do tema, a sua predominância durante a Revolução Francesa e o seu retorno, hoje, nos discursos que se desejam paladinos da ética. Indico os lados positivos do referido ideário, ao mesmo tempo em que assinalo os seus perigos. Busco sobretudo ampliar, com inspiração em Denis Diderot, as imagens sensórias do olhar, para outros aspectos do corpo e da alma, como base de uma forma política menos comprometida com a teoria, e mais aberta aos cinco sentidos. Uma vez que em nosso país o setor que mais se refere à transparência é o que se liga aos promotores de Justiça (federais ou estaduais), este texto serviu como fonte para duas palestras. A primeira, dirigida aos Procuradores da República, no seu Encontro Nacional de Alagoas, e, a segunda, aos Promotores de Justiça do Paraná, no Encontro Estadual de Foz do Iguaçu. Sinto apenas não poder incluir as críticas, sugestões e idéias que recolhi nessas ocasiões. Para mim foram uma oportunidade única de amplo diálogo democrático, no qual apresentei minhas teses e ouvi muitas e bem-vindas antíteses.

O terceiro trabalho é uma resenha do bonito ensaio publicado por Quentin Skinner sobre Hobbes, a ciência e a sátira, saída na revista *Sociologia e Política*, da Universidade Federal do Paraná. Dedico boa parte de minhas pesquisas pessoais ao problema do riso, conectado à crítica social e política. Em texto anexado ao meu livro *Lux in Tenebris*, apresentei as atitudes de Pascal e de Hobbes, bem como de alguns outros pensadores, na luta pela supremacia espiritual. *A Superior Maestria do Riso*, é como intitulei aquele estudo. Posteriormente, publiquei na revista *Transformação*, da Unesp (Universidade Estadual Paulista, Departamento de Filosofia), o artigo "Voltaire e a Sátira", fruto de uma palestra no Simpósio Comemorativo daquele escritor, em Ouro Preto. Finalmente, publiquei o meu *Silêncio e Ruído: A Sátira em Denis Diderot*. Como a cultura brasileira, no setor acadêmico, é emburrada (em vários sentidos), vi-me quase solitário defendendo um gênero que remonta à era clássica da filosofia, cultivado pelas mais agudas mentes do helenismo, da vida cristã, da Renascença e das Luzes. O texto redigido por Skinner deu-me uma satisfação enorme, porque ao mesmo tempo refina as análises sobre o soberbo escritor Hobbes e ilumina o seu pleno domínio dos vários estilos literários, inclusive da sátira.

Em "A Dança e a Lira", deixo o riso e me dirijo para a tragédia, na sua moderna recepção filosófica. Tendo como fio condutor a guerra, mostro o quanto filósofos como Hegel, e poetas como Hölderlin ampliam, no século XIX, as mais arcaicas intuições humanas sobre a essência da vida e da morte nos campos de batalha. De modo velado, indico também a inconsistência das atitudes universitárias, no setor filosófico, que insistem em repetir as taxinomias mesmerizantes que separam, dividem e classificam o saber em compartimentos estanques. A ética, nos textos hegelianos (e também nos escritos de Marx), une-se de modo perfeito à estética. Isso ajuda muito a compreender o ser humano, amante sempre enganado da beleza, da justiça, da verdade. O texto foi publicado na revista *Humanidades*, da UnB (Universidade de Brasília). "O Sublime e o Prosaico" persegue problemas bem próximos aos abordados em "A Dança e a Lira". Apenas aumentei o campo analisado, atenuando o apelo à poesia. Ele surgiu em número especial da *Revista Brasileira de História*, cujo título é sobre "Reforma e Revolução", que serviu também como itinerário de uma palestra para a Associação Nacional dos Professores Universitários de História (Anpuh). O mesmo campo guerreiro é o alvo do artigo "Hegel e a Guerra", publicado originalmente na revista *Sociologia e Política*. Neste escrito eu busco mostrar que o famoso, e falso, enunciado sobre Hegel, adepto da *raison d'Etat*, é uma afirmativa sem maior consistência e que o filósofo, longe de assumir uma atitude única diante da guerra, pensa-a com muita amplitude.

No artigo sobre "A Razão Sonhadora", repito uma tese que sempre acompanhou minhas pesquisas, aulas e textos. Nunca aceitei o divórcio entre sentidos e racionalidade. E considero um equívoco reduzir o pensamento moderno à lógica, à teoria do conhecimento, de um lado, e, de outro, às disciplinas morais, estéticas, políticas. É banal, desde o romantismo, abusar da frase inspirada de Goya para fins de calúnia dirigida contra a razão. O sonho desta última gera monstros, sim, mas, quando ausente, o pensamento racional deixa de exercitar o domínio simultâneo da luz e das sombras. Com seu retraimento, os sentidos ficam entregues a si mesmos e geram pesadelos como os exibidos na estetização da política, notáveis na era nazista. Descartes não foi alheio à imaginação nem aos sonhos. Como os românticos exaltaram em demasia aqueles elementos, as escolas racionalistas, sobretudo na História da Filosofia, tenderam a ver o pensador do *Cogito* apenas sob o prisma do seco intelecto, dele retirando a poesia e o refinamento estilístico. Espero contribuir, com este estudo, para a ampliação das análises sobre o universo cartesiano. O escrito foi publicado na *Revista USP*, após ter servido como base para uma palestra dirigida aos estudiosos de semiótica, na Pontifícia Universidade Católica de São Paulo.

Em "O Pensamento Conservador", mostro algo que já definira em minha análise da Igreja Católica, no livro de 1979, *Brasil: Igreja contra Estado*. É perfeitamente possível que um pensamento seja moderno, e ao mesmo tempo encerre uma atitude oposta à democracia, às Luzes, à razão, entendida como permanente diálogo de alteridades. Hobbes é modernista, mas decididamente contrário aos ideais democráticos. Isto, no campo laico. No religioso, encontramos doutrinas profundamente modernas, mas que remanejam valores hierárquicos do mundo e da vida social, expulsando as raízes igualitárias do Estado. Este estudo surgiu na revista *Sociologia e Política* da Universidade Federal do Paraná, tendo antes servido como base de uma palestra sobre os vários estilos de pensamento político, também realizada naquele *campus* universitário. Se o leitor me permite uma sugestão, ele pode ser lido logo após o texto "A Igreja Domesticadora de Massas". A problemática é a mesma, vista sob diferentes perspectivas. Este último texto também foi o resultado de uma palestra na Unicamp, em seminário sob o estudo das religiões e da política. Ele foi publicado numa série de textos experimentais do Instituto de Filosofia e de Ciências Humanas, da Unicamp.

Há um bom tempo procuro dialogar com setores situados fora dos muros acadêmicos. Assim, busco sempre um trato polido com integrantes da imprensa escrita (sobretudo os artigos que são publicados na *Folha de S. Paulo*, a qual me tem concedido uma acolhida democrática e respeitosa, que espero retribuir à altura), falada (especialmente no rádio, em permanente diálogo com pessoas lúcidas que lideram programas sérios), televisionada, provando deste modo o meu empenho na elucidação pública dos arcanos políticos. Mas não me detive no campo da mídia. Sei que o trabalho intelectual deve estar em consonância com os legisladores e com os que aplicam as leis. Desse modo, sempre que minhas forças o permitem, entro em contacto com representantes do povo e com juízes, advogados e promotores de justiça. Com eles aprendo muito sobre os nossos costumes jurídicos. Assim, tanto o artigo "Sob a Sombra de Trasímaco", quanto o "Lembra-te de que És Homem", foram publicados na revista *Justiça e Democracia*, da Associação Juízes para a Democracia. O primeiro também serviu como pano de fundo de uma palestra para a mesma Associação. Procurei contribuir, de modo bem modesto, para o debate doutrinário daqueles bravos magistrados que buscam trazer a Justiça ao alcance do cidadão comum em nossa pátria. "A Democracia e a Ética" foi resultado de uma palestra para a Escola do Legislativo, da Assembléia Legislativa de Minas Gerais. Como os leitores poderão notar, o horizonte desses três textos é o mesmo. Busco conectar os mais antigos fundamentos filosóficos com os resultados práticos das várias doutrinas ao redor do regime democrático.

Minha experiência com os vários movimentos políticos nacionais me ensina que ainda estamos longe da época em que o diálogo sereno e respeitoso norteará as línguas e os ouvidos. Sempre descubro, estupefato, que a maior parte dos setores que buscam o poder, no Brasil, ou despreza os intelectuais, ou busca domesticá-los, tornando-os meros propagandistas de teses e de *slogans* produzidos pelas infalíveis e dogmáticas direções partidárias. Boa parte de nossos engenhos universitários, por sua vez, submetem-se voluntariamente a todas as humilhações, tendo em vista uma nesga de poder, em qualquer recanto do Estado ou da chamada sociedade civil. Uma assessoria vale, nesse caso, bem mais do que o verdadeiro, o bem, o belo. Em termos pessoais, são numerosos os "desconvites" que recebo, após ter deixado claro que não me deixo pautar pelos donos do governo ou da oposição.

Como referência a esse traço, incluí nesta coletânea o artigo "O Reino Animal do Espírito. Equívoco do Mundo Universitário". O escrito pode ser confrontado com a entrevista que dei à revista *Caros Amigos*, no qual dissequei a universidade, os seus males, as suas traições da cidadania. O elogio das técnicas e das artes, algo evidente em todas as minhas intervenções públicas (essencial no texto que intitula este livro), é sublinhado nesse artigo. Este fato deixa-me ainda mais grato aos jornalistas, juízes, deputados, líderes sindicais, cientistas e cidadãos simples que não se prendem aos ditames dos interesses conjunturais, e permitem que eu pense diante do público, com todos os erros e defeitos que me são peculiares. E também por este motivo, sou grato ao Dr. Jacó Guinsburg, por ter-me oferecido esta oportunidade de coletar escritos esparsos, dando-me a honra de ser um autor da Editora Perspectiva, lugar onde se encontra a inteligência e os refinados sentimentos.

1. O CALDEIRÃO DE MEDÉIA*

As ciências constituem um fraco poder, porque elas não são reconhecíveis em qualquer homem de modo eminente, salvo num pequeno número, e, nestes últimos, sobre poucas coisas. A ciência é de uma tal natureza que ninguém pode dar-se conta de sua existência, sem a possuir numa larga medida[1].

É assim que Thomas Hobbes, o grande teórico do Estado moderno, indica o dilema do saber científico e da política. Para que o povo aceitasse o conselho dos cientistas, seria preciso que ele mesmo fosse dono de saberes. Ora, o vulgo não é

---

* Serão citados de maneira habitual apenas os textos imprescindíveis. O autor considera perfeitamente conhecidos os trabalhos clássicos de Robert: Derathe sobre Rousseau, os livros de Albert Soboul sobre a Revolução Francesa e outros.

1. "The sciences are small Power; because not eminent: and therefore, not acknowledge in any man; nor are at all, but in a few; and in them, but of few things. For Science is that nature, as none can understand it to be, but such as in a good measure have attayned it." *Leviatã*, C. B. Macpherson (ed.), London, Pelican Classics (Penguin Books) 1977, cap. 10, p. 151.

capaz disso. E o número dos sapientes é diminuto, mesmo no campo erudito, os verdadeiros sábios se especializam, conhecendo corretamente poucas coisas. O grande número de populares ignorantes, de um lado, e a pequena quantidade de cientistas, de outro, impedem de pensar que o mando seja mantido pelo conhecimento. Contrário à democracia, Hobbes busca em outros planos a força do Estado também recusando o axioma platônico do rei filósofo, ou do filósofo rei.

Mas o descarte das ciências e dos cientistas como fontes de poder legítimo, em Hobbes, também passa pela crítica da idéia que autoridades e povo fazem do conhecimento. Quem é visto como verdadeiro conhecedor pela massa? Não o cientista, mas o que só amplia o saber:

> As artes de utilidade pública, [segue o *Leviatã*], como as fortificações, a fabricação de engenhos e instrumentos de guerra, constituem um poder, porque contribuem para a defesa e para a vitória. Embora sua mãe verdadeira seja a ciência, mais precisamente as matemáticas, como elas nasceram pelas mãos do artífice, são consideradas como dele saídas, passando a parteira por mãe aos olhos do vulgo.

A metáfora do parto, utilizada por Hobbes retoma a linha socrática do saber ocidental. O programa platônico, afastado num aspecto, retorna ao pensamento hobbesiano por outra via. O aristocratismo da *República* continua no pensador inglês. A multidão jamais constitui uma fonte de saber. Muito pelo contrário. O povo nunca deve ser ouvido nos assuntos científicos, pois se prende às aparências e não atinge a essência das coisas racionais. A medicina é arte difícil. A política socrática propõe-se como medicina da *pólis*. Sócrates, em um outro diálogo platônico, mostra o que pensa do povo, ao propor o seguinte exercício: se um grande número de crianças é posto diante de um cozinheiro e de um médico, ambos lhes dirigindo um discurso, qual dos dois será o escolhido como guia? O mestre-cuca dirá aos pequenos: "Eu preparo doces variados, enquanto ele, o médico, os força a fazer regime". O médico afirma: "Eu faço isso para o bem de vocês". O mestre-cuca será eleito[2].

---

2. Cf. Platão, "Gorgias" (521C-522C), *Oeuvres complètes de Platon*, vol. 1., Pléiade, trad. Leon Robin, pp. 481-482.

Na democracia, o povo/criança mal-educada pensa que sua vontade não pode encontrar nenhum obstáculo. Nela, o excessivo arbítrio dos indivíduos conduz à catástrofe do Estado, gerando o mando tirânico, o exato oposto da democracia. Estas páginas da *República*, o livro fundador da teoria do Estado no Ocidente, ecoam em Hobbes. Neste último, o povo deixa de ser "criança", e torna-se, no *De Cive*, perigosa e estulta massa sempre prestes a subverter a república, porque seduzida pelos sofistas. Os demagogos seriam como a bruxa Medéia, a qual enganou as filhas de Peleu, rei da Tessália: "estas mal-avisadas, querendo rejuvenescer o pai decrépito, deceparam-no, cozinharam-no esperando vê-lo inutilmente, renascer". O povo comum, continua Hobbes, "não é menos louco do que estas pobres filhas de Peleu quando, querendo reformar o governo do Estado, persuadido por algum ambicioso [...], após dilacerar a república, consome-a mais do que a reforma, por um fogo inextinguível"[3]. Note-se as metáforas usadas por Hobbes. Elas foram extraídas de Platão, com modificações. No grego, o demagogo é cozinheiro que estraga o regime (o termo tem esta origem) político. Em Hobbes, o sentido da imagem é o mesmo. O estatuto do povo é sempre o de ignorância sobre a ciência e a política.

No século XVIII, duas atitudes foram tomadas pelos teóricos do Estado e da ciência. A primeira, avançada por Immanuel Kant, propõe a cidadania no plano moral, mas sem conceder ao povo o direito de ampliar sua iniciativa no governo da república das letras e da política. É célebre o dito kantiano sobre o nexo entre o vulgo, os cientistas, os demagogos (tanto os opostos quanto os defensores do governo):

[...] o povo vai ao sábio, como se procurasse um mágico [...] entendido em coisas sobrenaturais. Porque o ignorante tem uma opinião excessiva do sábio, de quem espera algo. É fácil prever que se alguém tivesse a esperteza de se apresentar como taumaturgo, ganharia a preferência popular.

3. Thomas Hobbes, *Le citoyen ou les fondements de la politique*, trad. Samuel Sorbiere (secretário de Hobbes em Paris), 1649. Uso a edição da Ed. Flammarion, Paris, 1982. pp. 226-227. Cf. G. Goggi, "Diderot et Medée dépeçant le Viel Éson", em A. M. Chovillet (ed.), *Colloque International Diderot*, Paris, Aux Amateurs de Livres, 1985.

Segue-se a frase brutal de Kant:

> O povo quer ser dirigido, isto é, (na linguagem dos demagogos), ser enganado. Mas ele não quer ser dirigido pelos cientistas universitários (pois sua sabedoria é muito elevada para ele), mas pelos agentes do controle, pelos técnicos do governo, pelos funcionários da justiça, pelos médicos, pelos padres[4].

Apesar de tudo o que separa Kant de Hobbes, nesse ponto ambos aprovam o socratismo: o povo só atinge a opinião na política e na ciência, a famosa *dóxa*. Ele quer resultados técnicos, sem penetrar nas aporias da pesquisa, a não menos famosa *epistéme*. Estamos, nesta senda, a um passo da diatribe hegeliana contra a soberania popular, e do conseqüente desprezo voltado ao povo no que diz respeito à ciência[5]. A patuléia não precisa de razão científica ou tecnológica para ser livre.

> Kant conclui que a liberdade moral não depende do saber e das luzes no sentido clássico do termo [...] a racionalidade (moral) pode exercer-se sob forma imediata, sem inteligência e sem objeto: para ser livre e virtuoso, não é preciso ser cientista[6].

A outra atitude foi assumida por Denis Diderot e Condorcet. O pai da *Enciclopédia* desejou ampliar os conhecimentos técnicos e científicos do povo. Seu *Plano de Universidade para a Rússia*, escrito a pedido de Catarina II, insiste na idéia de que uma "universidade é uma escola cuja porta está aberta indistintamente para todos os filhos de uma nação, e onde mestres pagos pelo Estado os iniciam no conhecimen-

---

4. Note-se que a palavra mais freqüente nesta passagem é o verbo "dirigir". O povo quer ser dirigido, deseja soluções prontas na religião, no direito, na medicina. É, desse modo, presa fácil dos milagreiros e demagogos. Cf. *Der Streiten der Fakultäten, in Werkausgabe*, F.A.M., Suhrkamp, 1977, t. II, 1, pp. 294-295.

5. Cf. "Fundamentos da Filosofia do Direito", § 317, quando Hegel opõe a opinião pública à ciência e cita Ariosto: "Che'i volgare ignorante ogn'riprenda/ E parli piu di quelche meno intenda", em *Werke in zwanzig Bänden*, FA.M., Suhrkamp Verlag, 1970.

6. Cf. Catherine Kintzler, *Condorcet L'instruction publique et la naissance du citoyen*, Paris, Minerve/Folio, 1984, pp. 44-45.

to elementar de todas as ciências"[7]. Seguidor de Francis Bacon, Diderot considera indispensável, para atingir o Estado em que a liberdade estivesse assegurada, um saber científico e técnico espalhado na massa do povo. Condorcet levou ao máximo a tese da educação do povo, para que este exerça corretamente a sua soberania. O cidadão, diz ele, deve "se perguntar se não é vítima de um escrutínio deformado ou cheio de truques. Todo votante deve saber que mesmo as opiniões majoritariamente verdadeiras podem ser, por efeito de procedimentos viciados, combinadas em um resultado globalmente errôneo". Desse modo, não existe democracia real sem povo instruído, a começar pelo cálculo geométrico, terminando nas técnicas e nas artes[8].

Para que nosso tema apresente uma latitude maior, passemos à questão da soberania popular em Rousseau e nos seus discípulos imediatos. Estes foram apontados como *irracionais*, dada a recusa rousseauniana das técnicas e das ciências. A fenda aberta por Rousseau, entre natureza e artifício, empurrou a doutrina da soberania popular para os antípodas da razão de Estado, e da razão simplesmente. Rousseau e seguidores, após o triunfo provisório do terror, foram vistos como primitivos e inimigos da ciência. Mais importante do que esta *vexata quaestio*, até hoje matéria de muitas disputas acadêmicas, foi a doutrina sobre a soberania popular negada pelos contra-revolucionários. Descartando, contra Rousseau, a soberania do povo, os conservadores termidorianos afastaram ainda mais a massa e os cientistas. Mas recomecemos, seguindo etapas.

No terceiro ano da Revolução Francesa foi escrito um discurso cuja tônica era a desconfiança no governo representativo.

A soberania é uma, indivisível e inalienável, e vós a dividis repartindo-a, e a perdeis, transmitindo-a. Os ilustres homens a quem chamastes para

---

7. "Plan d'une Université", em *Oeuvres* (ed. L. Versini), Paris, Robert Laffont, 1995, t. 3, pp. 411 e ss. O texto foi editado recentemente no Brasil, em cuidadosa tradução de J. Guinsburg, *Diderot: Obras*, São Paulo, Perspectiva, 2000, 2 vols.

8. Cf. Catherine Kintzler, *op. cit.*, pp. 87 e ss. Esta autora desenvolve longamente o ideal condorcetiano do *Homo suffragans*, com base na instrução científica e técnica das massas. Seu livro é fundamental para todo debate sobre a instrução.

fazer uma nova Constituição não têm outros direitos do que vos submeter as suas idéias. Numa palavra, o poder dos representantes é como um raio de sol refletido num espelho. Vós sois esta luz, a qual eu comparo ao astro diurno, e os deputados são o cristal que reflete o poder que neles depositastes e que só iluminarão a terra graças ao fogo que de vós emana.

Continua nosso crador:

A autoridade do povo, reunida numa ou em várias mãos, eis o nascimento da aristocracia, eis os perigos da outorga de uma potência. Se os deputados podem prescindir de vós para fazer leis e a sua sanção lhes parece inútil, neste instante nascem os déspotas e vos tornais escravos... Como um mandatário público pode imaginar que o mero título de representante da soberania pode possuir o próprio direito da soberania? Como eles podem acreditar que a opinião da soberania que a eles é confiada por vós pode conter em si o direito de decisão absoluta? As piores desgraças vos esperam se não for resolvido este problema. Estais perdidos se eles vos impõem leis que não aprovastes.

O autor das frases acima é o Marquês de Sade. O texto se intitula "Idéias sobre o Modo de Sanção das Leis". Recordemos a causa dessas palavras. Estamos em 1792. Fracassa a primeira Assembléia Legislativa. Surge a Convenção, por hipótese eleita por sufrágio universal. Supostamente porque dos votos estavam excluídos os monarquistas, de um lado, e a massa dos sem propriedade, de outro. Aos representantes, que expressavam certa minoria, foi concedido o papel de encarnar a Nação soberana seguindo as doutrinas de Sieyès. Seus poderes, teoricamente, não tinham limites. Nenhuma força interna adversa poderia persistir. A primeira potência sob ameaça era a Comuna de Paris, que, nas palavras de Soboul, "municipalidade insurrecional, estava ameaçada de desaparecimento ante a representação nacional". Esta vontade de aniquilar a cidade mais importante no processo revolucionário, até aquele momento, foi expressa por Lasource, um representante do interior: "É preciso que Paris seja reduzida em 83% de sua influência, como cada um dos demais departamentos" (cit. por Soboul).

Na Comuna de Paris brotavam, a cada instante, novas massas dos *sans-cullottes*, reivindicando uma economia contra os dogmas da propriedade, guardados mesmo por jacobinos. Os girondinos, para atenuar o poder de fogo da Comuna, invocavam uma "federação", na qual o particularismo reinaria, por meio das administrações locais. Os montanheses, deputados de Paris, seguiam relutantemente as forças populares da grande urbe.

Entre os dois "partidos", havia o centro, reunindo oportunistas que "temiam o povo, no fundo; a violência arbitrária e sanguinária repugnava-lhes e, para eles também, a liberdade econômica tinha o valor de um dogma" (G. Lefebvre). Durante algum tempo, os girondinos pareceram senhores da Convenção, baseados na desconfiança dos interioranos contra a Comuna e os *sans-culottes* parisienses, o medo de massacres, a raiva contra as palavras de ordem nocivas à propriedade. Roland, representando essa facção burguesa, tudo fez para destruir a Comuna a qual, ao ser dissolvida, em novembro, havia perdido seus poderes excepcionais e suprimido seu Comitê de Vigilância. Roland, economista e ministro de plantão, na época, denunciava a "prodigalidade da Comuna, que mantinha o pão a três soldos, à custa dos contribuintes". Mesmo Saint-Just, radical em outros prismas, "como economista ortodoxo" no debate sobre o comércio dos cereais, "mostrou que o único remédio para a carestia era reprimir a inflação" (Lefebvre).

Voltemos às advertências de Sade. Os atos políticos lembrados mostram que o discípulo de Rousseau soube, de modo certeiro, identificar a virada que se anunciava na Convenção. Mudança que surgiu, com toda plenitude, no Termidor, após a derrota da Comuna e de outras políticas cuja premissa era a soberania popular direta. Notemos a torção realizada por Sieyès, na própria idéia de soberania: esta, de "popular", passou a ser "nacional". O deslizamento precisa ser acompanhado nos textos de Rousseau e de Sieyès. Lembremos alguns traços conhecidos das duas teorias tão próximas e tão distantes.

Para Rousseau, a soberania é inalienável. Se há "pacto" para existir "governo" (*gouvernement*) o povo "perd sa qualité de peuple". Só o povo é legislador, mesmo que ele precise ser instruído por um sábio, pois nem sempre ele pode ver o bem que ele sempre deseja. Mas o sábio só propõe leis: "le peuple même ne peut, quand il le voudrait, se dépouiller de ce droit incommunicable". O que é o governo, sobretudo para os homens que o asseguram?

Um emprego no qual, como simples funcionários (*officiers*) do Soberano, eles exercem em seu nome o poder de que são depositários, e que ele pode limitar, modificar ou retomar quando bem lhe aprouver, sendo a alienação de um tal direito incompatível com a natureza do corpo social e contrário ao fim da associação.

Instituindo o Governo, o Soberano povo converte a Soberania "em Democracia". Cidadãos tornam-se magistrados, funcionários do Soberano. Reunido em Assembléia, o Soberano mostra-se onipotente, o poder executivo fica suspenso.

Toda Constituição é provisória, os "empregos" governamentais são revocáveis. Sempre que o administrador assume uma autoridade independente do soberano, ele viola o *traité social*, dissolvendo o próprio Estado, constituindo um "novo Estado" só composto pelos próprios executivos, excluindo os cidadãos. Estes, a partir desse momento, retornam à liberdade natural e não são obrigados, embora sejam constrangidos, a obedecer. "O soberano só pode ser representado por ele mesmo". Desse modo, deputados eleitos não podem ser "representantes" mas "comissários", ou "delegados". O que o Povo *en personne* não faz não é lei. Povo "representado" não é povo, nem livre.

Sieyès, ao contrário, pensa os deputados como representantes, possuindo um mandato geral. Mesmo concedendo que este mandato está "ao dispor" de quem o concedeu – o povo – sendo revocável e limitado, Sieyès elogia o regime representativo. Tudo, no estado social, diz ele, é matéria de representação, e os homens aumentam sua liberdade quando concordam em serem representados tantas vezes quantas for possível. O argumento é que, embora tenhamos uma só autoridade política – o próprio corpo social –, existem diferentes órgãos daquela autoridade, baseados em diferentes comissões dadas pela sociedade. Trata-se de um "concurso de poderes". No *Contrato Social* encontramos a nota célebre de Rousseau sobre o direito de propriedade e a péssima administração:

[...] sob os maus governos, [a] igualdade é somente aparente e ilusória; serve só para manter o pobre na miséria e o rico na usurpação. Na realidade as leis são sempre úteis aos que possuem e prejudiciais aos que nada têm, donde se segue que o estado social só é vantajoso aos homens quando todos eles têm alguma coisa e nenhum tem demais.

A tese acima passou, na pena de muitos comentaristas, como um paradoxo de Rousseau. Mas o nexo entre apropriação legal e excludente, entre propriedade e tipo de governo, foi estratégico nas ações e doutrinas dos que escreveram sobre a vida política antes e durante a Revolução. Para ficar com o exemplo de Sieyès: nas suas "Observações Sumárias sobre os Bens Eclesiásticos" (1789), ele afirma que os corpos morais (clero, cidades etc.) têm direitos sagrados no que tange à propriedade, bem como os indivíduos.

Segundo Rousseau, a propriedade só pode ser uma concessão do soberano constituído no pacto social. O soberano, caso os particulares ricos sejam infiéis ao público, tem o direito de lhes retirar o direito sobre bens. O corpo político decide que haverá propriedade. Em sua edição do *Contrato*, M. Halbwachs chega a dizer que, em plena lógica do sistema rousseauniano, o soberano "poderia admitir que todos os bens permanecerão comuns e que, tal como estado de natureza, os frutos da terra são para todos, mas a terra não é para ninguém, ou, ainda, que a terra só pertence ao soberano".

Rousseau indica o liame entre soberania popular, subordinação do governo a ela, limitações da propriedade e governos que a desviam, dando como resultado a desigualdade econômica e social. O pensador gerou a distinção, no pensamento jurídico e político, entre "soberano" e "governo".

Robert Derathé registra o fato de que essa distinção, com fortes conseqüências na feitura das leis, não existe na maioria dos países que hoje se julgam democráticos. Neles, "é raro que uma lei possa ser votada sem o assentimento do governo". Mantendo-se a desconfiança de Rousseau diante dos maus governos, autônomos face ao povo, podemos ter uma noção das imensas dificuldades, para os seus seguidores, na Convenção, quando eles precisaram administrar, ao mesmo tempo, a sacrossanta propriedade e os *sans-culottes* parisienses, na Comuna. Indecisos entre a burguesia e as massas, os jacobinos terminaram num ziguezague que os conduziu à guilhotina.

Tomemos Robespierre. Nos primeiros tempos da Revolução, ele sustentou a idéia, pouco ortodoxa em termos rousseaunianos, de soberania dos deputados. Apenas depois de 1791, quando se convenceu de que a Assembléia Nacional não tinha força para vencer os inimigos da França, insistiu na soberania popular. Mesmo assim, no discurso proferido em 24 de abril de 1793, sobre a Declaração dos Direitos do Homem e do Cidadão, Robespierre, falando sobre a propriedade afirma:

> Ao definir a liberdade como o primeiro dos bens humanos, o mais sagrado entre os direitos naturais, dissestes com razão que ela tinha como limite os direitos alheios. E por que não haveis aplicado tal princípio à propriedade, uma instituição social?

Entre as medidas avançadas por ele, esquecidas pelos convencionais, está o princípio do imposto progressivo. Na Declaração escrita por Robespierre, lemos: "o direito de propriedade é limitado, como todos os demais, pela obrigação de respeitar os direitos dos outros". Para garantir este ponto, o artigo 16, do mesmo texto, termina afirmando que "o povo, quando lhe agrada, pode mudar o seu governo e os seus mandatários". No artigo 26 temos a doutrina sobre governo:

> As funções públicas não podem ser consideradas como sinais de superioridade, nem como recompensa, mas como deveres públicos. Os delitos dos mandatários do povo devem ser severa e agilmente punidos. Ninguém possui o direito de se pretender mais "inviolável" do que os outros cidadãos. O povo tem o direito de conhecer todos os atos dos seus mandatários; estes devem prestar contas fiéis da sua gestão e sujeitar-se ao seu Juízo com respeito.

No discurso "Sobre a Constituição", pronunciado em 10 de maio de 1793, Robespierre coloca a aporia ainda hoje irresolvida nos Estados republicanos que se julgam democráticos: "Dar ao governo a força necessária para que os cidadãos respeitem sempre os direitos dos cidadãos; e fazer isto de um modo tal que o governo nunca possa violar estes mesmos direitos". O governo, continua, "é instituído para fazer a vontade geral respeitada. Mas os governantes possuem uma vontade particular: e toda vontade particular tenta dominar a outra". Qualquer constituição deve, segundo Robespierre, "defender a liberdade pública e individual contra o próprio governo". De modo rousseauniano, ele ataca:

> [...] o povo é bom e seus delegados são corruptíveis: é na virtude e na soberania do povo que precisamos buscar uma barreira contra os vícios e o despotismo do governo. A corrupção dos governos tem sua fonte no excesso do seu poder e na sua independência nos confrontos com o povo soberano.

Robespierre invectiva a "velha mania dos governos de querer muito governar".

Apesar dessas proclamações, o político termina afirmando que "no governo representativo não existem leis constitutivas tão importantes quanto as que garantem a regularidade das eleições". E a solidez de uma Constituição se baseia "na bondade dos costumes, no conhecimento e no sentido profundo dos sagrados direitos do homem". Empurrado pelas massas e cercado pelos contra-revolucionários de todos os matizes, dentro e fora da Convenção, o setor jacobino encara, finalmente, o problema do governo comum e suas diferenças com o governo revolucionário. O primeiro conserva a República, o segundo funda a mesma. O governo revolucionário extrai sua legitimidade da "mais santa dentre as leis, a salvação do povo" e da necessidade. Governo revolucionário não significa "anarquia nem desordem. O seu fim é, pelo contrário, reprimir as duas coisas, para conduzir ao domínio das leis [...] quanto maior o seu poder, quanto mais sua ação é livre e rápida, tanto mais é necessária a boa fé para dirigi-lo" (relatório apresentado em 25 de dezembro de 1793 à Convenção, em nome do Comitê de Salvação Pública). A mudança de "soberania popular" para "ditadura" é clara. A última salva o povo.

Mas, e se os ditadores usufruírem o poder para si apenas? A resposta de Robespierre desalenta: o ditador deve ser virtuoso. Já Diderot advertira o perigo do tirano amável e querido pelo povo. No mínimo, seus sucessores, ou ajudantes, eternizariam a escravidão voluntária das massas. Por meio de muitos meandros, finalmente, deu-se, na Convenção jacobina, o que temia Rousseau: o governo, para "instituir" a boa

República, tornou-se "superior" à população. Esse ensaio de autonomia dos "funcionários do universal", frutificou de muitos modos. Madame de Staël ressalta, nas *Considerações sobre a Revolução Francesa*, que, após o Termidor, com o advento do governo militar e burocrático de Napoleão, foram mantidos vários prismas formais das Constituições revolucionárias, sobretudo os que forneceram ao Corso instrumentos para eliminar do campo político os seus adversários. Os *sans-culottes*, nas Assembléias Populares, insistiam na idéia e na prática da soberania do povo e na revocabilidade tanto dos deputados (chamados por eles "mandatários") quanto dos funcionários públicos. Em 5 de setembro de 1792, a seção "Poissonière" declara: "considerando que o povo soberano tem o direito de prescrever aos seus mandatários a via a ser seguida para agir conforme a sua vontade", os deputados deveriam ser discutidos, aprovados ou reprovados pelas Assembléias primárias. A Assembléia Geral do Marché-des-Innocents decidiu, em 25 de agosto de 1792, "que os deputados serão revocáveis por vontade de seu Departamento", bem como "todos os funcionários públicos".

Todas essas noções deixam de ser veiculadas e propostas, com a constituição do governo revolucionário e com a ditadura do Comitê de Salvação Pública, o qual "revogou" essas práticas de soberania popular[9]. Os ditadores, na empresa do Estado, "despediram o povo", como este podia despedi-los antes do governo "instituinte". Como disse, este ato de expulsar o povo da cena decisória serviu para os que derrubaram Robespierre, e assim por diante, de golpe em golpe, passando pelo grande Napoleão, e pelo pequeno, até a época da Comuna de Paris, com o governo Thiers, fruto lídimo e máximo da contra-revolução termidoriana.

Alain Badiou, em texto grave de conseqüências, escreveu recentemente sobre o conceito de "termidoriano"[10]. Nes-

---

9. Citações em Iring Fetcher, *Li Filosofia Politica di Rousseau: Per la Storia del Concetto Democrático di Libertá*, Milano, Feltrinelli, 1972, pp. 262-263.
10. "Qu'est-ce q'un Thermidorien?", em *La République et la terreur*, org. Catherine Kinuler e Hadi Rizk, Paris, Kimé, 1995, pp. 53-64.

se estudo, o autor discute certas idéias recebidas na historiografia habitual, incluindo a marxista de Soboul e outros, para quem o 9 Termidor consistiu o "fim do Terror", o que, segundo Badiou, não é verdade.

A Convenção Termidoriana foi, ela mesma, fundada num massacre terrorista. Robespierre, Saint-Just, Couthon, foram executados no 10 Termidor, com dezenove outros, sem nenhum julgamento. Em 11 Termidor, a quantidade é de 71 mortos, a mais elevada de toda a revolução.

Ou seja: o procedimento do Terror não se confinou nas mãos dos jacobinos. Ele foi usado pela contra-revolução durante os anos de 1794 e 1795. É preciso recordar a idéia de que a ditadura jacobina deveria estar em "boas mãos" virtuosas. Essa base subjetiva, comenta Badiou, expõe a precariedade dessa política. Os termidorianos, justamente, usaram o poder ditatorial à imagem da Constituição do Ano 3. Nela, a Virtude foi substituída pelo "mecanismo estatal da autoridade dos proprietários, o que significou instalar a corrupção no coração do Estado". Não se faz nenhum segredo, naquele texto, da ruptura entre povo e dirigentes do Estado. No artigo 366, diz-se com clareza solar: "Toda tropa não armada deve ser dissolvida". As petições, segundo o artigo 364, devem ser estritamente individuais.

"Nenhuma associação pode apresentar petições coletivas, a não ser as autoridades constituídas, e apenas para objetivos próprios às suas atribuições." E, finalmente no artigo 361: "Nenhuma assembléia de cidadãos pode qualificar-se como sociedade popular". Com o Termidor, muda o alvo dos governantes terroristas. Ele, então, é os que afirmam o caráter popular da soberania. A fonte do Terror é o Estado, baseado no censo dos proprietários. Não tem razão, pois, a historiografia que fala no "fracasso" jacobino e na irrupção da "verdadeira" essência burguesa, com a totalidade do processo revolucionário.

Não houve "fracasso", mas o "fim" de uma política, a jacobina. Citando Saint-Just: "o que desejam os que não querem nem virtude nem terror?". Os termidorianos, avança Badiou, não querem um Estado baseado na virtude, mas querem o terror estatal. A virtude foi substituída pelo interesse. Qual interesse? O dos proprietários e do mercado. Segundo o

33

termidoriano Boissy d'Anglas, em discurso de 5 Messidor, Ano 3:

> Devemos ser governados pelos melhores [...] ora, com poucas exceções, só podemos encontrar semelhantes homens entre os que, possuindo uma propriedade, são apegados ao país que a contém, às leis que a protegem, à tranqüilidade que a conserva.

Enquanto a "virtude" era uma determinação subjetiva, "os melhores" dos termidorianos são uma figura objetiva da propriedade "condicionada absolutamente"[11]. Para o termidoriano, o país não é, como para o jacobino, o lugar possível de virtudes. Ele é o receptáculo da propriedade. A lei, para o termidoriano, não é máxima derivada do nexo entre princípios e situação. Ela é apenas o que protege a propriedade. A insurreição, para o termidoriano, não é dever sagrado. A sua reivindicação principal é a tranqüilidade. Badiou traz a noção de "termidoriano" para os nossos dias. "Meditar sobre a corrupção", diz ele, "não é hoje uma tarefa inútil". Um termidoriano, por definição, é um corrompido. Ele é um "aproveitador da precariedade das convicções políticas. Mas em política só existem convicções (e vontades)". E historicamente, como indica corretamente Badiou,

> [...] os termidorianos são, o *dossier* é claro, corrompidos no sentido corrente. E não é por nada que eles vieram depois do Incorruptível. Citemos o dinheiro inglês, que eles receberam com abundância, o saque dos bens nacionais, o açambarcamento dos grãos Citemos a pilhagem militar (Termidor também é a passagem da guerra republicana, defensiva e baseada em princípios, à guerra de conquista e rapina) e o mercado de fornecimento aos exércitos.

Ademais, Badiou lembra o conúbio termidoriano com os donos de escravos e das colônias. Ou seja, para todo termidoriano, "histórico ou de hoje, a categoria da Virtude é declarada sem força política". Para ter eficácia, é preciso que a política seja do interesse do mercado. É isto o que Badiou chama o "fim" de uma política, com o velho oportunismo, incluindo pessoas "de esquerda" que vendem a alma por um cargo, no primeiro ou último escalão. "Um termidoriano é

---

11. Cito sempre Badiou.

constitutivamente (como sujeito) alguém à procura de um lugar." O mais terrível, arremata Badiou, é que os "termidorianos históricos não foram aristocratas exteriores, restauradores, ou mesmo girondinos. Eles eram gente da maioria robespierrista da Convenção".

Os defensores da soberania popular são "irracionais", segundo os termidorianos. Boissy d'Anglas, o mesmo que falava dos proprietários como os "melhores governantes", forneceu o exemplo em seu discurso:

> Se forem dados a homens sem propriedade os direitos políticos, sem reserva, e se eles sentarem nos bancos legislativos, eles excitarão ou deixarão excitar agitações sem temer os efeitos; eles estabelecerão ou deixarão estabelecer taxas funestas ao comércio e à agricultura, porque não terão sentido, nem temido, nem previsto, as terríveis conseqüências, e eles nos precipitarão enfim nas convulsões violentas das quais estamos apenas saindo.

Assim, mantendo a máquina estatal e afastando a soberania popular, os termidorianos, até e depois da Comuna, utilizaram a repressão, o terror, para garantir os proprietários e os "empregos governamentais" para os intelectos acadêmicos, ou suficientemente letrados para servir como escribas e racionalizadores do social. Após certo tempo, os "engenheiros da sociedade" foram submetidos aos "economistas", nova casta de infalíveis servidores do Estado e dos governos, grandes protetores da santíssima propriedade.

Com o Estado napoleônico, fruto do Termidor antidemocrático, refluiu definitivamente a tese da instrução do verdadeiro soberano, o povo, para que ele pudesse exercer suas prerrogativas. A partir daí, foram separados por um abismo os ideais democráticos e o saber. A maior parte das propostas de governo e de conhecimento científico apartou o povo e os intelectuais. Para Augusto Comte, autor estratégico se quisermos entender o Estado, a ciência e a tecnologia em nosso país, a liderança política pertence aos cientistas e aos industriais. Ao povo destinam conhecimentos elementares.

Comte recusou a soberania baseada na opinião. A democracia, pensava ele, é um governo que apenas substitui o dogma da infalibilidade papal por outro, o da infalibilidade popular. Tais doutrinas desmembrariam "o corpo político, colocando o poder nas classes menos civilizadas"¹². A forma democrática seria a "fonte das revoluções". "Nem a opinião dos reis, nem a opinião dos povos podem satisfazer a necessidade fundamental de organização que caracteriza os tempos atuais¹³". Mesmo avesso à soberania "das classes menos civilizadas", Comte propôs uma 'Biblioteca do Proletário" cujo conteúdo até hoje seria considerado "utópico" por muitos que reduzem a educação das massas ao manejo técnico. Entre as obras a serem lidas pelos proletários, temos a *Aritmética* de Condorcet, a *Álgebra* e a *Geometria* de Clairaut, *O Curso de Análise* de Navier, as *Reflexões sobre o Cálculo Infinitesimal* de Carnot, *A Teoria das Funções de Lagrange* etc.¹⁴. Uma lista assim, em nossos dias, se atualizada, seria rara mesmo nos primeiros anos da graduação universitária.

Os positivistas brasileiros formularam o desejo de ampla educação técnica das massas, sob controle dos sociólogos. Lembremos o projeto de educação proletária, submetido ao Governo Provisório por Teixeira Mendes, por meio de Benjamin Constant (25.12.1889).

> O aperfeiçoamento do homem, mesmo do ponto de vista exclusivamente material, é mais importante do que o melhoramento dos aparelhos industriais, porque [...] não houve nunca instrumento bom para o operário ruim. O desenvolvimento da indústria moderna vai exigindo do proletário cada vez maior instrução para bem manejar as máquinas. E, por outro lado, a vida republicana exigindo que cada cidadão cumpra espontaneamente o seu dever, vai impondo a cada um maior grau de moralidade e instrução para a prática e o conhecimento do mesmo dever. E como conseguir tudo isso enquanto o filho do proletário, isto é, a massa da nação futura viver na miséria e ao abandono de todos os recursos?¹⁵

Apesar dessas noções comoventes, o programa positivista recusa a democracia eletiva, prega a ditadura dos intelectuais

---

12. Citado por Badiou, *op. cit.*, p. 62.
13. Cf. "Plan des travaux scientifiques nécessaires pour réorganiser la societé" (1822), *Écrits de Jeunesse*, Paris, Mouton, 1970, pp. 248-253.
14. Cf. Augusto Comte, *Catéchisme positiviste*, Paris, Flammarion, 1966, pp. 51-55.
15. Documento citado e analisado por Ivan Lins, *História do Positivismo no Brasil*, São Paulo, Cia. Editora Nacional, 1964, vol. 322, pp. 364 e ss., Coleção Brasiliana.

competentes, unidos aos empresários e banqueiros. Há em Comte uma tese que julgaríamos nova, caso a víssemos estampada nos jornais. Cito o teórico:

> Em cada república particular, o governo propriamente dito, isto é, o supremo poder temporal, pertencerá naturalmente aos três principais banqueiros, respectivamente dedicados de preferência às operações comerciais, manufatureiras, e agrícolas[16].

Algo no programa positivista sobre o Estado é estratégico para a ciência e a técnica. Trata-se da eminência do Executivo contra os demais poderes. No positivismo, semelhante ditadura foi nuclear, herança mantida e ampliada ao longo de nossa história republicana. A versão menos rigorosa desta ditadura encontra-se nas fórmulas de Pierre Laffite, defendidas por Benjamin Constant: a "preponderância do Governo sobre as Assembléias, preponderância que se caracteriza sobretudo pela iniciativa; e, em segundo lugar, pela concentração numa única pessoa, dessa ação diretora governamental"[17]. Esta noção se transformou em prática no Exército, no qual o programa positivista encontrou larga audiência. A colaboração da Escola Politécnica no impulso aos batalhões de engenharia, e a aplicação direta de saberes por militares na defesa nacional deve-se a esta atitude centralizadora, baseada em conhecimentos científicos e técnicos.

Nada a estranhar se os engenheiros militares, com seus pares civis positivistas, êmulos de Luiz Pereira Barreto, tenham formado a espinha dorsal dos planos científicos e políticos, durante muitos governos republicanos, mesmo na ditadura Vargas, a qual abriu os primeiros espaços para uma experiência em grande escala de produção científica e técnica com bases nacionais. Como disse o Sr. Fernando Henrique Cardoso, os oficiais "constituíam um grupo educado que passava boa parte de sua formação nas cidades e que se define profissionalmente por sua relação com o Poder [...] sacerdotes de um culto que lhes era familiar, o do Estado"[18]. Na cons-

---

16. Comte, *op. cit.*, p. 245.
17. Citado e analisado em Lins, *op. cit.*, pp. 330-331.
18. F. H. Cardoso, "Dos Governos Militares a Prudente de Moraes",

ciência militar brasileira, temos as metas de concentrar a ciência e a técnica, conseguir a tutela do poder civil, impor a eminência do Executivo, engendrando intelectuais que se definem pelo culto ao Estado e pelas iniciativas nesses planos.

Semelhante exame de várias doutrinas sobre a ciência e o Estado sobre a opinião pública e os cientistas leva aos seguintes itens:

1. Desde Hobbes, a ciência e a técnica são matérias do Estado. O povo deve obedecer e não tem forças para captar a ciência e as suas diferenças face à mera aplicação utilitária, imediata.
2. Numa via, a kantiana, depois a hegeliana, o povo é ignorante em termos científicos, e não pode se arvorar em patrono do conhecimento. Este é propriedade do Estado, como a ciência, e não de uma suposta soberania popular.
3. O setor das Luzes mais democratizante, por meio da *Enciclopédia* e de Condorcet, lutou por uma formação ampla do povo, para que ele pudesse governar e decidir sobre todas as questões de seu interesse, entre as quais a ciência e a técnica, ocupando lugar eminente. Em Rousseau e nos seus discípulos, foi acentuada a soberania popular, mas longe das ciências e das técnicas. Desse modo, soberania do povo e misologia foram identificadas pelos conservadores, que indicaram o Terror como o reino da ignorância popular, quando de fato se trata de outros pontos diversos ao do saber. O fulcro real, efetivamente, era o controle social da propriedade.
4. Com o Termidor, ergueu-se a tutela dos intelectuais sobre o povo, e uma proteção especial do Estado, no tocante ao ensino e à pesquisa científica.
5. Afastada a soberania popular, o Estado tornou-se o sujeito, especialmente no Executivo, das ciências e das técnicas. Assim, ele foi posto acima da sociedade e das formas de pesquisa científica.
6. A mediação entre sociedade e universidade ou laboratórios de pesquisa deu-se por intermédio do Estado, espe-

em *História da Civilização Brasileira*, São Paulo, Difel, 1975, t. 3, vol. 1, p. 30.

cialmente do Executivo, uma vez que os Parlamentos e o Judiciário foram excluídos da iniciativa, na formulação das políticas científicas e tecnológicas.
7. Esta situação tem origens remotas, como vimos, mas indica uma curva lógica de Hobbes até os nossos dias. Ou os pensadores defendem a soberania do Estado (como Hobbes, na qualidade de paradigma), e nesse caso os cientistas e seus trabalhos são atributos estatais, ou eles defendem a soberania popular, sendo então os cientistas autônomos diante do Estado, apesar de receberem dele a remuneração, e ligam-se às nações e ao povo soberano (o modelo aqui é a *Enciclopédia* francesa). O positivismo tentou unir formação técnica das massas com a negação de sua soberania. Assim, reforçou a ditadura de um só homem, posto no ápice do Poder Executivo, tendo a força da iniciativa em tudo o que se refere aos negócios públicos, especialmente no plano educacional e científico[19].

A "mundialização" afetou a "iniciativa" do Executivo, no mesmo passo em que colocou em xeque os demais poderes do Estado, os Parlamentos e o Judiciário. Seja qual for o sentido dessa palavra, é claro pelo menos que os atores sociais clássicos tendem a considerá-la sob vários prismas. Os políticos a enxergam como algo que supera o Estado nacional. Os sindicalistas nela encontram uma nova oposição entre capital e trabalho, induzida pela crescente importância do setor financeiro no capitalismo. Os intelectuais, em especial os economistas, nela encontram um novo crivo entre trabalho qualificado e trabalho não qualificado[20].

---

19. Dados os limites do tempo e do espaço disponíveis, não analiso aqui as vertentes do poder e da ciência no campo socialista do século XX. A tríade Estado sujeito/ intelectual tutelar/ povo ensinado e dirigido também imperou naquelas experiências políticas, não raro com resultados catastróficos. Basta lembrar a "abolição" dos enunciados de Mendel, por ideólogos como Lyssenko, mais ocupados em justificar os poderosos do que em definir o verdadeiro. As colheitas soviéticas se encarregaram de evidenciar a mentira daqueles procedimentos "científicos".
20. Cf. Jean Pisani-Ferry, na revista *Alternatives économiques* (jul.-ago. 1996).

Com a globalização[21], ou contra ela, uma realidade espanta: hoje, a partilha de riquezas e de saber planetários é cada vez mais alarmante. Os 20% mais ricos do mundo guardam mais de 80% do PIB mundial. O número de pobres cresce no ritmo da população da Terra, 2% ao ano. Essas cifras são apresentadas pela ONU e pelo Banco Mundial. Mas o nome e a propaganda não podem esconder por muito tempo um traço: os Estados Unidos e outros Estados nacionais supostamente moribundos exportam hoje bens mais intensivos em trabalho do que os que eles compram no exterior. São mercadorias que exigem mais trabalho e menos capital as exportadas pelos países ricos. A vantagem destes últimos diante dos pobres reside na composição de sua mão-de-obra, a parte do trabalho nela qualificado[22]. E não existe trabalho nacional qualificado sem, antes, um pesado investimento em ciência e tecnologia.

Embora aceitando-se esse ponto, nota-se uma desvalorização do Estado nacional como força de vontade política. Entre países que mantêm a soberania e se preocupam com a qualidade de sua mão-de-obra e a propaganda de uma reorganização territorial, uma "república mundial utópica", como pensar um mundo político onde o Estado não tenha o papel dirigente, a iniciativa em todos os campos?[23] Seja afirmando a debilidade do Estado nacional, seja negando-a, é consenso indicar que, ao lado do papel cada vez mais amplo do capitalismo financeiro, nesse processo tem-se a revolução técnica unida à informática, a qual afeta profundamente o nexo entre capital e trabalho. Vários teóricos indicam: os trabalhadores sem instrução técnico-científica empobrecem, enquanto os demais tornam-se mais ricos[24]. Como enuncia Daniel Cohen,

---

21. Philippe Engelhard, *L'Homme mondial: Les société humaines peuvent-elles survivre?*, Paris, Arléa, 1996, p. 113.
22. Cf. Elie Cohen, *Li Tentation hexagonale. La souveraineté à l'épreuve de la mondialisation*, Paris, Fayard, 1996, pp. 38-39.
23. Cf. Olivier Mongin, "Les tournants de la mondialisation", *Esprit*, nov. 1996. Boa parte deste trabalho deve muito a este importante artigo.
24. Cf. D. Cohen, "Richesse des nations, pauvreté du monde", citado por Mongin no artigo mencionado na nota anterior.

esse fenômeno deve-se menos à globalização do que a uma forte mudança tecnológica.

Este último autor mostra duvidar do possível preenchimento do abismo que se abre, mesmo nas economias fortes, entre os trabalhadores sem instrução técnico-científica e os que se qualificaram neste prisma. Nesse campo, outros autores defendem a aplicação de recursos na mão-de-obra, tornando-a cara (à diferença das flexibilizações do trabalho, com seu barateamento, propostas entre nós e, nos outros países intermediários, entre o desenvolvimento e o atraso) com o fito de tender para a diminuição do déficit social. Trata-se de, por meio do Estado, diminuir as desigualdades mais gritantes entre os trabalhadores, requalificando-se a mão-de-obra para o trabalho exigida pelas novas técnicas. Nas teses de um novo keynesianismo afirma-se que o sistema capitalista, se quer sobreviver a si mesmo, deve preservar o Estado-providência e sua vontade de reduzir as desigualdades[25].

Assim, após o Tratado de Maastricht, e o seu atual questionamento, após a vitória da esquerda na França, após o fim da URSS, com uma nova estratégia de defesa, e após as experiências neoliberais, esboça-se a tendência de se redimensionar a soberania nacional, e mesmo velhas questões como a soberania do povo. Não se fala mais com certeza sobre o "fim" do Estado nacional.

Como todos os demais aspectos do Estado anterior ao neoliberalismo (saúde, educação, comércio, indústria etc.), o plano da ciência e da técnica volta a ser algo que merece uma consideração, em termos de políticas públicas, estatais. Para conseguir uma vida mais segura, os países ricos da Europa e de outros continentes investem na educação de seu povo, fornecendo maior cuidado aos itens científicos e técnicos. Este aspecto define a hegemonia no próprio mercado planetário, *locus* de uma luta entre companhias com abrangência mundial, mas sediadas em determinadas nações, que delas recebem muito, mas que a elas também fornecem apoio tático armado e diplomático essenciais.

---

25. Olivier Mongin cita Jean-Paul Fitotissi, para essa tese.

Não se trata de ignorar as teses que afirmam o fim do Estado nacional e da Universidade *idem*. Mas importa não ficar mesmerizado pela propaganda, mesmo que sob aparência acadêmica, a qual avança, sem provas lógicas, históricas e outras, a idéia de que, mesmo nos países ricos, como os europeus e os EUA, o Estado nacional sumiu. Este diagnóstico mostra todo seu equívoco no trabalho de Bill Readings, *The University in Ruins*[26], no qual o autor afirma que a Universidade estadunidense atingiu a era do comércio absoluto, desvinculando-se do Estado nacional norte-americano. O campus seria algo assim como "o *shopping center* do bairro", onde alunos buscariam "mercadorias" – técnicas – adequadas para vencer no campo do trabalho, cada vez mais elitista pelas diferenças na formação dos indivíduos e grupos. O livro traz muitos aspectos verdadeiros, mas "esquece" alguns elementos básicos. Por exemplo, ele se cala sobre os investimentos estatais, combinados com os particulares, na pesquisa científica e técnica tendo em vista produzir, em universidades importantes, ciências que se traduzam em engenhos de guerra cada vez mais sofisticados. Se não há soberania nacional e hegemonia em escala do planeta, por que este setor é vivo, nos países ricos?[27]

As desigualdades entre os trabalhadores qualificados e os não qualificados tendem a se afirmar como desgraça inelutável, ou exigem o retorno (naturalmente com muito engenho e arte) do Estado à iniciativa das políticas educacionais, de ciência e tecnologia. Os desníveis nas sociedades ricas tornam-se espantosos quando eles são pensados comparando-se os habitantes dos países pobres e dos países ricos. Assim, é preciso redimensionar o Estado, trazendo à cena os outros poderes obnubilados ao longo dos séculos XIX e XX, os poderes Legislativos e Judiciários. Quando se fala em esgotamento político dos Estados nacionais deve-se dizer, com maior propriedade, esgotamento do modelo no qual o Executivo,

---

26. Cambridge, Harvard University Press, 1996.

27. Para uma análise oposta à realizada por Bill Readings, cf. Willian I. Robinson, *Promoting Polyarchy Globalization, US Intervention, and Hegemony*, Cambridge, 1996.

tendo a sua frente um homem e sua pequena equipe, adquire nominalmente força dermiúrgica excepcional. Os Legislativos, pela sua representatividade mais ampla e diversa, e os Judiciários, desde que abram novas frentes de ação, além das velhas atitudes elitistas e do jargão que os separam dos povos, podem reinventar o político, recolhendo sugestões da sociedade mais ampla, ou abrindo frentes para harmonizar os interesses legais da produção e da força de trabalho.

Para isso, é mister que as universidades e institutos de pesquisa entrem, com os poderes políticos e com os mais amplos setores sociais, numa lógica nova do nexo entre sábios e povo ignorante. Não é mais possível aceitar o elitismo acadêmico que mantém os *campi* em espaços de pureza e rigor científicos, como se a tarefa de educar os povos fosse tarefa imediata do Estado nas suas três faces, e como se a mediação universitária não fosse urgente. No entanto, não é mais possível, dada a crise do Executivo, crise projetada sobre o político em geral e sobre o Estado, de modo indevido, que a comunidade científica persista em manter relações quase unilaterais com esse poder, ignorando os dois outros e a sociedade envolvente.

Torna-se importante rever a história do Estado e da ciência na Idade Moderna, procurando os projetos que se perderam, como é o caso dos Enciclopedistas, reorientando-os a partir dos avanços científicos atuais. A educação das massas torna-se um crivo de soberania. Os Estados que aplicarem verbas, engenhos e tempo nessa missão podem ter esperanças de alguma relevância, inclusive comercial, nos próximos anos. Hobbes e Sócrates têm alguma razão: um povo não educado para a ciência só percebe e só recebe aparência, sombras de riquezas, brilho de empréstimo. Intelectuais descomprometidos politicamente com seu país podem ter a certeza, vã, de superioridade. Políticos que manipulam massas ignaras não possuem poder, mas ilusão de mando que se pode esfarelar ao primeiro sopro de uma crise mundial em termos econômicos e políticos.

2. A TRANSPARÊNCIA DEMOCRÁTICA: ESPERANÇAS E ILUSÕES

No Brasil de hoje, um conceito estratégico, para quem segue os rumos e descaminhos da experiência democrática, é o de transparência. Não raro, ele surge em diversos discursos como se possuísse sentido unívoco, com resultados sempre iguais. Quero, nas minuciosas considerações seguintes, indicar a complexidade do termo e das idéias que a ele se unem, em conotações e contraditoriedades semânticas, estratégicas para a perfeita consciência das suas bases éticas e políticas. Minha análise não será exaustiva, mas extensa o bastante para mostrar as plataformas antropológicas e filosóficas do conceito; o nexo da denominação com a economia das faculdades humanas; as mudanças operadas na Idade Moderna em sua forma e conteúdo.

"A vista", disse um dia Addison, "pode ser considerada como uma espécie de tato mais delicado e mais extenso, que se derrama sobre uma infinidade de corpos, abraça as mais vastas figuras e atinge algumas das partes mais longínquas do universo". A vista como tato: nessa metáfora, a antropologia e o conhecimento se ampliam para além de antigas formas de pensar e descrever a sapiência. Até a Idade Moderna, a visão foi a figura dominante para descrever o esforço científico[1]. Com as Luzes a vista se ampliou, assumindo o papel de outras faculdades, como no enunciado de Rousseau: "o olho escuta". Mas ela também foi relativizada, a exemplo do que ocorreu na diderotiana *Carta sobre os Cegos*. O Romantismo exagerou semelhante metamorfose dos sentidos, sendo infiel ao desígnio democrático do século XVIII[2]. Neste último, as metáforas da luz unem-se ao remanejamento dos cinco modos que os homens possuem para auscultar a natureza e para estabelecerem vínculos entre si.

1. Na Idade Média, o ouvido concorre com a vista no debate sobre a hegemonia dos sentidos. Tomás de Aquino, por exemplo, no que tange à estética, afirma serem os olhos e os ouvidos os dois únicos meios de beleza, sendo a verdade dominada pelo visual (cf. *Suma Teológica*, IIa IIae, quaest. 27, a 1: "Dicimus enim visibilia et pulchros sonos. In sensibilibus autem aliorum sensuum non utimur nomine pulchritudinis: non enim dicimus pulchros sapores auto odores", cit. por G. Romeyer-Dherbey, "Voir et toucher, le problème de la prééminence d'un sens chez Aristote"). Este trabalho será utilizado mais extensamente abaixo. A grande fonte, na Idade Média, é o pseudodioniso, Areopagita. Seus escritos sobre a *Hierarquia Celeste* e a *Hierarquia Eclesiástica* instauram a noção da ordem social aristocrática que ainda impera na Igreja católica. Para ele, o universo é um fluxo luminoso que emana do Ser primeiro e instala cada ser criado em seu lugar. "Deus é luz absoluta. Ele está mais ou menos velado em cada criatura, consoante ela é mais ou menos refratária à sua iluminação; mas cada criatura o desvenda à sua medida", (G. Duby, *O Tempo das Catedrais. A Arte e a Sociedade: 980-1420*, Lisboa, Estampa, 1979, p. 106). A transparência é maior em seres cuja luminosidade atinge graus superiores de existência. Os sacerdotes nadam em maior translucidez e são mais dignos de obediência do que os leigos. A história da metáfora luminosa aplicada ao social é o caminho que vai do quase monopólio da luz pelos padres, e de sua preeminência sobre os outros humanos, à democracia do século XVIII, cujo ideal de transparência democrática seculariza a política, atenuando ao máximo a hierarquia ao definir a igualdade entre os cidadãos. Esta é uma história instrutiva a ser escrita. Apenas a indico.

2. Para uma correta análise do Romantismo, no plano das metáforas ópticas, conferir M. H. Abrams, *The Mirror and the Lamp: Romantic Theory and the Critical Tradition*, New York, Oxford University Press, 1971. Escrevi considerações sobre esse prisma, sobretudo sobre o aspecto visual do romantismo, conectado à teoria das cores, em *Conservadorismo Romântico: Origem do Totalitarismo*, 2ª ed., São Paulo, Ed. Unesp, 1997.

Foi assim que as Luzes geraram alguns valores por nós considerados "evidentes" no mundo ético e político, os quais atribuímos à democracia. A *transparência* é noção difícílima, no campo axiológico. Em nosso tempo não podemos esquecer um paradoxo: os países onde mais se luta em prol da livre informação e do pleno acesso aos textos e feitos governamentais são terras onde se percebe um acentuado segredo no trato das coisas públicas, seguido de intensa manipulação dos particulares, por meio da *mídia*. No mesmo passo, a espionagem, desde a política até a militar, passando pela industrial, torna a sociedade transparente para os governos e industriais, enquanto os dois setores permanecem envolvidos em brumas, longe dos olhos públicos.

Não é novidade alguma semelhante nexo pouco simétrico dos olhares. Já Platão, na *República*, defende a mentira na qualidade de arma dos governantes, o seu monopólio, proibindo-a na *pólis* comum[3]. Na luta intensa travada pela Igreja católica e seus aliados contra o protestantismo, após o Concílio de Trento, São Carlos Borromeu instituiu o famoso *Liber status animarum*. Nele, os fiéis eram identificados, anotando,

---

3. "Se, de fato, a mentira é inútil aos deuses, mas útil aos homens sob a forma de remédio, é evidente que tal remédio se deve dar aos médicos, mas os particulares não devem tocar-lhe [...] se a alguém compete mentir, é aos chefes da cidade, por causa dos inimigos ou dos cidadãos, para benefício da cidade; todas as restantes pessoas não devem provar deste recurso. Mas, se um particular mentir a tais chefes, diremos que isso é um erro da mesma espécie, mas maior ainda do que se um doente não dissesse a verdade ao médico, ou um aluno não revelasse ao mestre de ginástica os seus sofrimentos físicos, ou um marinheiro não referisse a verdade ao piloto sobre o navio e a tripulação, quanto à sua situação e à dos seus companheiros de viagem" (*República*, III, 389b). Uso a tradução de M. H. Rocha Pereira, Lisboa, Calouste Gulbenkian, 3ª ed., 1980, pp. 107-108. O magistrado mentirá aos soldados dizendo que as diferenças de valor entre os homens não vêm da educação, mas da natureza (*Rep.*, III, 414b, 415d), mentirá também para persuadir homens e mulheres a se unirem carnalmente, segundo os interesses do Estado (*Rep.*, V, 459ce). E outras mentiras "oficiais". Os governantes do Ocidente têm uma fonte notável, pois, quando mentem ao público, em nome da "governabilidade", ou das "razões de Estado" (cf. o estudo de Yvon Brès, *La psychologie de Platon*, Paris, PUF, 1973, em especial os capítulos "L'education par la loi" e "Vérité et persuasion", pp. 320 e ss.).

o padre, desde os seus vínculos familiares, os hábitos, as relações sociais, os livros que liam, ou se não liam, o conteúdo que lhes era dito etc. Cada um desses itens era cruzado com os demais, em diferentes sentidos. No fim do ano, os párocos depositavam o livro na Diocese. Os bispos remetiam os informes para Roma. Com base neles, a Santa Sé preparava a pastoral *urbi et orbe*. Procedimento cheio de prudência na luta contra os ateus, os agnósticos, os protestantes. *Modus operandi* mais eficaz do que as fogueiras, as torturas etc. Analisando o *Livro sobre o Estado das Almas*, um teórico de hoje afirma: com ele "a ficha mecanográfica estava pronta, restava apenas inventar a perfuração. O tempo dos gráficos, das estatísticas, dos computadores poderia começar"[4].

Desse modo, começamos com o primeiro problema sobre a noção que discutimos: transparência de quem, para fazer o quê? Exigir que o espaço social seja visível, sem a recíproca, a mais ampla visibilidade dos governantes, laicos ou religiosos, significa desarmar a cidadania, sem que esta possa defender a sua força somática ou anímica. No entanto, o número de informações posto em circulação pouco define a transparência do poder político, econômico, místico.

Quanto mais o público é inflacionado com informes e imagens, sem acesso ao juízo crítico e sem a coragem para decidir o próprio rumo, mais opaco se faz o mando imperante. Os totalitarismos do século XX, a sua propaganda, marcam esse traço. Ao mesmo tempo em que os nazistas pretendiam tudo ver, nas famílias, nas escolas, nas igrejas, eles inundavam as vistas e os ouvidos da massa com "informativos", programas de rádio e jornais filmados. A pletora de imagens,

---

4. Georges Couton. "Le registre de l'état des âmes", *Revue d'histoire économique et sociale*, n. 2, 1967 (cf. François Dagognet, *Philosophie de l'image*, Paris, Vrin, 1984, p. 202).

4a. "Les finances sont le nerf de l'État. De même que le système nerveux est caché sous la peau, de même il convient de tenir à l'abri des regards les faiblesses ou la force des finances. C'est ainsi que, dans l'Antiquité, le voile du saint des saints ne pouvait être tiré que par le grand prêtre, toute autre personne étant bannie du sanctuaire. Les finances sont la manne, dans le coffre sacré". Citado por Carl Burckhardt, *Richelieu*, Paris, Robert Laffont, 1970, vol. 1, p. 44.

nesse caso, literalmente enceguecia as multidões fanatizadas. Num discurso durante a queima de livros, Goebbels usou, como em muitas outras ocasiões, a imagem óptica para identificar o movimento a que pertencia, caracterizando-o como uma "visão nova do mundo"[5].

Sigamos a genealogia do conceito, estratégico em termos éticos e políticos, com a cautela merecida pelos grandes temas da vida pública. Não podemos valorizar a idéia de transparência sem discutir os seus inconvenientes, definidos numa longa história de tiranias que, não raro, brotaram de movimentos democráticos como filhos pervertidos. As revoluções socialistas do século XX, por exemplo, herdaram a noção democrática de transparência, teorizada pelos filósofos das Luzes, decisiva na ruptura social e política de 1789. Tal idéia possui um elemento positivo, a *forma visível do poder*. Mas ela também ganhou, na política autoritária, um traço não elevado, a espionagem e o controle dos cidadãos pela polícia a serviço dos governantes. Os dois processos, nitidamente desunidos no início da Revolução Russa por exemplo, ligaram-se depois de certo tempo, servindo a democracia como desculpa para a vigilância policial contra as oposições. Transparente, no discurso democrático anterior à "ditadura do proletariado", seria o poder diante dos cidadãos. Transparente, na semântica repressora do Partido, deveria ser a sociedade diante dos governantes, mesmo que isso se fizesse sob campos de concentração, espionagem, desaparecimento de opositores.

Semelhantes atitudes repetiram, de certo modo, nas formações totalitárias do século XX, a experiência política da Revolução Francesa[6]. A democracia jacobina exacerbou a

---

5. *Die Frankfurter Zeitung*, 11 maio 1933: Goebbels, *Revolutionen sind neue Weltanschauungen* (cf. L. Richard, *Le nazisme et la culture*, Paris, Ed. Complexe, 1988, p. 101). Todo o estudo de Richard é útil para a análise deste ponto. Para se entender a linguagem e a troca cultural hipnotizadora de massas, no mundo capitalista posterior ao totalitarismo nazista, o livro de Herbert Marcuse sobre a manipulação da mídia, *One Dimensional Man*, ainda é um dos marcos de lucidez analítica que mereceria ser revisitado.

6. Um analista da República democrática na França (o período jacobino) indica o quanto a idéia óptica uniu-se nos séculos posteriores à

busca de visibilidade republicana. Não por acaso, os mais virulentos reacionários do século XIX, sobretudo Donoso Cortés, um patrono de Carl Schmitt[7], aproveitou-se do discurso sobre a transparência para mostrar o quanto ela foi utilizada pelos governos civis contra os dirigidos. Os senhores conhecem o terrível "Discurso sobre a Ditadura" (1849), no qual Cortés inventa a fábula do Estado moderno, orientado por dois elementos, a repressão religiosa e a política. Quanto mais desce o grau da fé, mais se eleva a repressão laica dos homens. Assim, os governos sem Deus precisaram criar os exércitos permanentes, com "um milhão de braços". Aumentou entretanto, no Estado corrupto, a descrença e todo tipo de anarquia. E os governos disseram: "Temos um milhão de bra-

---

época revolucionária e na rememoração do terror, à máquina fotográfica, fartamente utilizada pela imprensa de hoje para domar os povos. O termo "guilhotina", diz o historiador, "designa nos aparelhos fotográficos do século XIX, um tipo de obturador cujo mecanismo [...] serve para capturar um retrato. Também não devemos nos espantar: reciprocamente [...] que o carrasco posto diante do chassi e encarregado de colocar exatamente a cabeça do condenado no 'buraquinho' da luneta que se fecha sobre o pescoço, e que então é obturado, seja dito o 'fotógrafo'. [...] Guilhotina e fotografia são irmãs" (Daniel Arasse, *La guillotine et l'imaginaire de la terreur*, Paris, Flammarion, 1987, p. 174).

7. Cf. C. Schmitt, *A Filosofia do Estado da Contra Revolução (De Maistre, Bonald, Donoso Cortés)*. Utilizo a tradução italiana, com prefácio do próprio Schmitt, em *Le categorie del "politico"*, Bologna, Il Mulino, 1972, pp. 75 e ss. Este jurista, elegante e causador de grandes males na história da humanidade, experimenta hoje em dia um *revival*, sobretudo em determinados meios de origem esquerdista. Nessas leituras, faz-se abstração da violência em prol do Chefe, e a racionalização do anti-semitismo mais vulgar e genocida. Ernst Bloch referia-se a este autor como "a p....do nazismo". Hoje, se acreditarmos nos apologetas "compreensivos", boa parte convertidos de esquerda ao neoliberalismo, ele seria um santo, mártir e libertador. Creio ser urgente, sobretudo entre nós, que recebemos heranças complicadas como a de Francisco Campos (Jarbas Medeiros escreveu coisas importantes sobre o nexo entre alguns juristas brasileiros ditatoriais e o teórico alemão), um debate amplo e sério sobre esta figura negra do espírito jurídico. No debate internacional, são relevantes os textos de H. Meier, *The Lesson of Carl Schmitt: Four Chapters on the Distinction between Political Theology and Political Philosophy* (London/Chicago, The university of Chicago Press, 1995) e John P. McCormick, *Carl Schmitt's Critique of Liberalism. Against Politics as Technology* (Cambridge, Cambridge University Press, 1997).

ços, mas não bastam, precisamos de um milhão de olhos. E tiveram a polícia". E não foi suficiente. Os governos quiseram um milhão de ouvidos, e os tiveram "com a centralização administrativa". Mas ainda pensaram os governantes:

[...] não bastam, para reprimir, um milhão de braços, não bastam, para reprimir, um milhão de olhos, não bastam, para reprimir, um milhão de ouvidos, precisamos de algo mais, o privilégio de nos encontrarmos num só tempo em todas as partes. E conseguiram isto, pois se inventou o telégrafo[8].

Se Donoso Cortés vivesse em nossas horas, e ele para nossa desgraça vive nos cérebros neonazistas de todos os matizes, diria com certeza: "E conseguiram isto, pois se inventou o telefone, a televisão, a *internet*". Só indico, nesta lembrança, que a noção de *visibilidade*, embora nascida no campo liberal, foi intensamente utilizada na retórica antidemocrática. E a base para a antologia reacionária foi dada pelo ideal de controle dos governados, que encontramos em Rousseau. Este filósofo, mais do que nenhum outro, além da intensa doutrinação democrática, fundamentou o controle visível dos cidadãos pelos educadores do coletivo. A idéia de transparência, nele, assumiu cores nitidamente autoritárias. Entre as suas inúmeras teses, lembremos a que diz ser "bom saber empregar os homens como eles são, melhor ainda torná-los tal como é preciso que eles sejam. A autoridade mais absoluta é a que *penetra até o interior do homem* e não se exerce menos sobre a vontade do que sobre os atos"[9].

Jean Pierre Faye[10], teórico da linguagem totalitária, diz que os termos políticos surgidos na esquerda podem ser apropriados pela direita, e vice-versa. Ele evoca certa "ferradura ideológica", que dá conta dessa migração dos termos. Não raro, um discurso fascista utiliza palavras forjadas no campo

---

8. Cf. *Discurso sobre la Dictadura: Obras Completas*, Madrid, BAC, 1970, vol. 2, p. 318.
9. *Discours sur l'économie politique*, I, Pléiade, vol. III, p. 251 (grifos nossos) (cf. o comentário de M. C. Iglesias: "La máscara y el signo: modelos ilustrados", em C. C. Pino (ed.), *El Discurso de la Mentira*, Madrid, Alianza Ed. 1988, p. 102).
10. Cf. J. P. Faye, *Théorie du récit: Introduction aux langages totalitaires* e também *Langages totalitaires*, Paris, Hermann, 1972.

democrático, e uma corrente socialista se deixa fascinar por termos de origem conservadora. Cautela semelhante deve ser empregada, no meu entender, com as fórmulas ao redor da transparência.

Sem experimentarmos a democracia do século XVIII, ou o socialismo do século XX, nós, os brasileiros, sofremos a falta absoluta de transparência. No Brasil, o poder nunca foi desvelado ao olhar público. Mas tivemos na prática política a máxima penetração visual da sociedade pelos governantes. Da forma imposta por Vargas ao país, por meio da polícia de F. Müller, até as ações do Cenimar, do SNI e de outros mecanismos de espionagem e repressão social, como a existente Abin, que se ocupa hoje em seguir os passos de procuradores da república e de governantes adversários do poder central, aprendemos a ser observados pelos instrumentos ópticos dos governos. Na frágil democracia que vivenciamos, a mentira ideológica, a propaganda dos líderes, expõem a pátria à falta de liberdade efetiva. No Brasil, impera o arbítrio dos tratos oligárquicos, vestidos com as mais variadas máscaras. Antes de rumar para o que virá, no imaginário, vejamos, em largos traços, o que formou nosso pensamento. Reflitamos sobre a própria noção de visibilidade pública, um dos legados mais importantes para a vida na democracia, recebido por nós dos gregos e da longa história resumida na filosofia do Ocidente.

Não raro nos referimos à idéia de transparência olvidando os pressupostos do conceito, o que torna muito fluida a passagem entre o seu uso ético e desejável, e a sua utilização para fins pouco nobres, que empobrecem a república e não a elevam. Os senhores, membros do ministério público, estão investidos de uma tarefa sublime: devem promover a justiça na sociedade. A vossa função é procurar o Bem Comum e prevenir os erros que travam o funcionamento do regime democrático. Isso não se faz sem pesquisa. Esta última forma de agir é sinônimo de prudência basilar.

Nenhum promotor público, se estiver operando de acordo com a moral, denuncia uma pessoa, um grupo, um governo, sem antes levantar com minudência os fatos e o direito que assistem às ações investigadas. E o ministério público não dá a eles publicidade extemporânea. Platão, o grande mestre da política em nossa cultura, comparava a justiça a uma caça escondida na touceira. Os caçadores, os responsáveis por ela, tentam cercá-la por todos os lados e com os vários artifícios da inteligência. Mas ela é fugaz e sua posse, temporária[11]. Gostaria de refletir sobre esses pontos, começando sobre a idéia de pesquisa, de procura, que define o vosso mister. Mencionei Diderot e Rousseau. Os dois pensadores constituem uma anomalia no século XVIII, pois ambos definem-se como leitores entusiastas dos textos platônicos. Platão era geralmente ridicularizado naquele século, menos pelo enciclopedista e pelo autor do *Emilio*[12].

Mencionei o privilégio concedido por Platão aos magistrados na *pólis*, o uso da mentira. É no grande filósofo que encontramos as formulações mais realistas, repulsivas e geniais da política ocidental. Inicio com ele o périplo ao redor da transparência, algo essencial em Rousseau e Diderot. No grande texto sobre a cosmologia, o *Timeu*, ocorre o nexo entre a atitude de busca sapiente e o sentido da vista. O termo para indicar pesquisa é *zetesis* (indagação, investigação, procura). No *Timeu* (47 A), lemos ser a visão

---

11. O texto mesmo de Platão coloca os limites entre o visível e o não visível de imediato, o caso da justiça. "Ora pois, Glaucon, agora temos de nos postar em círculo à volta da moita, como caçadores, de espírito atento, não vá a justiça fugir por qualquer lado, tornar-se invisível e desaparecer. Pois é evidente que ela anda aí por qualquer canto. Olha então e esforça-te por a descortinares, a ver se a avistas antes de mim e me prevines" (*Rep.*, IV, 432c-d, trad. Gulbenkian, pp. 184-185). A pletora dos termos ópticos, clara mesmo na tradução portuguesa, indica o quanto a transparência da justiça é difícil. Ela se esconde em "lugar inacessível e sombrio" (*Rep.*, IV, 432c).

12. É vasta a lista de trabalhos sobre Platão e Rousseau. Indico alguns títulos. Cf. Michel Launay, "J.-J. Rousseau dans la sphère d'influence platonicienne", *Approches des Lumières, mélanges offerts à Jean Fabre*, Paris, Klincksieck, 1974, pp. 283-294. Louis Millet, "Le platonisme de Rousseau", *Révue de l'enseignement philosophique*, 1967. J. Moreau, "Rousseau platonicien", *Révue de théologie et de philosophie*, n. 21, 1971, pp. 323-341. Quanto a Diderot e seus nexos com Platão, cf. Roberto Romano, "Apresentação", *Obras de Diderot*, trad. J. Guinsburg, São Paulo, Perspectiva, 2000. Também, R. Trousson, *Socrate devant Voltaire, Diderot et Rousseau: la conscience en face du mythe*, Paris, Minard, 1967. O D. Gorman, *Diderot the satirist*, Toronto, University of Toronto Press, 1971. P. Chartier, "Frère Platon", *Révue des sciences humaines*, 182, 1981-1982.

[...] a causa do maior benefício em nosso favor, sobretudo porque todas as narrativas sobre o universo jamais poderiam ocorrer, caso o homem não tivesse enxergado as estrelas ou o sol ou o céu. Mas [...] a visão diurna e noturna e a dos meses e dos anos circulares produziu a arte do número e nos deu não apenas a noção do tempo, mas também a da pesquisa da natureza inteira[13].

Não é possível pesquisar algo sem um paradigma.

Paradigma é palavra que surge na língua antiga ligada a *deiknumi*, cujo sentido é "mostrar", "demonstrar", "indicar". O paradigma une-se à sapiência óptica. Quando o termo *deiknumi* é acrescido da partícula *para*, como em paradigma, ele significa "mostrar, fornecer um modelo". Essa idéia não remete apenas ao desvelamento de uma ilusão ou mentira, mas possui um traço positivo. A raiz *deik-*, também presente em paradigma, refere-se sobremodo ao ato de "mostrar mediante a palavra", mostrar "o que deve ser". Daí a união interna com a *diké*, a lei, a norma, a regra[14]. São em número inesgotável os termos filosóficos como este, que brotaram da prática e da linguagem jurídica. Basta recordar o significado de *categoria*, com seu sentido inicial de acusação no tribunal. A idéia de paradigma cobre, na Antigüidade, os campos hoje distantes da ciência, da técnica, do direito. Mas ainda em Kant, sobretudo na *Razão Pura*, as imagens e falas dos tribunais constituem a forma dos argumentos filosóficos.

Na *República* (591c até 592b), o homem honesto estabelece harmonia entre sua alma e seu corpo. Ele afasta a desmedida que impera na multidão, sobretudo na busca das riquezas. Tal homem fará tudo o que não dissolva, no público ou privado, o hábito (de *hexis*, base de ética) de sua alma. Assim, voluntariamente, diz Platão, ele não irá se imiscuir na política. Sua busca será a da cidade, não a que surge na vida comum, mas a perene, "cujo modelo (paradigma), talvez esteja no céu, para quem deseja contemplá-la e dela se tornar

---

13. Platão, *Timeus*, trad. R. G. Bury, Oxford, Loeb Classical Library, 1975, *Plato*, vol. 9, pp. 106-107.
14. Emile Benveniste, *Vocabulário de las Instituciones Indoeuropeas*, Madrid, Taurus, 1983, pp. 301-303. Também conferir P. Chantraine, *Dictionnaire étymologique de la langue grecque*, Paris, Klincksieck, 1983, p. 257.

um cidadão". Esta atitude contemplativa é proibida por Platão ao homem sábio e reto. O filósofo julga necessário forçar o indivíduo bom a se comprometer com a vida pública, mesmo que, por vontade própria, ele respire melhor na harmonia celeste. É preciso, uma vez encontrado o paradigma, por meio da pesquisa e do pensamento, tentar passá-lo para a existência, aperfeiçoando a *pólis*.

O alvo não reside somente na pesquisa desinteressada, mas na melhoria da vida humana, neste mundo. Este é o intento global da *República*, que certos comentadores consideram apenas utopia. Pensadores como o florentino Maquiavel, ou Rousseau e Diderot no século XVIII, apreciaram a relevância do texto platônico em todos os projetos de reforma do Estado, especialmente pela sua busca de unir a pesquisa dos sábios e os homens retos, com a educação popular, regulando o coletivo nos limites da lei. Mesmo em Francis Bacon, idealizador da chamada ciência metódica moderna, ressoa esse programa platônico: *knowledge and power meet in one*, que se traduz costumeiramente sem rigor, como se fosse apenas "saber é poder".

A transparência e a metáfora óptica permeiam os nossos enunciados filosóficos e jurídicos. A busca do saber em todos os planos é tarefa que se inicia e se realiza com os olhos. A palavra "teoria", o exercício do olhar da inteligência, surge na raiz deste conceito de pesquisa e de sua comunicação. Tudo pode ser alvo de busca, mas na marcha do conhecimento existem níveis, tanto no procurado, quanto no modo de o adquirir. Ainda na *República* (VI, 508e), enuncia-se semelhante doutrina sobre o saber na boca de Sócrates:

> Do mesmo modo que no mundo visível temos razão de pensar que a luz e a vista (*ópsis*) têm analogia com o sol, mas não poderíamos tomá-las pelo sol, assim também no mundo inteligível, temos razão de acreditar que a ciência (*epistéme*) e a verdade (*aletheia*) são uma e outra semelhantes ao Bem, mas erraríamos se acreditássemos que uma ou outra fosse o Bem; pois é preciso elevar ainda mais a natureza do Bem.

O valor da vista e da pesquisa que a ela se liga indica que a verdade é atingida quando a investigação se dedica ao que é permanente. As coisas sensíveis não trazem veracidade nem podem ser dignas de ciência[15]. Precisamos nos acautelar, entretanto, contra a tese, elaborada em especial por Wilamowitz-Moellendorff, sobre a cultura grega, que seria exclusiva e principalmente visual. Para aquele helenista, no século XIX, os gregos eram presos à visão, e tudo na sua cultura receberia essa marca. Mesmo a religião grega desconheceria deuses ocultos, como o invocado pelo cristão Pascal. Os numes gregos se mostram. Invisível, para eles, apenas o Hades[16]. Hoje, sobretudo após as elaborações modernas do empirismo inglês, aplicado à história da filosofia, e depois dos trabalhos de Denis Diderot, que indicarei adiante, os comentadores acentuam a importância do tato. De modo muito próximo ao de Addison, citado por mim no início destas considerações, Michel Podgorny afirma que "os gregos são homens da pele, e do tato; entre eles o olhar é um efeito do tato"[17]. Tais afirmações peremptórias sempre são problemáticas. A cultura grega constitui um imenso e complexo palimpsesto no qual textos, arquitetura, artes, religião, direito, guerra, economia e ciência acumulam-se, perpassando séculos ou milênios, com raízes em tempos ainda mais recuados. É muito difícil referir-se a eles sem que o designativo generalizante, "os gregos", deixe de ser um universal abstrato.

De qualquer modo, podemos dizer que o conhecimento metafísico é visão correta, não das coisas perecíveis, campo das opiniões, mas da parte mais luminosa do Bem. Só quem faz ciência capta o brilho dos conhecimentos. Para isso, o sábio possui, entre muitas capacidades, a força de sintetizar os elementos da pesquisa. Ele é um "sinótico"[18] capaz de ver o todo, e não apenas as parcelas investigadas. Na *Carta VII* Platão afirma que a pesquisa supõe, na ciência especulativa e

---

15. Alain Boutot, *Heidegger et Platon: Le problème du nihilisme*, Paris, PUF, 1987, pp. 116 e ss.

16. *Der Glaube der Hellenen*, Darmstadt, 1959, p. 45. Lembrado por G. Romeyer-Dherbey, "Voir et toucher: Le problème de la prééminence d'un sens chez Aristote", *Révue de métaphysique et de morale*, 4, 1991, p. 437.

17. Indicação de G. Romeyer-Dherbey, *op. cit.*, p. 438. A obra de Podgorny, em 1991, era inédita, e o texto mimeografado se intitulava *Introduction à l'expérience de l'art grec*.

18. *República*, VII, 534 e 2-3. Alain Boutot, *op. cit.*, p. 118.

na ética, uma "afinidade" do pesquisador com o objeto estudado. Sem isto, nada é sério. Quem procura justiça e não tem afinidade com o proceder justo apenas *parece* mover-se no Bem. Por isso,

> Quando vemos obras escritas na forma de leis, por algum legislador [...] é preciso investigar seu caráter, pois aquelas obras não são para ele o mais sério. [...] Supondo que ele seja mesmo sério, e escreva sobre estas coisas como se fossem de fato sérias, a ponto de tê-las colocado em forma de escrita, então, sim, podemos dizer que não os deuses, mas os mortais o enlouqueceram, arruinando totalmente o seu juízo[19].

O sério consiste em gravar as leis na alma do indivíduo e do coletivo. Escrever leis, e falar sobre elas, sem que exista o respeito pela norma no íntimo das pessoas, torna-se tarefa enganosa. É preciso investigar se o escrito, o dito e o feito correspondem ao real. Esta é uma característica semântica da noção de transparência. O educador e o magistrado devem ter forças intelectivas e morais para enxergar para além do aparente, discriminando o real e o mentiroso, o bom e o péssimo. Os indivíduos e os coletivos só podem ser bem avaliados, diz Platão (*República*, 577a), por "quem, em pensamento, for capaz de *penetrar* no caráter de um homem e *ver claro* nele, e não ficar fascinado como uma criança, *que só vê a aparência*, pela pompa majestosa que exibem para o exterior, mas for o bastante *clarividente*"[20].

---

19. Blaise Pascal compreendeu esta passagem platônica. "Platão e Aristóteles [...] eram pessoas honestas e [...] riam com seus amigos; e quando se divertiram escrevendo suas *Leis* e *Políticas*, fizeram-no brincando; era a parte menos filosófica e menos séria de sua vida; a mais filosófica era viver simples e tranqüilamente. Se escreveram sobre política, era como se fossem regular um abrigo de loucos; e se fingiram falar sobre este assunto como grande coisa, é porque sabiam que os loucos a quem falavam pensavam ser reis e imperadores. Eles entraram em seus princípios para moderar sua loucura [...]" (*Pensées*). Comento estas passagens em um artigo recolhido na coletânea que publiquei em 1987, sob o título de *Lux in Tenebris: Ensaios sobre Filosofia e Cultura* (São Paulo/Unicamp, Cortez). O título do artigo, antes publicado na *Folha de S. Paulo* (Folhetim, 2.6.1985) é "A Superior Maestria do Riso".

20. Uso a tradução, levemente modificada, de M. H. Rocha Pereira, (cf. *A República*, Lisboa, Gulbenkian, p. 421). Os termos sublinhados, todos de ordem óptica, foram-no por mim.

Educar, na vida cidadã, diz o filósofo, é como tingir almas. No Livro IV da *República* lemos que preparar uma pessoa é dar-lhe a melhor tintura das leis (*Rep.*, IV, 420d a 430a)[21]. Quem assim foi tingido possui opinião indelével sobre o que temer e como agir, pois tal tintura resiste aos sabões ativos para descolorir, como o são os prazeres, a dor, o medo e a paixão. Na *Carta VII* mencionada, Platão insiste: a cultura de quem não é pesquisador aparentado à verdade, à justiça, ao bem, compara-se ao colorido superficial do banho de sol. Na primeira ocasião, ele desaparece, ficam apenas as marcas.

Poderíamos dedicar horas a essa noção de transparência, inclusive com os seus resultados modernos, entre outros na moral e na doutrina do direito kantianas[22]. Reflitamos, ainda na *República*, na qual, num contexto em que Platão investe contra a sofística no campo jurídico e na idéia de contrato político, na fala de Glauco. O debate se instaura sobre a visibilidade da justiça e da injustiça, e o diálogo lembra o anel de Gyges. Os senhores conhecem a fábula. Um pastor descobre determinado adereço e o utiliza. Quando o move nos dedos, torna-se invisível. Segue para a corte e, de conluio com a mulher do rei, mata este último e se apodera do mando. Se dermos aquele anel a dois homens, um justo e outro injusto, os seus atos, diz Glauco,

> [...] em nada diferiririam dos do outro, mas ambos levariam o mesmo caminho. [...] Ninguém é justo por sua vontade, mas constrangido, por entender que a justiça não é um bem para si, individualmente, uma vez que, quando cada um julga que lhe é possível cometer injustiças, comete-as[23].

Para afastar esta ameaça da invisibilidade no interior da *pólis*, toda a *República* opera com um grande número de ana-

---

21. Para todos esses símiles, consultar Pierre Louis, *Les métaphores de Platon*, Rennes, Imprimeries Réunies, 1945.
22. Dediquei um ensaio ao problema da visibilidade e da moral, em Kant, discutindo as metáforas ópticas na *Razão Prática*, em contraste com a *Razão Pura* e outros escritos teóricos do filósofo. Não posso resumir aqui o arrazoado extenso daquele trabalho. Cf. Roberto Romano, "Kant e a *Aufklärung*", *Corpo e Cristal: Marx Romântico*, Rio de Janeiro, Editora Guanabara, 1985, pp. 63 e ss.
23. *República*, II, 359c, *Platon: Oeuvres complètes*, trad. L. Robin, Pléiade, vol. 1, p. 901.

gramas ópticos, os quais indicam a força de apanhar a essência dos valores, algo próprio dos olhos sapientes. O vulgo descansa, em termos axiológicos, no que parece e não tem garantias de ser[24].

É exigente a idéia de lei e de busca da justiça nos diálogos platônicos. As noções de transparência, elaboradas por ele, definiram a nossa cultura ocidental no seu todo, durante milênios. A cultura do realmente visível, do teórico, está posta ao mesmo tempo na palavra que define o saber e em um de seus modos de aquisição, o ato de intuir idéias e conceitos. Mas a idéia de transparência e de saber ocular é tudo, menos democrática. Seu exclusivismo perpassou todos os sistemas filosóficos do Ocidente. Vejamos primeiro o que a transparência significa no plano da intuição, capacidade experimentada apenas por espíritos de elite, e depois o que a Idade Moderna propôs como forma de superação desse aristocratismo.

"Desde a Antiguidade até Kant e Hegel a intuição representa o ideal de todo conhecimento" (Martin Heidegger). O termo "intuição" corresponde à *theoria* grega e ao *intuitus* latino, que significa o golpe de vista. Tal referência une-se ao pensamento especulativo. *Intuitus*, ato de olhar, nota-se diretamente na idéia da mente como espelho, *intuitio* sendo a imagem, o refletido. *Speculator*, o pesquisador que observa, compartilha o mesmo vocábulo de "espião". *Intueor* marca o olhar atento, o fato de observar, penetrando as coisas. Em Descartes, a intuição desempenha papel essencial no conhecimento. O pensador distingue entre deduzir e intuir. O segundo seria próprio à "inteligência pura e atenta"[25]. A educação é "tudo o

---

24. Em Pascal ouvimos sons platônicos: "[...] o mais sábio dos legisladores dizia que, pelo bem dos homens, é preciso enganá-los freqüentemente; e um outro, bom político: *Cum veritatem qua liberetur ignoret, expedit quod fallatur*, como ele ignora a verdade que libera, é bom que seja enganado (Santo Agostinho, *Cidade de Deus*, IV, 27)". *Pensées*, Pléiade, *L'oeuvre de Pascal*, Paris, Gallimard, 1950, p. 888. Cf. Roberto Romano, *Lux in Tenebris*, *op. cit.*, p. 20.

25. "Per intuitum intelligo [...] mentis purae & attentae non dubium conceptum, qui a sola rationis luce nascitur". *Regulae ad Directionem Ingenii*, em Descartes, *Oeuvres*, Ch. Adam e Tannery, Paris, Vrin, vol. X, p. 368.

que se conclui necessariamente de certas outras coisas conhecidas com certeza"[26].

Em Kant, na *Crítica da Razão Pura,* lemos que "de qualquer modo e através de qualquer meio que um conhecimento possa relacionar-se com os objetos, o modo pelo qual ele se relaciona imediatamente aos objetos e para o qual tende todo pensamento enquanto meio é a intuição". O saber é um olhar que pensa, reflete. Em Hegel, leva-se ao máximo refinamento a metáfora óptica. A vista não deve, pensa o filósofo, para captar o movimento do mundo e dos homens, ser limitada a um componente apenas do real.

> A pura luz e a pura obscuridade são dois vazios idênticos. Só na luz determinada e a luz é determinada pela obscuridade – e portanto só na luz turva pode-se distinguir algo. Assim como só na obscuridade determinada e a obscuridade é determinada por meio da luz – e portanto na obscuridade iluminada, é possível determinar algo[27].

Hegel imagina a vida pública como teatro edificante no qual os debates dos legisladores indicam os elementos lúcidos e opacos das matérias a serem definidas em leis. O Parlamento, para ele, seria um cenário (*Schauplatz*), onde os políticos educariam o povo de modo transparente[28]. Hegel desconfia da transparência quando ela se apresenta como fato natural,

---

26. *Idem*, p. 369.
27. *Wissenschaft der Logik (Werke in zwanzig Bänden)*, Suhrkamp Verlag, t. I, vol. 5, p. 96. Esta passagem hegeliana tem certamente nexo com o problema da medida, em especial a ética e política, enunciado por Aristóteles no *De anima*. Ali, o estagirita "sublinha que os sentidos permanecem inativos ou são destruídos quando se ultrapassa algum limite ou medida: por exemplo, a vista não enxerga mais se a luz é insuficiente e, em plano inverso, ela pode encegueçer por excesso de luz. É pois nos limites de certa medida que existe vista e visão. No domínio da ação (ética) é, como o desvelam a *Ética a Eudemo* e a *Ética a Nicômaco*, a virtude que se torna a ocasião da medida". Lambros Couloubaritsis, "L'un comme mesure de toutes choses", em J. C. Beaune, (ed.) *La mesure, instruments et philosophies*, Paris, Champ Vallon, 1994, p. 200.
28. Cf. G. W. F. Hegel, *Lições sobre a Filosofia do Direito*. § 315 Adição. Uso o texto de Robert Derathé, *Principes de la philosophie du droit*, Paris, Vrin, 1975, p. 317. "A publicidade dos debates é o melhor meio de interessar os cidadãos nos negócios do Estado."

aplicado ao político. Neste, um outro tipo de translucidez se realiza, e, no Estado, o cidadão desaparece, tornando-se aberto ao olhar do coletivo[29]. É esta a tarefa "educadora" do Estado. Na linha de Hegel, a formação do homem é "um aplainamento (Glättung), um apagar de todas as diferenças que separam os indivíduos, estes átomos turbulentos, sempre rebeldes à boa totalização ética"[30]. No todo, Hegel tem ojeriza, como se pode constatar na *Filosofia do Direito*, à noção de soberania do povo. Segundo ele, o erro moderno foi opor a soberania popular e a soberania do príncipe, enquanto a soberania pertence ao Estado, com povo e monarca. A idéia da soberania popular absoluta integra o rol dos "pensamentos confusos que têm por base uma representação grosseira do povo. Sem o seu monarca, e sem a organização que se liga a ele, o povo é a massa informe, que não é mais um Estado [...]"[31]. Este aristocratismo político une-se, em Hegel, a um profundo desprezo da opinião pública. Como no § 317 da *Filosofia do Direito*, no qual se lê, na Adição, que "a opinião pública é o modo inorgânico pelo qual um povo faz saber o que ele deseja e o que pensa". E o que "pensa" o povo não tem grande importância para o filósofo. Basta que se leia, no mesmo trecho, o bordão "*Vox populi, vox dei*", unido aos versos de Ariosto: "Che'l volgare ignorante ogn'un riprenda/ E parli più di quelche meno intenda"[32].

Quando capta a verdade, o pensamento o faz pela intuição, a vista imediata do essencial. O pesquisador, nesse pon-

---

29. A problemática hegeliana da visibilidade apresenta aspectos árduos para a interpretação. O fato é que o filósofo não se ateve à metáfora da luz sem invertê-la em relação ao pensamento grego, pelo menos como este último chegou até a Alemanha do século XIX. Para uma análise percuciente desses traços, cf. G. Lebrun, "La critique du visible", *La patience du concept*, Paris, Gallimard, 1972.

30. G. Lebrun, "Surhomme et homme total", *Manuscrito*, revista de filosofia da Unicamp, vol. 11, n. 1, pp. 50-51, 1978. Analisei toda esta problemática em *Conservadorismo Romântico: Origem do Totalitarismo*, 2ª ed., São Paulo, Ed. Unesp, 1997.

31. *Filosofia do Direito*, § 279, na tradução de Robert Derathé, p. 292.

32. *Filosofa do Direito*, § 317, *op. cit.*, p. 318. Aliás, citação poética seguida de uma outra, agora de Goethe: "Quando a massa pode ferir, é respeitável; quando quer julgar é uma lástima!"

to, passa ao saber. Assim, a idéia de procura científica e de busca ética, a base de nosso conhecimento filosófico que se espraia pelo direito, pela física, e por todas as disciplinas do intelecto, tem uma origem diversificada, modificando-se de sistema a sistema filosófico, e a noção de transparência exibe significado múltiplo. Mesmo que não apresentasse tantos matizes diversos, a mesma linha de pensar, erguida sobre a metáfora óptica, se possui um aspecto nobre, o que venho indicando desde o início desta fala, exibe um prisma envilecedor, também unido ao olhar inquisitivo.

A transparência pode adquirir um sentido que não se coaduna com o bem. Nos olhos encontram-se duas formas de atenção ao que se apresenta diante de nós: a pesquisa (*zetesis*) e a curiosidade, a *polypragmosine*. Enquanto o *zetetés*, o investigador, usa os olhos para captar o verdadeiro e o bem permanentes, atingindo um conhecimento dificilmente comunicável, o curioso atarefado recolhe informações sobre tudo e todos, especialmente das coisas e atos sem relevância para a vida coletiva. Ao redor da mesma imagem óptica são produzidas, na crítica do conhecimento e da moral, duas atitudes diferentes diante do mundo. A mais completa análise da *polypragmosine* encontra-se num tratado de Plutarco, com este nome[33].

A mente curiosa é como a Lâmia mitológica. "Quando dormia em sua casa, ela depositava os olhos num vaso. Saindo, Lâmia os colocava em seu rosto e podia ver". Os homens, quando abandonam pesquisa e virtude, são Lâmias. Segundo Plutarco, "cada um de nós [...] põe sua indiscrição em sua maldade como num olho, esquecendo as próprias faltas e taras por ignorância (*agnóia*), porque não tem o meio de vê-las e de esclarecê-las" (*De Curiositate*, 2).

A pesquisa leva ao descobrimento de tudo, trazendo para a luz dos olhos as formas reais das coisas. A curiosidade também procura tudo revelar, sobremodo no plano ético. "A curiosidade"

---

33. Utilizo este texto na edição Belles Lettres, *De la curiosité*, traduzido por J. Dumortier (cf. Plutarco, *Oeuvres morales*, t. VII, Parte I, 1975, pp. 266 e ss).

[...] é a paixão de se conhecer o escondido e o dissimulado. Mas ninguém esconde o bem que possui. Às vezes nos atribuímos um bem que não temos. O curioso, em seu desejo de saber o que vai mal entre os demais, é tomado pela paixão da maldade, irmã da inveja e da calúnia. Porque a inveja é a tristeza causada pelo contentamento alheio e a maldade é alegria pela sua infelicidade. Ambas nascem de uma cruel paixão, a ruindade (*De Curiositate*, 6).

Plutarco tem a cura para o curioso: a própria pesquisa. Quem se acostumou a semelhante mal deve tratá-lo, de modo homeopático, com ele mesmo. É bom "transferir a curiosidade, transformando-a em gosto da alma por assuntos honestos e agradáveis". E arremata Plutarco: "seja curioso do que se passa no céu e na terra, nos ares e no mar. Pesquise os segredos da natureza, pois ela não se enraivece quando eles são roubados [...]" (*De Curiositate*, 5).

Interrompo minhas observações e me dirijo aos senhores. Se na origem de *transparência* temos dupla significação, a ótima e a péssima, não deveríamos nos acautelar contra o uso indiscriminado desta imagem óptica? Nem sempre o ato de rasgar véus é louvável. Não raro, ele exprime um poder de controle de alguns indivíduos sobre os demais. Assim, a ação de suprimir segredos humanos pode não ser útil para a *res publica*, colaborando, ao contrário, para aumentar a fome de escândalos que em nada edificam a fé política. Quantos de nós, filósofos, juristas, juízes, promotores, podemos dizer, sem hesitação, estarmos livres do segundo significado de transparência? Quando agimos, fazemo-lo por deduzir nossas diretivas de conhecimentos certos, obtidos por meio da paciente pesquisa, ou nos contentamos com o fato de que certas pessoas, notadamente os nossos adversários, são postos à execração? Para diminuir as desgraças possíveis, no exercício injusto da transparência, é preciso corrigir noções da vida ética, ajuntando outras imagens do saber e do mando que a humanidade adquiriu no pretérito.

A transparência pode ser ambígua. Gosto de repetir a lição de Erich Auerbach, um grande hermeneuta literário de nosso tempo. A transparência precisa ser corrigida pela *ponderação* de todos os documentos e atos em pauta num problema ético, político, jurídico. A pressa no concluir é a grande inimiga da justiça e do bem comum. A imprensa, infelizmente, tem o modo particular de concluir rápido em demasia. Os pesquisadores da verdade e do direito não têm esta licença. A eles não pode ser lícito o manejo do holofote, a que se refere Auerbach no livro intitulado *Mimesis*. O que é a prática do holofote? E insisto no fato de que, com esta imagem, estamos em pleno domínio óptico. No exame de um problema, sobretudo implicando a fé pública, quem usa aquele *modus operandi*

[...] ilumina excessivamente uma pequena parte de um grande e complexo contexto, deixando na escuridão todo o restante que puder explicar ou ordenar aquela parte, e que talvez serviria de contrapeso daquilo que é salientado; de tal forma diz-se aparentemente a verdade, pois o que é dito é indiscutível, mas tudo não deixa de ser falsificado, pois, da verdade faz parte toda a verdade, assim como a correta ligação das suas partes[34].

Jornalistas e a maior parte dos leitores não possuem o tempo (físico e psicológico) para seguir o preceito hermenêutico de colher um conjunto factual ou escritural nas suas partes e seguir rumo às partes, reconstituindo seus nexos, tantas vezes quantas forem necessárias, para atingir um todo com sentido pleno, sem partes ocultas. No exato oposto da cautela assim delineada, temos a propaganda ou o proselitismo, com a pressa na análise, na síntese, e na parca busca dos atos e documentos. Os jornalistas não têm desculpas, salvo a concentração temporal que lhes impede o uso de espaços gráficos para exames matizados e justos dos problemas em pauta. Os leitores (eleitores também...) são vítimas e colaboram nessa sofística – com o impulso de extrair conclusões – que impera entre os profissionais da mídia que abusam da transparência.

Auerbach não perdoa, por esse pecado de pressa, sobretudo os intelectuais e magistrados. Eles não têm excusas, porque o truque do holofote "é, na maior parte dos casos, fácil de ser descoberto". O filósofo que assevera coisas sobre a moral ou a lógica sem examinar todos os prismas de uma questão,

---

34. Há uma seqüência de atitudes que devem pesar na balança do juízo ético e jurídico. Remeto para o artigo que publiquei na *Revista Justiça e Democracia*, da Associação Juízes para a Democracia, (jul.-dez. 1996, ano 1, p. 152, intitulado "Sob a Sombra de Trasímaco".

faz tarefa de sofista. O magistrado que não pesa todos os elementos dos autos e não percebe o mundo ao redor dos autos, mundo de onde surgiram os fatos e feitos que os documentos encerram e reproduzem, este magistrado destrói a confiança na justiça[35].

Desde o século XVI, com a Renascença, as pesquisas científicas e morais se beneficiaram de uma saudável desconfiança na imediatez do olhar[36]. Com a desconfiança na metafísica, veio o método como elemento igualizador das forças espirituais, dando oportunidade a todos os seres pensantes, não apenas aos mais elevados e potentes engenhos, de produzir técnica e ciência. Este é o programa de Francis Bacon, pensador importantíssimo tanto para a filosofia quanto para as propostas políticas e democráticas do século XVIII. A presença de Bacon na *Enciclopédia* de Diderot, na sua própria armação, indica o quanto suas concepções de ciência ajudaram a abalar o sistema aristocrático de pensamento, e abriram vias para uma remodelação completa do Estado, o que se conseguiu na Revolução Francesa com as doutrinas sobre a soberania popular[37].

Nos tempos modernos democráticos, determinou-se uma nova representação do saber, conferindo ao espectador,

[...] uma liberdade que antes não era pensável. Este como que se liberta do seu lugar no espaço e pode agora jogar com ele, colocando-se em todos os lugares, adotando as perspectivas e pontos de vista que lhe aprouver [...] A óptica moderna autonomiza-se face à visão enquanto tal e passa a conceber-se como ciência objetiva da luz, a qual encontra na geometria a linguagem adequada e segura. Esta ruptura da solidariedade entre a visão e o visível

---

35. Erich Auerbach, *Mimesis*, São Paulo, Perspectiva, 1971, p. 352.
36. Leonel Ribeiro dos Santos, *Metáforas da Razão, ou Economia Poética do Pensar Kantiano*, Portugal, Fundação Calouste Gulbenkian, 1994, p. 510.
37. Maria Sylvia Carvalho Franco está finalizando uma pesquisa que já integrou sua tese de titulação na Unicamp, sobre o Liberalismo e o Renascimento. Nela, são amplamente discutidas as proposições baconianas acerca do método, e as propostas políticas do pensador inglês. Trata-se de uma obra de fôlego que não cabe resumir aqui. Brevemente o leitor poderá cotejá-la em livro da Editora Unesp. As afirmações postas por mim no corpo desta página, e seus possíveis equívocos, correm por minha conta e risco.

invoca a distinção entre o fenômeno da consciência e a sua causa exterior, correlata, no plano óptico, da distinção [...] entre sujeito e objeto do saber[38].

Os olhos humanos não servem mais, a partir do século XVI, como único *organon* do verdadeiro. Novos instrumentos ópticos ampliam cada vez mais a própria visão, corrigindo-a. Já Francis Bacon louvou as "próteses ópticas", o telescópio, o microscópio, instrumentos destinados a corrigir a vista. Assim, os olhos deixam seu papel hegemônico e sofrem a concorrência dos outros sentidos. A vista é corrigida pelos demais sentidos. Isto ampliou desmesuradamente a necessidade e a importância da comunicação dos saberes e de seu controle recíproco. Nenhuma inspeção científica é absoluta. Todas precisam ser verificadas no seu próprio campo e no campo das outras pesquisas.

Citei portanto os exemplos dos pensadores modernos, de Cartesio até Hegel, passando por Kant, em que a intuição marca o saber mais elevado. É marcado o aristocratismo desta vertente de pensamento, mesmo que se por vezes voltada contra a metafísica, como no caso de Kant, ou a ela favorável, como ocorre com Hegel. Esta linha de pensamento encontrou barreiras no plano filosófico, limites que tiveram conseqüências graves no campo da política e do direito público. No século XVIII, contra a metáfora óptica, Denis Diderot escreveu a *Carta sobre os Cegos*, texto nuclear na moderna demolição da teoria. O pressuposto da antiga *zetesis* com base visual era a *permanência* do objeto verdadeiro. Só o que é e sempre será pode ser pesquisado. A curiosidade, outro lado do sentido visual, o ruim, encarregar-se-ia dos acontecimentos mutáveis. Isto requer a tese complementar da harmonia fundamental da natureza e da sociedade humana.

Diderot recusa o símile óptico para o conhecimento e a idéia de ordem para o mundo físico ou humano. Segundo ele, no princípio e no fim do conhecimento e da ação, reside o caos. "O sentido da vista é o mais superficial", diz a *Carta sobre os Cegos*. Enquanto isso, o tato seria "o mais profundo e filosófico"[39]. A economia dos sentidos se modifica de alto a

---

38. Leonel Ribeiro dos Santos, *op. cit.*, p. 514.
39. Apesar de ser preciso ainda estabelecer nexos mais sólidos nas leituras de Diderot sobre esse ponto, é espantosa a similaridade da impor-

baixo. Não mais o principado inconteste do olhar, mas o democrático convívio instável dos cinco sentidos. No mesmo golpe, inverteu-se a busca do verdadeiro: não mais o que permanece, mas o que se transforma. "O universo", diz R. Niklaus ao comentar a atitude filosófica de Diderot,

[...] desde toda eternidade, toma formas diferentes num devir incessante sem começo nem fim, enquanto nosso mundo finito segue lenta mas inelutavelmente rumo ao seu próprio fim numa "depuração geral" [...] O presente, o passado, o futuro são apenas a soma do mundo que se torna um com a eternidade. Mesmo para nós, há uma espécie de eternidade. Como diz Diderot numa carta a D'Alembert, "Vivo, ajo e reajo em massa... morto, ajo e reajo em moléculas".

A comunicação entre os sentidos dos homens e entre os próprios homens, a partir de Diderot e de Rousseau, não pode mais ser entregue à intuição visual. E as formas que alienam a soberania popular, nos dois pensadores, são regimes tirânicos, explícitos ou disfarçados. Os ruídos de comunicação representam obstáculos inevitáveis, com as idiossincrasias, os idiotismos. As comunicações – social e somática – correspondem cada uma, a partir de agora, à determinada arte. Após Diderot, a junção dos sentidos permite dizer que não há mais a idéia de espaço único, assegurando *a priori* a transparência. Existem pelo menos cinco espaços: o óptico, o tátil, o sonoro, o cinésico e o olfativo. Cada um deles possui estrutura própria. Se os sentidos operam de modos diversos é porque são descontínuos. Assim, só é possível a "tradução" de uns aos outros, o que permite captar alguma simultaneidade entre nós e nós mesmos, entre nós e o mundo[40].

tância do tato, em Condillac e Diderot, com as fórmulas de Aristóteles, no *De partibus animalium* e no segundo livro do *De anima*, no qual se diz que o tato "é a sensação mais precisa no homem". Cf. G. Romeyer-Dherbey, *op. cit.*, p. 450.

40. É claro que estou me referindo, no plano desta novidade diderotiana, à doutrina do olhar definida pela dogmática neoplatônica. O problema do sentido comum, e da economia harmônica dos cinco sentidos, de modo estratégico, em Diderot, segue os lineamentos das doutrinas platônicas (não as neoplatônicas) e aristotélicas. Este problema do senso comum, que atrai comentadores atuais de Diderot, tem sido preocupação dos historiadores da filosofia nos últimos anos. Um evento importante, nesta linha,

A partir dessa nova economia política dos sentidos humanos, a pesquisa científica e moral tornou-se mais difícil, porque ela supõe a captura da alteridade. A noção de transparência não se encontra mais no plano dos pressupostos. Ela só pode residir nos resultados éticos ou epistemológicos. O ponto de partida é a profunda diferença entre os sentidos humanos e a diferença abissal que reina entre os indivíduos. Os homens tornaram-se, ao longo de sua história, opacos uns aos outros. Este é o problema democrático: como conseguir que os diferentes convivam, de modo a assegurar a vida e a segurança de todos e de cada um? Para isso, em termos antropológicos, não é possível partir de um sentido hegemônico, mas da reunião instável dos cinco sentidos. Também não é possível postular um sujeito inteiriço, mas nos encontramos com um sujeito caótico, que se dirige e que recebe mensagens múltiplas e contraditórias, nem sempre imediatamente inteligíveis, de outros. O início das trocas de todos os indivíduos humanos não é cosmos, mas o caos a ser ordenado.

A ciência e a cultura tornam-se incertas. O conhecimento, na física, no direito, na política, é atingido a duras penas, por meio da axiomatização, da matematização, dos experimentos pacientes e sempre renovados. Abre-se caminho para uma percepção complexa da transparência na coisa pública. Como a base lógica é a diferença dos indivíduos[41], e importa atingir de modo político, isto é, pelo contrato, a igualdade destes mesmos seres diferentes, é preciso assegurar que a opa-

---

ocorreu em 1990-1991 na França, na École Normale Supérieure sob o título "Transformations du sens commun". Nele, vários comentadores discutiram o problema em Aristóteles, na tradição medieval, na Idade Moderna. Pena nenhum deles ter tratado a questão em Diderot, apesar de trabalhos terem sido dedicados a Locke e a Berkeley, fundamentais no pensamento diderotiano. Cf. o número inteiro da *Révue de métaphysique et de morale*, n. 96, ano 4, out.-dez. 1991, intitulado *Le sensible: transformations du sens commun, d'Aristote à Reid*, do qual citei acima o artigo de G. Romeyer-Dherbey.

41. *Plano de uma Universidade ou de uma Educação Pública em todas as Ciências* (1755). Este trabalho diderotiano está sendo publicado, pela primeira vez em nossa língua, graças ao esforço do Dr. J. Guinsburg, excelente tradutor do filósofo. Cf. *Diderot: Obras*, São Paulo, Perspectiva, 2000, 2 vols. (Introdução de Roberto Romano).

cidade, própria da diferença, seja diminuída para todos e para cada um dos cidadãos que entram no pacto. Este é o alvo da idéia moderna de transparência. Com a nova perspectiva, a tarefa científica, jurídica, filosófica procura o que se revela para todos os sentidos humanos. Um filósofo ou magistrado que se apegue apenas ao visível não está à altura do saber moderno, e da ética a ele conectada.

O século XVIII filosófico e político aproveitou-se portanto da relativização radical das metáforas ópticas para abrir uma nova senda política. Até o século XVII, apesar do jusnaturalismo e de autores que defendiam a soberania popular em todas as chaves, da católica à protestante, o tratamento da *res publica* continuou no campo do secreto, da *raison d'État*. No século XVIII, duas filosofias, ambas unidas à atitude democrática, abriram atalhos para o trato político. A primeira foi ideada por Denis Diderot. A segunda, por Rousseau. O primeiro produziu teses sobre a educação popular como requisito básico para o exercício, pelo povo, da soberania. Esta última, expressão da vontade geral, fornece a única base possível da transparência no interior do Estado. Ela, no entender do filósofo, não pode sofrer restrições nem em termos lógicos nem no plano da prática. "Não existe", escreve Diderot nas *Observações sobre o Projeto de Constituição para a Rússia*, escrito por Catarina II,

[...] verdadeiro soberano a não ser a nação; não pode existir legislador verdadeiro a não ser o povo; é raro que um povo se submeta sinceramente às leis que são-lhe impostas, ela as amará, as respeitará, obedecerá, defenderá como sua própria obra, se ele for o seu verdadeiro autor [...] O primeiro ponto de um código deve, pois, instruir sobre as precauções que se toma para assegurar às leis a sua validade. A primeira linha de um código bem-feito deve ligar o soberano [...] todo soberano que se recusa ao juramento de fidelidade ao código declara a si mesmo, de antemão, déspota e tirano.

A tese do poder popular soberano traz consigo a doutrina da transparência a ser imposta no exercício político. Diderot e Rousseau coincidem nesse ponto, no qual as águas se dividem. Se ambos tecem encômios à soberania popular, Diderot pensa que a soberania real, com a transparência, só pode ser conseguida se o povo for educado em massa para a vigília cívica, o controle dos governantes. O enciclopedista desejou ampliar os conhecimentos técnicos e científicos das camadas populares. No "Plano de Universidade para a Rússia", ele insiste na idéia de que uma

[...] universidade é uma escola cuja porta está aberta indistintamente para todos os filhos de uma nação, e onde mestres pagos pelo Estado os iniciam no conhecimento elementar de todas as ciências. Eu digo indistintamente, porque seria tão cruel quanto absurdo condenar à ignorância as condições subalternas da sociedade [...] O número de choupanas e de outros edifícios particulares estando para o dos palácios na relação de dez mil para um, há dez mil para apostar contra um que o gênio, os talentos e a virtude sairão antes de uma choupana do que de um palácio [...] É possível ser homem de bem sem justiça? E tem-se justiça sem luzes?[42]

Condorcet, um pouco mais tarde, tentou impor aos governos revolucionários essa doutrina de Diderot, a tese da educação do povo para que este exerça corretamente a soberania. O cidadão, no seu entendimento, deve-se "perguntar se não é vítima de um escrutínio deformado ou cheio de truques. Todo votante deve saber que mesmo as opiniões majoritariamente verdadeiras podem ser, por efeito de procedimentos viciados, combinadas num resultado globalmente errôneo". Não existe democracia real sem povo instruído, a começar pelo cálculo geométrico, terminando nas técnicas e nas artes[43].

Caminho oposto seguiu Rousseau. Nas origens, diz ele, "a natureza humana não era melhor; mas os homens encontravam sua segurança na facilidade de *se penetrar reciprocamente*". Havia transparência plena entre os seres humanos[44].

---

42. Legado no século XVIII do pensamento de Leibniz, com a sua tese sobre a diferença de cada ente natural ou noético: "nenhuma folha é igual à outra". De Condillac a Diderot, Leibniz é a grande fonte escondida.
43. Cf. Catherine Kintzler, "L'option républicaine éclairée", *Condorcet: L'instruction publique et la naissance du citoyen*, Paris, Folio/Essais, 1984, pp. 87 e ss. Para uma análise recente das questões ligadas à soberania popular, ver Pierre Rosanvallon, *La democratie inachevée: Histoire de la souvereneté du peuple en France*, Paris, Gallimard, 2000.
44. Grifos meus. O grande trabalho para o nosso tema é, e o será durante muito tempo, o livro de Jean Starobinski, *Rousseau: A Transparência e o Obstáculo*, traduzido pela Companhia das Letras, São Paulo. Do mesmo autor, e cobrindo o mesmo campo de reflexão, cf. *A Invenção da Liberdade*,

O avanço do mundo civilizado, o enfraquecimento da comunicação e do entendimento, unido à ciência e às artes, tudo isto tornou necessário que se almejasse uma nova transparência, agora no setor político. A democracia garante, com a vontade geral, alguma visibilidade coletiva. Mas é preciso que o povo seja educado para as virtudes cívicas, protegido das sofisticações intelectuais. Diderot e seus êmulos assumiram a vontade geral soberana, a do povo, unida ao ensino científico e técnico. Rousseau e os seus discípulos acentuaram, contra as ciências e artes, a cidadania virtuosa. Ambos, Diderot e Rousseau, engendraram suas razões no campo imagético da transparência. As figuras ópticas são essenciais nas duas doutrinas. E foram exacerbadas na perspectiva de Rousseau, o qual usa a transludidez para o controle dos cidadãos entre si, e do conjunto dos cidadãos pelo educador coletivo.

O povo, por si mesmo, afiança Rousseau,

sempre deseja o bem, mas por si mesmo, ele nem sempre o quer. A vontade geral é sempre reta, mas o juízo que a dirige nem sempre é *esclarecido*. É preciso *fazê-la ver* os objetos tais como eles são, às vezes, tal como eles *devem lhe parecer*, mostrar-lhe o bom caminho que ela procura, garanti-la contra a sedução das vontades particulares, *aproximar de seus olhos* os lugares e os tempos, balançar a atração das vantagens presentes e sensíveis com o perigo dos males afastados e escondidos[45].

Na insistente metáfora óptica, temos o papel do Legislador, personagem situado acima e fora do corpo social, e do poder, cujo mister é corrigir a visão da vontade geral, dando-lhe mesmo ordens para que visualize o que "deve parecer". Em muitos textos de Rousseau, a transparência torna-se, de modo inquietante, autoritária.

Apesar desse traço pouco democrático, Rousseau preserva a soberania do povo. Se há "pacto" para existir "governo" (*gouvernement*), afiança ele, o povo "perde sua qualidade de

---

São Paulo, Ed. Unesp, 1993. Para uma análise semiótica do direito, e da sociedade, a partir da metáfora óptica, cf. Eric Landowski, *La société réfléchie*, Paris, Seuil, 1989, em especial o capítulo IV, "Jogos Ópticos".

45. *Du contrat social*, II, 6, em *Rousseau: Oeuvres complètes*, Paris, Seuil, L'Intégrale, vol. 2, p. 531 (grifos nossos).

povo". Só o povo é legislador, mesmo que precise ser instruído por um sábio, porque nem sempre pode ver o bem que sempre deseja. Não sendo garantida a transparência de pessoa a pessoa (Rousseau conhece perfeitamente o significado de *persona* ou *prosopon*, tendo escrito contra a máscara numa das mais duras críticas à arte teatral depois de Platão, inspirado neste último, a *Carta a D'Alembert sobre os Espetáculos*), é preciso atingir o que existe no fundo da consciência popular. Esta via é autoritária. Vejamos um outro lado, não de todo negativo, nas elaborações de Rousseau. O que significa "governo" no seu entender, sobretudo para os homens que o asseguram?

> Um emprego no qual, enquanto simples funcionários (*officers*) do Soberano, eles exercem em seu nome o poder de que são depositários, e que ele pode limitar, modificar ou retomar quando bem lhe aprouver, sendo a alienação de um tal direito incompatível com a natureza do corpo social e contrário ao fim da associação.

Instituindo o Governo, o Soberano povo converte a Soberania "em Democracia". Cidadãos tornam-se magistrados, funcionários do Soberano. Reunido em Assembléia, o Soberano mostra-se onipotente, o poder Executivo fica suspenso. Este ideal é quase inatingível em nossa época. Robert Derathé[46] registra o fato: hoje, na maioria dos países que se julgam democráticos, "é raro que uma lei possa ser votada sem o assentimento do governo". Os administradores residem num plano especial, imunes à vontade coletiva.

Um discípulo de Rousseau, Robespierre, definiu perfeitamente sua doutrina política:

> As funções públicas não podem ser consideradas como sinais de superioridade, nem como recompensa, mas como deveres públicos. Os delitos dos mandatários do povo devem ser severa e agilmente punidos. Ninguém possui o direito de se pretender mais "inviolável" do que os outros cidadãos. O povo tem o direito de conhecer todos os atos dos seus mandatários; estes devem prestar contas fiéis da sua gestão e sujeitar ao seu juízo com respeito.

---

46. *Jean-Jacques Rousseau et la science politique de son temps*, Paris, Vrin, 1970.

No discurso "Sobre a Constituição", pronunciado em 10 de maio de 1793, Robespierre coloca a aporia ainda hoje irresolvida: "Dar ao governo a força necessária para que os cidadãos respeitem sempre os direitos dos cidadãos; e fazer isto de um modo tal que o governo nunca possa violar estes mesmos direitos". O governo, continua, "é instituído para fazer a vontade geral respeitada. Mas os governantes possuem uma vontade particular: e toda vontade particular tenta dominar a outra". Qualquer constituição deve, segundo Robespierre, "defender a liberdade pública e individual contra o próprio governo". E mais: "A corrupção dos governos tem sua fonte no excesso do seu poder e na sua independência nos confrontos com o povo soberano". Robespierre invectiva a "velha mania dos governos de querer muito governar".

O jacobino alerta contra o tempo longo dos mandatos, dizendo que a sua "duração deve ser breve, aplicando-se este princípio sobretudo aos que têm a mais ampla autoridade". Esta fonte de atividade corruptora, o controle por longo tempo da máquina governamental, deve ser afastada ao mesmo tempo que se cuide, e bem, para que "a legislação e a execução sejam separadas cuidadosamente". O conúbio de legisladores com administrações sempre leva à deturpação de uma ou outra das ações estatais. Mas a recomendação gravíssima de Robespierre para garantir a transparência da vida pública encontra-se, ainda no discurso referido de 1793, no instante em que o democrata recomenda ao povo: "Cuidai bem para não alocar somas extraordinárias aos que governam, qualquer que seja o pretexto para isto, e sobretudo se o alegado é informar a opinião pública. Todas as manipulações da opinião pública só fornecem veneno". Não me contenho e pergunto aos senhores a razão de tantos milhões postos pelos administradores brasileiros, em todos os níveis federativos, na "propaganda oficial", não raro ultrapassando as contas respectivas o patamar do que se destina aos serviços de saúde, educação etc.

Voltemos ao século XVIII. Robespierre diz que "a opinião pública é o juiz dos governantes, estes nunca devem pretender patrocinar e criar a opinião pública". Sem transparência existe impunidade generalizada. "A Constituição", afiança ele, "deve se esforçar sobretudo para submeter os funcionários públicos a uma pesada responsabilidade, colocando-os na efetiva dependência, não dos indivíduos, mas do povo soberano. Quem é independente dos homens, logo se tornará independente de seus deveres. A impunidade é a mãe e a salvaguarda do crime, e o povo será sempre dominado, se não for temido". Segue a idéia:

> A nação toda tem o direito de conhecer a conduta de seus mandatários. O certo, se fosse possível, é que a Assembléia dos deputados deliberasse na presença do povo inteiro. O lugar onde tem assento o corpo legislativo deveria ser um edifício vasto e majestoso, aberto a doze mil espectadores. Assim, sob os olhos de um tão grande número de testemunhas, nem a corrupção nem a intriga, nem a perfídia, ousariam mostrar-se; seria consultada apenas a vontade geral; seria ouvida apenas a voz da razão e do interesse público.

Finalizando: "Um povo cujos representantes não estão obrigados a prestar contas de suas ações, não se pode dizer que ele tenha uma Constituição"[47].

Esse ideário foi banido após o Golpe do Termidor, que substituiu a tese do povo soberano, diante do qual não deveria existir segredo, pelo "mecanismo estatal da autoridade dos proprietários, o que significou instalar a corrupção no centro do Estado" (Alain Badiou)[48]. Não se tem mais cautela diante da ruptura entre povo e governos. Os termidorianos trocaram

---

47. Não traço um cenário idílico do pensamento e das ações jacobinas. Assumo, diante das doutrinas rousseaunianas, com seus frutos, uma atitude crítica. O ideal de transparência, posto como inflexível e absoluto, e quando se instaura, como ocorreu na França, uma ditadura onde o poder de vigiar e punir encontra-se nos ditadores "virtuosos", conduz a formas inaceitáveis de "tirania democrática". Relendo um texto por mim escrito em 1988, imagino ter poucas coisas a corrigir ou recusar na crítica ao ideal jacobino de transparência. Julgo, ainda hoje, que as propostas de Diderot e de Condorcet, a educação do povo soberano, nas ciências e nas artes, para exercer de fato a soberania, é a mais adequada para o Estado democrático de direito. Cf. Roberto Romano, "A Tirania do Olhar", em J. C. Marques Neto e M. Lahuerta (eds.), *O Pensamento em Crise e as Artimanhas do Poder*, São Paulo, Ed. Unesp, 1988, pp. 35 e ss.

48. "Qu'est-ce qu'un thermidorien?", em C. Kintzler e H. Rizk, *La République et la terreur*, Paris, Kimé, 1995. Para todos os desenvolvimentos e citações desta parte, remeto o leitor a este trabalho fundamental, de quem retiro todos os dados teóricos e históricos.

a virtude pelo interesse dos proprietários e do mercado. Citando o termidoriano Boissy d'Anglas, em discurso de 5 Messidor, Ano 3: "Devemos ser governados pelos melhores [...] ora, com poucas exceções, só podemos encontrar semelhantes homens entre os que, possuindo uma propriedade, são apegados ao país que a contém, às leis que a protegem, à tranqüilidade que a conserva".

Badiou pensa a prática termidoriana em nossos dias. "Meditar sobre a corrupção", diz ele, "não é hoje uma tarefa inútil". Um termidoriano, por definição política, identifica-se a um corrompido. Ele é um "aproveitador das precárias convicções políticas. Mas em política só existem convicções (e vontades). E historicamente os termidorianos foram,

o *dossier* tornou-se claro, corrompidos no sentido corrente. E não é por nada que eles vieram depois do Incorruptível. Citemos o dinheiro inglês, que eles receberam com abundância, o saque dos bens nacionais, o açambarcamento dos grãos. Citemos a pilhagem militar (Termidor também trouxe a passagem da guerra republicana, defensiva e baseada em princípios, à guerra de conquista e rapina) e o mercado de fornecimento aos exércitos.

E existe o conúbio termidoriano com os donos de escravos e das colônias. Para todo termidoriano, "histórico ou de hoje, a categoria da Virtude é declarada sem força política". Para ser eficaz, é preciso que a política seja interesse de mercado. Isto é o réquiem da política democrática, com o oportunismo dos ex-jacobinos que vendem a alma por um cargo. "Um termidoriano é constitutivamente (como sujeito) alguém à procura de um lugar". O terrível é que os "termidorianos históricos não foram aristocratas exteriores, restauradores, ou mesmo girondinos. Eles eram gente da maioria robespierrista da Convenção" (Badiou).

Afastando a soberania popular, os termidorianos utilizaram a repressão para garantir os proprietários e os "empregos governamentais" dos acadêmicos, ou dos suficientemente letrados para servirem de escribas e racionalizadores sociais. Após certo tempo, os "engenheiros da sociedade", os sociólogos, foram submetidos aos "economistas", nova casta de infalíveis servidores do Estado e dos governos, grandes protetores da propriedade.

Com o Estado napoleônico, fruto do Termidor antidemocrático, refluiu definitivamente a tese da instrução do verdadeiro soberano (o povo) para que ele pudesse exercer suas prerrogativas. Com isso, temos o fim da noção de transparência democrática, e o advento da polícia científica. Esta garante a visibilidade do corpo social para os governos, e não o vice-versa. A partir daí, foram separados por um abismo os ideais democráticos e o saber. A maior parte das propostas de governo e de conhecimento científico apartou o povo e os intelectuais. Com o Termidor, ergueu-se a tutela dos intelectuais sobre o povo, e uma proteção especial do Estado, no tocante aos assuntos coletivos. Expulsa a soberania popular, o Estado tornou-se o sujeito, especialmente no Executivo, da ação e da vigilância. O romance, forma refinada de análise no século XIX, descreveu as faces do regime policial instaurado sob Napoleão. Basta que se folheie entre milhares, *O Vermelho e o Negro*, para captar a delação como instrumento de governo, as polícias secretas que recebiam informes pormenorizados de cidadãos anônimos sobre opiniões, costumes, de todos e de cada um. O Estado policial totalitário não surge de um dia para outro. Foi preparado por muitos anos de controle exercido sobre corpos e almas.

Vivemos, no Brasil, em tempos de Termidor, desde a Independência até os nossos dias. Os movimentos que deram ao nosso país a soberania política entram na lógica oposta à Revolução Francesa, buscando nos trópicos uma fórmula para se definir o Estado sem a plena soberania popular. Não por acaso, em nossas primeiras constituições imperiais, foi posta, em vez do povo soberano, a guarda da lei suprema nas mãos do Poder Moderador. Este marco autoritário da política brasileira, elogiado ainda no século XX por juristas totalitários como Carl Schmitt, caracteriza, em nossa terra, a reação contra as conquistas democráticas de 1789. Após o longo período imperial, tivemos a tutela da República pelos militares positivistas, que recusavam os princípios da Revolução Francesa, em especial o de soberania do povo.

No século XX, após duas fortes ditaduras, que ajudaram a concentrar o poder decisório ao redor da propriedade e dos intelectuais impostos ao todo social como competentes, a democratização esboçada em 1988 começa a evidenciar alguns frutos. Entre eles, a atividade do Ministério Público. Este, em tempos de controle do país pelos grandes proprietários e pelo capital estrangeiro, em particular nos dois últimos governos eleitos, tem sido esperança de abertura e transparência. Sempre que ocorre uma privatização duvidosa de bens públicos, infelizmente com aval das mais altas cortes de justiça, ali estão os promotores para denunciar procedimentos injustos e ilegais. Mas é difícil lutar contra poderosos que possuem longo treino na prática do segredo. Quando os fatos atingem a luz, eles já foram ruminados, definidos nos gabinetes de Brasília ou na bolsa de Nova York.

Faz-se mister recordar a lição de Norberto Bobbio, justamente sobre os procedimentos silenciosos do poder autocrático, o qual

[...] não apenas se esconde para não deixar que se saiba quem ele é e onde está, mas tende igualmente a esconder as suas reais intenções no momento em que as suas decisões devem tornar-se públicas. Tanto o esconder quanto o se esconder são duas estratégias habituais do ocultamento. Quando não puderes evitar a mistura com o público, coloca a tua máscara.

Termino essas reflexões propondo uma questão. Certo, o trabalho do Ministério Público retoma um ideal democrático e republicano, desde longa data afastado pela contra-revolução que dominou o século XIX e o nosso tempo. Sim, com a transparência da *res publica*, aponta-se para um caminho a mais que pode trazer de volta o regime em que o povo é soberano. Entretanto, se o mesmo povo não recebe, como queriam Diderot, Condorcet e outros democratas, educação científica e tecnológica à altura de nossos dias, se persistir inalterada a doutrina rousseauniana de que o mais importante é a educação para os valores (como a virtude, a luta contra a corrupção isolada da luta pela ciência), creio ser impossível estabelecer um regime democrático de fato no Brasil. Sem ciência, arte e técnicas para o povo, podemos temer que os promotores de justiça – como no século XVIII, os democratas – fiquem isolados a partir de certo patamar, enfrentando os termidorianos no poder sem apoio significativo da população. O ideal de transparência, penso, só pode ser efetivo, em prazo longo, se for encetada a luta exaustiva pela educação popular, não apenas no plano axiológico, mas no campo técnico, humanístico, científico. Como diz o enciclopedista Diderot:

> [...] há dez mil para apostar contra que o gênio, os talentos e a virtude sairão antes de uma choupana do que de um palácio – A virtude! – Sim, a virtude; porque é preciso mais razão, mais luzes e força do que se supõe comumente para ser verdadeiramente homem de bem. É possível ser homem de bem sem justiça? E tem-se justiça sem luzes?

Transparência, para um povo deseducado no manejo do pensamento é apenas escravidão sob intelectuais supostamente iluminados que *usurpam*, este é termo, a soberania.

3. RAZÃO E RETÓRICA NA FILOSOFIA DE THOMAS HOBBES

Quentin Skinner se notabiliza pela grande quantidade de textos publicados nos últimos anos, a maioria deles sobre o pensamento político e filosófico. Nem todos os seus escritos suscitam entusiasmo nos que se dedicam ao estudo das fontes. Certos manuais de sua lavra, embora úteis aos iniciantes, generalizam formas particulares, abstraem de modo excessivo certos ângulos históricos e teóricos, dando a falsa impressão de um domínio "completo" dos campos expostos. Por semelhantes motivos, é boa surpresa o recente *Reason and Rhetoric in the Philosophy of Hobbes*. Foi uma boa notícia a tradução do texto fosse no Brasil, pela Editora Unesp (*Razão e Retórica na Filosofia de Hobbes*) por motivos que apresento adiante. Entremos no essencial do livro. Quais as suas novidades?

A primeira, é o paciente estudo das bases retóricas, clássicas, de que se valeu Hobbes. Vários trabalhos preocuparam-se, desde o século XX, em dissecar a estrutura argumentativa hobbesiana, trazendo-a para longe ou perto do ofício da persuasão. Na superfície, a atitude de Hobbes é contrária à retórica, seguindo procedimentos científicos e matemáticos que dispensariam a fábrica de sofismas inaugurada na Grécia e próspera no Império Romano e na sua herdeira, a Igreja católica. Mas, em sentido contrário, com base em sólida análise das fontes, Skinner prova a real importância da retórica nos escritos hobbesianos. Em capítulos eruditos e rigorosos, o livro exibe, passo a passo, a forma cultural anterior à *epistéme* que presidiu a escrita do século XVII, o desconhecido e caluniado "humanismo renascentista". A primeira parte do trabalho realiza um *survey* da problemática retórica na Inglaterra do Renascimento, desde o *curriculum* escolar até a política, a jurisprudência, a filosofia. Particularmente importantes são os capítulos 3 e 5 dessa parte ("The Means of Persuasion" e "The Uses of Imagery"). Este último capítulo resume as técnicas de manipulação dos ouvidos tendo em vista os alvos do locutor ("Converting auditors into spectators") e os modos de uso das imagens "temperadas" pelo juízo. Todo estudioso cultivado percebe a importância desses tópicos. O pensador que se preocupa com a persuasão demagógica sabe o quanto é estratégico o uso das imagens nas falas religiosas, políticas, econômicas etc. Basta ter lido o *Sermão da Sexagésima*, do Padre Vieira, para se aquilatar o peso da reflexão sobre a imagem, na Antigüidade e na Época Moderna. Basta ter lido, entre os teóricos mais importantes do século XX, o monumento de Rosemund Tuve sobre a imagética dos séculos XVI e XVII.

Hobbes utilizou a retórica do imaginário mecânico à exaustão, para expor o Estado-máquina que garantiria a vida de todos e de cada um. Se acompanharmos seus textos, poderemos notar as mudanças imanentes a esse ideário, unido à cultura na qual Galileu é um marco. O livro da natureza, e o da política, o das paixões humanas etc. foram escritos em caracteres matemáticos. O platonismo invade as dobras das exposições teóricas, evidenciando enorme desconfiança frente ao retor e ao sofista, seu irmão de armas e de intentos. O autor do *Leviatã* partilhou esta suspeita até o fim da vida. Mas não por falta de saberes e de meios persuasivos. Pelo contrário. Ele está consciente da advertência, posta no diálogo platônico: "mente melhor, quem mais conhece". Por isso mesmo, Hobbes tenta, nos seus textos iniciais, romper com os encantos da retórica, guardando a fé nos processos racionais e matemáticos, passíveis de serem atingidos pelos homens de modo desapaixonado.

Skinner, então, acompanha no progresso do próprio Hobbes os traços da retórica e da ciência. No capítulo 6, da segunda parte, são desenhadas as bases do humanismo inicial do filósofo. O capítulo 7 mostra a importante recusa hobbesiana da eloqüência, especialmente na denúncia da *inventio*, da *elocutio* e do ataque ao ideal humanista do *vir civilis*. A *inventio* foi exorcizada por Hobbes, devido à bajulação da audiência, visando manipular a sua língua e o seu pensamento. Todo bom demagogo sabe que é preciso armar o discurso de modo a torná-lo agradável aos ouvintes, repetindo o que estes últimos julgam ser verdadeiro, bom, honesto, belo. Em *The Elements of Law*, isso é dito com todas as letras. Se tomamos, diz Hobbes, como princípios "those opinions; which are already vulgarly received", terminamos caindo em enunciados "usually erroneous".

Estes senões atingem o máximo na tese de que o alvo da eloqüência "is not the truth but victory, so that the truth is only attained by accident". Nota irônica: falar sobre algo não significa "conhecer". "For if the words alone were sufficient, a Parrot might be taught as well to know a truth, as to speak it." Um gárrulo demagogo pode possuir conhecimentos, mas se limita, como o sofista perseguido nos diálogos platônicos, à "doxa", o que, no entender de Hobbes, é pura sandice erudita. Diderot, leitor entusiasta de Hobbes, dirá que a "retórica é a arte de falar antes de pensar" ("Plano de Universidade para a Rússia", traduzido para o português pelo Professor J. Guinsburg, nas *Obras de Diderot* em dois volumes). Assim, é coerente a recusa hobbesiana da *elocutio*, com os enfeites imagéticos para mover as paixões dos ouvintes. O ataque mais duro segue contra o ideal clássico e renascentista do *vir civilis*. A eloqüência é fonte da ruína da república, pensa Hobbes, e não um remédio para a sua longa duração. Os povos ignaros e seus "condutores" são como as bruxas (e bacantes) lideradas por Medéia, as quais desejavam rejuvenescer seu velho pai. Elas o picaram e o jogaram numa panela fumegante. O ancião e a república morrem esfacelados pelos cortes. Nada mais. (Peço ao leitor que se dirija ao ensaio "O Caldeirão de Medéia", inserido nesta coletânea.) A retórica é perigosa, sobretudo se posta na língua dos que buscam, na política, os seus interesses pessoais. O *vir civilis* é louco. E também enlouquece o vulgo apaixonado.

Apesar de semelhantes recusas, cuja origem é ao mesmo tempo antiga (Platão) e moderna (a certeza da superior força matemática, por intermédio de Galileu), Quentin Skinner mostra Hobbes reconsiderando sua atitude diante da retórica. Isso se expõe no excelente capítulo intitulado "Hobbe's Reconsideration of Eloquence" (capítulo 9). Hobbes, antes, tinha insistido na razão como força para persuadir. Mas perdeu essa confiança. Um dos motivos principais deste desencanto é a constatação, feita pelo filósofo, de que o povo cai "vehemently in love with their own new opinions (though never so absurd)", e se torna "obstinately bent to maintain them". A cabeça vulgar é dura, como repetirão incansavelmente os filósofos e cientistas, do século XVII aos nossos dias. *Eigensinn*, dirá Hegel, das mentes obstinadas e presas à opinião. Kant, no *Conflito das Faculdades*, sublinha o fato de que os membros do "povo", que ele chama de "idiotas", desejam ser enganados. Como lutar contra os preconceitos, segundo o programa da modernidade – cartesiana ou não –, sem alguma retórica? Não basta a frase rápida, no *Discurso do Método*: "Je savais [...] que l'eloquence a des forces et des beautés incomparables". Sim, belezas que, se não forem usadas, conduzem o pensador ao deserto, ao encerramento no *cogito*, cuja saída é uma incógnita só revelada por Deus e pelo delírio metafísico. Descartes pode dizer que seguia "comme un homme que marche seul et dans le ténèbres". Não Hobbes, autor político em primeiro plano.

Logo, chegamos à questão essencial: "If the findings of civil science possess no inherent power to convince, how can we hope to empower them? How can we hope to win attention and consent, especially from those whose passions; and ignorance are liable to make them repudiate even the clearest scientific proofs?". Pergunta incômoda, que apresenta todo um programa de ação, nuclear, como sabemos, no século XVIII, era das Luzes e do *Sapere aude*. Mesmo em nossos dias é fácil encontrar, nos países mais cultos e "civilizados", grupos enormes de pessoas que recusam as bases científicas e racionais em proveito dos mandamentos religiosos, tomados ao pé da letra. Basta recordar as "universidades" norte-americanas criacionistas, onde são proibidas disciplinas ligadas à teoria da evolução. Basta ler os jornais e revistas, ligar a televisão ou rádio, para toparmos com os berros dos fundamentalistas, que acreditam, de fato, ter o mundo cinco mil anos etc. Isso para não falar da criminosa manutenção de massas inteiras na ignorância, por estratégia política de dominação, como é o caso do Brasil e dos países sul-americanos. Tudo nos leva a concordar com Hobbes quando, no *Leviatã*, ele afirma serem as ciências um *small Power*, comparadas à demagógica eloquência. Os publicitários, os retores e sofistas do nosso tempo fazem presidentes, parlamentares, ministros, generais. Eles fazem até bispos e papas. A última novidade é que eles já começam a fazer deuses à sua imagem. Recentemente ocorreu, no Brasil, um encontro de *marketing* religioso, promovido pelo movimento carismático do catolicismo. Ali, uma agência famosa de publicidade foi contratada para vender um deus assimilável pelo homem urbano, em concorrência com os deuses de Edir Macedo e quejandos. A retórica não morreu. Quem está na beira do túmulo é a razão científica, defendida por um número diminuto de cérebros, especialmente nas universidades.

O velho mestre, Francis Bacon, dizia no aforismo célebre: "Knowledge and power meet in one". O que foi "traduzido" de modo imprudente e errado como "saber é poder". Não. Bacon tinha pleno conhecimento dos estragos que a eloquência, quando dirigida pela demagogia e lisonja, traria para o saber e para o poder. Saber e poder se encontram, se houver método – o instrumento que permite igualizar as bases dos cérebros humanos, fazendo-os, na maioria, capazes de ciência. Este é o alvo político da *Instauratio Magna*. Mas nunca o Chanceler da Inglaterra acreditou que a ciência fosse imediatamente idêntica ao poder. Por isso, em sua árvore do conhecimento, ele reservou um lugar para a retórica, a serviço da exposição da sapiência.

A tarefa também foi enfrentada por Hobbes. Como diz Skinner: "if the findings of civil science are to be credited, they will have to be proclaimed with eloquence, since reason cannot in itself hope to prevail". Os primeiros escritos hobbesianos pediam "attention" ao leitor. Agora, eles pedem "attention and consent". Como dissemos, na *Instauratio Magna* Francis Bacon afirmara que a razão permaneceria servil e cativa enquanto não empregasse a "eloqüência da persuasão". Tendo recusado esta via, Hobbes, no entanto, nela penetra com os dois pés. Por exemplo, no *Leviatã*: "if there be not powerful Eloquence, which procureth attention and Consent, the effect of Reason will be little". E Skinner passa a descrever o uso hobbesiano da retórica, com o adorno da verdade, como no velho preceito de Lucrecio, muito recordado por Bacon e pelo Renascimento: num copo de remédio amargo, colocar nas bordas o mel agradável. A receita é difícil. Bem sabemos o quanto os pensadores são "convidados" pela "opinião pública", ou pelos governantes, a exagerar na dose melíflua, em detrimento do fel científico. Não foi por outro motivo que Espinosa recusou a cátedra de filosofia, em Heidelberg.

Para evitar o melado, o empanturramento do enfeite e a simples reiteração do *ethos* opinativo, Hobbes pede ajuda de um velho arsenal, escondido nos porões da retórica e sempre evitado pelos pensadores "sérios". Trata-se da fábrica das risadas contra a vanglória dos que não sabem, e imaginam saber e contra o dogmatismo dos que não sabem, e empurram "verdades" sobre as mentes do vulgo. Os últimos capítulos de Skinner trazem uma fascinante descrição dessas técnicas satíricas na escrita hobbesiana, fornecendo do nosso pensador uma dimensão original e perfeitamente inteligível, consideradas as dificuldades para vingar a ciência no reino dos estultos. Os capítulos intitulados "The Provocation of Laughter", "The Expression of Scorn: The Tropes" e "The Expression of Scorn: The Figures" lembram ao leitor que Hobbes pertence à cultura que gerou Shakespeare, Swift, Joyce. E que ele freqüentou uma sociedade letrada em que os ecos de Erasmo e de Rabelais se faziam sentir fortemente, nas comédias de

Molière e nas sátiras de Boileau e, logo no século seguinte, nas peças mordentes de Voltaire, Diderot, Cazote.

A eficácia fulminante do riso foi assumida por Hobbes em boa hora. Como afirmou Henry More, em 1662, quando Hobbes escreveu o *Leviatã*, ele reconheceu que, no argumento político, "the humours and Bravadoes of Eloquence, especially amongst the simple, is a very effectual and serviceable instrument". A receita foi seguida por todos os grandes pensadores políticos modernos. Mesmo Hegel, o muito sério especulativo, usou o ridículo contra o senso comum. É o caso das gargalhadas contra o pedante que exigiu a dedução do tinteiro, da caneta etc. usados pelo filósofo empiricamente. É o caso da velhinha sem honestidade e de seus ovos podres em "Quem Pensa Abstrato?". É o caso de muitas ironias, especialmente contra os românticos, ao longo da "Fenomenologia", da "Lógica", das "Lições" sobre quase tudo, ministradas em sua cátedra de Berlim. Marx também usou e abusou da sátira. Basta lembrar as invectivas – muitas de gosto duvidoso – dirigidas aos seus colegas hegelianos, na *Ideologia Alemã*. Schopenhauer ocupou-se do riso como base para a percepção do mundo como vazio enganador. Bergson desenvolveu muitas intuições importantes nesse campo, aprimoradas de modo imagético por Marcel Proust.

Numa era em que a seriedade emburrecedora tomou conta dos intelectos, e das academias, consola encontrar, numa editora que integra uma das mais conservadoras universidades do mundo, a de Cambridge, um trabalho desse feitio. Já era tempo de traduzir o texto, para que se abrisse a cabeça dos fundamentalistas; políticos que só pensam a partir de lugares-comuns sem base científica e sem graça. Enquanto isso não ocorrer, enquanto as inteligências brasileiras não encontrarem a ciência e o riso ágil, elas perderão sempre para os truculentos de plantão, no Planalto ou nos quartéis. Vocês se lembram do bom Stanislau Ponte Preta, nos dias mais sombrios do regime castrense? Para tudo há uma revolução e um Termidor. No riso, os antigos piadistas do *Pasquim*, hoje expelem maus bofes, exigindo o fugimorismo no Brasil. Eles estão mortos e não sabem. Será preciso um Luciano para despertá-los do sono dogmático, por eles entendido, passe a ironia, como plano "real".

4. A DANÇA E A LIRA: NOTAS SOBRE A GUERRA E A PAZ EM HEGEL, EMPÉDOCLES E HÖLDERLIN

> *Ó Paz inocente! as crianças são mais sábias*
> *Quase do que nós, adultos; a discórdia*
> *Não lhes perturba o espírito, pois são boas,*
> *e o seu olhar continua claro e alegre.*
>
> HÖLDERLIN

A guerra, mais do que nenhuma outra experiência cósmica ou social, fascina e serve como fonte de ciência, labor filosófico, poesia, de Homero a Stanley Kubrick. As artes apresentam imagens de um ser proteiforme, sempre apto a destruir barreiras. Querendo a essência angélica, a besta racional esquece sua gênese terrestre, faz-se lunática. Agita-se numa dança trôpega cuja parceira irônica é a morte. A Bomba traduz instantaneamente, para o aqui e o agora fugazes, a infinita força do engenho. Tudo ocorre como se os homens, não conseguindo pensar a passagem da razão à insânia, buscassem outra maneira para representá-la, exorcizando-a. A morte na guerra, que resulta do refinado cálculo, é cantada pelos sentimentos superiores. O risco maior reside, então, em ver o conflito mortal unicamente pelo prisma estético, integrando até o horror nele exposto. Como em Novalis:

> Na guerra agitam-se as águas originais [...] verdadeira é a guerra de religião; ela vai diretamente ao Abismo e nela a loucura do homem mostra-se em toda sua plenitude. Quantas guerras [...] são verdadeiros poemas!

Entre as figuras geométricas freqüentemente evocadas para descrever a guerra, e a violência que a precede, o círculo domina. Quando o pensar colhe, além do espaço conflituoso, o tempo que o define, a esfera cósmica ou social é concebida em movimento, sempre acelerado, que agrega e fragmenta tudo o que existe no seu contínuo rodopio. Exemplo:

> [...] o anjo exterminador gira como o sol ao redor deste infeliz globo, e só deixa uma Nação respirar para ferir outra. Mas quando os crimes [...] acumulam-se até um certo ponto, o anjo acelera sem medida o seu vôo infatigável. Semelhante à tocha ardente girada com rapidez, a imensa velocidade de seu movimento o torna presente em todos os pontos de sua temível órbita [Joseph De Maistre].

Em Hegel e Hölderlin, a figura do círculo infernal guerreiro, de modos diferentes, serve de modelo para pensar o mundo, a cultura humana. Na juventude, a meditação comum sobre Empédocles reuniu os dois alemães. O fio condutor de ambos, na época, era a questão do Destino, potência cega que traz a morte. Polemos ou Eros? Qual potência é hegemônica? O caminho dialético consistiu em indicar a passagem permanente de um elemento no outro, em ciclos de vida e morte. Os jovens seminaristas de Tübingen viam no Amor um possível modo de superar a eterna volta do Mesmo, e não na guerra. Após seguirem caminhos diversos, poeta e filósofo continuaram representando a guerra e a paz, tendo como pano de fundo um círculo que fragmenta ou reúne, conforme o seu próprio movimento, as partes do mundo. Os vários resultados a que chegaram é o que iremos sugerir.

Empédocles desenhou, com duras letras, a permanente revolução do mundo e, nele, a do homem. No princípio, a

Esfera "arredondada exultando na sua solidão circular", reunindo os participantes ("o fogo e a água e a terra e a vasta altura do ar"), move-se pela Discórdia e pelo Amor. Dos elementos, "cada um tem a sua prerrogativa diferente e o seu próprio caráter, e prevalece cada um, por sua vez, à medida que o tempo gira". Imperando a guerra, a Esfera se divide, construindo-se o cosmos, enquanto o Amor manifesta seu poder misturando e formando os seres vivos. Não cabe, aqui, discutir longamente as complexas interpretações desses pontos, o leitor interessado pode dirigir-se, nesse sentido, às análises de F. Solmsen (*Love and Strife in Empedocles Cosmology*).

Importa, entretanto, notar que a esfera de Empédocles move-se do Uno ao Múltiplo, e vice-versa, através dos campos opostos, prevalecendo momentaneamente um deles "à medida que o tempo gira". A corrosão guerreira não surge, para ele, com o homem. Sua origem é arcaica, em sentido efetivo e próprio, enquanto força e causa originárias. "Amor" e "Discórdia" enunciam poderes violentos que se prolongam nos entes humanos, sob as formas da paixão e dos atos.

Guerra e sacrifício constituem uma só e mesma coisa na vida dos homens. Lamenta Empédocles: "chorei e gemi quando vi o lugar estranho [...] sem alegria, onde a carnificina e a Ira, e tribos de outros males, as pestes devastadoras, e a ruína, e os dilúvios vagueiam na escuridão pelo prado da Desgraça". Quando reina, a guerra permeia cada átomo, cada átimo da realidade. Expulsa do plano físico, ela continua sua obra nas relações humanas, como voragem perpétua: "o pai ergue o seu próprio filho querido, a sua forma mudada, e, rezando, mata-o, louco insensato; e as pessoas ficam confusas quando sacrificam a vítima que implora [...]". O mito titânico, de origem órfica, refere-se aqui à nutrição carnívora, universal derramamento de sangue. Dele, a guerra humana é só um episódio. "Não cessareis a carnificina odiosa? Não vedes em que loucuras descuidadas vos estais a consumir uns aos outros?" A esfera de Empédocles, que para certos comentadores é extraída claramente de Parmênides, possui a característica de mover-se no bailado dos quatro elementos, e na música de Amor e Ódio. Passemos a Hegel.

Digamos, antes, que pensar a guerra exige olhos de criança e coleios de velho astuto. Ao pensamento apenas engenhoso, simples taxinomia, escapa a passagem sutil entre os componentes de sua formação. O procedimento classificatório representa a guerra e a paz ao lado, após ou uma antes da outra, separando-as. Como diz Elias Canetti de Aristóteles e de seu rígido e racional método: este procedimento "consiste em reduzir a realidade a fichas, cada qual na sua gaveta". A dialética procura, no plano oposto do pensamento, dançar no ritmo e no movimento efetivos, abraçando ao mesmo tempo os dois lados, naturais e humanos, da guerra e da paz. Sua razão leve e ágil busca superar o rigor analítico. Este último, se abandonado a si, perde toda a elasticidade. Como recorda um escritor de hoje,

[...] a dialética é uma forma de pensamento mais poético do que abstrato, uma visão. Após tentarem, durante muitos anos, programar o raciocínio dialético para o computador, os sábios russos foram obrigados, parece, a esquecer seu desígnio. A máquina rebela-se definitivamente contra um modo de pensar que, de fato, só é imagem, ou melhor, movimento, gesto esboçado e nunca abstração [Pierre Bertaux].

Com esse ponto, passemos à concepção circular da vida, em momentos estratégicos da filosofia hegeliana. Quase sempre, ao repetir o dito comum sobre a verdade na qualidade de Todo, se esquece justamente o campo imagético que lhe corresponde. Citemos:

O aparecer é o movimento de parto e morte que, ele mesmo, não nasce nem morre, mas é em si, constituindo o efetivo movimento vital da verdade. O verdadeiro é transe, delírio báquico, no qual todo membro está embriagado; e como ele dissolve em si, imediatamente, cada um de seus integrantes que dele procura escapar, ele é também o repouso simples e transparente [Hegel, Prefácio, *Fenomenologia do Espírito*].

Com efeito, a máquina, resultando apenas do intelecto, é demasiado sóbria para expressar semelhante experiência alcoólica. Morte e vida, verdade e mentira, guerra e paz são danças coletivas, cujo sentido só aparece no movimento que se manifesta, ao mesmo tempo, como repouso. Nomear um termo desligando-o do outro significa reduzir os dois "à morta positividade"(*idem*).

Observemos bem as figuras ideadas por Hegel. A sua lembrança das *Bacantes* (Eurípedes) não é aleatória. O filósofo alemão moderno um dia escreveu o poema *Eleusis*, e conhece perfeitamente o espírito grego. E quanto... Sobre isto, basta consultar hoje o bem-informado escrito de D. Janicaud, *Hegel e o Destino da Grécia*. O que esta autora não trabalha, entretanto, é a apropriação hegeliana do substancial em Eurípedes. Longe da inocente ciranda, a imagem da *Fenomenologia* – roda que move o coletivo e a verdade – gira com extrema violência. A frase mestra, no trecho citado acima, condensa-se na fina e cortante palavra, dissolução (*Auflösung*).

O delírio desmembra, despedaça, pulveriza, dissolve cada membro que procura fugir do círculo. O Todo, nesse momento, nutre os indivíduos, mas deles também se alimenta. O coletivo, e suas parcelas, ambos se devoram, inebriados pelo vinho ou pelo sangue. Dilaceramento em duplo sentido, pois nas *Bacantes* desencadeia-se a fúria de Dioniso, o deus despedaçado e que dilacera. Ora, um aspecto desta divindade, hoje inferido por Maria Daraki, é a circulação. "Dioniso não é o deus que 'sofre' mas que circula. Suas partidas e chegadas inscrevem-se num percurso circular que estabelece a junção entre o mundo dos mortos e o dos vivos."

É de bastante importância, para a análise da imagem hegeliana que estamos fazendo, a conclusão do enunciado acima, em Maria Daraki: "O dionisismo é o campo de uma lógica circular que maneja perfeitamente a 'oposição binária' mas [...] em vez de opor os termos antagônicos [...] os liga, assegura sua união em circuitos repetitivos que se reagrupam num sistema rigoroso" (*Dionysos*). Circulação, sim, sobretudo das desgraças. O deus louco, embriagado, age por intermédio dos cidadãos, por pessoas instrumentalizadas. Como lembra Walter Otto, quando Dioniso chegou em Argos, e os habitantes não quiseram adorá-lo, ele jogou as mulheres no delírio, e elas devoraram a carne de seus próprios filhos ("A Tenebrosa Demência", em *Dionysos*).

Nas *Bacantes*, as mênades precipitam-se sobre um rebanho de bois, matam os animais poderosos, e lhes arrancam os membros. Orestes e Pylades, que se apossaram de Hermione, são comparados às bacantes carregando um animalzinho. "O verbo *nebrizein*", termina Walter Otto, "é empregado para descrever o despedaçamento de jovens cabritos pelas mênades". A folia dionisíaca, que se efetiva na música, na dança e no vinho, mostra-se como "união de opostos [...] de espantosa violência", diz o mesmo autor. De qualquer modo, a loucura da peça mostra a distância infinita entre "o nada do espírito humano e a exigência total, inelutável, afirmação terrível do divino" (H. Jeanmaire, *Dionysos*). Ela indica permanente dissolução.

O comentário de René Girard sobre as *Bacantes* traz o problema da instauração societária. O linchamento cumpre, internamente, o que a guerra realiza nas relações entre os povos. Furor originariamente homicida, a embriaguez dionisíaca, sacrifício que funda a comunhão, faz do Todo o grande sacerdote, e das partes, vítimas potenciais permanentes.

> A metamorfose dos pacíficos cidadãos em bestas feras é demasiado atroz e passageira para que a comunidade aceite nela se reconhecer, para que ela acolha como seu o estranho e terrível rosto que, aliás, só foi visto de relance [René Girard, *A Violência e o Sagrado*].

No linchamento (e como sabemos disso, no Brasil) todos podem ser a vítima. O mesmo dá-se na guerra. Podemos, pois, apontar uma origem grega para a comparação hegeliana da história universal com... um sanguinolento, despedaçador banco de açougue (*Schlachtbank*). Ou, em outros termos, sem o perpétuo ato de dilaceração (*Zerrissenheit*), inexiste qualquer verdade para o espírito.

A imagem hegeliana – o círculo dançante – salienta o repouso e o movimento. A história, uma carnificina, define-se entre os dois pólos. Na mesma imagem, alternam-se nascimento e morte. Fenômeno igual ocorre na cultura. Para que uma nova forma de vida venha à luz, o espírito amadurece, lenta e silenciosamente, chegando à ruptura com sua forma atual. É preciso que ele

> [...] dissolva (*löst*) o edifício (*des Baues*) do seu mundo anterior rumo a um outro, e só percebe-se a sua oscilação por sintomas esporádicos [...] Este esmigalhamento (*Zerbröckeln*) que não transforma a fisionomia do Todo, é bruscamente interrompido pelo surgir do sol e este, num clarão, desenha numa só vez a forma do mundo novo [Hegel, *op. cit.*].

Há muito, na "Tese XI" de Marx contra Feuerbach, a ser aproximado dessa passagem hegeliana. Não há transformação do mundo, e dos indivíduos, sem violência, sem *Auflösung*. Note-se a metáfora arquitetônica (infra e supra-estrutura) para definir uma época e um sistema de relações sociais, presente em Hegel e repetida em Marx.

O Hegel maduro, leitor da Economia Política Inglesa, traduz a grosseria societária mais diretamente.

> Esta é a prosa da existência humana [...] o indivíduo, para se manter na sua singularidade, deve, muitas vezes, fazer-se meio para os outros, servir os seus fins limitados e igualmente rebaixar os demais a simples meio, para satisfazer os seus pequenos interesses próprios ["A Limitação da Existência Individual Imediata" em *Lições sobre a Estética*].

Deste mundo prosaico e desgraçado, finito e mutável, mundo da necessidade pura, da carência, "o indivíduo não pode escapar" (*idem*) no mundo moderno.

O prosaísmo societário, que um dia foi definido como "luta de todos contra todos", quando Hobbes o situou *antes* da vida civil, quando na verdade deveria colocá-lo em seu interior, é, para Hegel, o plano exato da violência que deve ser reprimido:

> [...] pois todo ser vivo visto isoladamente permanece na contradição de ser para si mesmo como esta unidade fechada, mas de depender ao mesmo tempo dos outros. A luta para a solução (*Lösung*) da contradição (*Widerspruch*) não sai desta procura e continuidade da guerra permanente [*idem*].

Na *Lógica* (Livro III, 1, B) hegeliana, quando ainda se descreve o processo vital, o impulso (*Trieb*) de eliminar toda alteridade conduz o ser vivo ao choque entre sua interioridade e o mundo externo, de que depende. O sentimento (*Gefühl*) deste embate é a dor. "Quando se diz que não é possível pensar a contradição, lembremos que ela o é, entretanto, sobretudo na dor (*Schmerz*) do ser vivo, onde ela surge como uma existência efetiva." A violência já se define, pois, no encontro entre o ente vivo e a natureza. Genérica dor-de-tortos. A marca dolorosa, cujo apaziguamento é sempre passageiro, segue o itinerário humano rumo à cultura, mundo intelectualizado, "reino animal do espírito".

Na sociedade civil burguesa, em que reina o intelecto calculador, Hegel discute a posse e mostra que esta, ainda não pleno direito de propriedade, dá-se pelas garras humanas. A posse, eu a exerço com as minhas mãos, mas seu domínio deve ser ampliado. "A mão é este grande órgão não possuído por nenhum animal. O que eu pego com ela pode também se transformar num meio (*Mittel*) com que eu agarro outra coisa" (*Lições sobre a Filosofia do Direito*, § 55 e adição). Aí temos uma óptica nada tranqüilizadora do "idealismo", a idéia do conceito, *Begriff*, na qualidade de garra. Entre os principais instrumentos para ampliar minha posse e poder sobre os outros, sublinha Hegel, estão as "forças mecânicas e as armas". Da guerra à especulação, tudo se passa como violenta apropriação e dissolução da alteridade.

A guerra civil, reprimida, esmaece a consciência da violentação societária. Os indivíduos "esquecem" a sua ferocidade primeira. Enquanto agarram destramente os bens, uns dos outros, encerram-se eles no particular, estraçalhando alegremente o Todo. Este, um dia, agarra-os, tomando-lhes tudo o que acumularam. Ilusão de óptica civil: quando a roda gira mais rápido, parece estar quieta. Repouso translúcido...

Cláudio Cesa, ao tratar a guerra na teoria hegeliana, afirma que tal fenômeno continua sendo, para Hegel, irracional. Mas, ao mesmo tempo, ele permite liberar a vida humana de outra irracionalidade, "aquela forma 'louca' em que tomba o espírito civil, abandonado a si mesmo". A guerra marca a passagem para o universal da batalha continuada que os não-perspicazes imaginam como "paz": o mercado. Na guerra moderna, as mãos perdem, para Hegel, sua importância. Como garras, os instrumentos servem melhor aos novos fins. Na luta contemporânea, "um ato de coragem mecânico" substitui a pessoa. O guerreiro é apenas "um membro do Todo". Hoje, na roda báquica, as mênades esfacelam corpos alheios com armas, esquecem as mãos. "A invenção da arma de fogo", assevera Hegel, "transformou o aspecto puramente pessoal da coragem num aspecto mais abstrato" (*idem*, § 328, nota).

Clausewitz recusou com firmeza essa imprudente confiança nos instrumentos guerreiros: "para utilizar corretamente nossa arma principal, a de fogo, não basta um simples manejo mecânico, como propaga a opinião" ("Carta a Fichte", 11.1.1809). O parecer do grande teórico germânico da guerra deve pesar no juízo acerca da forma instrumental nos processos de morte generalizada. Importa, entretanto, ter Hegel apresentado as metamorfoses do círculo violento. Sua refinada escala segue do organismo vivo às mais altas efetivações espirituais. Os mecanismos, de "paz" ou de "guerra", condensam as forças humanas, destruidoras da natureza na sua imediatez, que já se manifestam no impulso original enquanto dor infinita dos homens. O apaziguamento subjetivo jamais será encontrado na dança das bacantes, mas apenas no plano da arte, especialmente na música, forma suprema do sentido, e no Conceito, que se tornou autônomo, na qualidade de filosofia, ciência, da sensibilidade. Esta é a conclusão das elaborações hegelianas.

A música, diz Hegel, tranqüiliza a sede das paixões, sobretudo das sanguinárias.

Música é espírito, o imediato ressoar para si mesmo, sentir-se satisfeito com a própria percepção. Mas enquanto bela arte, do lado espiritual, a ela cumpre moderar os afetos e sua expressão, para que não se tornem uma fúria báquica (*bacchantischen Toben*) e vórtice tumultuoso das paixões, ou se detenham na divisão do desespero.

Nosso filósofo enumera seus compositores favoritos, nesta arte realmente idealista: Palestrina, Durante, Lotti, Pergolesi, Gluck, Haydn e Mozart. Dioniso, imperante na imagem da *Fenomenologia* evocada acima, é barulhento. Mas também o seu silêncio representa dura tragédia.

O Hegel maduro, perdendo o *pathos* juvenil do Destino, confia na reconciliação trazida pela música, em que jogam igualmente silêncio e sonoridade.

A quietude da alma não se perde nas composições daqueles mestres [mencionados na lista acima]. A dor, neles, exprime-se com certeza. Mas ela é sempre dissolvida, a clara proporção equilibra-se entre os extremos, tudo permanece reunido em formas contidas e prontas, e assim o júbilo nunca degenera em tumulto desenfreado, e o próprio choro proporciona a mais tranqüila pacificação [*Lições sobre a Estética*].

Duas maneiras de pensar a dissolução. A primeira, na fenomenologia, refere-se ao teatro e à dança do Todo, o qual força, violenta, os membros do coletivo. Esta verdade mostra-se, com seu horror, na guerra. A segunda, eleva a alma, pacifica a avidez das paixões do mercado, de que as batalhas cruentas são apenas uma continuidade histórica.

Mas semelhante experiência não se vive fugindo da guerra, ou do sofrimento mortal. É preciso passar por eles (dialética), superá-los de dentro, para atingir uma escala superior do espírito.

> Já disse, falando da pintura italiana, que, mesmo na dor mais profunda e no extremo dilaceramento do ânimo, não deve faltar a reconciliação (*Versöhnung*) consigo mesmo, que até nas lágrimas e no sofrimento conserva o traço da certeza silente e feliz. A dor permanece bela numa alma profunda, como até no Arlequim ainda dominam a graça e a gentileza [Hegel, *Lições sobre a Estética*].

Felizes italianos, exclama Hegel, a quem os deuses ofertaram bela "expressão melódica", e cuja música sacra já efetiva o "puro sentimento (*Gefühl*) da reconciliação [...]".

Finalizemos, esquecendo a dança guerreira, a partir desse alento musical, que apazigua pelo menos num instante. Hegel usa todas as artes, o teatro, a música, a mímica, a pintura, a poesia, enquanto propedêuticas para o livre filosofar, para o pensamento sem peias (ab-soluto) reconciliado consigo mesmo, que encontra enfim sua pátria (*Heimat*) no éter das Idéias que superam mesmo o sublime religioso. Passemos à lira e a Hölderlin. "Como o canto do rouxinol no escuro, o concerto do mundo só é ouvido divinamente na dor mais profunda." Este é o final do *Hyperion*, romance em que o poeta evoca a vida cósmica, apreciada por Empédocles, e os laços humanos. Muitos livros foram escritos para sublinhar a íntima parentela de Hölderlin com Empédocles. Não insisto neste ponto. *Hyperion* é um livro guerreiro, no qual o autor canta as lutas de libertação nacional e a Revolução Francesa, mas, devido à censura alemã, a sua técnica é a *bocca chiusa*. Quantos escritores, de Kant até Hegel, naquela época, redigiram textos ininteligíveis sem esta particularidade! O silêncio imposto pelos poderosos é morte temporária do espírito. Sabemos bem disto no Brasil.

Palintonos harmoniè, a tensa concórdia do pensamento, serve ao poeta como imagem para retomar a dialética da guerra e da paz. Arco e lira: "duas madeiras curvadas sob a tensão das cordas; a tensão é una, enquanto resulta de duas forças opostas uma a outra, mas que só existem uma para a outra" (Pierre Bertaux). Os guerreiros de Hölderlin cantam "a união indissolúvel dos espíritos que são um só desde a origem, embora a noite e as nuvens os separem". O poeta desconfia do Estado, pois este "com o qual o homem desejou edificar seu Paraíso, sempre transformou-se num Inferno".

Semelhante pandemônio fundamenta-se na diversidade cultural. Quem observa as várias formas do ser humano "só encontra dissonâncias, música demasiado surda, barulhenta, salvo na ingênua limitação infantil, cujas melodias ainda permanecem totalmente puras". Como Hegel descarta a monocromia, na pintura da vida (na célebre crítica a Schelling, ainda nos inícios da *Fenomenologia*), Hölderlin recusa o canto de um som apenas:

> O Amor gerou séculos de seres vivos e a Amizade gerará outros. Os povos partiram da harmonia infantil, a harmonia dos espíritos será o ponto inicial de uma nova fase histórica [...] o ser humano está dividido gravemente, apresenta a imagem de um tamanho caos, que a vertigem se apossa de todos os capazes de ver e sentir. Mas a Beleza, expulsa da vida, se refugia nas montanhas do espírito.

A guerra divide e impera, mas há o outro lado da lira, corrigindo o diapasão.

Paz e luta, alarido e silêncio, tudo conspira para o Fim, eternamente suspenso e iminente. "Tudo ocorre pelo desejo, tudo acaba na paz [...] as dissonâncias do mundo são como brigas de amantes. A reconciliação (*Versöhnung*) está na luta, tudo o que foi separado se reúne."

Começamos a meditação sobre a guerra e a paz na esfera de Empédocles, passamos à roda hegeliana das bacantes. Notamos a violência gerando a cultura humana, produzindo seu apaziguamento nas artes, em especial na música. Nossa dor, hoje, brota da mais profunda noite. Tudo respira guerra em nosso tempo. A morte atômica, desapercebida no cotidiano, ameaça cada vez mais, atingindo um vórtice delirante, dança friamente calculada, na qual os inimigos são engendrados segundo as determinações do mercado desta ou daquela potência mundial. Não bastou o fim da União Soviética, pois hoje o açougue histórico se mostra da Ásia ao Ocidente, passando pelo terrorismo impiedoso de religiões, no Oriente Médio. Parece que as esperanças de paz são vãs, a lira quebrou sua metade harmônica.

Mas a lição de Hölderlin permanece válida: "o puro intelecto jamais produziu algo inteligente, nem a razão pura, algo racional". O cálculo dos mercadores de almas e de corpos, as estratégias terroristas dos que se encontram nos aparelhos de Estado ou nas oposições sociais, levam apenas à letífera experiência da sandice humana. Isto não é motivo para desesperar do intelecto e da racionalidade: ambos, como ensina a mais antiga dialética, não se limitam à sua forma "pura", estéril como a Bomba. No limite, trata-se de forçar a lira, o corpo e o ânimo, levando-os ao extremo oposto, restabelecendo o equilíbrio, que sabemos precário, mas belo. Sentença de Heráclito, na qual se esconde o imo da filosofia: *en diapheron eauto* – o Uno distinto em si mesmo – eterno. Sem tola raiva da técnica, façamos tudo para, nos instrumentos afinados, ressoar o lirismo da vida. Mesmo, e sobretudo, com infinitas dissonâncias.

Bibliografia

BERTAUX, Pierre. *Hölderlin, ou le destin d'un poète*. Paris, Gallimard, 1983.
CESA, Claudio. *Hegel Filósofo Político*. Napoli, Guida Ed., 1976.
CLAUSEWITZ. "Carta a Fichte". Em: RENAUT, A. & FERRY, L. *Machiavel et autres écrits politiques de Fichte*. Paris, Payot, 1981.
DARAKI, Maria. *Dionysos*. Paris, Arthaud, 1985.
EMPEDOCLES. *Fragmentos*. Em: KIRK, G. S. & RAVEN, J. E. 2ª ed. Lisboa, Calouste Gulbenkian, 1982; e BOLLACK, J. *Empédocle*. Paris, Minuit, 1965, vol. 1, "Inroduction à l'ancienne physique".
GIRARD, René. *La violence et le sacré*. Paris, Grasset, 1972 (tradução brasileira pela Ed. Unesp).
JANICAUD, D. *Hegel et de destin de la Grèce*. Paris, Vrin, 1975. Conferir também KAUFMANN, Walter. "A Teoria da Tragédia em Hegel". Em: *Tragedy and Philosophy*. New York, Doubleday, 1980.

JEANMMAIRE, H. *Dionysos*. Paris, Payot, 1985.
HEGEL, G.W. F. "Fenomenologia do Espírito, Lições sobre a Filosofia do Direito, Lógica, Lições sobre a Estética". Em: *Werke in zwanzig Bänden*. Frankfurt am Main, Suhrkamp Verlag.
HÖLDERLIN. "Hyperion". Em: *Sämtliche Werke*, Stuttgart, W. Kohlhammer, 1965; *Poemas*, tradução de Paulo Quintela.
OTTO, Walter. *Dionsysos*. Trad. Lévy, P. Paris, Mercure de France, 1969.
SOLSEM, F. "Love and Strife in Empedocles Cosmology". Em: ALLEN, R. & FURLEY, D. J. *Studies in Presocratic Philosophy*. London, Routledge & Kegan Paul, 1975, vol. 2.

5. HEGEL E A GUERRA*

No início do século XIX, a Alemanha ainda permanece fragmentada, enfrentando três problemas gravíssimos. Seu espaço territorial estilhaçado por múltiplos mandos políticos de opereta mantém a ideologia da pequena potência, a *Kleinstaatarei*. Estados micrológicos e pequenas comunidades civis garantiriam aos súditos maior segurança e paz. No plano econômico, a multiplicidade de moedas e de impostos aduaneiros fez com que as atividades produtivas não fossem coordenadas, mantendo-se diferenças entre a Prússia agrícola dos *Junkers* e a Renânia industrial.

Ao mesmo tempo, subsistem fraturas religiosas. Além das forças protestantes, os católicos persistiam lutando pela supremacia sobre as consciências. Durante o Romantismo tornam-se ainda mais notórios os choques das várias confissões entre si, e destas com os governos: querela sobre os casamen-

---

* Este texto foi inicialmente apresentado no Núcleo de Estudos Estratégicos da Unicamp.

tos mistos, as propriedades eclesiásticas etc. Isso gerou um ambiente hostil aos políticos que visavam centralizar a Nação alemã num Estado. Não por acaso, Marx e outros liberais alemães do período encontraram na Renânia católica o apoio estratégico contra o governo teocrático e protestante de Frederico Guilherme IV.

Em terceiro lugar, vem a divisão político-institucional. Hegel, o jovem Hegel, acentuou a estreita correspondência com a perda da unidade, dentro da Nação e do Estado. Refiro-me à conhecida diatribre: "na Alemanha, o poder do universal, enquanto fonte de todo o direito, desapareceu, pois fragmentou-se, passou ao estágio do particular". É o que lemos no início, justamente célebre, da *Constituição da Alemanha*. Esta última, segundo o filósofo, "não é mais um Estado". Assim, no país, "os poderes legislativo, judiciário, religioso, militar são misturados, divididos, reunidos do modo mais desordenado e desigual, com a mesma diversidade que vigora na apropriação privada das pessoas". Hegel, com muitos de seus compatriotas, pensa que o Estado "exige um centro comum, um centro cujos dirigentes têm o poder indispensável de afirmarem-se e afirmar suas decisões, mantendo os diferentes elementos sob sua dependência".

Na Alemanha, nos inícios do século XIX, a palavra de ordem entre os que se preocupavam com a vida moderna era a unificação nacional por meio de um Estado. Ora, com a dura ideologia dos pequenos Estados, havia, como contraponto ideal, a noção vazia historicamente do Império Romano Germânico. Enquanto os sujeitos eram regidos pelo despotismo dos régulos, eles sonhavam a vinda do Império, o qual consagraria a superioridade alemã sobre o Mundo. Gerou-se uma representação messiânica, base da ideologia que afirma a "subserviência" como caráter nacional alemão. Em Karl von Moser temos um enunciado desse modo doutrinário de referir-se ao pretenso *ethos* germânico: "Havia um princípio motivando cada Nação: obediência na Alemanha, liberdade na Inglaterra, comércio na Holanda, honra do rei na França".

Moser é apenas um a mais, na lista dos que se pronunciaram sobre tal caráter, definido como submisso. Goethe, numa conversa com Eckermann (12 de março de 1828), louva a liberdade inglesa, ditosa "liberdade pessoal" enquanto na Alemanha tudo era vigiado pela polícia. E Goethe lamenta, nas conversas com Eckermann, o alheamento político dos seus compatriotas. Não devemos esquecer, entretanto, o elogio conservador, sobretudo em Schelling, desta mesma alienação. Trata-se, em Schelling, do antigo mito sobre a liberdade interior, supostamente mais valiosa do que a política. Se não é possível um Estado livre com livres indivíduos, o certo é apelar para o estoicismo, com indivíduos internamente livres, pouco importa a liberdade pública.

Nunca é demais, nesse plano, citar as próprias palavras de Schelling, na 23ª lição sobre a *Filosofia da Mitologia*. A libertação, afirma o teórico,

[...] deve ser concebida como Interior [...] pensai neste reino interno, e a opressão inevitável da ordem legal, exterior, desaparecerá para vós, e ficareis menos chocados com aquela "arrogância das autoridades" de que fala Hamlet, como se ela fosse insuportável [Schelling, 1945].

Schelling não é hamletiano. Coloca-se decididamente ao lado da autoridade tirânica saída da contra-revolução. Para cidadãos violentados em suas liberdades, aconselha "colocar-se interiormente acima do Estado". Conquistando a liberdade interna, consegue-se a independência do pensamento, algo que, ao expandir-se por todo o povo, é mais eficaz do que "um ídolo tão glorificado como uma Constituição a qual, mesmo em seu país de origem, a Inglaterra, tornou-se em mais de um ponto uma fábula conveniente".

O final desse trecho schellingeano aconselha os alemães a se livrarem da "inveja diante dos ingleses". A constituição destes últimos, diz, saiu

[...] não de um contrato, mas da força e da violência, e deve sua origem a um aumento da não-razão, à ausência de razão (no sentido liberal do termo), o que lhe assegurou até agora sua duração e estabilidade. Não vos cabe invejar suas massas numerosas e grosseiras, nem sua posição insular que, de um lado, oferece a sua constituição possibilidades que faltam a outros Estados e que, de outro, é capaz de empurrar um governo menos conscencioso ao fomento de confusões nos países estrangeiros... Permanecei como um povo apolítico, pois a maioria dentre vós aspira a ser governada [...] e não governar, por causa dos lazeres que disto retira e que deixam a alma e o espírito disponíveis para outras coisas, para uma felicidade maior do que recomeçar todos os anos as querelas políticas, discórdias que só produzem, como resultado mais freqüente, permitir aos mais incapazes tornarem-se famosos e adquirir importância [*idem*].

Duas atitudes convergindo para um mesmo retrato ideal do *ethos* pretensamente alemão, subserviente. A primeira louva a liberdade inglesa. A segunda, denigre-a. Ambas exibem bons motivos no seu juízo. Resta que apenas persistiu, sem os motivos, o enunciado sobre o "caráter" nacional, miserável e filistino, ocupando-se do "interior" e aceitando o controle externo, alegremente.

Mas voltemos ao movimento efetivo, não só ideológico. Numa nacionalidade estilhaçada, a Prússia aparece como promessa de centralização. Promessa ou ameaça. Desde Frederico, o país torna-se um sinal de modernidade. Êmulo da Ilustração, o suposto rei filósofo adotou costumes administrativos e econômicos caros à época, dando coesão maior ao seu Estado, ao contrário dos pequenos príncipes seus vizinhos. Sem indústrias, entretanto, o Estado prussiano só podia ser militarmente forte graças a uma burocracia mais eficiente, como outro lado da ordem militar. Em 1806, com as reformas de Stein, bem próximas de várias modificações francesas pós-revolucionárias, o Estado se fortalecera definitivamente.

Outro traço prussiano importante é a secularização política. Atenuou-se ao máximo o freio religioso sobre os militares de alta estirpe. A religião continuou com seu papel domesticador dos soldados inferiores. Ela era apenas tolerada por sua utilidade à *raison d'État*. Para o progresso econômico foi estabelecida a paz forçada entre as várias confissões. Assim, os dísticos sobre a hierarquia, a autoridade, a obediência e a devoção racionalizaram o discurso sobre o exército e o Estado prussianos. Frederico, o Grande, afirmou em seu testamento: os professores dos herdeiros do trono devem "falar-lhe do exército com a mesma veneração sagrada com que os sacerdotes referem-se à sua imaginária revelação divina".

Desse modo, unem-se a idéia de um povo submisso e a de um exército como uma perfeita máquina nas mãos dos líderes. Os indivíduos só valiam algo quando incorporados no seu testamento – proprietários de terra, oficiais do exército, burocracia – e servindo ao Estado. Este, sob Frederico II (1740-1786), foi definido para cumprir o papel de grande potência. Frederico, autor de um panfleto contra Maquiavel, serviu-se de todos os conselhos do Florentino para manter o domínio político:

> Pela maneira com que rompia ou interpretava tratados, atacando repentinamente adversários desprevenidos, empregando um exército bem treinado, iniciando agressões que não tinham sido provocadas, era um discípulo preferido de Maquiavel [Cohn, 1944].

O texto de Cohn é muito proveitoso até os nossos dias. Boa parte das análises acima esboçadas encontram-se nesse autor. Para afirmar o Estado, um meio fundamental é a propaganda e a teoria da guerra. Enquanto os oficiais prussianos aprendiam estratégia e lógica nos jogos de guerra, Frederico escreve, na *Histoire de mon temps*: "Pode-se considerar que o impulso de expansão é a base de todo governo, do menor ao maior". Em seu já citado testamento, pode-se ler: "Nenhum príncipe verdadeiramente grande deixa de abrigar a idéia de expandir seus domínios". O militarismo, marca registrada que passou a ser posta sobre o povo alemão, assume, nessa época, suas primeiras figuras.

Essa pecha, merecida em grande parte, une-se à idéia de uma burocracia civil e militar, ambas guerreiras e sem alma, desprovidas de princípios e escrúpulos. Goethe, visitando Berlim em 1778, teve a impressão de estar diante de uma grande máquina, na qual o indivíduo era apenas uma roda sem vontade própria, mantida em movimento graças a Frederico. O tema, como sabemos, espalhou-se com o romantismo, sobretudo pela polêmica contrária às Luzes e ao pensamento mecânico dos séculos XVII e XVIII. Em Hoffmann, na sátira intitulada *Klein Zaches* (1946), temos o máximo dessa guerra contra as Luzes e o símile da máquina estatal.

Entremos agora no tema anunciado como título deste trabalho: *Hegel e a Guerra*. Será que podemos aplicar a Hegel o ideal de um Estado guerreiro, mecânico, como o assumido pela Prússia e denunciado pelos românticos alemães? Muitas exegeses seguem nesse rumo. Vejamos algumas leituras exemplares da filosofia hegeliana nesse campo, as quais tendem a expor o fato guerreiro como predominante na teoria política hegeliana do Estado.

O mote que sempre surge, quando o intérprete deseja sublinhar o "realismo" de Hegel, sua pretensa submissão ao existente e seu suposto elogio da pura força estatal, é o adágio, passível de ser encontrado em quase todas as suas obras, mesmo nas *Lições* publicadas após sua morte: "todo racional é efetivo, todo efetivo é racional" (na verdade, "o que é racional é efetivo; o efetivo é racional": "Was vernünftig ist, das ist wirklich; und was wirklich ist, das ist vernünftig"). Não existe, talvez, enunciado que tenha produzido maiores desentendimentos sobre um filósofo do que este aforismo hegeliano.

Assim, encontramos em F. Meinecke, na sua monumental reflexão sobre o nascimento da razão de Estado moderna: "no Estado, aparece o sentido da realidade como o mais poderoso e eficaz, o fator mais influente na história do gênero humano". A partir deste enunciado, Meinecke vincula Hegel e Maquiavel. Com o primeiro, o

[...] maquiavelismo chega a formar uma parte integral no complexo de uma visão idealista do universo, uma visão que ao mesmo tempo abraça e confirma todos os valores morais – enquanto, em tempos passados, o maquiavelismo só estaria apto a coexistir com um cosmos já construído. O que ocorria agora é mais como se houvesse a legitimação de um bastardo [Meinecke, 1957, p. 350].

Meinecke esgota até a banalização o dito hegeliano sobre o nexo entre o efetivo e o racional. Ele assume a idéia de que o jovem Hegel, entusiasta como Hölderlin e Schelling da Revolução Francesa, esposaria o individualismo como base do direito. Mas logo cedo o filósofo experimentaria a necessidade de superar a oposição entre o indivíduo e o Estado, entre o singular e o universal. O modelo assumido seria a *pólis* grega. Nesta, bloco ético em que o singular refletiria o universal, teríamos o grande símile a ser obedecido na construção do novo Estado. Quando a razão não mais forma a cidade, obra de arte perfeita, ela gera o cristianismo. Mas este, segundo o jovem ex-seminarista, manifesta uma decadência. O cristianismo, após a alegria do "estar no mundo" grega, só pode ser aceito por uma humanidade corrompida que perdeu pátria e Estado e agora se consola com a doutrina sobre a corrupção humana. O cristianismo honra, diz Hegel, "o vergonhoso, santifica e perpetua eternamente esta incapacidade".

Meinecke identifica nessa crítica ao cristianismo uma doutrina maquiavélica: acentuando o Além, a Igreja tornou os homens fracos e covardes no mundo finito. Por isso, o renascimento dos antigos, as lições tomadas por Maquiavel de Platão e de Aristóteles; a *virtù*, força cidadã, eleva-se contra uma religião efeminada e desvirilizante. Enquanto Maquiavel tentou rejuvenescer a *virtù*, o jovem Hegel buscou, nas ruínas do mundo antigo, energias para a construção de um novo edifício, mais forte do que o greco-latino, para restaurar as conexões entre o indivíduo e as forças universais da vida.

Seguindo a leitura de Franz Rosenzweig (1920), Meinecke comenta o texto de juventude, a mencionada *Constituição da Alemanha*. "Só através do poder", *enuncia* ali Hegel, "um Estado torna-se de fato um Estado, quando uma população humana é unida tendo em vista a defesa coletiva do conjunto de seus bens". Só podemos avançar uma teoria da Constituição e do Estado como "ele efetivamente é" ("[...] als sie wirklich ist"). Assim, "para que uma população forme um Estado, é necessário que ela constitua uma força (*Gewalt*) de defesa e um poder de Estado comuns" (Hegel, 1971, pp. 461 e ss.; trad. Michel Jacob, 1977, pp. 31 e ss.).

Sendo assim, lê Meinecke o seguinte em Hegel: "não na tranqüilidade da paz, mas na ação da guerra, mostra-se a força e a coesão entre as partes e o todo". O trecho inteiro, cortado arbitrariamente por Meinecke, é o seguinte:

> A saúde de um Estado se revela, em geral, menos na tranqüilidade da paz do que nos movimentos da guerra; no primeiro caso, é o gozo ou a atividade isolados, enquanto o governo é apenas uma prudente (*weise*) administração doméstica que só requer o conhecimento dos hábitos dos governados. Na guerra, ao contrário, surge a força (*Kraft*) da união que prende cada um dos indivíduos ao Todo; vêem-se então as exigências que este vínculo pode impôr a todos, enquanto, por sua própria vontade, cada um aceita oferecer-se a ele [Hegel, 1971, p. 462 ou Jacob, 1977, p. 32].

Meinecke transforma numa apologia da força física o que aparece como descrição das diferenças entre poder interno e força que se volta para o exterior, na guerra. Ele cita o livro de Franz Rosenzweig, elogiando-o como "profundo" (1957, p. 354). Mas o leitor não familiarizado com a crônica da intelectualidade alemã de sua época pode não se dar conta de que Rosenzweig foi discípulo de Meinecke, e não o contrário. *Hegel e o Estado* teve o nome de Meinecke na dedicatória. De fato, como salienta Eugène Fleischmann (1970, pp. 182 e ss.), Meinecke ensinou muita coisa a Rosenzweig, entre outras, despertou-lhe o interesse pela história, no método da *geistesgeschichtliche Schule*.

Um ensino terrível, entretanto, ajudou a "destruir a alma" de Rosenzweig e de várias gerações de intelectuais alemães, na ação pedagógica de Meinecke:

> Este discípulo de Bismarck conseguiu ensinar muitas gerações de cientistas fazendo-os admitir os princípios da política de força e do chauvinismo alemão; ele foi assim a personalidade científica mais influente na preparação do caminho de Hitler. É simplesmente lamentável que Rosenzweig, em seu livro, só tenha visto Hegel na perspectiva aberta por Meinecke, fato que diminui muito o valor científico de sua obra engenhosa [Fleischmann, 1970, p. 183].

Assim, aos olhos de Rosenzweig, Hegel inventou a "política de potência" (*Machtpolitik*) pela sua identificação do espírito com a força. Juízo semelhante pode ser encontrado, sobre Meinecke e Rosenzweig, em Domenico Losurdo:

> Se examinamos os trabalhos de Heller, Meinecke e Rosenzweig, vemos que, além das diversas opções políticas e dos juízos sobre este ou aquele autor, emerge um traço comum na reconstrução da história cultural e política da Alemanha: "nacional" é sinônimo de "imperialista" e de política de potência, ambos sinônimos, por sua vez, de antiindividualismo, "transpessoal", organicista. Hegel subordina os valores pessoais (*personale Werte*) do indivíduo, ao valor "transpessoal" do Estado [Losurdo, 1987, pp. 12 e ss.].

Desse modo, não podemos ficar espantados com a tese de Meinecke de que durante a guerra contra a república francesa a Alemanha descobriu que ela ainda não era um Estado. Bom discípulo de Bismarck, o teórico dispunha-se a louvar o mestre, mesmo precisando distorcer as doutrinas filosóficas para servir em tal culto. Hegel entrou nessa economia e nessa estratégia de leitura que o desfigurou. Nessa empreitada, Meinecke vai até os lugares-comuns do pensamento político, também absolutizando-os abstratamente.

Isso vale para a tese da redescoberta alemã e hegeliana, no pensamento de Meinecke: o atributo essencial de todo Estado é a força, habilidade de manter a si mesmo contra outros Estados. Do ponto de vista filosófico esta sabedoria não vai além de Hobbes e do século XVII em geral. Diríamos, para estar no tempo em que Meinecke data sua ponta inicial de reflexão, que a idéia não é mais profunda do que a enunciada por Maquiavel e por Bacon. Contra os que afirmavam como nervo da guerra o dinheiro, Bacon já advertia que o principal era a força guerreira. Muitas vezes os povos ricos precisaram pagar a povos pobres, mas valorosos, pela sua vida.

Basta ler o 29º ensaio de Bacon, sobre "A Verdadeira Grandeza dos Reinos e dos Estados":

> Há Estados de uma grandeza considerável que não são propensos a crescer, e há outros, embora pequenos, que podem servir como fundamento a grandes reinos. Fortificações, arsenais bem nutridos, cavalariças, carros, elefantes, canhões e outras máquinas de guerra, são apenas carneiros em pele de leão, quando o país não é naturalmente bravo e guerreiro; nem mesmo o número deve ser considerado, se aos homens falta coragem. Pois, como disse Virgílio: *Lupus numerum pecorum non curat*, o lobo não se preocupa com o grande número de carneiros. Dizem, alguns: "o dinheiro é o nervo da guerra". Mas para que serve ele, quando os nervos dos braços falham e o povo é efeminado. Solon tinha razão quando respondeu a Cresus, que lhe mostrava seu ouro: "Se alguém vem aqui e possui um ferro melhor, ele levará todo este ouro" [Bacon, 1874].

O alvo de Hegel seria elevar uma visão empírica desse elogio da força às alturas do "espírito", segundo Meinecke. É isto o que descobriu, sobre Meinecke, o próprio Rosenzweig:

> O quanto seu pensamento lembra o espírito de Bismarck, embora ele nunca fale dos assuntos tratados por Bismarck! Ele pensa que a guerra terá perdido seu alvo se ela não mudar as fronteiras da Alemanha [*apud* Fleischmann, 1970].

Hegel, na perspectiva de Meinecke, buscou unir o indivíduo consciente, a nacionalidade e o Estado ao universo. Assim, deu-se uma torção na idéia de Destino, saindo este da esfera física e passando à histórica, tecida com vontade, intelecto, razão. O Destino chama-se, então, "espírito do mundo", no qual a Razão é o fim e o conteúdo, manifestando-se na galáxia dos espíritos das nações, no solo histórico. O espaço natural perde hegemonia para o tempo.

O Espírito do mundo dirige os eventos dos povos, dos grupos e indivíduos. A História, assevera Meinecke, é apenas o teatro de marionetes em que tudo é dirigido por certa mão elevada. O que parece liberdade é só arbítrio, só liberdade aparente, um direito aparente. Todos pensam conduzir a própria vida com liberdade, sendo apenas instrumentos de forças mais amplas.

"A teoria da marionete", raciocina Meinecke, "seria a chave para uma compreensão da idéia hegeliana sobre a força estatal". O próprio Hegel, aliás, "tinha a aptidão para se tornar um homem do poder. Mas bem maior do que sua busca individual do mando, foi seu impulso contemplativo, levando-o a interpretar a força (e todos os demais fenômenos da vida) como simples aparências que emanariam de uma suprema e invisível autoridade", um poder supremo que garantiria todos os atos e eventos do mundo. Esta suprema força seria uma suprema verdade, "a verdade que reside na força". Assim, verdade e política se libertariam da moral ordinária, ainda presa aos indivíduos e não ao Todo, dirigindo-se para a ética, o que é mais universal, implicando verdade e razão coletivas.

A relação entre Estados só existe tendo em vista a "vantagem, reconhecida e assegurada por acordos, de um Estado". Depende das circunstâncias apenas, das combinações do poder

[...] se o interesse e a justiça em perigo podem ser defendidos com toda a força do poder; naquele caso, entretanto, a outra parte estaria apta a pleitear um direito e uma justiça de seu lado, porque cada um possui o interesse que produz a colisão, e, portanto, cada um possui o direito. A guerra [...] tem agora a tarefa de decidir, não qual dos dois direitos mantidos pelas partes é o mais verdadeiro, mas qual direito dará passagem ao outro [Meinecke, 1957].

Essa é uma verdade arcaica, comenta o próprio Meinecke, citando Hegel: "É um princípio geralmente reconhecido de que o interesse especial (do Estado) é a consideração mais importante". Ou então: "O Estado não possui maior dever do que manter a si mesmo". Maquiavel, nesse sentido, teria sido mesmo elogiado por Hegel: "ele, Maquiavel, agarrou com fria circunspecção a idéia necessária de que a Itália só poderia ser salva se reunida num Estado". Maquiavel e os métodos maquiavélicos são assumidos por Hegel num plano espacial: "Não se trata da escolha de meios. Uma situação em que o veneno e os assassinatos tornaram-se armas comuns, não é compatível com meias medidas preventivas. A vida, semi-putrefata, só pode ser reorganizada pela mais forte ação" (Meinecke, 1957).

Num modo hermenêutico comum entre os que leram Hegel com as lentes irracionalistas, Meinecke se dirige para os textos juvenis do filósofo. Assim, evocamos, para testar sua exegese idiossincrásica, a *Jenaer Realphilosophie* (1805-1806). Todas as formações estatais

[...] foram fundadas pelo nobre poder de grandes homens, não pela força física, pois muitos são mais fortes fisicamente do que um. Algo na face do grande homem faz com que os outros o chamem espontaneamente seu senhor. Obedecem-no contra sua vontade [...] a vantagem do grande homem é que ele sabe e exprime a vontade absoluta: ao redor de sua bandeira todos se reúnem, nele eles têm o seu Deus. Assim fundou Teseu a cidade de Atenas, assim também na Revolução Francesa uma violência (*Gewalt*) manteve o Estado [...]. Esta força (*Gewalt*) não é despotismo, mas tirania, domínio seco. Mas ela é necessária e justa, na medida em que mantém o Estado como este indivíduo efetivo. Este Estado é o simples Espírito absoluto, certo em si mesmo, para quem, fora dele mesmo, não tem validade nada que seja determinado, nenhum conceito de bem e mal, ignominioso e vil, perfídia ou impostura. Ele situa-se acima disto tudo, nele encontra-se reconciliado o mal consigo mesmo [Hegel, 1971].

Notando alguma semelhança entre essa doutrina e a de Hobbes, para quem o justo e o injusto, o bem e o mal, só adquirem sentido no Estado, vejamos como se desenha a figura de Maquiavel para Hegel.

Maquiavel escreveu *O Príncipe* neste grande sentido de que, ao constituir-se simplesmente como Estado, o que se pode chamar assassinato, traição, crueldade etc., não mais significa algo mau, mas o que é reconciliado consigo mesmo. Chegou-se a pensar que esta obra, *O Príncipe*, seria irônica. Mas seu prólogo e fim expressam o quão profundamente ele sentia a miséria de sua pátria, de qual fervente patriotismo brotaram suas frias e prudentes doutrinas. Seu país era pisoteado por estrangeiros, devastado, sem independência e, nele, qualquer nobre, capo, cidade, proclamava-se soberano. O único modo de fundar o Estado é eliminar estas soberanias... o único remédio contra a barbárie é a morte dos cabeças e o terror e a morte para os demais. Se ninguém mais odeia estas doutrinas quanto os alemães, se "maquiavelismo" designa entre nós o maligno, é porque, precisamente, os alemães acham-se prostrados pela mesma doença [Hegel, 1971, "Constituição da Alemanha"].

Desse modo, ocorre em Hegel uma teoria, rebatida sobre Maquiavel, da educação para a lei. A violência do tirano, segundo Hegel, é educação para a obediência (*Bildung zum Gehorsam*) que torna supérflua a tirania, substituída pelo império da lei. A força exercida pelo príncipe é implicitamente a lei na sua força. Pela obediência, a própria lei, em vez de ser uma força estranha (*fremde Gewalt*...), passa a ser a vontade universal consciente. A tirania é combatida pelos povos em nome do que é execrável e vil, mas, na realidade, só porque é supérflua. Em suma, tais são as teses do Hegel juvenil sobre a força e Maquiavel. Segundo Meinecke, Hegel recolhe n'*O Príncipe* o cerne educativo e doutrinário, a idéia do Estado que forma a nação, por todos os meios e métodos possíveis.

Segundo Meinecke, Hegel expressa, nas suas obras posteriores, a corrente de pensamentos que invadiu as mentes teóricas alemãs. Após a decepção com a unidade nacional posta na opinião pública, começa a se expandir a tese de que o poder de Estado pavimentaria o caminho para a unidade nacional. O poder de Estado, digamos, seguindo seu próprio interesse, a *raison d' État*. Esta seria obedecida por Hegel até em textos mais próprios à maturidade do filósofo, como, por exemplo, na *Filosofia do Direito*, quando se analisa o nexo dos Estados entre si (1871, §§ 336-337).

Naqueles parágrafos, Hegel volta-se contra tudo o que foi sonhado pelo Abbé de Saint-Pierre e por Kant.

O alvo visado nas relações com outros Estados e o princípio ao qual nos referimos para saber se as guerras e os tratados são justos não são um pensamento universal (filantrópico), mas o bem efetivamente atingido ou ameaçado na sua particularidade determinada.

Comentário de Meinecke: Hegel, insatisfeito com as individualidades, e voltado para a força supra-individual, imagina um todo que constrange os indivíduos, pondo-se a seu serviço. Dá-se, pois, o primado do estatal sobre as individualidades.

Nessas operações, dar-se-ia, segundo Meinecke, certa mutação teórica. Trata-se de uma quebra com a noção de lei natural, de origem estóico-cristã, secularizada pelas Luzes. A Lei Natural seria algo idêntico em todos os indivíduos. Mas, a partir da torção hegeliana, não mais se acredita numa razão uniforme. Cada totalidade popular possuiria uma razão especial, sendo dirigida por ela. Cícero, Tomás de Aquino, Frederico o Grande, afirma Meinecke, se lessem uns as obras dos outros, poder-se-iam entender, porque os três falavam a facilmente inteligível e abstrata língua da Lei Natural. Nas obras de Herder, Goethe, Hegel e dos românticos, eles encontrariam palavras e idéias que os espantariam, e deixá-los-iam perplexos.

Assim, Hegel teria torcido radicalmente o individualismo: nele, iríamos do culto à personalidade individual ao culto do supra-individual, o Estado. A razão é a força estatal, no fluido da humanidade histórica. O direito do Estado seria superior a qualquer outro, o Estado enquanto indivíduo possuiria impulsos especiais rumo ao poder e à vida. A História é uma grande prisão onde existe a razão de Estado. Este possui uma cela, na qual ele pode mover-se e operar livremente. Na verdade, trata-se de uma das maiores celas na prisão. Segundo Hegel, sempre lido por Meinecke, o Estado, por sua razão, cumpre um dos maiores serviços para que a razão do mundo torne-se realidade. O Estado é o suporte da razão, a qual domina o Todo da vida humana. O Estado produz a "unidade da vontade universal e da subjetiva".

Para o bem de sua filosofia da História (que orienta tudo rumo ao Todo, subordinando-lhe cada coisa individual), Hegel precisaria ter no interior do mundo empírico algum "elemento universal", algum poder que dominasse o indivíduo. Temos, aí, a edificação do Estado, segundo Meinecke (1957, p. 365). E qual seria, segundo Meinecke, a idéia do Estado e da força em Hegel? Resposta: o poder de Estado, no externo, deveria coincidir com seu vigor interno. O poder *nacional* seria o alvo supremo. Todos os recursos da arte, da ciência, da técnica, têm no Estado a sua garantia e para ele servem. Na filosofia da História hegeliana, a arte e a ciência teriam como fim o Estado, e, nelas, o Estado produziria a si mesmo, em si mesmo.

Finalizando essa leitura de Hegel, sobre a guerra, segundo Meinecke: o sistema hegeliano seria ao mesmo tempo profundo e autoritário. Nele, mostra-se a face mais crua da noturna e bestial razão de Estado. Trata-se de uma teodicéia, mas sem demasiado otimismo. "Na rivalidade que opõem os Estados uns contra os outros, quando as suas vontades particulares não chegam a regular suas diferenças por negociação, só a guerra pode decidir entre eles" (Hegel, *op. cit.*, § 334). Com este panorama montado por ele, habilmente, em forma de um percurso textual, Meinecke só pode mesmo chegar à idéia de Hegel como "um pensador trágico". Trágico e defensor da guerra.

Contra essa imagem, temos a perspectiva de Karl Rosenkranz, o qual, embora sublinhando o conservadorismo do último Hegel, une o filósofo ao historiador Niebuhr, acrescentando que este último, como Hegel, era "atormentado pela imagem de um bárbaro despotismo militar sustentado pela guerra e pelo medo dela". Para nós, brasileiros, as palavras de Neibuhr aparecem, hoje, como pura maldição. Analisando o ambiente francês pré-revolucionário de 1830, o historiador afirma: "É provável que mesmo a França entre num estado de desfalecimento do organismo político e social similar ao que se verifica na América do Sul" (*apud* Losurdo, 1983b, p. 405). O leitor acostumado às páginas hegelianas conhece o juízo – idêntico e impiedoso, como o de Niebuhr –, presente na *Filosofia da História*:

> Na América do Sul, as repúblicas repousam apenas sobre o poder militar. Ali, toda história resume-se numa revolução contínua. Os Estados unidos separam-se, outros unem-se de novo. Todas essas mudanças são conduzidas por revoluções militares [Hegel, 1971. "Introdução" às *Lições sobre a Filosofia da História*].

Para um defensor do militarismo, tal como o apresenta Meinecke, esses juízos negativos são um tanto estranhos.

Mas a interpretação feita por Meinecke tem início praticamente nos dias em que o filósofo ainda estava vivo. Ela aprofundou-se com Rudolf Haym e Franz Rosenzweig. Nesse sentido, quando autores como Popper, Cassirer e outros menores – exemplarmente os agentes de *merchandising* filosófico conhecidos como os "novos filósofos" franceses dos anos de 1970 e de 1980 – adiantam a imagem de um Hegel belicista e totalitário, o caminho já fora aberto quando Hegel ainda vivia. Mas nem todos os leitores de Hegel o apresentam nesse retrato.

No outro lado da sala, temos as pinturas idílicas que apresentam um Hegel apenas invertido a partir do anterior. Entre os que procuram desculpar Hegel, numa pequena teodicéia comum às seitas religiosas e filosóficas, temos autores como Jacques D'Hondt. Nele, em vários livros (1968, 1966, e outros títulos hagiográficos) apenas se invertem as palavras de Meinecke e de seus pares.

Tomemos dois trabalhos de Jacques D' Hondt para ilustrar o que disse acima. O primeiro intitula-se "Apreciação da Guerra Revolucionária por Hegel" (D'Hondt, 1972, pp. 74 e ss.). Lemos então: "Os juízos de Hegel sobre a guerra, retomados em nosso tempo e aplicados ao mundo em que vivemos, seriam odiosos ou mesmo insensatos". É preciso situá-los, pensa D'Hondt, nas condições políticas e sociais que os viram nascer. Nega nosso autor a divisão entre o Hegel juvenil e o Hegel maduro. O primeiro seria o moço nostálgico da bela totalidade grega, mas revolucionário ardente, amigo da Revolução Francesa. O segundo seria o desencantado belicista, servindo ao ser estatal com perfeito conformismo.

Para recusar essa bipartição, muito em moda nos anos de 1960 (lembrar as famosas "rupturas" propostas por L. Althusser, sobre o jovem Marx e o Marx maduro), D'Hondt apresenta uma prova inicial ao processo. O texto mais fortemente belicista da *Filosofia do Direito* (de 1821) foi extraído pelo próprio Hegel, de uma obra juvenil. Trata-se, como vimos ao comentar as teses de Meinecke, da passagem posta na *Constituição da Alemanha*, e do texto, também primevo, sobre *As Maneiras Científicas de Considerar o Direito Natural*. Em ambos, a guerra mantém a saúde ética de um povo.

115

Ela o protege contra o enrigecimento dos costumes, como o vendaval protege as águas da corrupção que as manteria numa tranqüilidade duradoura, ou uma Paz perpétua que assim reduziria os povos à morte. O enunciado, quase idêntico, encontra-se no § 324 da *Filosofia do Direito*, citando diretamente *As Maneiras Científicas*...

Hegel, segundo D'Hondt, não aprova qualquer guerra, mas denuncia a esterilidade do mortício ocorrido no Peloponeso e nas batalhas do conflito dos Trinta Anos. Também lamentou a derrota final de Napoleão. Para ele, e isto depreende-se do mencionado § 324 na *Filosofia do Direito*, o Estado, não sendo, como a sociedade civil, uma associação encarregada de manter a propriedade particular, enfrenta o desafio de garantir a existência de todos os cidadãos diante das ameaças externas. A guerra não se origina da paixão experimentada pelos governantes, ou pelos povos. A vida e a propriedade são postos, na guerra, como *contingentes*. Nesta forma acidental consiste o conceito do que é finito. Mas tudo o que é finito é mortal, passageiro. Na essência ética, no Estado, a natureza perde sua força (*Gewalt*) e a própria necessidade torna-se ato livre, ético. O caráter passageiro do finito torna-se desejado, a negatividade, o seu fundamento, torna-se a individualidade substancial própria ao ser ético.

Nesse contexto, a função do governo é "abalar, pela guerra, a ordem dos sistemas particulares que se enraízam no hábito", fazendo com que os indivíduos "sintam o seu Senhor, a Morte" (citação da *Fenomenologia do Espírito*). Hegel, assim, atribui à guerra um papel mobilizador na vida social. Ela põe tudo em movimento, fluidifica o que se enrijeceu e solidificou, estabilizou-se, morreu de fato. Não esqueçamos o peso do conceito de fluidez em Hegel, Marx e demais pensadores decisivos para a cultura política do século XIX. Permito-me enviar o leitor para um artigo escrito por mim, publicado pela *Revista Brasileira de História* (Romano, 1990, pp. 39 e ss.).

Ali, citando Hegel, afirma-se:

Quem possui consciência do mundo, tal como ele é, sofre. E faz sofrer. É um turbilhão (*Wirbel*) dissolvente que produz a si mesmo. O próprio mundo, nesta sua consciência, "tem, sobre si mesmo, o sentimento mais doloroso e o olhar mais verdadeiro – o sentimento de ser a dissolução de tudo o que se consolida (*sich Befestigen*). O conceito de fluidez, aparece como correlato da imagem química, notável em Hegel, da dissolução. Não espanta, portanto, que Marx e Engels, ao descreverem as ações burguesas, as definam como dissolventes". Importa notar que este processo é o de esmagar a corporeidade viva e a alma dos submetidos. A dor dilacera. Estamos longe dos alegres passeios de um pós-moderno sobre o pós-revolucionário, da fórmula leve e tola: "Tudo o que é sólido desmancha no ar" [*apud* Romano, 1990, p. 58].

Dos gracejos pós-modernos, à seriedade e tristeza notável em Hegel e Marx, voltemos ao dilacerante universo da guerra, no qual os povos se dissolvem, e dissolvem-se uns aos outros, na experiência "de seu Senhor, a Morte".

D'Hondt só enxerga o conceito de "guerra revolucionária", quando se trata de pensar a guerra defendida por Hegel. Assim, a crítica de Hegel ao pacifismo que solidifica o *ethos* popular, retirando-lhe a fluidez histórica, seria dirigida sobretudo às potências conservadoras da Santa Aliança, as quais desejariam instalar na Europa a Paz Perpétua no cemitério (após as guerras, revolucionárias e contra-revolucionárias, que derrubaram Napoleão). As guerras seriam algo temido pelas classes dominantes, que nela perceberiam o abalo das estruturas *habituais* de mando. Seria injusto, pensa D'Hondt, descrever como "hegeliana" a apologia da guerra em geral, e sobremodo de guerra fora dos parâmetros dos movimentos teorizados pelo filósofo: as comoções da guerra nacional e revolucionária (D'Hondt, 1972, p. 85).

Semelhante exegese é recusada por vários autores. Entre muitos, lembro o nome de Claudio Cesa (1976, p. 71). Na perspectiva de Cesa, o § 324 continua como estratégico para definir, com louvor ou reprovação, Hegel como filósofo ligado a qualquer *Machtstaat*. O importante, para Cesa, não é tanto a escolha da guerra contra a paz, mas a decisão urgente, quando se constata a inexistência de um pretor mundial regendo as diferenças entre Estados.

Hegel seria um belicista, conservador, ou revolucionário, liberal, amigo da Revolução Francesa e das guerras nacionais de libertação, com as Luzes difundidas na ponta dos sabres napoleônicos? Por que não um Hegel ambíguo, escrevendo algo e pensando o contrário? Seria Hegel um Janus *bifronte*? Estas perguntas já foram postas com o próprio Hegel ainda em vida. Logo após sua morte, com os conservadores acusando-o de facilitar os movimentos liberais, à moda francesa, pudemos ler uma das mais saborosas sátiras políticas e filosóficas sobre o pensador "dissimulado". Refiro-me ao panfleto de Bruno Bauer, *A Trombeta do Juízo Final, contra Hegel, o Ateu e Anticristo*. Ali se ri da *diairesis* dogmática entre um Hegel exotérico (amigo da Prússia, do protestantismo, dos costumes nacionais) e o perigoso esotérico (aliado das Luzes francesas, do liberalismo etc.). Também tivemos, no lado hagiográfico dos fiéis hegelianos, a conversa de um Hegel rosa-cruz, mantendo personalidade dupla. D'Hondt, no seu *Hegel Secreto* compra a versão. Os rosas-cruzes sempre foram acusados de poderem passar ao invisível, controlando, no sigilo, os negócios oficiais. Por isso Descartes, como mostrou Frances Yates, fazia questão de aparecer, sempre, em lugares públicos, na Paris sacudida pelos boatos sobre conspiração rosa-cruz. Rosa-cruz que se preza, Descartes ou Hegel, dissimula com perfeição...

Deixemos esse divertimento, agradável para Mr. Holmes ou E. A. Poe, e voltemos à questão da guerra, em Hegel. O próprio Claudio Cesa, em outro texto sobre a teoria hegeliana da guerra, adverte: as aporias mencionadas acima nascem do fato de se "querer simplificar muito um pensamento no qual fluem e confluem tradições, reflexões e preocupações de matrizes diversas" (1976, p. 175).

Consideremos um ponto essencial. Para Hegel, a guerra impede os homens, presos ao particular na sociedade civil, de seguir apenas seu interesse privado, desagregando assim, "silenciosamente", o Todo. Esse enunciado encontra-se na *Fenomenologia* e no escrito, próximo a ela cronologicamente, sobre o *Direito Natural*.

O que é, finalmente, o governo? Ele é a efetivação da vitalidade comunitária, o Espírito coletivo refletido em si mesmo, o Si simples da substância ética total. O governo é síntese do social, a condição para seu agir. Ele permite a cada parte da sociedade encontrar uma subsistência. O Espírito manifesta-se na família. Mas dá às famílias o sentimento de sua dependência, pois elas só vivem no todo. A comunidade pode organizar-se em sistemas em que há independência pessoal e propriedade. Mas, para impedir que as famílias se enquistem, prejudicando o todo, o governo, de tempos em tempos, abala os seus membros pela guerra.

É fácil enxergar belicismo nessa doutrina. Mas pensemos: em nossa experiência brasileira, sabemos bem o quanto certas famílias enquistadas na sociedade civil e no próprio Estado prejudicam o Todo. As oligarquias brasileiras dominam a *res publica*, enriquecem por intermédio do público que "administram", mantendo a massa do povo na pior exterioridade diante do político. O Prof. José Arapiraca – cuja morte foi uma perda enorme para a universidade –, em pesquisa gravíssima, estudava a marca dos particulares nos nomes de famílias oligárquicas, enquistadas no patrimônio espiritual e físico do Estado. Até mesmo na corrupção este ferrete do particular ocorre: note-se o nome das "Fundações" estabelecidas por deputados e senadores para roubar os cofres públicos. Quase todas trazem o nome dos genitores ou dos próprios representantes. Num país assim, o governo não pode "tornar fluidas" as relações sociais, possibilitando a dissolução de hábitos fixos como "ética" (o favor, o compadrio, o uso das máquinas oficiais para eternizar grupos no mando etc.). Não tendo guerras como instrumento para esta fluidificação do *ethos* sólido, uma "segunda natureza", o governo é a impotência com nome universal, a potência dos particulares. Como contrapartida, as próprias massas reagem à guerra dissimulada – esta posse da república pelos oligarcas – com uma guerra cotidiana que, por não ser declarada, não é menos efetiva e cruel. Os seqüestros de gente rica, os roubos e assassinatos, de um lado, e os linchamentos, de outro, mostram que as massas são jogadas, em nosso país, na maior selvageria, sem administração da violência. Desse modo, tomam o primeiro refém que lhes possibilite um mínimo de apropriação do excedente econômico, depenando-o, e lutam contra si mesmas, numa autofagia apavorante. O retrato não é lisonjeiro, mas tem muita verdade nele. Voltemos à guerra em Hegel.

Também pela guerra o governo desarruma a ordem estabelecida pelos interesses privados, prejudiciais ao todo social. Assim, ele viola o direito à independência, violentando os indivíduos que chafurdam na "ordem" privatista, com seu autogozo egoísta. Sobre todos os proprietários o governo faz sentir, pelo trabalho que lhes é imposto na guerra, o seu Senhor, a morte. Graças a essa dissolução (*Auflösung*) de toda a subsistência, o Espírito reprime o afogamento das individualidades e dos grupos no ser natural, na existência afastada do que é ético. O governo preserva o Si da consciência, elevando-a à liberdade e à força que é sua. Essa essência *negativa* mostra-se como poder (*Macht*) próprio de uma comunidade (*Gemeinwesen*) e como força (*Kraft*) física na sua própria conservação. A comunidade encontra seu ser verdadeiro e seu reforço de poder na essência da lei divina e no reino subterrâneo. Como *enuncia* J. Hyppolite (1947, p. 23) em nota a essa passagem da *Fenomenologia:* "A morte na guerra expõe o indivíduo à lei divina, porque esta tem como essência o culto aos mortos" (Hegel, 1971, p. 335, vol. 3, *Fenomenologia*).

A guerra é potência negativa, ela é solução (*Lösung*) e dissolução (*Auflösung*). Ela assegura o vínculo da comunidade, reprime o movimento absolutista da individualidade autocentrada. Ela apela aos indivíduos por ela reprimidos, para se exercer. Ela faz e desfaz, comenta Hyppolite, a comunhão ética. O reino subterrâneo é o lugar dos mortos, na guerra pela defesa do ser em comum. Mas também é o plano das potências físicas inorgânicas que os homens trazem em si mesmos, sob a forma corporal. Na guerra, diz o texto sobre o *Direito Natural*, uma parte do homem sacrifica-se, purificando-se. Não é possível purificação de uma parte natural, sem conceder-lhe algo. Na guerra, operam as forças inorgânicas as quais, na sua elementaridade, podem liberar os homens de outra irracionalidade, a loucura em que tomba o indivíduo privado, quando este volta as costas ao coletivo, seguindo seu próprio caminho.

Prestemos atenção ao famoso § 324 da *Filosofia do Direito*. Nele podemos ler: "Esta necessidade tem, de um lado, a figura de um poder natural (*Naturgewalt*)". Na edição crítica de Ilting, dessa mesma passagem, a guerra é comparada ao direito superior que o Gênero possui diante dos indivíduos. O Estado é dito, ali, como o correlato da "natureza", ou de "uma natureza da vontade" (Ilting, 1983, p. 205, livro I e p. 841, livro III).

Esse juízo vem de Hobbes. Os Estados estão entre si numa relação *natural*, própria à luta de todos contra todos. Entes artificiais nos limites de um povo, os Estados não encontram artífices cosmopolitas para produzir um superestado máquina para efetivá-los. Ficam, assim, relegados à natureza, e não ao artifício técnico, o qual garante a paz no *interior* da república. O motivo serviu para o século XVIII, especialmente nas figuras do Abbé de Saint-Pierre e Immanuel Kant, na busca de um adversário passível de ser tomado como depositário de todas as críticas dos defensores de uma federação estatal. Este foi Hobbes. Importa, em nosso caso, sublinhar que Hegel amplia o motivo hobbesiano: as guerras ocorrem a partir de qualquer motivo, vingança ou vantagem, não sendo possível julgá-las segundo o que é justo ou injusto. Quando os Estados se enfrentam, temos dois *direitos* e não um só. Hegel também sugere que as guerras são explosões de vitalidade, como por exemplo as invasões bárbaras contra os romanos, solidificados exteriormente e apodrecidos no plano interno. Esse fenômeno, para Hegel, não deve ser procurado apenas no pretérito (mongóis, tártaros, germanos). Ele constitui um elemento de todos os conflitos. Os agredidos devem escolher entre resistir ou dobrar-se, e ninguém pode ter a ilusão de que a guerra proteja vidas e propriedades. Os agressores: "muitas guerras", diz Hegel, iniciaram-se, "porque os homens se entediaram na paz". Ou então porque a política soube desencadear para o exterior o impulso (*Trieb*) do agir que, de outro modo, voltar-se-ia para o interior do país, ameaçando todas as instituições.

Um caso é muito interessante: o de um povo que em perigo de ser invadido e perder sua independência vê todos os cidadãos correrem para defendê-lo. "Quando, deste modo, o Todo torna-se uma força, e de sua vida interior volta-se para o que lhe é externo, então a guerra defensiva transforma-se em guerra de conquista." Hegel não o diz, mas com muita probabilidade este é o caso da França revolucionária.

As *Lições sobre a Filosofia da História* apresentam a seqüência comum seguida pelos povos: desde a Grécia, todos atravessam três períodos guerreiros. No primórdio, um agrupamento humano torna-se robusto. Depois, ele encontra-se com os outros povos que o precederam na cena mundial. Finalmente, encontra povos sucessivos, caindo sob seu domínio. Entre o segundo e o terceiro período, ocorre um outro momento, no qual "diminui a tensão rumo ao externo, o povo dividindo-se no interior". Este é o ponto que sinaliza o declínio. "O sumo cume é o princípio da ruína."

Em todos esses momentos, descritos por Hegel, este último raramente evidencia entusiasmo pela guerra, na *Filosofia da História*. Parece que uma das únicas vezes em que ele assinala papel civilizador ao fenômeno bélico é quando se refere a Alexandre Magno. Quanto aos romanos e germanos, Hegel é reservado. Não compartilha o entusiasmo das Luzes – por meio de Plutarco – pela virtude e tolerância romanas, nem também louva o entusiasmo de seus coetâneos românticos pela saúde física dos germanos. Ambos, para Hegel, são aves de rapina, incapazes de elaborar com autonomia os valores das civilizações com as quais relacionaram. Só com o Estado moderno os princípios daqueles povos (romanos, a fundação jurídica da personalidade, germanos, a independência pessoal) tornaram-se valores positivos. Hegel tem palavras duras sobre a dominação do universal sobre o particular, na vida romana.

Os juízos hegelianos sobre essa gente guerreira não são entusiásticos. Os "romanos sacrificaram-se pela liberdade de que gozaram os pósteros". Os "germanos são sentimentais, bárbaros, obtusos, confusos". Mas resta que, à semelhança dos tiranos em Maquiavel, os países conquistadores ajudaram na disciplina educativa dos povos que submeteram. Já analisei essa pedagogia hegeliana, sobretudo diante dos românticos, em meu livro *Conservadorismo Romântico* (1981). Ali, sublinho a noção hegeliana de que o Oriente é sol exterior, enquanto no Ocidente, educado pela história e pelo negativo, o sol é interior.

Mas retomemos o itinerário solar na filosofia hegeliana da história. O Oriente ainda está preso às trevas. O Egito, celebrando os ritos subterrâneos, longe da luz, é exemplo disso. Na China, alguém só é algo quando morto. Na Índia, alguém só o é quando se anula. A educação liga-se às castas, ao privilégio. A sociedade é patriarcal, com plena dependência dos membros ao despótico *pater familias*. Esse chefe constitui "a vontade, a atividade para o fim comum, endereça o agir coletivo para um fim geral, educa e mantém neste sentido os particulares". A essa infância, segue-se a adolescência, o mundo grego. Os contatos com a natureza são estreitos, mas trata-se de uma natureza não mais apenas em si. A civilidade grega não surge de improviso: ela é a transformação do princípio asiático, recolhido dentro dela. Ao monarca oriental se substitui o herói. A educação realiza-se no povo e no indivíduo como harmonia estética que filtra, na sua catarse, as paixões. Mas, como o filho vive na família, assim também o cidadão grego vive na *pólis*. Na adolescência, é confuso o limite entre direito e moral.

A ruptura com essa eticidade imediata é sofrida como violência súbita. Isso ocorreu em Roma. Ali, entre cidadão e *res publica* se interpõe a Lei abstrata, e à poesia grega substitui-se o código, ao indivíduo, a pessoa jurídica abstrata. A educação romana produz-se no direito e na força militar. Roma é momento decisivo na história humana. Seu império "pode ser considerado como a idade viril da História". Na relação entre servo e senhor chocam-se, com violência, os dois extremos da força e do direito. "Na contradição que lacera o mundo romano reconhecemos a disciplina (*Zucht*) educativa do mundo [...] Mas num primeiro tempo esta se apresenta a nós apenas como disciplina, e surge como um destino cego".

Em Roma, pouco a pouco o direito sacral da família cede diante da autoridade do Estado. Na condição familiar permanece, entretanto, um vínculo escravo. Com o cristianismo, o princípio do direito cede espaço à lei moral, à interioridade da consciência singular. A ponta extrema desse movimento será exposta em Lutero. O princípio luterano jaz no fundo da consciência até surgir o princípio germânico:

[...] com o reino da subjetividade autoconsciente aparece o espírito efetivo; chega o quarto reino (*Reich*) o qual, do ponto de vista da natureza é a idade senil do espírito. A velhice natural é debilidade; a do espírito, ao contrário, é sua perfeição madura, na qual se retoma à unidade, mas como espírito.

Durante as Luzes e a Revolução Francesa, o homem se reconhece criador da cultura e das instituições. Surge a idéia da soberania popular. O vínculo entre indivíduo e Estado torna-se essencial ao processo educativo. Mas o intelecto, cuja função é dividir e separar, define o conceito de homem. Trata-se do homem na sociedade civil, mecânica, na qual exprimem-se os interesses privados, de grupos, de partidos e seitas. A Revolução Francesa é o ponto final de uma cisão milenar, ponto de início de uma nova época. Ele é o terror e a aurora esplêndida. Com ela, retomamos ao estado ético, não mais imediato, como entre os gregos, mas espiritual, como entre os germânicos modernos. Todo este resumo da história mundial e seu nexo com a educação, que apresentei nas páginas acima, foi extraído por mim de um texto importante na exegese hegeliana de nossos dias (Vechi, 1975, pp. 172 e ss.).

Voltemos à hermenêutica de Claudio Cesa sobre Hegel e a guerra. Os romanos não souberam, ou não puderam introduzir nenhuma união comum entre eles e os povos, só conheceram a guerra e a submissão na qualidade de "relação de força". Segundo Hegel, o grande estadista foi Péricles, nunca César ou Napoleão. Hegel não defendeu a guerra e a força pura, mas também não foi um lacrimoso sentimental humanitário, condenando toda e qualquer guerra. Tanto isto é verdade, que o filósofo enxergou mais na fraqueza dos vencidos e menos nas virtudes do vencedor as causas do êxito militar. Quando, na fala sobre a "morte natural" dos povos, Hegel sugere que ela deve entender-se mais como suicídio: "nenhuma força externa [diz ele] ou interna, pode fazer valer sua eficácia destrutiva no que se relaciona com o espírito do povo, se este já não está, em si mesmo, exangue, extinto" (Hegel, 1971, *Filosofia da História*).

Os pequenos Estados tendem a ser destruídos ou incorporados pelos grandes. Eles apresentam a mesma tara dos indivíduos na sociedade civil, pois julgam ser possível viver de modo autônomo sem unir-se ao Todo. Um pequeno Estado, sem armas, fica à mercê de um grande, como se isto fosse um destino. Temos aqui o problema, arcaico, da intervenção de um Estado nos assuntos de outro, sobretudo no âmbito dos problemas internos. Kant propôs que nenhum Estado deveria "intrometer-se com a força na Constituição e no governo de outro Estado". A paz internacional só seria alcançada, entretanto, quando todos os povos fossem republicanos. Permito-me enviar o leitor, a um trabalho inédito, fruto de uma dissertação de mestrado de L. P. Rouanet, sobre a Paz Perpétua kantiana. Ali se debate este problema federativo e republicano.

Já para Fichte, as relações dos Estados entre si fundamentar-se-iam nas relações jurídicas entre os cidadãos. O Estado em si é um conceito abstrato, só os cidadãos são pessoas efetivas. Segundo Fichte, o fim do direito internacional é fazer com que todo Estado sinta-se responsável pelos danos que os seus cidadãos possam trazer aos de uma outra reunião estatal. Isto exige o reconhecimento recíproco dos Estados. Assim, todo Estado possui o direito de ajuizar sobre a legalidade de um outro Estado. Mas isso só no plano internacional, nunca no setor interno. Basta que um povo tenha sobre si uma autoridade, para que ele seja reconhecido pelos seus vizinhos. Como Fichte sabe que nem sempre o direito possui a força, apela para uma Liga dos Povos, controlada pela opinião pública. Para Fichte, o único conflito armado legítimo é o que se origina de uma luta contra os negadores do direito. Fora isto, só guerras defensivas são legítimas.

Lembro sempre que sigo, literalmente, o texto de Claudio Cesa, para bem sublinhar sua atitude, a qual não enxerga em Hegel o belicista contumaz, mas também não tomba na hagiografia, como ocorre em Jacques D'Hondt. Cesa prossegue sua análise afirmando que a Paz Perpétua, em Kant e Fichte, é um ideal regulador no comportamento dos Estados. Mas para Hegel é impossível uma ordem permanente de paz, pois ela contrastaria com a natureza mais íntima de todo e qualquer Estado, qual seja, a de se afirmar como "potência absoluta na terra".

A legitimidade e o reconhecimento dos Estados entre si, a soberania completa, só é possível, para Hegel, quando o reconhecimento é recíproco, com o empenho no respeito à independência dos outros Estados, aos quais, entretanto, "não pode ser indiferente o que ocorre no interior". Ou seja: um povo nômade não pode oferecer garantias de respeito aos limites para os outros. Ele pode ser visto como um Estado? Mas não só este modo de vida pode representar um perigo. As religiões de Estado são um outro, mais grave talvez.

Apenas e tão-somente uma semelhança de ordenamentos políticos poderia garantir uma longa paz. O adágio é velho: "impossível viver em paz com infiéis". Sempre os Estados buscam pretextos para se agredirem mutuamente.

> Um Estado é um indivíduo e na individualidade está contida a negação. Se, portanto, certo número de Estados constitui uma família, esta liga (*Verein*) deve criar-se enquanto individualidade, um oposto, deve gerar para si mesma um contraposto, um inimigo, e o da Santa Aliança poderiam ter sido os Turcos ou Americanos [*apud* Cesa, 1976].

Se inexiste o inimigo, este é criado, ou gerado. Cláudio Cesa chama atenção particular sobre esse ponto: "são muitas as analogias entre Hegel, neste problema do inimigo, entre as teses sustentadas por Carl Schmitt, por exemplo no *Conceito do Político*" (Cesa, 1976, p. 199).

O Estado, para Hegel,

> [...] não é obra de arte: ele está no mundo. Por conseguinte, se localiza na esfera do arbitrário e do contingente. Medidas desagradáveis podem desfigurá-lo em muitos prismas. Mas o homem mais detestável, assevera Hegel, o criminoso, o doente ou enfermo, nem por isto deixa de ser um homem vivo: o lado afirmativo, a vida, subsiste apesar da imperfeição [Hegel, 1971, *Filosofia do Direito*, § 258, nota].

A força, entretanto, é medida pelas instituições. À diferença da *pólis*, o cidadão no Estado moderno não mais delibera sobre a guerra e a paz: limita-se a eleger deputados cujo alvo é aprovar os balanços, e de cuja colaboração o soberano pode dispensar-se, em caso de urgência ou perigo. Esta não é uma situação patológica para Hegel. Trata-se da única garantia entre esfera civil e política, garantindo a saúde do Estado. A colaboração espontânea dos cidadãos é desejável, mas não estritamente necessária. Imprescindível, para que o Estado não se arruine, é a decisão do soberano e a obediência dos súditos.

Surge nesse contexto a crítica hegeliana ao direito natural. Este seria ambíguo, pois não ficamos sabendo, em suas exposições, se tratamos da natureza imediata ou da natureza da própria coisa, ou seja, do conceito sobre o que é o Direito. Se dermos atenção ao primeiro aspecto, o "direito" reduz-se ao arbítrio. Se atentarmos para o segundo, ele é construído não segundo a natureza exterior, mas sobre a liberdade humana.

> O direito da natureza, no primeiro sentido, é a força (*Gewalt*) e o que dá validade à violência (*Gewalttätigkeit*) no estado de natureza é um estado de ativo exercício da violência e de injustiça do qual o mais verdadeiro que podemos dizer é que torna-se preciso dele escapar. A sociedade, pelo contrário, é o estado no qual apenas o direito tem sua efetividade; o que é sacrificável e limitável é justo o arbítrio (*Willkür*) e o ativo exercício da violência que marcam o estado de natureza [Hegel, 1971, *Enciclopédia das Ciências Filosóficas*, § 502].

Segui, até este momento, as exposições de Meinecke, Jacques D'Hondt e Claudio Cesa. Cada um apresenta o seu prisma de leitura hegeliano. O leque nos mostra a diversidade de leituras possíveis sobre "Hegel" e "guerra". Este é um fenômeno comum na exegese dos grandes filósofos. Passamos pelo Hegel belicista, pelo Hegel liberal, pelo Hegel que se equilibra entre os dois primeiros planos. As três faces de Hegel são retratadas de modo mais forte, em um ou em outro sentido e tendência.

Como exemplo, temos a hermenêutica de Planty-Bonjour, autor de um excelente estudo sobre Hegel e a Rússia. Em outro trabalho, Planty-Bonjour considera Hegel um realista a mais. Seu juízo, entretanto, é fortemente matizado, face aos outros leitores de Hegel. O que não impede Planty-Bonjour de ser muito severo: "Hegel não é culpado pela existência de guerras no mundo. Mas ele deve assumir a sua responsabilidade, por ter estabelecido a demonstração racional da necessidade bélica" (Planty-Bonjour, 1986, p. 213). O calcanhar de Aquiles, na teoria hegeliana segundo Bonjour, é o plano das relações internacionais. Hegel ignoraria todos os esforços dos grandes juristas do direito internacional, desde Las Casas até Grotius e Pufendorf, como também teria afastado com algumas linhas apenas o projeto kantiano de *Paz Perpétua*.

Segundo Herbert Marcuse, Hegel ter-se-ia mostrado ainda mais cínico do que Hobbes, quando trata do Estado burguês.

Hegel chega a negar completamente o direito internacional. Também no plano interno, as críticas à concepção hegeliana do Estado ainda hoje se dividem. A atitude de Planty-Bonjour é nítida: "a lição de Hegel é fácil de entender. O Estado é potência antes de ser poder. Não pode existir nenhum direito que não implique, num momento ou noutro, o uso da violência. Mas em Hegel a força não cria o direito. Ele quer apenas afirmar que não existe direito sem força".

O tirano serviria para instaurar o respeito ao novo universal, a lei. Depois, simplesmente torna-se inútil. A lei, alfa e ômega do sistema hegeliano? Há quem o diga. Entre outros, temos Norberto Bobbio. Para ele, "Hegel sustenta que uma lei é justa, isto é, racional, só pelo fato de que ela é uma lei". Nesta vertente hermenêutica, afasta-se a distinção entre lei e justiça. A fórmula hegeliana seria a seguinte: *justum quia jussum*. Traduzindo, digamos que é algo legal porque é justo, e é justo porque é legal. Difícil encontrar, quase impossível na verdade, textos de Hegel em que se coloca a questão da desobediência à lei injusta. Para o filósofo, não se põe a questão sobre a legalidade do poder, porque a justificação do poder é regulada pela força. Um Estado de fato é sempre um Estado de direito. Assim, depois de passarmos por várias interpretações, retomamos ao nosso ponto de partida, o dito famoso "o que é racional é efetivo, o que é efetivo é racional". Planty-Bonjour retoma a velha cantilena: a filosofia política hegeliana deu-se como tarefa e princípio supremo aceitar o que é. Lembramo-nos da crítica nietzschiana aos hegelianos. Estes últimos, segundo Nietzsche, têm os joelhos gastos de tanto se dobrarem perante a "necessidade" histórica.

Mas sempre é possível, desde que alguém seja hegeliano, responder: o efetivo foi feito racionalmente. O que não resulta da razão não é efetivo, não subsiste contra a razão. Ele existe, está aí, de modo imediato e limitado. Mas é caduco, *ipso facto*. Na *Filosofia do Direito* (1817) de Heidelberg, Hegel afirma que "o racional precisa ocorrer". A palavra usada é *Muss*, e não *Soll*. O que Hegel afirma, pois? Nada no céu ou na terra pode impedir que se realize o Estado constitucional, com o fim do despotismo, da monarquia absoluta. Esta existia, mas apenas como casca de um ser morto, não era mais efetiva, racional.

Chegamos à equação hegeliana: o direito é racional, porque a história é racional. Quanto mais Hegel reflete sobre a história, e sobre o direito, mais ele separa-se da normatividade própria às escolas do direito natural. Temos o juízo de Ilting sobre a filosofia hegeliana, que ruma para esse sentido.

> Quando discutimos hoje os fundamentos da nossa vida política, sempre tratamos com as filosofias de Kant, Rousseau, Hobbes e utilitaristas britânicos, de uma parte, e com Tomás de Aquino, Aristóteles ou Platão, de outra. Mas, como Hegel, colocamos questões sobre toda a tradição da filosofia política [Ilting, 1979, p. 36].

Não podemos olvidar, nunca, que a tradição em que situa-se Hegel é a do campo transcendental. Na linha kantiana ainda, para ele "o princípio do direito não se encontra dentro da natureza. A esfera do direito é a liberdade" (*Filosofia do Direito*, § 3, na edição de Ilting). Desse modo, o "espírito arranca-se da natureza e produz sua natureza, suas próprias leis. A natureza, pois, não é a vida do direito" (*idem*, § 3, nota).

Desde Hobbes pelo menos, o direito do indivíduo só pode ser provisório, enquanto não for constituída a comunidade política, executora e garantia do direito. Para Hegel, antes do Estado, toda e qualquer tentativa para alguém opor-se à infração de um contrato só pode ser vingança, nova infração. Trata-se de um processo infinito, transmitido de geração a geração (Hegel, 1971, *Filosofia do Direito*, § 102). A doutrina kantiana da moralidade como base do Estado é recusada por Hegel. A moralidade é momento essencial no processo de constituição do Estado e do direito universal, mas não é suficiente. "Um indivíduo que só deseja executar o bem por causa de sua responsabilidade moral agiria tão arbitrariamente quanto um indivíduo que, no estado de natureza, quisesse restabelecer o direito por vingança privada."

Hegel apresenta uma via original, face a Platão e a Aristóteles, e face a Hobbes e a Kant, nesse problema da moral e da ética no Estado. Os primeiros partem do Todo, do comum interesse bem-regulado, possibilitando a inter-relação entre famílias numa sociedade fundada na divisão do trabalho. Em

Platão e Aristóteles, o princípio da ética privilegia o todo. Em Hobbes e nos modernos, os indivíduos responsáveis, unidos por um contrato, são a origem do vínculo ético. Ora, pensa Hegel, nem um nem outro isolados. Nem o todo universal vazio, nem os indivíduos impondo seu arbítrio ao coletivo. O programa hegeliano, como aliás a proposta espinozista, é baseado na tese de indivíduos livres num todo livre.

Segundo Ilting, a *Filosofia do Direito* retomaria a forma expositiva encontrável na *Fenomenologia do Espírito*. Cada esfera do direito corresponderia a uma esfera cultural e histórica, a uma "figura", abolida e conservada. Nesse sentido, a exposição da *Filosofia do Direito* iria num caminho (*Gang*) em que a primeira figura seria o direito abstrato, passando ao direito concreto. Ou seja, dos particulares, a família, o mercado, enfim, a sociedade civil mecânica, passamos ao Estado. Neste, encontra-se subsumida a sociedade civil, com todos os seus problemas.

O perigo desse itinerário é a historicização de todas as formas políticas e de consciência. Se radicalizarmos esta via, teremos certamente um Hegel simulador, em época de Restauração. Ilting coincide, portanto, em suas próprias palavras, com as teses de Jacques D'Hondt: sobre Hegel, o amigo disfarçado das Luzes e das guerras revolucionárias, mas que escondeu seu jogo verdadeiro por meio da autocensura.

Sempre que se fala em Hegel e a guerra, surge a figura do governante que está no ápice do Estado. Nesse plano, também, muitas doutrinas e exegeses costumam assumir a superfície plana das frases feitas. Um bom trabalho sobre esse prisma é o de Bernard Bourgeois "Le prince hégélien" no volume coletivo intitulado *Hegel et la philosophie du droit* (1979, pp. 85 e ss.). Hegel defendeu a monarquia constitucional. Isto causou escândalo entre os liberais, socialistas etc. Chegou-se a dizer, na trilha de Haym, que Hegel era um puro e simples serviçal da monarquia reacionária prussiana. Certa vez, um ideólogo chamado Jean Kanapa, amestrado na prisão do pensamento chamado Diamat, disse que Sartre, por criticar a União Soviética, era "espião da CIA". A resposta sartreana foi eficaz e curta: "Jean Kanap est un con". O último termo é violento, mas muito merecido. O mesmo, penso, seria utilizado por Hegel contra os que assumem a tese de sua adesão sem dignidade ao Estado prussiano. Vejamos um pouco, com Bourgeois, de sua doutrina política da monarquia.

O príncipe garante a realização universal do direito, suprime os privilégios nobiliários. Só a monarquia efetiva a negação da negação do direito, os privilégios nobres. O monarca hegeliano, maquiavélico, retira a soberania dos tiranetes, de um lado, e une-se ao interesse do povo, de outro. Os nobres não têm "direitos" a reclamar, mesmo que sua pretensão seja antiquíssima.

O papel do príncipe, em Hegel, é o de mediatizar a história e o direito internacional. "Na ponta de todas as ações, além das históricas, encontram-se indivíduos ou subjetividades que efetivam o substancial" (Hegel, 1971, *Filosofia do Direito*, § 348). Os povos são agentes históricos, recolhidos em seu príncipe, o único detentor do poder decisório na guerra e na paz. Além disso, o príncipe mediatiza o direito público internacional e o direito interno. Ele equilibra o lado civil e o militar, fator capital na vida do Estado (*idem*, § 271, adição).

Isso é dito pelo nosso comentarista, de modo explícito, apoiando-se no trecho acima indicado de Hegel:

> Como ocorre no organismo vivo, a irritabilidade é interior, pertence ao organismo, bem como a relação com o exterior é uma tendência da interioridade. O aspecto interior do Estado como tal é o poder civil e a tendência para o exterior o poder militar [...] É preciso que haja um equilíbrio entre estes dois poderes, pois tal é o fator básico na vida do Estado. Duas eventualidades extremas podem ocorrer: o poder civil pode ser abafado totalmente e repousar inteiramente no militar, como deu-se na época dos imperadores romanos e dos pretorianos; o poder militar pode provir apenas do poder civil, quando todos os cidadãos são obrigados ao serviço militar, como é o caso de nosso tempo.

O Príncipe reúne os dois poderes, na qualidade de chefe constitucional, de guerreiro e de homem da lei e do direito. No Estado hegeliano, como no imaginário reino de Frederico, o Grande, elogiado por Hegel, o príncipe é o poder capital. Ele *decide*. Sem este ato – decidir – inexiste Estado, guerra, paz, ciência etc. E decidir não é um ato plural. Para Hegel, decidir em comum é uma abstração sem muito sentido. Nesse ponto, devemos reter-nos ao § 542 da *Enciclopédia das Ciências Filosóficas*. Numa pessoa moral (a maioria) incapaz de decidir (ela não é alguém, nem ninguém), a decisão é deixada às vontades puramente particulares de que a maioria é composta. Estas, disputando, entram em suspeita umas contra as outras. Os exemplos maiores são dados por Hegel: a Convenção francesa, nas *Lições sobre a Filosofia da História*, e o Diretório (*idem*).

Bourgeois, sempre nas considerações que sigo à letra, parafraseando seu rico texto, passa à soberania do Estado. Esta só pode existir como poder efetivo em um indivíduo, ou seja, por ou pelo príncipe. Este último é "o cume e a base do Todo, ou seja, a monarquia constitucional". Nele, reside a decisão última (Hegel, 1971, *Filosofia do Direito*, § 275). O príncipe é "a vontade do Estado enquanto ele mantém e decide sobre tudo, a unidade que atravessa tudo" (Hegel, 1971, *Enciclopédia*, § 542). No monarca, tem-se a vida estatal como absoluta.

Entre o cume, o príncipe, e a massa popular, situa-se a classe mediadora por excelência, a assim chamada "classe média". Muita tolice foi dita sobre essa classe, especialmente no Brasil. Certa cabeça filosófica nacional confundiu, por exemplo, esta noção hegeliana com o conceito sociológico de "classe", aplicando aos fascistas brasílicos as determinações encontradas por Hegel, naquele setor estatal. Falta de rigor ou leveza ética, não sabemos. Mas a "classe média" não é o alfa nem o ômega do Estado hegeliano. A *Filosofia do Direito* não se apresenta como uma defesa *a priori* da burocracia. Os funcionários podem e devem participar da Legislação. Eles relacionam-se com o público e com o príncipe. Eles trazem a este último as informações, preparando sua decisão. Hegel, desde jovem, criticou os escrivões pedantes, interpostos entre o cidadão e o soberano. Enquanto isso, o poder do príncipe mediatiza o poder governamental com o próprio poder governamental.

O príncipe não "pertence" ao Estado. Ele é o Estado. Ele não é o sacerdote do Estado, mas seu Cristo. Poderíamos ampliar esta sugestão de Bourgeois dizendo que, para Hegel, o príncipe é o Estado em anacoluto. Ele é um, fazendo com que o Estado seja uno. O monarca não decide apenas nos assuntos internacionais. No plano interno, ele convoca os Estados (Hegel, 1971, *Filosofia do Direito*, § 308) e possui a última palavra nas leis. É dos príncipes que Hegel espera a iniciativa, na elaboração de uma Constituição racional.

O príncipe, no entanto, não deve executar as decisões. Ele pode cair no arbítrio, sobretudo diante dos funcionários que devem efetivá-las. Os únicos responsáveis pela execução são os conselheiros. Enquanto decide, o monarca põe-se "acima de toda responsabilidade, nos negócios do governo do Estado" (*idem*, § 284). E o *arbítrio do príncipe* dá carne e vontade ao universal, retirando este último da abstração. "A racionalidade hegeliana", pensa Bourgeois, "não é a estrututa abstrata, mas a do sujeito concreto".

A liberdade do indivíduo dá-se no interior do Estado. Se não há arbítrio do príncipe no Estado de direito, o arbítrio dos particulares também não é acolhido no mesmo Estado.

> O princípio primordial de um Estado [...] é que não exista sobre ele nenhuma razão, consciência (moral) ou sentido do direito superior aos que o próprio Estado reconhece. Um Estado verdadeiro não suporta, em seu interior, pessoas como os Quakers, os anabetistas etc. que desconhecem e recusam determinados direitos do Estado, como a defesa da pátria. Esta miserável liberdade de pensar e crer o que a cada um pareça o melhor é inadmissível [...] É certo que os povos erram, mas os indivíduos podem equivocar-se muito mais [...] O homem tem muita facilidade para acreditar que cumpriu o seu dever [...] [*Lições sobre a História da Filosofia*, "Sócrates"].

Com esse último ponto, o arbítrio dos indivíduos, chegamos à questão do chamado direito de resistência. Resistir ao serviço militar, esta é a maneira pela qual os amigos da paz, baseados em doutrinas humanitárias ou religiosas, tentam mudar as ordens do Estado. Este prisma da consciência moderna possibilita ver o quanto Hegel se diferencia do pensamento filantrópico. Mas também jogam sobre a filosofia hegeliana da política uma luz sombria, o que foi intensamente explorado pelos críticos mais fortes de Hegel, sobretudo em nosso tempo. Para o filósofo, a liberdade moderna acentuou em demasia a vontade individual, olvidando o coletivo. Este último, sem conhecimento científico, garantido e organizado

133

pela forma estatal, permanece arbitrário e ignorante. Citemos um longo e elucidativo trecho das *Lições sobre a Estética*,

> Quem não sabe não é livre, porque contra ele surge um mundo estranho, um além e um fora-de-si do qual depende, sem que ele tenha tomado seu este mundo estranho e sem que ele esteja, nele, junto a si mesmo. O impulso pelo saber, o desejo de conhecimento, dos mais baixos graus ao supremo estágio da visão filosófica, só nasce do esforço para superar aquela relação de não-liberdade e de apropriar-se o mundo com a representação e com o pensamento.

O lado teórico, pois, nasce do desejo de liberdade.

Se o teórico nasce do querer humano, em busca de sua forma livre, o prático, a liberdade do agir, tende a fazer com que a razão da vontade se efetive. Esta razão efetiva-se na vida estatal. No Estado organizado racionalmente, todas as leis e instituições são apenas uma efetivação da liberdade segundo suas determinações essenciais. Se é assim, a razão singular encontra nessas instituições só a realidade da própria essência e, quando obedece a essas leis, procede, não de acordo com algo estranho, mas apenas de acordo com aquilo que é seu. O arbítrio, com freqüência, é chamado liberdade, mas o arbítrio é apenas liberdade irracional, o escolher e o determinar-se não segundo a razão da vontade, mas segundo impulsos acidentais e a sua dependência do sensível e do exterior.

Quando os indivíduos e os grupos movem-se no Estado de direito, afastam o seu arbítrio particular, em proveito da vivência coletiva. No fundo, nada a mais do que diz Hobbes, na sua busca de um modo para vivermos em paz numa República. No direito, diz Hegel,

> [...] certamente é reconhecida a minha racionalidade, vontade, liberdade. Eu valho como pessoa e sou respeitado como tal. Eu tenho propriedade e esta deve permanecer comigo enquanto tal. Se a propriedade encontra-se em perigo, o tribunal faz-me justiça. Mas este reconhecimento e esta liberdade sempre ligam-se a este lado singular e relativo, com seus objetos singulares: esta casa, esta ação singular, esta singularidade. Mas a vida do Estado se constitui enquanto totalidade completa em si mesma: o príncipe, o governo, os tribunais, o exército, o ordenamento da sociedade civil, a sociabilidade etc. Este organismo interno, num Estado autêntico, é concluso, com-

pleto, realizado em si. Mas tudo isto não basta. Resta que a necessidade de uma vida mais elevada é fundamental.

O Estado é signo de razão no mundo. Todo o seu aparelho repressor, com o uso da força, tem como alvo fazer com que os humanos atinjam a liberdade coletiva, na mais perfeita autoconsciência. Este é o fim derradeiro do Estado. Assim, pode-se criticar Hegel por muitas coisas. Mas não esqueçamos que as últimas linhas da *Filosofia do Direito* apresentam o que ele espera de um Estado desenvolvido, não sujeito ao modelo do Antigo Regime nem à fragmentação despótica dos pequenos príncipes alemães. Com isso ele difere muito do modelo incorporado na Prússia de Frederico II:

a autoconsciência [afirma Hegel] encontra no Estado seu saber e querer substanciais, realizados num movimento orgânico. Ela também encontra a religião e o sentimento, a representação de sua verdade como essencialidade ideal. Mas é na ciência que ela encontra o conhecimento livremente concebido desta verdade, a qual é uma só verdade em suas três manifestações complementares: o Estado, a Natureza, o Mundo ideal [Hegel, 1971, *Filosofia do Direito*, § 360].

A disciplina empregada para manter os indivíduos dentro de limites é a lei. Esta, sem força física, é palavra vazia. Lei e força servem para garantir a produção espiritual, as ciências, as artes, a religião. Quando olhamos o Brasil, vemos o quão distantes estamos do ideal hegeliano de Estado, ciência, arte, religião. Deveríamos, ao invés de apontar autoritarismo no filósofo, discutir a nossa "realidade" miserável. Dificilmente, no Estado hegeliano, o soberano, um ponto sobre o i, seria levado até os arroubos de nossos reis-presidentes populistas, com seus semblantes de salvadores pré-fabricados e mostrando, ao invés de uma razão mediadora, as partes menos elevadas de si mesmos, vangloriando-se de que elas são roxas. Roxos de vergonha ficamos nós, todos os que pensam com a cabeça e não com a genitália. Mas quantos entre nós dedicam-se à tarefa de pensar?

Terminando essa inspeção nos escritos hegelianos e de seus comentadores, sobre a idéia da guerra, quero lembrar um lado definido de Hegel. Trata-se de sua atitude diante da guerra no Estado europeu. Após referir-se às guerras épicas, citando o Cid campeador, Tasso, Ariosto e Camões, Hegel louva a medida européia, a beleza individual da razão que se auto-limita vencendo o esplendor asiático.

Se diante destas epopéias ainda quiséssemos pensar em possíveis epopéias no futuro, estas só manifestariam a vitória que uma viva racionalidade americana trará aos vínculos de um medir e particularizar ao infinito. De fato, na Europa, todo povo é hoje limitado por outro, não pode iniciar por si mesmo uma guerra contra outra nação européia. Se queremos andar fora da Europa, isto só pode ocorrer no rumo da América.

Errou o filósofo na primeira parte do seu enunciado. As nações européias pós-hegelianas guerrearam entre si, imolando milhões e milhões de seres humanos. Acertou na segunda parte. A América do Norte (uma vez que, para Hegel, a do Sul é essencialmente militarista e despótica) mostra-se como infinita sede guerreira. Isto é efetivo, mas não é racional.

Bibliografia

BACON, Francis. (1874). "Essays". Em: *The Moral and Historical Works of Lord Bacon*. London, George Bell & Sons.
BOURGEOIS, Bernard. (1979). "Le prince hégélien". Em: *Hegel et la philosophie du droit*. Paris, PUF.
CESA, Claudio. (1976). *Hegel Filósofo Politico*. Napoli, Guida.
COHN, H. (1944). *The Idea of Nationalism*. New York, Macmillan.
D'HONDT, Jacques. (1968). *Hegel secret*. Paris, PUF.
──────. (1968). *Hegel en son temps*. Paris, Éditions Sociales.
──────. (1966). *Hegel, philosophe de l'histoire vivante*. Paris, PUF.
──────. (1972). *De Hegel a Marx*. Paris, PUF.
──────. (1986). "La personne et le droit abstrat selon Hegel". In: PLANTY-BONJOUR, G. (dir). *Droit et libertè selon Hegel*. Paris, PUF.
ECKERMANN, J. P. (s/d). *Gesprache mit Goethe*. Berlin, Deutsche Buch-Gemeinschaft.
FLEISCHMANN, Eugène. (1970). *Le Christianisme 'mis a nu'*. Paris, Plon.
HEGEL, G. W. F. (1971). *Werke in zwanzig Bänden*. Frankfurt am Main, Suhrkamp.
HOFFMANN. (1946). *Klein Zaches/Petit Zacharie*. Trad. P. Sucher. Paris, Aubier (bilíngüe).

Hyppolite, J. (1947). *Phenomenologie de l'esprit*. Paris, PUF, 1991.
Ilting, K H. (1974). *Hegel Vorlesugenüber Rechuphilosophie*. 1818-1831. K. H. Eting (ed.). Stuttgart, Friedrich Frommann Verlag.
_____. (1979). "La forme logique et systématique de la philosophie du droit". Em: *Hegel et la philosophie du droit*. Paris, PUF.
_____. (1983). *Die Philosofie des Rechts*. Stuttgart. Em: Losurdo, D. (1983). *Tra Hegel e Bismarck*. Roma, Riuniti Ed.
Losurdo, D. (1983b). *Hegel, Questione Nazionale, Restaurazione*. Urbino, Università Degli Studi.
_____. (1987). *La Catastrofe Della Germania e L'immagine di Hegel*. Milano, Guerini e Associati.
_____. (1988). *Hegel, Marx e la Tradizione Liberale*. Roma, Riuniti.
Meinecke, E (1957). *Machiavelism The Doctrine of "Raison d'État" and its Place in Modern History*. New York, Praeger.
Planty-Bonjour, Guy. (1986). "Droit, violence et libertè selon Hegel". Em: Planty-Bonjour, G. (dir). *Droit et libertè selon Hegel*. Paris, PUF.
Romano, Roberto. (1981). *Conservadorismo Romântico*. São Paulo, Brasiliense.
_____. (1990). "O Sublime Contra o Prosaico. Revolução Contra Reforma". *Revista Brasileira de História*, São Paulo, 10 (20), mar.-ago.
Rosenzweig, Franz. (1920). *Hegel et l'État*. Paris, PUF, 1991.
Rouanet, Luis Paulo. (1994). *À Paz Perpétua*. São Paulo, USP (mimeo).
Schelling, Friedrich von. (1945). *Introduction à la philosophie de la Mythologie*. Trad. S. Jankélévitch. Paris, Aubier.
Vechi, Giovanni. (1975). *Il Conceto di Pedagogia in Hegel*. Milano, Mursia.

6. A RAZÃO SONHADORA

Tomemos a filosofia cartesiana, inserindo-a no complexo espiritual envolvente. Isto preocupa os acadêmicos, acostumados às classificações noéticas. Nelas, prende-se o pensamento em rubricas que o desfiguram. Racionalismo, intelectualismo: semelhantes etiquetas afastam a teoria, ideada por Descartes, do caos barroco. Elas divorciam o filósofo de sua própria língua, estilo, cultura. Surge o inefável sistema desprovido de carne, ossos, paixões e vontade. Uma escrita sem imagens, pura "ordem das razões", transparente e incolor. Nesta taxinomia, é ininteligível o nexo entre filosofemas e movimentos particulares da arte, da religião, da política. É impossível acompanhar todos esses prismas. Escasseiam tempo e forças. Como diria Marvell, citado por Auerbach: "Had we but world enough and time [...]". A partir de alguns textos, indicarei certas convergências entre juízos doutrinários e temas barrocos.

Começo por uma carta. No século XVII, este gênero literário ainda era o veículo essencial para a divulgação do saber

139

e diálogo entre sábios e letrados. Em 15 de abril, ano de 1631, Descartes escreve a Jean-Louis Guez de Balzac (1595-1654):

> Durmo aqui dez horas, todas as noites, e sem que preocupação alguma me desperte. Após o sono ter conduzido durante longo tempo meu espírito pelos bosques, jardins, palácios cheios de encanto, onde experimento todos os prazeres imaginados nas fábulas, misturam-se insensivelmente meus devaneios diurnos com os da noite; e quando me percebo desperto, é apenas para que meu contentamento seja mais perfeito, e meus sentidos dele participem; pois não sou tão severo, ao ponto de recusar-lhes alguma coisa que um filósofo possa lhes permitir, sem ofender sua consciência[1].

Alegria de viver. Pouco notamos, aqui, da ascese estóica. Aliás, o pensador, referindo-se à perfeita alegria, afirma que esta, mesmo para os filósofos do Pórtico, embora sendo uma paixão, pode ser mantida. Alegria na alma e no corpo:

> É evidente que a alegria não pode deixar de ser boa, nem a tristeza, de ser má [...] se estivéssemos desprovidos de corpo, ouso dizer que não poderíamos nos abandonar demasiado ao amor e à alegria [...] mas os movimentos corporais que os acompanham podem ser nocivos à saúde, quando muito violentos...

Os sentidos saudáveis também causam satisfação, sobretudo "quando o tempo é mais sereno do que habitualmente"[2]. Festa somática e intelectiva.

Estamos longe de um cartesianismo cinza, em que o intelecto puro recolhe-se, inane, em si mesmo, sem corpo. Confunde-se, muito, nas análises do pensamento apresentado por Descartes, a separação das substâncias em sua natureza, com a ruptura absoluta entre paixões e atos. Mas o filósofo adverte: "Embora o agente e o que sofre sejam muito marcados pela diferença, ação e paixão não deixam de ser uma só coisa, com dois nomes"[3]. As paixões são o traço marcante do ho-

---

1. *Oeuvres et lettres*, Pléiade, pp. 940-941. O texto que segue resume uma palestra pronunciada na PUC-SP, em seu programa de semiótica (agosto de 1989). Suas considerações foram efetivadas antes de o autor conhecer o livro de Leminski sobre Descartes e o sonho brasileiro. Festejando a coincidência feliz, mas entristecida pela morte do poeta, espero voltar, em outro artigo, sobre o fato onírico, a poesia, a razão em nossa terra.
2. *Idem*, artigo 94, p. 739.
3. *Idem*, artigo 1 p. 695.

mem: "O que vem à alma pelos sentidos, a toca mais fortemente do que é representado pela razão"[4]. O sujeito balança entre os dois extremos, num jogo contínuo de alegria e tristeza. Seu corpo o desafia, opaco para ele e para seus iguais.

Como ultrapassar essa cortina espessa de fumaça? Lendo o rosto, os gestos, as múltiplas máscaras que se apresentam à nossa vista. "Não existe nenhuma paixão que não seja declarada por algum ato dos olhos. E isto é tão manifesto em algumas paixões, que mesmo os criados mais estúpidos podem notar, pelo olho de seu mestre, que ele está insatisfeito com eles." Cuidado, entretanto, a leitura nunca é imediata: "Embora percebamos facilmente estas ações dos olhos e saibamos o que elas significam, não é fácil descrevê-las". Onde reside a dificuldade? No fato de que as ações visuais englobam muitas mudanças, "ocorridas no movimento e na figura do olho, as quais são tão particulares e minúsculas, que cada uma delas não pode ser percebida separadamente, embora o resultado de sua conjunção seja muito fácil de notar". É árduo recolher, no mesmo instante, o distinto e o unido, conectando síntese e análise. Mas, sem isso, estamos condenados ao engano sobre os outros.

O que se passa com a vista, desdobra-se na imagem exterior, na máscara alheia.

> Podemos dizer quase o mesmo das ações faciais que também acompanham as paixões. Embora elas sejam maiores que as dos olhos, é difícil distingui-las, e elas são pouco diferentes. Alguns homens fazem a mesma cara quando choram ou riem [...] geralmente, todas as ações, seja do rosto, seja dos olhos, podem ser modificadas pela alma quando, querendo esconder sua paixão, ela imagina fortemente uma contrária; de modo que podemos dela nos servir tanto para dissimular quanto para declará-las[5].

O corpo, na face sobretudo, é espelho que revela e esconde nossa alma. A vigília oferece oportunidades para se perceber os desígnios da vista. No sono e no sonho, o corpo rapta a consciência, de si mesma e dos outros.

---

4. *Idem*, artigo 85, p. 735.
5. *Idem*, artigo 113, pp. 747-748.

Paixões especulares, homem-máscara que revela e se esconde. O Tratado das paixões da alma desenvolve toda uma semiologia das expressões e cores faciais. Engano e desengano. Para captarmos esta temática decididamente barroca em Descartes, precisamos acompanhar a imagem óptica e o sonho na sua escrita. Esta, avancemos, inscreve-se conscientemente na prosa e no estilo do tempo.

O estatuto da imagem, em Descartes, tem sido ignorado pelos estudiosos. Esta falha mostra-se, sobretudo, quando indagamos sobre figuras retóricas, hipérboles, metáforas, metonímias que povoam sua escrita. Nos últimos tempos a lacuna vem sendo preenchida, com estudos semelhantes aos de P. A. Cahné[6]. Infelizmente, a regra ainda é passar rapidamente sobre esse aspecto, como o faz Frances Yates:

> É pouco provável que Descartes tenha utilizado muito a memória local. Segundo Baillet, na *Vie de Monsieur Descartes*, ele havia deixado de praticá-la regularmente [...] e a considerava como certa "memória corporal", "exterior a nós", que só depende da alma e não aumenta nem diminui. Esta idéia, notavelmente brutal, concorda muito bem com "o pouco interesse que Descartes manifestava pela imaginação" e por seu funcionamento[7].

Este preconceito pode ser questionado pela simples leitura do filósofo. Por exemplo, o texto citado acima, sobre o complexo jogo entre rosto e olhar. Como entendê-lo, sem meticuloso estudo sobre a imaginação?

Discurso barroco, a prosa cartesiana sofre as mesmas vicissitudes encontradas na língua culta de seu tempo. Para meditarmos sobre isto, retomemos a carta a Balzac, indicada no início deste trabalho. Quem foi o correspondente do filósofo? Jean-Louis Guez de Balzac é assim descrito, em *Port-Royal*, por Sainte-Beuve: um escritor preso à metáfora em todos os campos da idéia[8]. Natureza, história, geografia, universo: tudo isto só existe para lhe fornecer seu único e favori-

---

6. P. A. Cahné, *Un autre Descartes: le philosophe et son langage*, Paris, Vrin, 1980.
7. F. Yates, *L'art de la mémoire*, Paris, Gallimard, 1975.
8. *Pléiade*, I, II, viii, p. 535.

to prêmio, a metáfora[9]. O tom pedante o aproxima das *Preciosas Ridículas*, é verdade, mas ele fez, na prosa, o que Malherbe executou no poema: deu à escrita francesa a "ordem [...], a justeza do acorde, a medida, o poder de uma palavra posta em seu lugar, esta sábia economia do discurso que permite continuar a sua magnificência para sempre"[10].

Na exposição francesa, ainda apegada ao latim e sem corpo autônomo, ressentindo demasiada inferioridade em face da poesia, Balzac introduziu "um tom, um modo não poético, mas oratório, forma de desenvolvimento antes desconhecido neste rigor, e que não foi possível esquecer. Nós o encontramos, quase semelhante, com o pensamento a mais e o gênio suposto, em Jean-Jacques"[11]. Críticos da época só viram na sua escrita "metáforas impróprias", "hipérboles exorbitantes", "cacozelos", "catacreses" e "outras figuras apavorantes", diz Sainte-Beuve, "cujos nomes espantavam os iletrados, que os tomavam por monstros da África"[12].

Sua dicção define um "desdobramento contínuo da frase, que vai do simples ao figurado, e do figurado ao transfigurado; em toda parte, desde o primeiro ou segundo passo, ocorre a hipérbole com a metáfora"[13]. Isto ocasionou a desconfiança de Richelieu, que o viu como um *phraseur*. O cardeal, decididamente, não gostava de seus enfeites retóricos, mesmo quando elogiava seu estilo: "As concepções de vossas cartas", diz o primeiro ministro ardiloso,

são fortes, e tão longe das imaginações vulgares quanto conformes ao senso comum dos que têm um juízo elevado; a vossa dicção é pura, as palavras muito escolhidas, nada tendo de afetado, o sentido claro e distinto [sabemos o quanto esta noção de *enárgeia* é importante, para Descartes], e os períodos perfeitos, com todos os seus números... seríeis responsável perante Deus se vossa pena fosse deixada ociosa. Deveis empregá-la em assuntos mais graves e importantes[14].

---

9. Sainte-Beuve, *op. cit.*, p. 545.
10. *Idem*, p. 544.
11. *Idem, ibidem*.
12. *Idem*, p. 547.
13. *Idem*, p. 545.
14. Richelieu, carta a Balzac (4.12.1624) Sainte-Beuve, *idem*, p. 980.

Os poderosos, em especial eles, costumam condenar o jogo estilístico com fim em si mesmo. Como diz certo biógrafo de Richelieu: "Ele era contra a concepção de mundo traduzida no barroco, ele era pela medida e sobriedade clássicas [...]"[15].

No caso de Balzac, ainda era muito cedo para se efetivar a almejada "atenuação clássica" (*klassische Dämpfung*), com toda sua carga ideológica de "pureza na dicção, elegância da expressão, nobreza do estilo metafórico"[16]. O cardeal conseguiu fundar um Estado nesses moldes, mas para isso precisou submeter os nobres à corte. O sucesso com os escritores foi mais duvidoso. Balzac, como seus pares aristocráticos, era vaidoso ao máximo. Cultivava o ego com alegria, utilizando o *Je* como Descartes. Definia-se, assim, no lado oposto de Pascal, para quem o "eu é odioso". Um amigo de Richelieu, quando interrogado por ele sobre a saúde de Balzac, respondeu-lhe: "Como quereis que ele vá bem? Ele só fala de si mesmo, e a cada vez se descobre; tudo isto o deixa resfriado"[17]. Anedota cruel e fina, na boca de um bom cortesão, já afeito à *raison d'État*, contra as veleidades nobres.

Importa, pois, a idéia de prosa, na qual a imagem, segundo Balzac, adquire peso fundamental. O exagero imagético conduz o escritor até situações deprimentes. Como ao elogiar a Senhorita de Gournay: "Desde o tempo em que sois louvada, a Cristandade mudou dez vezes de face"[18]. Tal gosto pela imagem valeu-lhe, ademais, escárnios, pastiches. Como o de Boileau, com seu pastiche caricato do estilo balzaquiano: "Senhor, o ruído de vossas ações ressuscita os mortos. Desperta os adormecidos desde trinta anos; os condenados a um sono eterno. Ele faz o próprio silêncio falar [...]"[19].

Pouco importa a zombaria, a vaidade do sujeito. Vale seu remanejamento da escrita, na tentativa – bem-sucedida – de

---

15. Carl Buckhardt, *Richelieu*, Paris, Robert Laffont, 1970, vol. 1. p. 331.
16. Hans Robert Jauss, *Pour une esthétique de la réception*, Paris, Gallimard, 1978.
17. Bautru, citado por Sainte-Beuve, *op. cit.*, p. 542.
18. *Idem*, p. 547.
19. *Idem, ibidem.*

elevá-la. Seus livros, *Sócrates Cristão* e *o Príncipe*, não o colocam no plano de um sábio religioso, nem o aproximam do gênio maquiavélico. Pelo conteúdo de suas obras, e também por suas *Cartas*, Balzac não seria lembrado agora. Mas, pela forma, ele mantém um lugar importante na imagética e retórica francesas. No tocante ao culto do ego, cabe lembrar as observações ásperas de Saint-Cyran sobre Balzac. O último seria "como um homem diante de belo espelho, no qual veria certa mancha em seu rosto, e se contentaria em admirar a beleza do espelho, não apagando a mancha que era preciso ver"[20]. Os jansenistas odiavam o "eu", o desdobramento, o teatro, as fantasias barrocas... embora por elas experimentassem fascínio.

Jogo especular, óptico. Sainte-Beuve capta bem o espírito da coisa, ao descrever Balzac, homem barroco, como alguém que era apenas "forma e aparência, uma daquelas pessoas que, mesmo solitárias, passam sua vida em mascarada, não podendo fazer melhor, e considerando que uma face só é bela, quando porta a máscara"[21]. Note-se a perfeita continuação entre o juízo sobre a forma de se apresentar, o estilo de Balzac, e o texto das *Paixões da Alma*, relativo aos olhos e à dissimulação, apontado por mim acima.

Críticas e elogios. A escrita barroca de Balzac tem sido balançada nesse pêndulo. Os elogios são feitos na mesma tela, profusamente imagética. Como os de Joubert:

> As belas palavras têm forma, som, cor e transparência, que delas fazem o lugar conveniente onde é preciso pôr os belos pensamentos, "para torná-los visíveis aos homens". Assim, sua existência é um grande bem, e sua multidão um tesouro. Ora, Balzac é rico disto, leiam, pois, Balzac[22].

Finalizemos, com o elogio mais eloqüente sobre Balzac, o manifesto por Descartes.

> Qualquer que seja o ânimo com o qual leio estas cartas, seja que as leia para as examinar, ou só para me divertir, delas retiro muita satisfação; e,

---

20. Citado por Sainte-Beuve, *op. cit.*, p. 539.
21. Sainte-Beuve, *op. cit.*, p. 983.
22. Citado por Sainte-Beuve, *op. cit.*, p. 566.

bem longe de nelas achar algo a ser corrigido, entre tantas coisas belas que ali vejo, tenho dificuldades para dizer quais devem receber mais elogios. A pureza da elocução reina em toda parte "como o faz a saúde no corpo", a qual nunca é mais perfeita, do que quando menos se faz sentir.

A graça e a polidez nelas reluzem, como a beleza na mulher perfeitamente bela, que não consiste no esplendor de alguma parte em particular, mas num acordo e tempero tão justo de todas as partes juntas, que não deve existir nenhuma que prevaleça sobre as outras, pelo medo de, não sendo guardada a proporção no resto, o composto seja menos perfeito [...].

O primeiro símile óptico, a saúde, ressalta a invisibilidade da harmonia na escrita artística. Luz e sombra, a saúde e a pureza na elocução desafiam o olhar arguto. O segundo comparante, a beleza feminina, opera no visível, agora sublinhando a concatenação decorosa das partes. A carta, gênero literário em que, por excelência, o ausente se apresenta (cf. William Fulwood: "An Epistle or letter, is nothing else but an Oration written, conteining the mynd of the Orator, or wryter, thereby to give to understand to him or them absent, the same that should be declared if they were present"[23]), serve, em Descartes, como exercício de união de face e pano de fundo.

Êmulo de Balzac, Descartes movimenta a técnica barroca da escrita, *sponte sua*. O modelo é imitado com leveza e perfeição inventiva. Retornemos à carta em que o filósofo relata ao seu correspondente a vida onírica levada em Amsterdã. Ali, são reunidos oxímoros estratégicos: vigília e sono, clara realidade e maravilha noturna, e outros. Com eles, o escritor constrói um movimento contínuo entre o sonhar e o viver alegres. Ausência de cuidados na vigília, encanto no sonho, prazer dos sentidos despertos. Seqüência sem bruscas interrupções, numa curva sinuosa em que não podemos saber qual é o "real", qual o "imaginário".

Lendo a carta, nossa memória automaticamente é conduzida para o grande lugar-comum da cultura barroca: a vida é sonho. Calderon, seguramente:

Yo sueño que stoy aquí/ de estas prisiones cargado,/ y soñé que en otro *estado*/ más lisonjero me vi./ Que es la vida? Un frenesi./ Que es la vida?

[23]. *The Enimie of Idlenesse* (1568), citado por W. Crane, *Wit and rhetóric in the Renaissance*, Gloucester, Mass, Peter Smith, 1964, p. 77.

Una ilusión,/ una sonbra, una ficción,/ y el mayor bien es pequeño,/ que toda la vida es sueño,/ y los sueños sueños son/.

Mas o quase clichê, hoje, sobretudo após os delírios românticos, não era comum na época cartesiana. O tema onírico invade, naquele tempo, o teatro e a literatura européia. Para ficar apenas em alguns exemplos, entre múltiplos, lembremos que a quase totalidade da *Ilusão Cômica* de Corneille é um espetáculo noturno. O sonho irrompe em *Polyeucte*. "Quoi? Vous vous arretêz aux songes d'une femme [...] Et ce songe rempli de noires visions/ N'est que le coups d'essai de ses illusions".

Em *Athalie*, de Racine, o sonho aparece na atmosfera de horror e medo, tal como redescoberta e descrita por Roland Barthes e Erich Auerbach. Como diz o último, nessa peça "aparentemente cristã", não se encontra o menor traço do cristianismo, de sua "tradição antiga e viva", mas só "um capítulo espantoso retirado do recôndito mais tenebroso do Antigo Testamento", onde Athalie "empurra a afirmação enlouquecida de si mesma até a antítese absoluta do cristianismo e até o absoluto da desumanidade". Nessa peça, diz Auerbach, ressurge, por volta de 1700, "todo o horror de uma luta tribal arcaica"[24]. Percebemos, então, a triste angústia evocada pelo sonho: "Un Songe (me devrais-je inquieter d'un songe?)/ Entretien dans mon coeur un chagrin qui le ronge/ Je l'évite partout, partout il me porsuit./ C'était pendant l'horreur d´une profonde nuit".

Ceticismo e medo. Horror pelo desconhecido que irrompe durante a noite. Esses traços podem ser notados nos textos cartesianos, nos momentos em que se referem ao sonho. Mas não só em Calderon, Corneille e Racine o prisma onírico é violento e apaixonado. Rotrou menciona pelo menos doze vezes os sonhos em suas peças. A passagem mais conhecida é a visão de Valeria, em *Saint-Genest*: "Le premier des Césars apprit bien que les songes/ Ne sont pas toujours des faux et toujours des mensonges". Ou ainda o espetáculo horripilante do sonho vivido por Theodora, em *Venceslas*. A mulher vê seu irmão sendo despedaçado, antes da decapitação: "Du coup

---

24. Citado por H. R. Jauss, *op. cit.*, pp. 220-221.

d'une main j'ai vu voler sa tête;/ Et, m'écriant d'un ton qui t'aurait fait horreur/ j'ai dissipé mon songe, et non pas ma terreur"[25].

Toda essa atmosfera pestilenta, vivida no plano do cadafalso, *castrum doloris*, une sonho, pesadelo, olhar. Retomando Calderon: "Estas que fueron pompa y alegria/ despertando al albor de la mañana,/ a la tarde serán lástima vana,/ durmiendo em brazos de la noche fria [...]". Lendo, hoje, o poema de Lorca sobre as cinco da tarde, percebemos as "tinturas e reflexos" que circulam, no solo da cultura espanhola, entre o Barroco e o século XX, época de inauditos horrores e desencantos. Voltemos ao século XVII. O sonho da vida passa e pode trazer o inferno da realidade: "Mira que te as de morir/ Mira que no sabes quando/ Mira que te mira Dios/ Mira que te esta mirando"[26].

O sonho barroco, como ocorre em quase todas as figuras dessa forma cultural, reduplica a ilusão na realidade e vice-versa. Forestier indica "o estreito parentesco de dois motivos, magnificamente ilustrados na Espanha por Calderon: o 'mundo é teatro', a 'vida é sonho'". Em *Sosie*, de Rotrou, por exemplo, dá-se o desdobramento especular da personalidade humana, ampliada para o cosmos. "Quelque savant démon, en la Magie expert/ Fait qu'ainssi tout se change, et se double, et se perd". Esta noção de mutabilidade, inimiga de toda ciência para Descartes, também evoca o "savant démon", o gênio malicioso que continua o trabalho da dúvida, no sensível, trazida especialmente pelo sonho.

O fato onírico entra, em Descartes, no mesmo terreno da muito barroca temática da *Vanitas*. Basta retomar o motivo no *Discurso do Método* (1637): "E olhando com um olhar de filósofo as diversas ações e empresas de todos os homens, não há quase nenhuma que não me pareça vã e inútil [...]". Para conseguir alguma certeza é preciso cautela máxima: "Como um homem que segue só e nas trevas, resolvi andar tão lenta-

25. Para esses comentários, sigo G. Forestier, "Le rêve littéraire du baroque eu classicisme", *Revue des Sciences Humaines*, 211, 1988-1983, pp. 213 e ss.

26. Citado por Santiago Sebastian, em *Contrarreforma y Barroco*, Madrid, Alianza, 1981, p. 123.

mente, usando tamanha circunspecção em todas as coisas que, se avançava pouco, eu me guardava de cair". E, nesse passo, segue Descartes, antecessor de Rousseau, passeando solitário e sonhando, no relato de sua história, ou de sua fábula, temendo sempre enganar-se, com a possibilidade de ver "ouro e diamantes" onde, na verdade, só existem "cobre e vidro"...

O sonho definiu as etapas do pensamento cartesiano, da juventude à maturidade. No primeiro momento, ele traz a marca da distância entre o sujeito e ele mesmo. No segundo, trata-se de um campo de prova, no interior do ego que deve ser conquistado se quisermos atingir a plena autonomia. Expliquemo-nos[27].

Nas *Cogitationes privatae*, o jovem Descartes – tinha ele 23 anos – relata três sonhos vindos "do alto", de Deus. No primeiro, reina certa angústia. O sonhador acredita ver fantasmas, caminha pelas ruas com o lado esquerdo caído. Um vento forte o arrasta até o colégio onde procura abrigo. Dali, tenta atingir a igreja. Antes de nela penetrar, alguém o cumprimenta polidamente, dizendo que o senhor X deseja dar-lhe um melão. É cercado por pessoas que permanecem em pé, sem dificuldades, ele mal se sustenta. Desperta, "com uma dor efetiva, que o faz temer ter sido o sonho a operação de um *mauvais génie* cujo desejo era seduzi-lo". Volta-se para o lado direito, rezando, pedindo a Deus "garantias contra os maus efeitos deste sonho, para ser preservado de todas as infelicidades que poderiam ameaçá-lo em punição de seus pecados [...]". Insone, reflete sobre os bens e os males mundanos.

Na mesma noite segue-se o segundo sonho. Pensa ouvir um barulho espantoso, toma-o por um trovão. Com medo, desperta e vê seu quarto invadido por fagulhas. Abrindo e fechando os olhos, observa a "qualidade das espécies (centelhas) que lhe foram apresentadas". Acredita poder dar razões "naturais" para tudo o que vê (ele possui olhos cintilantes, enxerga bem à noite). Dorme, acalmado.

---

27. A partir deste passo, sigo as análises de G. Simon, "Descartes, le rêve et la philosophie", *Revue des Sciences Humaines*, número citado, pp. 133 e ss.

No terceiro sonho, dentro da mesma noite, não sente angústia alguma. Enxerga dois livros sobre sua mesa. Desconhece sua origem. Trata-se de um dicionário e de uma antologia poética. Abre a segunda e lê os versos de Ausônio: *Quod vitae sectabor iter*. No mesmo instante um desconhecido lhe apresenta, com elogios, certo poema começando por *Est et non* (outro poema de Ausônio). Descartes deseja mostrar o trecho da antologia, não o encontra no volume que, no entanto, ele conhece bem. Nota nele algumas gravuras. Estas o advertem que se trata de uma outra edição. Somem livros e o desconhecido; o filósofo não desperta.

Sempre dormindo, ele interpreta o sonho:

> O dicionário significaria as ciências reunidas; a antologia, chamada *Corpus poetarum*, marcaria mais distintamente a filosofia que precisava escolher (*Quod vitae sectabor iter*) e que traria o conselho de um sábio, ou mesmo, da Teologia Moral.

Assim, duvidando se era sonho seu, ou meditação, Descartes despertou, continuando, com os olhos abertos, a exegese do sonho.

> Pelos poetas recolhidos na antologia, ele entendeu a Revelação e o Entusiasmo, quando ele não desesperava de ser favorecido. Pelo verso *Est et non*, o Sim e Não de Pitágoras, ele compreendeu a falsidade e a verdade nas ciências profanas [...] Acreditou que era o Espírito da Verdade, abrindo-lhe os tesouros das ciências.

E as gravuras? Foram devido à visita de um pintor italiano... O melão significaria o encanto do solitário, mas apresentado de forma puramente humana.

Gérard Simon, a quem sigo nessas passagens, assim comenta os traços oníricos: neles, e nas interpretações do próprio Descartes, temos ainda um modo de ver renascentista. O sonho merece análise, possui um "sentido" premonitório ou de advertência. Sua origem é exterior a quem sonha. Descartes, como vimos, o atribui a Deus, opondo-se ao Diabo (*o mauvais génie, malus Spiritus*). O sonho liga, quase naturalmente, céu e terra. Descartes diz-se pleno de entusiasmo (*cum plenus forem enthousiamo*). Este sentimento é creditado por ele, no mesmo texto, ao poeta, para desvelar verdades profundas.

Assim,

[...] podemos nos espantar por encontrarmos mais pensamentos fundamentais nos poetas do que nos filósofos. Há uma razão nisto: os poetas escrevem sob entusiasmo e força da imaginação, pois há no homem germes da ciência, como num sílex, que o filósofo traz à luz pela razão, e que o poeta desvela pela imaginação – eles brilham muito mais[28].

As metáforas poéticas são definidas, segundo Simon, por intuições analógicas, que conduzem o pensar ao essencial. Descartes guia-se, nessa hora, por elas, identificando em seu sonho, entre os demais símiles, a luz e o conhecimento, o sopro e o espírito. "Como a imaginação serve-se de figuras para conceber os corpos", diz o próprio Descartes, "também a inteligência, para figurar as coisas espirituais, serve-se de certos corpos sensíveis, como o vento, a luz. Donde segue-se que, filosofando de modo mais elevado, poderemos, pelo conhecimento, conduzir o espírito até os mais altos cumes". Pensamento baseado nas similitudes, se quisermos empregar o léxico de Michel Foucault, no capítulo segundo de *As Palavras e as Coisas*. O mundo é um cosmo povoado de signos, imagens que se remetem umas às outras, interminavelmente.

O jovem Descartes, enuncia Simon, ao caminhar mascarado no grande teatro do mundo, e viver solitário uma noite turvada pela angústia e pela esperança, em seu quarto na Alemanha, não está muito longe de Lady Macbeth, a qual, quinze anos antes, em Londres, esfregava as mãos sujas de sangue numa cena de sonambulismo. Sem dúvida, um é real, e outra, fictícia. Mas as duas personagens se pensam no interior da mesma cultura, em que os sonhos queriam dizer algo.

Mas Michel Foucault não é o único, longe disso, que nos pode dizer algo sobre esse modo de conceitualizar. E, também, é preciso cautela com os limites epistêmicos. Claro, na Renascença, os símiles cumprem esse papel de incorporar os significados analógicos. Mas, mesmo na vida cristã, mais antiga e envolvente – como interdito ou incentivo – no Medievo e no Renascimento, a imagem efetiva esse mister[29]. Parece

28. Citado por P. A. Cahné, *op. cit.*, p. 118, nota 21.
29. Cf. Chr. Schönborn, *L'icône du Christ*, Fribourg, Ed. Universitaires, 1976. Também De Lubac, *Exegèse médiévale*, Paris, Aubier, 1964.

importante guardar, no pensamento do jovem Descartes, a junção entre poesia e racionalidade. Nele opera, no meu entender, o critério da "significância" estudado com muito apuro por Rosemund Tuve.

No pensamento dessa última autora,

> [...] tanto na crítica quanto na teoria retórica, é um lugar-comum aceito que o abstrato e o intangível requerem o auxílio "das imagens terrestres" (Peacham, *Da Metáfora*, p. 12). A necessidade da metáfora é notada freqüentemente como sua graça e beleza. Muito desta beleza, no entanto, consiste em sua habilidade para transcender as limitações da língua [...] Nem sempre é lembrado que, com a metáfora e tropos conexos, é inescapável a relação com o mundo supra-sensível. Isto é simples, mas profundo[30].

Sem demasiadas pressões sobre o campo estudado, poder-se-ia dizer da imagética cartesiana, nesse período juvenil, o mesmo que é dito sobre Dante: o poeta

> [...] tem uma imaginação "visual". Visual, num sentido diferente à do pintor moderno da natureza morta: é visual no sentido de que ele viveu numa idade durante a qual os homens viam visões. Era um hábito psicológico, cuja arte esquecemos, mas que é tão boa quanto as nossas. Nós só temos "sonhos", esquecemos que o ver visões [...] foi um dia um gênero de sonho "mais significativo" mais interessante, e mais disciplinado. Damos como certo que os nossos sonhos vêm daqui, da terra: possivelmente a sua qualidade sofre por isto[31].

Em Descartes, sucedem-se as duas visões do homem e do Além. A primeira enxerga no sonho significados transcendentes e desígnios providenciais para a vida intramundana. O poeta, neste sentido, com seu entusiasmo, traz para o visível o que não tem corpo, encarna-o. Por isso, supera o filósofo, que vai ao invisível pelo fenômeno. Descartes, posteriormente, mas nunca em termos absolutos, rompe com esse itinerário do real aos sonhos, e vice-versa.

A ruptura torna-se notável no *Discurso do Método*. À diferença do que ocorria nas *Cogitadones privatae*, o característico do sonho, agora, é gerar ilusões:

---

30. Rosemund Teuve, *Elizabethan and Metaphysical Imagery*, London, Univers. Press, 1947, pp. 155-156.
31. "Dante" (1929), em T. S. Eliot, *Select Essays*, London, Faber and Faber Limited, 1980 (1ª ed. 1932), p. 243.

Considerando que todos os mesmos pensamentos, que temos acordados, podem nos vir quando dormimos, "sem que nenhum seja verdadeiro", resolvi "fingir" (*feindre*) que todas as coisas que entraram em meu espírito não eram mais reais do que a ilusão de meus sonhos.

O recurso poético, a ficção, entra agora na própria trama metódica. Mas, em contrapartida, o sonho adquire o estatuto de pura ilusão. Suas visões já nada significam, na ordem da ciência, da moral etc.

Antes, havia um critério para distinguir sonho e realidade: o sonho "verdadeiro" anunciava o real futuro, porque vinha de "Deus". Era este o seu "sentido". Agora, perde-se todo seu valor referencial, presente ou futuro. O lugar é tomado pelo pensamento desperto. Mas como saberemos se este último também não é um sonho, enquanto a mensagem trazida por ele não for validada por Deus? Entretanto, como saberemos, diz barrocamente o *Discurso do Método*, que

os pensamentos vindos em sonho são mais falsos do que os outros, se freqüentemente eles não são menos vivos e expressos? Estudem os melhores engenhos, tanto quanto quiserem, não acredito que possam dar nenhuma razão suficiente para extrair esta dúvida, se eles não pressupõem a existência divina. [...] *Mira que te mira Dios/ Mira que te esta mirando* [...].

Deus não engana. Condição para não "nos" enganarmos é acreditar nas idéias claras e distintas, as únicas que recebem garantia divina. A exigência da *chiarezza* penetra no âmago do itinerário filosófico imanente.

Após o conhecimento de Deus e da alma nos ter feito certos desta regra (a de que a certeza só é trazida pelas idéias claras e distintas) é fácil, então, conhecer que os devaneios (*rêveries*) que imaginamos ao adormecer, não nos devem, de modo algum, fazer duvidar da verdade dos pensamentos que temos, quando despertos.

Autoconsciência "clara", o *cogito* possui uma inteireza que o sono não apresenta: "nossos raciocínios nunca são tão 'evidentes' nem tão inteiros durante o sono, do que durante a vigília". A etimologia latina de "evidente", aqui, adquire sua conotação ética plena: só podemos "ver" quando nossos olhos encontram a luz. À noite, tanto os olhos do corpo quanto os da alma são vítimas das trevas, do que é "confuso e obscuro", apenas sombrio.

As *Meditationes de Prima Philosophia*, 1641, obra-mestra do filósofo, caracterizam o sonho mais como uma desregulagem do senso comum. A primeira Meditação compara sonho e delírio insensato, no qual acreditam os que se pensam "reis", "ou imaginam serem bilhas, ou possuir um corpo de vidro". Todos esses sintomas são conhecidos pela sabedoria do tempo. Basta lermos a *Anatomia da Melancolia*, de Robert Burton (1621). Mesmo a literatura médica moderna guardou esses elementos: "O irmão de Richelieu, o mais velho, acreditava ser Deus Pai; sua irmã acreditava ter um traseiro de cristal, não queria sentar-se com medo de quebrá-lo, e o tinha cuidadosamente entre suas duas mãos [...]"[32].

Dormindo, representamos as mesmas coisas que os loucos, quando eles estão despertos. Ou sonhamos coisas mais extravagantes ainda, comenta Simon sobre o espírito cartesiano. Enquanto dormimos, damos fé aos sonhos, tanto quanto às nossas percepções quando despertos. "Entre as percepções causadas pelo corpo, a maioria depende dos nervos", enuncia o *Tratado das Paixões da Alma* (artigo 21). Mas existem outras que deles independem, as quais denominamos "imaginações", mas que delas diferem, porque involuntárias. "Tais são as ilusões de nossos sonhos, e também os devaneios (*rêveries*) que temos freqüentemente quando despertos, quando nosso pensamento erra com displicência sem aplicar-se a nada."

Notemos, ao contrário de Frances Yates, o quanto Descartes se preocupa, e muito, com a imaginação. Mas, além disso, para pensar as diversas impressões imaginárias que nos conduzem ao erro, ele utiliza a linguagem pictórica: "As imagens, que chegam ao cérebro pelos nervos, são mais vivas e mais expressas do que as excitadas ali pelos espíritos". "O que me levou a dizer", comenta Descartes:

[...] estas são como a sombra e a pintura das outras. É preciso notar que ocorre às vezes ser esta pintura tão semelhante à coisa representada que podemos

---

32. Cf. Docteur Grasset, *Idées médicales*, Paris, Plon, 1910, p. 282. Sobre o assunto, no aspecto da melancolia, cf. R. Kuhn, *The Demon of Noontide: Ennui in Western Literature*, New Jarsey, Princeton, 1976.

nos enganar, no relativo às percepções dos objetos exteriores a nós [...] assim, freqüentemente quando dormimos, e mesmo às vezes, quando despertos, imaginamos tão fortemente certas coisas que pensamos vê-las diante de nós [*Tratado das Paixões da Alma*, artigo 26].

O sonho, pois, não é mais uma intervenção divina, mas efeito da união entre corpo e alma, uma desregulagem passageira da máquina corporal. Logo, o sonho é desprovido de significação, fora deste plano mecânico. Isto permite distingui-lo da vigília. A forte angústia que esta perspectiva produz foi sentida por Descartes, e por ele expressa em páginas dignas do mais delirante surrealismo.

Com efeito, se alguém, quando estou desperto, me surgisse subitamente e desaparecesse igualmente, como o fazem as imagens que vejo ao dormir, de modo que eu não pudesse notar nem de onde ele vem, nem para onde vai, não seria sem razão que o consideraria um espectro ou fantasma formado em meu cérebro e semelhante aos que nele se formam quando durmo, não um verdadeiro homem [...].

Como reconhecer nas aparências a verdade? Como identificar os que estão fora de mim? Algumas regras diminuem a incerteza, não a resolvem:

Quando percebo coisas das quais conheço distintamente o "lugar" de onde elas vêm, e "onde" elas estão, e o "tempo" no qual elas me aparecem, e que, sem "nenhuma interrupção" posso unir o sentimento que delas tenho, com a seqüência do resto de minha vida, fico inteiramente seguro que as percebo quando vigilante, e não no sono.

A vigília dá-nos a "continuidade" das coisas em seu tempo e espaço. Nada mais a separa do sonho. As impressões imediatas calam-se diante disso.

Este é o clima preocupante da *Segunda Meditação*: ela se inicia na plenitude barroca da *Vanitas* e do fantástico:

Suponho, pois, que todas as coisas que vejo são falsas; me persuado de que nada existe, de tudo o que minha memória, cheia de mentiras (*mensonges*, o significante é sempre refletido por *songes*) me representa; penso não ter nenhum sentido; acredito que o corpo, a figura, a extensão, o movimento e o lugar são apenas ficções de meu espírito. O que poderá ser considerado verdadeiro? Talvez nada mais, a não ser que nada no mundo é certo.

Não é um estranho à cultura barroca quem diz: "Considerei a mim mesmo, primeiramente, como tendo um rosto, mãos, braços, e toda esta máquina composta de ossos e carne, tal como ela aparece num cadáver [...]". O juízo surge como o único corretivo para a incerteza universal:

> Se por acaso eu olhasse da janela homens que passam pela rua, à vista dos quais eu não deixo de dizer que vejo homens [...] entretanto, o que vejo desta janela, a não ser chapéus e capotes, que podem cobrir espectros ou homens fictícios (*feints*) que se movem apenas por molas? Mas eu julgo que são verdadeiros homens, e compreendo, só pelo poder de julgar que reside em meu espírito, o que eu acreditava ver com meus olhos.

Descartes nega que as coisas sejam tais como se apresentam de modo imediato. Elas não são verdes ou amarelas em si mesmas, secas ou úmidas, frias ou quentes; embora produzam impressões qualitativamente diversas, elas só diferem por propriedades espaciais, forma, movimento de suas partes[33]. Surge, então, o verdadeiro problema: se o mundo só nos envia "sinais" e se as coisas não são como se mostram, se nada pode ser discernido nelas, a não ser um pouco de movimento que Deus mantém no ser por uma criação "contínua", a vida da consciência desperta não é menos prisioneira das aparências do que a da mente adormecida. Não apenas ela não vê o que acredita ver, mas o que nela se passa não tem mais consistência intrínseca do que um sonho bem ligado.

"A consciência", arremata Simon, "só desperta verdadeiramente ao renunciar a si mesma, à sua imediatez, para se tornar um pensamento que pensa a si mesmo, uma reflexão. Mas esta consciência vigilante é pura razão", sem objetos exteriores a si mesma. Só Deus pode garantir que os signos por ela recebidos se relacionam com as coisas existentes em si mesmas. Só o autor de tudo garante o espetáculo interno da consciência. Logo, esta última, como no sonho anterior, no jovem Descartes, retira seu valor de "cima", do divino.

---

33. Estou seguindo muito de perto, nesses trechos todos, o texto citado por Simon, *op. cit.* O leitor poderá constatar em que ponto dele me aproximo, e em que ponto dele me afasto.

Aqui, precisamos retomar o trecho do *Tratado das Paixões da Alma*, sobre o relacionamento dissimulado entre a face e o olhar. Vimos que é importante o traço "contínuo", e o "desdobramento" em todas as operações espirituais. Esta é uma das mais fortes características do barroco: a coisa dentro da coisa, o ato dentro do ato, o teatro dentro do teatro, o sonho dentro do sonho, o pensamento dentro do pensamento, a pintura dentro da pintura. Neste jogo especular entre a primeira impressão e as formas embutidas – mas insuspeitadas – nos delineamentos superficiais, na passagem meditada da aparência à essência, dos reflexos para os reflexos, compraz-se a práxis no século XVII. Desejo de tudo ver, tudo escondendo. Este traço passa pela óptica, religião, política, do tempo e da cultura barroca.

Jurjis Baltrusaitis tem investigado os vários aspectos da ilusão óptica, na pintura, no espelho, no teatro, no mito. Discute, sobretudo, o jogo dos reflexos na anamorfose conectada com a representação de poder, no século XVII. Entre muitos quadros, analisa o *Vexierbild* do pintor Schön,

[...] formado por quatro registros trapezoidais onde riscas zebradas se prolongam em paisagens com figurinhas vivas. Cidades e colinas, personagens e animais mergulham numa torrente de traços entrecruzados, que nada explica "à primeira vista". Mas, colocando o olho de lado, bem perto da gravura, vemos surgir quatro cabeças superpostas no interior dos quadros retilíneos. A perspectiva torna invisíveis as imagens aparentes e, no mesmo golpe, faz aparecer os contornos escondidos. Os personagens são perfeitamente identificáveis: Carlos V, Ferdinando I, o papa Clemente VII, Francisco I.

Esse procedimento adquiriu uma importância cada vez maior na pintura, e na representação filosófica do mundo, à medida que se passou o século XVII. Na *Vexierbild* de Schön imbricam-se técnica óptica, religião e poder. Todos esses elementos se desdobram numa continuidade insuspeitada à primeira vista. A falta inicial de sentido é corrigida pelo olhar vigilante, na sua busca de figuras claras e distintas.

O grande teórico da anamorfose foi, no século XVII, Jean-François Niceron que pertencia à ordem dos Mínimos. Sua Perspectiva curiosa [...] é uma tentativa de visualização da dúvida cartesiana, fundada sobre a experiência de que nossos sentidos nos enganam às vezes. A anamorfose transcreve no campo artístico uma noção filosófica essencial, nascida do progresso científico, e duplica a ciência, acompanhando cada etapa de seu desenvolvimento [...], mas a anamorfose ultrapassa, e muito, Descartes. Sob seu rigor clássico, ela trabalha a consciência. Ela já faz presente o arrepio barroco[34].

Qual o fito da anamorfose? "Revelar e dissimular ao mesmo tempo, mostrar pela metade." Uma das mais conhecidas anamorfoses é o quadro *Os Embaixadores*, de Holbein (1533). Ainda renascentista, essa obra já anuncia aspectos modernos. Seu tema é o "da morte escondida que marca o fim da morte cristã". Se deixarmos a caveira no centro do quadro, o que deu-lhe imensa celebridade, veremos um último detalhe:

[...] um minúsculo crucifixo de prata, posto entre o enquadramento barroco da obra e a cortina de seda verde que ocupa seu fundo. Ainda uma dissimulação, visível com dificuldade, no ângulo superior da pintura. Pode-se ver um aviso do céu, uma espécie de janela entreaberta para o Além, completando o sentido da anamorfose [...] Holbein, que nos seus 24 anos tinha murado o Cristo, agora o escamoteia. Faz o seu cadáver desaparecer [...] *Os Embaixadores* é, na realidade, o primeiro surgir da consciência moderna sobre a morte. Não deixando de se estender, até nós, a mancha cega do Nada[35].

É possível, pois, desconfiar por que um cartesiano, polidor de lentes e afeito à óptica, Spinoza, escreveu um inacabado texto sobre a *Emendatio*, a "correção" do intelecto. Se quisermos conhecer algo, cabe-nos corrigir a vista. Comentando a *Vexierbild* de Schön, Baltrusaitis[36] diz que nela a "visão toma lugar numa paisagem ondulante, marcada pelo poder soberano que ela própria marca". Voltarei a este ponto, o poder simulado e dissimulado pelo artifício óptico. Antes, vejamos o que diz o autor sobre as relações entre Descartes e a anamorfose.

Para o filósofo do século XVII "como para Platão, existe uma diferença entre a realidade e seu juízo. Mas não se trata apenas das obras de arte. As obras da vida, elas próprias, são

---

34. Cf. J. L. Ferriar, *Les ambassadeurs*, Paris, Gonthier, 1977.
35. *Idem*.
36. J. Baltrusaitis, *Anamorphoses*, Paris, Flammarion, 1984, pp. 159 e 67-68.

fantasmas". O já citado Niceron levou à prática as teses cartesianas sobre a divergência entre o verdadeiro sensível e o real. Inventou um procedimento que fazia aparecer temas escondidos num quadro que utiliza uma fórmula da *Dioptrica*, publicada um ano antes. Trata-se de pintar uma figura muito pequena e invertida sobre um anel ou medalha, representada numa pintura de modo a ficar imperceptível.

> Mas, diz Niceron, colocando a luneta oposta diretamente a este pequeno objeto, ela aumentaria de tal modo a sua aparência, que se veriam as menores partes "muito distintamente" o resto da pintura não mais aparecendo, o que ocorreria com maior sucesso, se nos servíssemos do vidro ou cristal da forma e figura prescritas pelo senhor Descartes, nos Discursos 8, 9 e 10 de sua *Dioptrica*[37].

Do procedimento técnico ao método, a busca da clareza e distinção estabelece um itinerário. Mesmo nos instantes especulativos mais elevados o campo óptico penetra a escrita cartesiana. Seu movimento é ao mesmo tempo "poético" e óptico. Referindo-se à difícil determinação do estatuto próprio do pensamento, seus lados intuitivo e dedutivo, J. M. Beyssade diz que na filosofia cartesiana o ato de pensar não pode ser nomeado, sem mais, como "intuição", pois não comporta apenas dois termos (as intuições de relação), mas um termo e um movimento; nem uma "dedução", uma vez que

> [...] ele implica, pelo menos enquanto limite, uma intuição, continuada ou adquirida. Trata-se de uma intuição na qual um movimento substituiria o segundo termo, em vez de um movimento dedutivo que manteria presente seu primeiro momento intuitivo. Uma análise real e não-lógica encontra, como elemento constitutivo do pensar, o ritmo trocaico: uma atenção que se alonga num termo, abrevia-se para passar ao segundo, depois recomeça [Beyssade, 1979].

O ritmo poético une-se à óptica: existem conjuntos que os olhos colhem, desde o início, em sua unidade, porque compostos de elementos pouco numerosos e simples individualmente: uma letra ou número. Mas existem outros conjuntos

---

37. *Idem, ibidem.*

que deciframos de início por um "movimento" do olhar, como numa galeria de pintura, onde o experimenta o espectador cujo olho se detém nos detalhes, segue uma curva caprichosa ou regrada, retoma e, por vezes, no termo de uma apreensão sucessiva, ou graças a um deslocamento do corpo inteiro para encontrar o melhor ponto de vista, colhe o todo num só golpe do olhar. Mas, na maior parte do tempo, quando se relaciona com o quadro, sempre quando se trata de *ronde bosse* (obra em relevo, que se destaca do fundo, e ao redor da qual pode girar), não há ponto de onde tudo pode ser visto ao mesmo tempo e "com distinção": a escultura pede um deslocamento ao seu redor, e a passagem pelos perfis privilegiados, que não poderia nunca ser substituída pelo artifício óptico dos espelhos, o quadro pede um movimento de aproximação e distância, o desdobramento, até a distinção dos detalhes que só emergem obscurecendo a visão do resto. O recuo faz vibrar indistintamente estes fundos a que renunciamos a explicar para colher o conjunto. "Assim, é ao movimento dos olhos que se oferece um espetáculo complexo, e nunca uma vista instantânea"[38].

Finalizando seu belo livro sobre as imagens no pensamento moderno, F. Dagognet diz que em Descartes

basta esquecer as advertências e as conclusões sobre os erros sensoriais, ou nossas ilusões ópticas, para que respiremos uma filosofia nova e moderna, a da câmara obscura tão bem analisada na *Dioptrica*, que nos mostra a imagem ao mesmo tempo representativa do objeto, mas dele diferente. Descartes atribui muito a esses jogos; ele só os desvaloriza no final, com argumentos conhecidos: sua evanescência e ilusionismo.

Mais adiante, afirma Dagognet:

Descartes conheceu o poder dos artifícios, o jogo das ilusões [...] Seus textos mais clássicos estão plenos de prodígios e de experiências quase barrocas [e por que não barrocas?]; assim, lemos nos *Principia* (artigo 187 do

---

38. Cf. J. M. Beyssade, *La philosophie première de Descartes*, Paris, Flamarion, 1979, pp. 148-149. O nexo entre o pensamento cartesiano e a anamorfose foi-me indicado, na primeira vez, pela Profa. Ligia Fraga da Silveira (Unesp-Marília, Depto. de Filosofia) a quem agradeço. Aguardo seus trabalhos sobre o assunto, para citá-la mais definidamente.

Livro IV) sobre "os efeitos raros e maravilhosos, como o de sangrar as feridas do morto, quando o assassino dele se aproxima, agitar a imaginação dos que dormem, ou mesmo dos que estão despertos e lhes dar pensamentos que os advertem sobre as coisas longe deles... os maus desígnios de um assassino" [...].

Mas, arremata Dagognet, "em vez da Fantasmagoria permitir a concepção de um real estranho, suscetível de anamorfoses, ela serve pelo contrário para transformar o mundo num imenso sonho; tudo então se evapora e se irrealiza (a terra movente e a areia) e isto em proveito do *cogito* e de Deus (rocha e argila)"[39].

Contra a estranheza entre o caminho cartesiano e as anamorfoses, os trabalhos citados de Baltrusaitis são eloqüentes. Mas a que se refere o medo, a constante preocupação com os assassinatos distantes e os sinais que permitem ler seus desígnios maléficos? Da óptica passamos à reflexão sobre o poder contida na anamorfose. Esconder e se esconder, revelando. Isto é algo bem conhecido de Descartes, desde a juventude. Em 1618, ele deixou a França indo para a Holanda, onde se alistou no exército de Maurício de Nassau. Em 1619 já está na Alemanha quando toma conhecimento de uma revolta política na Boêmia, uma guerra entre católicos e protestantes. Desloca-se para as margens do Danúbio rumo a um quartel de inverno. Justamente o lugar onde teve os três sonhos mencionados. Aí, entra em contato com pessoas que ouviram falar dos rosas-cruzes, os quais prometeriam uma nova sabedoria, nova ciência[40]. Tentou relacionar-se com os irmãos da seita. Em vão. Eles eram acusados de se tornarem invisíveis, constituindo ameaça para os poderes estabelecidos, na Igreja e nos Estados.

Escutemos o senhor Baillet, primeiro biógrafo do pensador:

---

39. F. Dagognet, *Philosophie de l'image*, Paris, Vrin, 1984, pp. 225-230. Cf. também, sobre a problemática da anamorfose, G. R. Hocke, *Maneirismo: O Mundo como Labirinto*, São Paulo, Perspectiva, 1986, pp. 203 e ss.
40. Cf. F. Yates, *The Rosacrucian Enlightenment*, Bouldes, Shambala, 1972, p. 116.

Quando Descartes chegou a Paris, os negócios do infortunado Conde Palatino, eleito Rei da Boêmia, as expedições de Mansfeldt, e a transferência do Eleitorado do Conde Palatino para o Duque da Bavária, feita em Ratisbona, em 15 de fevereiro, forneciam matéria para a discussão pública. Descartes podia satisfazer a curiosidade de seus amigos neste ponto, mas em troca eles lhe deram novidades que o angustiaram, tão incrível elas pareciam. Tratava-se de falar, desde poucos dias em Paris, dos irmãos rosas-cruzes, a quem ele procurou em vão na Alemanha, no inverno de 1619, e corria o rumor de que Descartes estava unido a esta companhia.

Ele estava surpreso com essas notícias... Em Paris, os rosas-cruzes eram chamados

[...] "os invisíveis" [...] pois não tendo como comunicar-se com o povo, só o fariam pelo pensamento, unido à vontade, isto é, de um modo imperceptível aos sentidos. Havia muita chance de que Descartes, chegando a Paris junto com os rosas-cruzes, teria sua reputação confundida com a deles, se ele tivesse se escondido, ou vivido solitariamente, como costumava fazer em suas viagens. Ele fez-se visível para todo mundo, sobretudo para seus amigos, que não precisaram de outro argumento para provar que ele não pertencia aos rosas-cruzes[41].

Na mesma Paris, séculos depois, teremos o enquadramento de um conto policial, *A Carta Roubada*, em que se utiliza o mesmo ardil para esconder o alvo: torná-lo visível... em demasia. Anos após a aventura narrada por Baillet, em 1644, Descartes se estabelece em Leiden, às ordens da princesa Elisabeth do Palatinado, filha mais velha do triste Eleitor Frederico, que havia morrido em 1632. Frances Yates pergunta-se sobre a razão do interesse cartesiano pelos negócios palatinos e levanta algumas interrogações sobre a viagem alemã, quando o filósofo teria procurado os rosas-cruzes, "em busca de sabedoria". Qualquer que seja a resposta, se Descar-

---

41. L. Santaella, em seu estudo sobre Poe (*O Que em Mim Sonhou Está Pensando*, São Paulo, Cultrix, 1984, p. 160), trava uma reflexão idêntica à de J. M. Beyssade já citada. Refiro-me à "crítica do raciocínio puramente matemático, isto é, da dedução pura" e à "feliz confluência das habilidades matemáticas com as poéticas". Todo o estudo de Santaella pode servir-nos como comparante, com muito proveito, tanto para as imagens, quanto para a poesia. Mas, sobretudo, para o sonho. Cf. também, a questão da anamorfose, em Poe, no instigante livro de Claude Rabant, *Délire et théorie*, Paris, Aubler, 1978, p. 75. O autor cita justamente Baltrusaitis.

tes uniu-se às movimentações políticas escondidas ou se os fatos passaram por ele apenas, o certo, o que define sua perspectiva barroca, é o tema da invisibilidade visível.

Este já é o assunto de uma outra carta, escrita por Descartes a Balzac, em 5 de maio de 1631 (um ano antes da morte do Eleitor Palatino). Balzac lhe havia anunciado o desejo de se recolher, escapando da vida servil na corte. Também lhe anuncia o anseio de visitar a Holanda, onde o filósofo se encontrava. Após várias considerações sobre os inconvenientes dos refúgios possíveis, Descartes escreve a Balzac:

> Na grande cidade onde estou, não existindo nenhum homem, exceto eu, que não comercie, cada um é tão atento ao seu lucro, que eu poderia permanecer toda a minha vida sem ser visto por ninguém. Vou passear todos os dias entre a confusão de um grande povo, com tanta liberdade e repouso quanto vós teríeis em vossas aléias, e não considero de outro modo os homens que vejo aqui, do que árvores que se encontram em vossas florestas, ou animais que ali passam. O próprio barulho que eles fazem, não interrompem meus devaneios (*rêveries*), tanto quanto não o faria um riacho [...] Em qual outro país poder-se-ia escolher para habitar, no resto do mundo, se não fosse este? Aqui, todas as comodidades da vida, e todas as curiosidades que podem ser desejadas são fáceis de encontrar. Em que outro país gozaríamos uma liberdade tão inteira, e dormiríamos com menos inquietude? Onde haveria estes exércitos para nos guardar? E os envenamentos, as traições, as calúnias seriam menos conhecidos?

Se a carta roubada nos veio à memória, agora é o *Homem da Multidão*. Holanda, país livre onde passeamos invisíveis, no interior mesmo da visibilidade. Elogio que será partilhado por toda a filosofia européia, de Spinoza até Diderot. Descartes termina sua carta a Balzac escrevendo: "Eu vos espero com uma pequena recolha de devaneios (*rêveries*) que não vos serão desagradáveis". Na época, Balzac dizia aos seus amigos que desejava permanecer, doravante, cada vez mais escondido. Por exemplo, na carta a Dom André de Saint-Denys:

> Aviso que, enquanto eu estiver entre Loire e Loiret, pretendo estar "incógnito" (palavra recente no léxico, lembra Sainte-Beuve). Não me chamarei, por favor, neste país, nem Balzac, nem Narciso, nem Aminto; não tomarei nem receberei outro nome de guerra que possa me descobrir. Meu desejo não é dar reputação ao meu retiro: seria querer ser obscuro com bri-

163

lho... É preciso que, estando entre vós, eu seja um segredo para vós e para mim, um enigma para todos os outros[42].

Na Paris dominada pela desconfiança, envenenamentos, traições, calúnias, o melhor foi fazer-se visível. Em Amsterdã, pelo contrário, era possível fazer-se invisível, sem atingir o "obscuro com brilho". O sonho maravilhoso, na carta citada acima, continua numa outra (5.5.1631). Na primeira, o sonho encantado se passa entre os "bosques, jardins". Na segunda o mesmo sonho ocorre entre homens-árvores, que não interrompem os devaneios do filósofo. Sonhos próximos ao pesadelo, é verdade. Homens surgem na janela, sem que saibamos se representam puras máquinas, manequins, máscaras (espiões são outra coisa?) ou homens-plantas: tudo isso, confessemos, angustia.

Comentando o ideal de transparência e de mecanização absoluta, como posto na filosofia cartesiana, Denise Ledúc-Fayette enuncia:

> Este fascínio não vem de agora, e seria preciso ser psicanalista para colocar às claras as suas motivações profundas. Os esquizofrênicos se perguntam se eles próprios, e tudo o que os envolve, são algo mais do que "marionetes, manequins, movidos pela mecânica dos robôs". A suspeita de que poderíamos ser artifícios já está presente em Descartes: "Que vejo desta janela, senão chapéus e capotes, que podem cobrir homens fingidos (*feints*), que apenas se movem por molas?"

Sem Deus, lembra Fayette, "o mundo cartesiano seria bem inquietante, desrealizado, sem força e profundidade, ele seria só 'uma fábula' [...]"[43]. Dissimulação, teatro, visível invisibilidade. O tema, de Platão a Rousseau, intriga os engenhos filosóficos. Basta recordar o anel de Giges. Estes são traços literários, pictóricos, mitológicos e, como vimos na carta enviada por Descartes a Balzac, políticos. Na corte, em Paris, este ideal é vivido no cotidiano da luta pelo mando. Clima eterno das cortes, legítimas ou tirânicas, é claro. Quando Dioniso tirano envelheceu, conta Plutarco, os cortesãos o imitavam,

---

42. Citado por Sainte-Beuve, *op. cit.*
43. "Liminaire 'Perinde ac cadaver'", em *L'homme machine*, *Revue philosophique de la France et de l'étranger*, nº 3, jul.-set. 1980.

dando-se mútuos trambolhões. O encanecido déspota perdia a vista. Os bajuladores fingiam nada ver, mas se olhavam, vigilantes, para enxergar quem não fingia cegueira. Não só os olhos participam dessa liturgia do poder. Também os ouvidos, como por exemplo a conhecida "orelha espiã" ideada pelo padre Kircher, não por acaso da Companhia de Jesus. No quadro que a ilustra, notam-se

os cortesãos que se saúdam. No primeiro andar do edifício, vemos certos seres sombrios em conciliábulo. As intrigas da corte são apenas mencionadas. O tirano poderá, segundo Kircher, fazer erigir três "orelhas espiãs" em seu palácio. Uma das "orelhas" capta todas as palavras dos cortesãos. A segunda "orelha" faz os sons repercutirem num compartimento que parece um calabouço e em cujo forro encontram-se algumas caixas de ressonância. Também lá as palavras ecoam em direção de uma estátua. Enfim, à direita, vemos a terceira possibilidade: um labirinto acústico gigantesco faz descer as palavras sobre o busto de uma estátua, onde o próprio tirano ouve as mais recentes notícias[44].

Máquinas, maquinações, *mechané*: campo semântico da *metis* grega que é preciso entender em sua extensão política.

Consultemos um livro atribuído ao cardeal Mazarino mas com larga difusão na época cartesiana. Trata-se do *Breviarium politicorum secundum rubricas mazarinicas* (1684). "Cartesiana", aqui, significa bem mais do que a obra escrita pelo próprio filósofo. Não me proponho comentar os sutilíssimos parágrafos do texto. Seguirei apenas a perfeita análise de Giovanni Machia[45]. Tese barroca: o homem é apenas aparência, "só os outros podem dar-lhe um rosto, porque através do autoconhecimento e dos outros, numa relação contínua, ele pode agir, e agir sobre os demais".

A época de Mazarino, muito cartesiana, é tempo de uma "dissimulação, como em pintura foi o século da sombra, como senda que encaminha para a luz". Mazarino expõe a extrema mobilidade da relação humana dissimulada porque

contempla as duas posições contrastantes do político: a que assume face aos senhores, e a que toma diante dos inferiores [...] trata-se de todo um jogo de

44. Gustav R. Hocke, *op. cit.*, pp. 196-197.
45. Cf. Cardeal Mazarino, *Breviario dei pollitici*, G. Machia (ed.), Milano, Rizzoli, 1981.

165

espelhos invisíveis cujo alvo precípuo é fazer com que apareça como natural a obra da astúcia com a visão clara, sem mácula, do que é útil à escalada no plano do poder e de grande interesse para sua conservação.

Mundo político corrompido até as raízes, onde se agita

[...] sem cessar um geniozinho maligno, que não concede paz nem mesmo em sonho, fazendo-nos girar no leito à noite, com medo: a suspeita. Ninguém, nem sequer teu melhor amigo, te dirá se falam mal de ti na tua presença, e nem de que pessoas deves guardar-te.

Neste espaço solitário,

[...] não é suficiente a imagem do homem no espelho, olhando-se para se conhecer. O político precisa de um espelho posto de forma inclinada, no alto, dirigido para sua frente, a fim de enxergar o que se passa às suas costas.

Século de dissimulação e do teatro, sobretudo do ator. Século da *Ilusão Cômica* (Corneille). Político é ator e não usa apenas certa máscara, pois possui muitas. Hábil na metamorfose para a sobrevivência. Tocamos aqui num dos pontos centrais da exposição feita por Elias Canetti sobre o poder. Trata-se do poderoso como sobrevivente [46].

"A metamorfose, adianta Machia, foi outro tema recorrente no teatro barroco, nos maquinistas, encenadores como Giacomo Torelli, tão querido por Mazarino." Na luta pela sobrevivência, nas metamorfoses do poder, um dado essencial é o segredo. No livro de Mazarino, ou suposto pertencer-lhe, temos a representação obsessiva do poderoso "no alto da escala social, impenetrável, não visto, nos meandros de seu palácio, no seu *cabinet*, cheio da cabeça aos pés de segredos que ninguém deve conhecer e desejando [...] que o mundo dos súditos seja exposto a uma luz perene".

Precisamos agora indicar a passagem do sonho à dissimulação. Para isto, discutamos a palavra "fingir", em seus espelhamentos polissêmicos. Fingir pode designar tanto um ato da imaginação poética quanto uma ação teatral e política. Em Descartes, o argumento do sonho, como dificuldade para

---

46. Elias Canetti, "O Poderoso como Sobrevivente", *Massa e Poder*, Brasília, Ed. da UnB, 1986.

discriminar o conhecimento das ilusões, continua no artifício do "gênio malicioso". O filósofo, na moral provisória que estabeleceu para si mesmo, aponta estar perfeitamente cônscio da freqüente oposição entre "ser" e "parecer" na vida civil, sobretudo no campo da fala.

> Busco me regular segundo aqueles com os quais devo viver. Para saber as suas opiniões verdadeiras, deveria atentar mais ao praticado do que ao dito por eles; não só porque, devido à corrupção dos nossos costumes, há poucas pessoas que desejam dizer tudo o que acreditam mas também porque muitos, eles próprios, o ignoram; pois a ação do pensamento pela qual acreditamos numa coisa sendo diferente daquela pela qual conhecemos que acreditamos nela, elas existem, freqüentemente, uma sem a outra [*Discurso do Método*, Pléiade, p. 141].

O fingimento, nesse passo, é político.

Já em um instante posterior, o ato de fingir é poético e metodológico. Como ao estabelecer as condições negativas para a prova da existência divina:

> [...] considerando que todos os pensamentos que temos quando despertos podem nos vir também quando dormimos, sem que nenhum deles seja verdadeiro, resolvi fingir (*feindre*) que todas as coisas que penetraram em meu espírito não eram mais verdadeiras do que as ilusões de meus sonhos [*idem*, parte IV].

O fingimento possui limites: "examinando atentamente o que eu era, e 'vendo' que eu podia 'fingir' que não tinha nenhum corpo [...] mas que eu não podia 'fingir', por isto, que eu não era [...] seguia-se muito evidentemente e muito certamente que eu era [...]" (*idem*).

O "eu" só perde a máscara para si mesmo. Face a tudo que lhe é exterior ou adventício, ele pode fingir. Nas *Meditações*, a passagem entre o argumento onírico e a prova da existência do *cogito* e do ser divino dá-se pelo obstáculo "fingido" por Descartes do gênio malicioso.

> Suporei, portanto, que não há um verdadeiro Deus, soberana fonte de toda verdade, mas certo gênio maligno, não menos astucioso e enganador do que potente, que empregou toda a sua indústria em me enganar (*genium aliquem malignum, eundemque summe potentem & callidum, omnem suam industriam in eo posuisse, ut me falleret*). Pensarei que o céu, o ar, a terra, as cores, as figuras, os sons e todas as coisas exteriores que vemos são apenas

ilusões e engodos, dos quais ele serve-se para surpreender minha credulidade (*ludificationes somniorum, quibus insidias credulitati meae tetendit*).

Uma inspeção em *callidus*, tal como empregado por Descartes, é reveladora. Comparemos com Cícero: "[...] versutum et callidum factum Solonis" (o ato retorcido e hábil de Solon). Habilidade política, lógico. Mas também suprema astúcia e dolo: "Callidus atque subdolus" (Sagaz e mesmo velhaco, Plauto). Uma *Callida liberalitas* é liberalidade astuciosa, interesseira. *Callida voti* são feitos por quem dissimula e oculta seus desejos. Guardamos este campo semântico no português. "Cálido", segundo nosso Aurélio, significa "sagaz, astuto, fino".

Se não tenho poder para o conhecimento, pelo menos estou em condições para a suspensão do juízo,

[...] por isto tomarei todo o cuidado para não receber em minha crença nenhuma falsidade e prepararei tão bem meu espírito contra as astúcias deste grande enganador que, por mais poderoso e astuto que ele seja, jamais poderá impor-se a mim (*quantumvis potens, quantumvis callidus, possit imponere, obfirmata mente cavebo*).

Luta entre poderes. O gênio malicioso possui poder, sobretudo por meio da dissimulação. Posso cair nas suas astúcias se não suspender meu juízo e não souber captar suas intenções escondidas.

Retomemos o *Tratado das Paixões da Alma* no trecho referente à face e ao olhar, à dissimulação e às paixões manifestas. Em Mazarino temos toda uma semiologia do rosto, tornando legíveis os traços da face, no intento da dominação. Leitor de Della Porta, para quem, na fisiognômica se consegue mostrar, na imagem corporal, o fundo da alma, Mazarino inscreve-se de forma sutil no campo da visibilidade. Ele também lê Antoine Mizauld que publica em 1565 o livro sobre um novo invento, "para incontinenti julgar o natural de cada um, só pela inspeção da fronte e de seus lineamentos".

Torquato Acetto, no *Della Dissimulazione Onesta* (1641), mostra o vício como virtude, "honorável e útil".

Se a dissimulação é uma virtude para Acetto, trata-se sobretudo do fato de que ela é uma arte da máscara. Ele a define como "máscara, que o bom dissimulador usa, sem que ninguém perceba". Logo, máscara mascarada. Melhor ainda, ela é "um esforço para não mostrar as coisas como elas são, simulando o que não é, dissimulando o que é" (*una industria di non far veder le cose come sano. Si simula quello che non è, si dissimula quello che è*). A simulação é dada como o positivo cujo negativo é a dissimulação. Mas constituem, ambas, duas faces de uma virtude idêntica. Logo, uma arte de parecer, de enfeitar, uma "exibição" muito próxima do ostentatório[47].

Finalmente, "a dissimulação é o próprio de um corpo instável; como a ostentação poderia escorregar para a vaidade, a dissimulação é contígua à impostura; o homem que se compõe [...] pode tornar-se hipócrita (o hipócrita é um dos tipos literários inventados pela época)"[48].

Qual a razão de ter eu escolhido o sonho, a dissimulação, o poder, para discutir uma filosofia, a cartesiana, e alguns prismas do barroco? Respondo com Pierre-Alain Cahné: "Argumento central do pirronismo, metáfora privilegiada da condição humana, o sonho barroco" pode ser encontrado em toda a época cartesiana. "Pascal deixa, com efeito, no centro de sua fenomenologia do homem, as descrições barrocas, onde o sonho desempenha um papel essencial."

Filosoficamente, são também relevantes as observações de Jacques Derrida sobre o estatuto dos sonhos em Descartes. Mais do que a loucura, a experiência onírica é universal e radicaliza a dúvida com uma lâmina mais cortante. "Esta referência ao sonho", diz Derrida, "constitui, na ordem metódica, a exasperação hiperbólica [barroca, diria eu] da hipótese da loucura. Esta afetaria, de forma contingente e parcial, apenas certas regiões da percepção sensível". Mas o adormecido, "face ao problema do conhecimento que interessa Descartes, está mais longe da percepção verdadeira do que o louco. É no caso do sono, e não da extravagância, que a totalidade absoluta das idéias de origem sensível torna-se suspeita"[49].

O juízo de J. M. Beyssade é mais sutil e cheio de matizes. "O sonho, na filosofia primeira de Descartes, não é tão constantemente associado à dúvida da metafísica quanto a expe-

---

47. J. Rousset, "Le Baroque", *Histoire des littératures*, vol. 2, Pléiade, pp. 101-102.
48. *Idem*, p. 102.
49. Cf. J. Derrida, *L'écriture et la différence*, Paris, Seull, 1967, pp. 51 e ss.

riência dos paralogismos." A garantia divina afasta mediatamente, e não imediatamente, a objeção do sonho. O exemplo onírico é mais especificamente adaptado à crítica do sensível. Ali onde a dúvida sobre a matemática se aprofunda, e se mostra distinta da dúvida sobre o sensível, "o caso do sonho aproxima-se do erro dos sentidos e motiva uma primeira dúvida hiperbólica". Na qualidade de ilusão o sonho é mais radical do que todos os erros. As ilusões do sonho formam um universo fechado: "Nenhuma experiência interna ao mundo do sonhador pode corrigi-las. Elas são contestadas em bloco, de fora, em proveito de um universo diferente, que não é o do sonhador". Entretanto, "a objeção do sonho, decisiva contra os conhecimentos sensíveis, é inoperante contra as evidências intelectuais"[50].

Cahné estuda a formação do próprio léxico barroco, mostrando, nele, a palavra *songe* sistematicamente associada à "imagem", esta última pensada num remanejamento moderno do "ídolo" platônico. Exemplo: o sintagma recorrente, "as imagens de um sonho", contém uma caracterização hiperbólica, por encaixe, de uma aparência da aparência. Como em *Tristan l'Hermite*:

> L'ombre de cette fleur vermeille
> Et celle de ces joncs pendants
> Paraissent être là-dedans
> Les songes de l'eau qui sommeille

Nota-se, diz Cahné, que toda a literatura da primeira metade do século XVII associa o sonho a conotações negativas – em Descartes isso é evidente –, pois trata-se de metáfora privilegiada para exprimir a vida humana em sua essência, na agostiniana *mutabilitas*. Mas é a vida toda, então – e isto também é verdadeiro em Descartes – que, sem Deus, torna-se negativa quando vista em si mesma. "Pois a vida é um sonho um pouco menos inconsistente", fala o fragmento 803 de Pascal, nos *Pensamentos*. Ou, no poeta Des Barreaux, conhecido por Pascal:

---

50. J. M. Beyssade, *op. cit.*, pp. 84-85.

> Le dirai-je, Mortels, qu'est-ce que cette vie?
> C'est un songe qui dure un peu plus qu'une nuit.

Segundo Cahné, que sigo integralmente aqui, em letra e espírito, apenas parafraseando suas argumentações, a temática barroca não cessa de repetir a total ausência de diferença entre vigília e sonho. Este, não é mais comunicação com os deuses (Deus se esconde, em Pascal), nem visão do futuro. Ele é o conjunto de todas as marcas da vida:

> Est-il rien de plus vain qu'un songe mensonger
> Un songe passager, vagabond et muable?
> La vie est toutefois au songe comparable,
> Au songe vagabond, muable e passager[51].

Sigamos a análise desse quarteto feita por Cahné. Tudo nele se organiza ao redor da mutabilidade. Na ordem das palavras (*mensonge*), das aparências sensíveis (*muable*), do tempo (*passager*), ou da existência ordinária (*vagabond*). O sonho é comparante privilegiado da vida e a retomada, inversa e em quiasma, dos elementos que caracterizam o poema, implica um jogo especular e de inversões no qual não é mais o sonho o espelho da vida, mas a vida, a imagem do sonho.

Pascal usa os antônimos para definir a vida-sonho, o sonho-vida:

> Qui sait si cette autre moitié de la vie où
> nous pensons veiller n'est pas un autre sommeil
> un peu différent du premier?

A filosofia cartesiana fornece firmemente as chaves terminológicas de Pascal: certeza, segurança. Mas é preciso a fé para romper o balanço entre vigília e sonho. Sonho, para Descartes, pelo menos na *Segunda Meditação*, é um movimento apaixonado. Nele, nunca somos livres[52].

---

51. Chassignet, *Anthologie de la poésie baroque française*, Paris, Armand Colin, 1961, p. 71. Citado por P. A. Cahné, "Rêve et songe: lexique et idéologie", *Revue dos sciences humaines*, n. 211, 1988-1993, p. 195.
52. P. A. Cahné, *op. cit.*, p. 198.

Conclusão (Inconclusa...)

Discutimos apenas uma imagem, a do sonho, ao redor da visibilidade e da vida política. Tocamos, na ética, a prática da dissimulação e pontos conexos. Isto nos fornece uma idéia, longínqua, da complexidade convencionalmente chamada "barroco". Ficamos, além disso, só na filosofia cartesiana, deixando as demais na sombra. Muito teríamos a dizer sobre Hobbes ou Gassendi nesse campo. Seriam necessárias mil e uma noites – mais o encanto da narradora – para tocar amplamente no tema proposto. E falamos apenas da França. Poderíamos lembrar a Alemanha, com Andreas Gryphius, por exemplo:

> Was sind wir menschen doch? ein wohnhaus grimmer schmertzen.
> [...]
> Gleich wie ein eitell traum leicht aus der acht hinfält
> [...]
> wir vergehn gleich als ein rauch von winden[53].

Ou então:

> Was wir für ewig schätzen
> Wirdt als ein leicheter traum vergehn.
> [...]
> Was ist des Menschen leben
> Der immer umb mus schweben
> Als eine phantasie der zeit[54].

Ficamos apenas nos arredores de uma teoria imagética da escrita, assim como se apresenta no barroco. Não a desenvolvemos[55]. Os materiais que apresentamos podem "indicar"

---

53. "Menschliches Elende": na espera de um poeta tradutor, "Que somos nós, os humanos, pois? Uma estalagem alucinante de sofrimentos/[...] Como um sonho cai no esquecimento/[...] Sumimos qual fumaça nos ventos".
54. "Vanitas! Vanitatum Vanitas!" Com as mesmas desculpas, "O que consideramos eterno/ Torna-se um sonho que some [...] O que é a vida humana/ Que sempre deve flutuar? Uma fantasia do tempo".
55. Cf. o belo estudo de Haroldo de Campos, *Deus e o Diabo no Fausto de Goethe*, São Paulo, Perspectiva, 1981. Sobremodo as pp. 132 e ss.

vias para o recolhimento do pensar cartesiano, fora das informes ordens "das razões", em que as figuras estilísticas desaparecem, como um sonho. Ou pesadelo.

A temática onírica, na própria especulação filosófica moderna, pós-cartesiana, é ampla, difícil, importante. No século XVIII, lembremos apenas *O Sonho de d'Alembert* (Diderot) e os *Devaneios de um Caminhante Solitário* (Rousseau). O livro dos sonhos, de Swedenborg, e sua crítica irreverente nos *Sonhos de um Visionário: Explicados pelos Sonhos da Metafísica*, de Kant. Isso, para não comentar também o que se deu no século XIX e no XX, com a pletora dos românticos, simbolistas e tantos outros veios mais da cultura, que evoluíram ao redor do encanto, do sonho, do sono. Pouco teríamos a dizer, do que o já formulado por Albert Beguin, no clássico *L'ame romantique et le rêve* (1939).

Mundus est Fabula

O problema da simulação e da dissimulação em Descartes passa por dois registros, como vimos: o poético e o político. Ambos "fingem" seu mundo. O filósofo transforma este fingimento em método. No quadro de J. B. Weenix, Descartes segura um livro aberto em que se pode ler a frase acima. Pierre-Alain Cahné a comenta, aproximando-a do capítulo VII de *O Mundo*. Naquele texto, Descartes afirma que não fará demonstrações completas sobre todos os pontos requeridos pela marcha científica. Só dará, diz ele, os meios para sua descoberta, "aos que tiverem o trabalho de procurar". Acrescenta: "Para fazer um quadro que vos agrade, é preciso que eu empregue sombra e cores claras também. Tanto me contentaria prosseguir a descrição que iniciei, como não tendo outro desejo senão o de vos narrar uma fábula".

Por essa ficção, Descartes imagina uma gênese, diz Cahné, em que o ato criador divino se reduziria à criação da matéria, a qual ele teria dado "num caos mais confuso e embrulhado que os poetas poderiam descrever". Esse impulso teria definido todos os movimentos dessa matéria, cujas formas são infinitas. O filósofo se propõe imaginar como "as partes deste caos separam-se por si mesmas, e dispõem-se em tão boa ordem que terão a forma de um mundo muito perfeito e no qual veremos não só a luz, mas todas as demais coisas [...]".

Ele opõe esse mundo "fingido" a este "mundo verdadeiro", esperando desvelar em seu mundo imaginado a própria realidade. De modo geral, termina Cahné, Descartes avança sempre sua física, *n'en déplaise* Frances Yates, de modo imaginário. O mundo é fábula, é a palavra do homem que o faz ser. Luz e sombras o definem, segundo *O Mundo*. O quadro, para agradar, precisa de ambos os lados. A clara vigília se espelha, invertida, no seu oposto, a obscura dúvida, o sonho. As duas compõem a totalidade visual e poética, trocaica, apanhada no *cogito*. Razão sem sonhos é algo tão sem fundamento quanto a luz sem trevas.

Esse desdobramento barroco não é considerado nas histórias das filosofias taxinômicas, filhas de Aristóteles. E nunca é demais repetir com Elias Canetti: o modo de pensar aristotélico "é arte de tudo repartir em compartimentos". O Estagirita é "um pensador desprovido de sonho (ao contrário de Platão). Ele exibe amplamente seu desprezo dos mitos, e quando os poetas não lhe são úteis, não os aprecia"[56].

Quanto a nós, talvez valha o desalentado poema de Edgar Allan Poe: "Is all that we see or seem/But a dream within a dream?"[57]

Bibliografia

BALTRUSAITIS, J. *Anamorphoses*. Paris, Flammarion, 1984.

———. *Le miroir*. Elamyon, Seuil, 1978.

BEYSSADE, J.-M. *La philosophie première de Descartes*. Paris, Flammarion, 1979.

CAHNÉ, P. A. "Rêve et songe: lexique et idéologie", *Revue des sciences humaines*, 211, 1988-1983, pp. 193 e ss.

———. *Un autre Descartes: le philosophe et son langage*. Paris, Vrin, 1980.

---

56. Canetti, 1978, p. 50.
57. "É tudo o que vemos ou vimos/Apenas um sonho num sonho?" (com as escusas necessárias).

CANETTI, Elias. *Massa e Poder.* Brasília, Ed. da UnB, 1986.
_____. *Le territoire de l'homme.* Paris, Albin Michel, 1978.
DADOGNET, F. *Philosophie de l'image.* Paris, Vrin, 1984.
DERRIDA, J. *L'écriture et la différence.* Paris, Seuil, 1967.
DESCARTES, R. *Oeuvres.* Charles Adam & Paul Tannery. Paris, Vrin, 1996.
_____. *Oeuvres et lettres.* NRF, Gallimard, La Pléiade, 1953.
FORESTIER, G. "Le rêve littéraire du barroque eu classicisme: réflexes typologiques et enjeux esthétiques", *Revue des sciences humaines*, 211, 1988-1983, pp. 213 e ss.
LEDUC-FAYETTE. "Liminaire 'Perinde ac cadaver'", *Revue philosophique de la France et de l'étranger*, 3, juillet-septembre 1980.
MAZARINO (cardeal). *Breviario dei Politici.* G. Machia (ed.). Milano, Rizzoli, 1981.
SAINTE-BEUVE. *Port-Royal.* La Pléiade (vol. 1), 1953.
SANTIAGO SEBASTIAN. *Contrarreforma y Barroco.* Madrid, Alianze, 1981.
SIMON, G. "Descartes, le rêve et la philosophie", *Revue des sciences humaines*, 211, 1988-1983, pp. 133 e ss.
VÁRIOS. *Folie et déraison à la Renaissance.* Colóquio Internacional (1973). Ed. Universidade de Bruxelas, 1976.
YATES, F. *The Rosacrucian Enlightenment.* Bouldes, Shambala, 1972.
_____. *L'art de la mémoire.* Paris, Gallimard, 1975.

7. VOLTAIRE E A SÁTIRA*

Há trezentos anos um filósofo ajudou a mudar a face do mundo provocando polêmica e riso. Não sabemos qual meio foi mais eficaz na guerrilha empreendida por Voltaire contra a sandice religiosa, política, intelectual de seu tempo. O riso é suspeito e tem má fama entre os pensadores do século XVII, menos na escrita de Pascal. Mas Spinoza e Hobbes, para definir apenas dois nomes célebres, restringiram os limites da razão humorística. Conhecemos as teses spinozianas sobre o assunto e recordamos a prudência exibida pelo teórico na distinção entre riso e caçoada. Apenas como memento, citemos o *Pequeno Tratado sobre Deus e o Homem, e sobre sua Con-*

---

* Dispensei o uso de notas explicativas ao pé da página, dado o caráter do texto, mais uma reivindicação sobre a seriedade do riso voltaireano, do que um estudo técnico nos moldes habituais. Dado o caráter universal e graças à ampla divulgação das edições de outros autores citados, eles não foram postos do modo costumeiro, com citação completa. Caso ocorra alguma dúvida, o autor poderá indicar tais edições. Esse procedimento pesaria, no meu entender, inutilmente, na leitura do presente ensaio.

dição Feliz. A caçoada manifesta a imperfeição de quem a usa. Sua base é a falsa opinião de que o sujeito do qual se escarnece é causa de seus atos, esquecendo que tudo o que ele faz vem, necessariamente, de Deus. E, pensando melhor, acrescenta Spinoza, se ridicularizamos alguém, é porque sabemos que ele não merece as nossas gargalhadas. Nesse caso, somos canalhas, ou, na língua eminente do pensador, *temos uma natureza ruim*. No pólo inverso, caso o indivíduo mereça nossos acicates, os seus defeitos deveriam ser corrigidos com bons argumentos, e não por meio de caçoadas.

Riso e zombaria distinguem-se: o primeiro pertence ao homem que encontra algo bom em si mesmo. O riso expressa alegria. Quando verdadeiro, ele nasce de uma idéia e assume a forma intelectual, não se originando mais nos movimentos apaixonados. Na *Ética*, encontra-se a tese de que a caçoada nasce do desprezo de algo amado ou temido (Primeira Parte, Proposição 52, Escólio). Escárnio e ódio aproximam-se: a caçoada é alegria nascida de nossa imaginação, quando dizemos existir algo desprezível no que odiamos. Já o riso que brota da idéia, como a brincadeira, é uma alegria pura. "Apenas uma triste superstição", diz Spinoza, "proíbe o deleite". Entre alimentar-nos e expulsar a melancolia, não sabemos qual tarefa é mais importante. O riso expande nosso corpo e aumenta sua potência. Desse modo, ele manifesta a força divina em nós. Aliás, arremata Spinoza,

[...] nenhum deus, ou uma outra pessoa, a não ser o invejoso, alegra-se com nossa impotência e dor, vendo como virtude nossas lágrimas, gemidos, medo etc., os quais constituem o signo de uma alma impotente. Quanto mais nos afeta uma pura alegria, mais passamos a uma perfeição maior, mais é necessário que participemos da natureza divina ["De Servitude Humana", *Ética*, Quarta Parte, Proposição 45, Escólio].

Com o intelecto, Spinoza indica os elementos teóricos do existir prazeroso. Apenas a superstição é triste. Só ela se compraz em lágrimas e despreza o mundo. Ela não ri, mas caça do homem. Os supersticiosos e adeptos da separação entre Deus e os homens apontam os sentimentos dos últimos como defeitos, aos quais eles sucumbiriam por "livre arbítrio". Quem assim pensa, lamenta o nosso destino, ou caça dos indivíduos. Seu ódio chega até a maldição. A resultante filosofia normativa estatui uma natureza humana fictícia que despreza os homens tal como eles são efetivamente. Ela, desse modo, não escreve "uma ética, mas uma sátira" (*Tratado Político*).

Na luta contra a superstição, o *reino das trevas*, Hobbes também se empenhou no combate à caçoada, confundida erroneamente com a alegria. Quem está satisfeito consigo mesmo tem segurança. Mas se essa glória chega de uma opinião errônea, ou se deriva da lisonja, o indivíduo é presa da vanglória. No mesmo campo, vem a caçoada. Essa é glorificação súbita, uma paixão que produz as distorções da face, as quais denominamos *riso*, que nasce quando percebemos nos outros alguma desgraça e aplaudimos a nós mesmos. Semelhante paixão domina sobretudo os que têm consciência de possuir menores aptidões, e que são obrigados, se querem continuar estimando a si mesmos, a dirigir os dedos para os defeitos alheios. Por isto, rir muito das falhas dos outros significa estreiteza de espírito. Uma tarefa própria às grandes almas é livrar os demais do desprezo e de se comparar apenas aos melhores.

Decoramos essas passagens do *Leviatã*. Mas poucos entre nós aquilatam sua importância antropológica e política. Gostaria de indicar que o trecho cita indiretamente Plutarco, em um dos seus tratados morais importantíssimos para a ética ocidental. Refiro-me ao *De Curiositate*, cuja presença detectamos ao longo do Renascimento e durante toda a modernidade. Sem esse tratado torna-se ininteligível, por exemplo, o parágrafo 36 do heideggeriano *Ser e Tempo*. Como também é absolutamente sem sentido o parágrafo anterior, o 35, arrancado de outro livro de Plutarco, o *De Garrulitate*. Heidegger não costuma citar seus autores, ou prefere citá-los de modo insinuante. Mas todo estudioso que se der ao trabalho de ler, de maneira sinótica, os conjuntos textuais, constatará essa dependência de nosso contemporâneo ante o filósofo antigo. Mas voltemos ao nexo entre Hobbes e Plutarco. Só a tolice e a lisonja (faces do mesmo fenômeno) podem fazer-nos imaginariamente superiores aos demais homens. Acrescentemos aos dois textos de Plutarco mencionados, um terceiro, o *De como*

Distinguir o Amigo do Adulador. Quando falamos muito sobre nós mesmos, e nos interessamos pela desgraça alheia para ressaltar nossa pretensa eminência, somos vítimas da caçoada. Rimos do próximo, num primeiro instante, mas terminamos nas bocas e línguas dos muitos, afastando-nos dos melhores. Quem ri com a populaça, diríamos, termina perdendo a oportunidade única de estar entre os melhores. Se espiamos os defeitos de nossos amigos ou inimigos, é porque partilhamos as suas paixões.

Além de Plutarco, Hobbes conheceu muito bem autores como Luciano de Samósata, por ele utilizado no *Leviatã*. Um livro fascinante, no plano da apropriação da retórica ligada ao riso, foi escrito recentemente por Quentin Skinner. Nele, fica bem claro que a atitude hobbesiana, voltada contra o riso, não é algo certo. Pelo contrário, Skinner mostra, com bastante clareza, o quanto nosso filósofo utilizou a técnica satírica para desarmar os seus adversários, sobretudo a Igreja católica.

A curiosidade, afirma Plutarco, mostra o desejo de saber o que vai mal na casa dos outros. Essa doença é cheia de inveja e maldade. Com ela, fugimos ao preceito délfico, o conhece-te a ti mesmo. Os atacados pela curiosidade, afirmam Plutarco, Hobbes, Heidegger, procuram ver o que se passa fora de sua casa. "A constituição fundamental da vista manifesta-se numa tendência ontológica particular que empurra nosso ser cotidiano para o 'ver'" (*Ser e Tempo*, § 36). Plutarco é mais poético: o curioso é como a Lâmia mitológica. "Quando dormia em sua casa, ela depositava os olhos num vaso. Saindo, Lâmia os colocava em seu rosto e podia ver." Assim, "cada um de nós [...] põe sua indiscrição em sua maldade como num olho, esquecendo as próprias faltas e taras por ignorância, porque não tem o meio de vê-las e de esclarecê-las" (*De Curiositate*, 2).

A curiosidade é a paixão de conhecer o escondido e o dissimulado. Mas ninguém esconde o bem que possui. Às vezes nos atribuímos um bem que não temos. O curioso, em seu desejo de saber o que vai mal entre os demais, é tomado pela paixão da maldade, irmã da inveja e da calúnia. Porque a inveja é a tristeza causada pelo contentamento alheio e a maldade é alegria pela sua infelicidade. Ambas nascem de uma cruel paixão, a ruindade [Plutarco, 6].

Nessa trilha encontramos a fonte comum da sabedoria ética moderna, de Erasmo a J.-J. Rousseau, passando por Spinoza e Hobbes, chegando até Heidegger. Uma coisa é alegrar-se consigo mesmo, por justos motivos. Esta é glória. Outra, é caçoar do próximo, fugindo do espetáculo pavoroso de nosso próprio interior. Esta é vanglória. O adulador engana simulando uma face agradável à sua vítima. O curioso deseja penetrar no íntimo das consciências, destruindo toda dissimulação, toda opacidade, para atingir a miserável nudez alheia. Ele esquece, portanto, que a sua vida é tão mesquinha quanto a dos demais. Todos esses pontos serviram aos que se dedicaram à análise da transparência e dos obstáculos entre os seres.

Não por acaso, nesse conjunto noético encontramos a figura do olhar e da face, anunciando o tema da máscara. Há um poderoso, temível em demasia, diz Elias Canetti, indicando quem sempre está disposto a desmascarar o próximo, mas guarda intacta a sua própria *persona*. É uma forma de domínio covarde que sempre usa a *denúncia* contra os outros, comprazendo-se em tornar públicas as misérias particulares. Trata-se de uma doença, diz Plutarco, referindo-se ao prazer de prejudicar, que move quem gargalha ao ver as tristezas exibidas pela alteridade. "Só um invejoso se alegra com minha impotência", deduz Spinoza. O sujeito de intelecto fraco se alegra com os defeitos do próximo, afiança Hobbes. O curioso, buscando sempre alimentos novos para sua paixão, quer divertir-se, assevera Heidegger: "A curiosidade proporciona para si mesma, através desta instabilidade, a constante e possível *distração*" (*Ser e Tempo*, § 36). Divertir-se às expensas alheias é um jogo perigoso, pois não deriva do conhecimento racional. Só este último, segundo Spinoza, é riso puro.

Indiquemos a operação meticulosa desenvolvida por Heidegger no texto plutarquiano. Por meio do elemento comum ao conhecer e à curiosidade, o olhar, nosso hermeneuta, desliza as determinações de um campo para outro. Desse modo, os traços da racionalidade científica, "a preocupação de ver é essencial ao ser do homem" (Aristóteles, *Met.* A, 1, 980 a 21, citado por Heidegger), passam, segundo Santo Agostinho, pela hipertrofia dos olhos que dominam todos os demais sentidos ("olha este som, este odor, este sabor, esta dureza [...]", *Confissões*, X, Capítulo 35, também citadas por Heidegger), e atingem, em Plutarco, o domínio das paixões, ou mesmo, da doença: a curiosidade e a parolice. Em Heidegger, o que nos textos plutarquianos devia-se a dois campos diferentes – a razão e a doença – coloca-se em um registro único: a curiosidade do olhar, com maior ou menor intensidade e constância. O pensador científico permanece no objeto visto, teorizado melhor dizendo, enquanto o curioso passeia a vista por muitos modos e objetos, sem descanso nem morada.

Ou seja: o filistino curioso do cotidiano possuiria apenas uma *diferença de grau* ante o cientista. O primeiro seria um adoecido descendente do segundo, um ser que perdeu a força de permanecer olhando o seu alvo. Daí, segue-se a tese irracionalista de que a *ciência* e a *curiosidade* malignas são *unum atque idem*. Seguidores de Heidegger pioram esse processo. Por meio de Santo Agostinho, o próprio Heidegger realiza o deslizamento entre dois campos na filosofia moderna, o plutarquiano – racionalista convicto – e o pascalino. Não por acaso, o tema da "distração", extraído de Pascal, e presente no parágrafo 36 de *Ser e Tempo*, passa por uma leitura que exagera, no próprio Agostinho, o defeito da hipertrofia óptica. A lição de Pascal, o jansenista, subjaz, laicizada, em Heidegger.

O riso era suspeito para os filósofos do século XVII, menos para o piedoso Pascal. Este último não tem ilusões sobre a existência. Embora esteja longe de querer padronizar os humanos pelo que eles deveriam ser, esquecendo o que eles são de fato, Pascal emprega o riso do intelecto contra os defeitos dos seres finitos e movimenta a sátira mais diabólica, nas *Pensées* e, sobretudo, nas *Provinciais*, para vencer os adeptos do caminho errado, em religião ou ética. Na 11ª das famosas *Cartas a um Provincial*, temos um monumento grave e caçoísta sobre o riso e a moral, o riso e a religião etc.

Os jesuítas queixaram-se da forma usada por Pascal para combatê-los. As cartas, lidas com sede curiosa pelas rodas parisienses, ávidas de toda novidade picante, produziam um efeito de raio devastador na Cia. de Jesus. O juízo de Racine, nesse campo, é o melhor.

> E o senhor acha que as *Provinciais* são outra coisa, a não ser comédia? Nesta última se movimenta um serviçal pérfido, um burguês pão-duro, um marquês estranho, e tudo o mais no mundo que merece risada. Confesso que o Provincial escolheu melhor os seus personagens: ele foi buscá-los nos conventos e na Sorbonne, introduziu no palco ora os jacobinos, ora os doutores, e sempre os jesuítas. Quantos papéis ele não os obrigou a desempenhar! Certa feita ele conduz ao palco um jesuíta bondoso, depois, um jesuíta pérfido, mas sempre um jesuíta ridículo. O mundo riu com isto durante algum tempo. O mais grave jansenista teria acreditado trair a verdade se não risse [*La querelle des imaginaires*, Pléiade, tomo II, p. 29].

Sainte-Beuve, no genial monumento à cultura dos séculos XVII e XVIII, realiza uma aproximação estratégica dos tempos, das obras literárias, das políticas. Há homologia, diz ele em *Port-Royal* (Pléiade, tomo II, Livro III), entre os panfletos pascalinos e a Sátira Menipéia que surgiu durante a Liga. Também há afinidade entre as *Provinciais* e o *Tartufo*. Os panfletos de Pascal reverberam na *Carta ao Senhor de Beaumont*, de J.-J. Rousseau.

Ao redor dos Estados Gerais facciosos de 1593, houve uma Sátira Menipéia; ao redor das Câmaras reacionárias de 1815 e de 1823, ocorreram as canções vingadoras de Béranger [...] ao redor das Assembléias violentas da Sorbonne de 1655-1656, surgiram as *Provinciais*. Estas fizeram um sucesso arrasador. Como diz um jesuíta: "Nunca os correios tiveram tanto lucro. Exemplares foram enviados para todas as cidades do reino".

As farpas do Pascal anônimo enlouqueceram tanto os intelectuais da Sorbonne quanto os seus irmãos inimigos, os jesuítas. Os primeiros tentaram censurar as cartas, mas a resposta de Pascal foi rápida e dolorida: "Eles julgaram mais apropriado e mais fácil censurar do que partilhar, porque ser-lhes-ia bem mais fácil encontrar monges censores do que razões". Comenta Sainte-Beuve: "Depois de Pascal, ser doutor da Sorbonne tornou-se, para o mundo e para os olhos profanos, um inconveniente, um ridículo". Digamos que Rabelais tinha sido mais cruel para com a Sorbonne. Mas o juízo de Sainte-Beuve tem boas razões. Voltaire, no *Século de Luís XIV*, afirmará: "O primeiro livro genial que vimos em prosa foi a coletânea das *Cartas Provinciais* de 1654 [...] Todas as eloqüências estão nela presentes". É certo, diz ele mais tarde, que as ditas cartas perderam muito de sua ponta cortante depois que os jesuítas foram abolidos, e os objetos de suas disputas foram desprezados. Sainte-Beuve indica uma prova lateral da importância jansenista no trabalho satírico de Voltaire: sabemos que este último jogou o nome *Akakia* sobre Maupertuis, ridicularizando-o. Pois bem: Akakia era nome importante entre os *senhores jansenistas*. Trata-se de uma família cujo apelido foi helenizado já no século XVI.

As *Provinciais* não incomodaram apenas a Sorbonne e os jesuítas. Elas exigiram, muito tempo depois, no ridículo e grave, sobretudo contra-revolucionário século XIX, muita verve de J. De Maistre, o arquiinimigo das Luzes, da Renascença, da razão moderna. Para De Maistre, ao lado do *Mentiroso*, de Corneille, deveríamos colocar as *Mentirosas*, de Pascal. Além de acicatar os inimigos dos jansenistas, as *Provinciais* serviram como modelo satírico para Montesquieu nas *Cartas Persas* e ajudaram, como indicado, na armação da *Carta ao Senhor de Beaumont*, escrita por Rousseau.

A 11ª Carta, especialmente, é um tratado sério-cômico sobre o riso. O mote tem origem em Tertuliano: "nada é mais próprio à vaidade do que a risada". Comentando esta 11ª Carta, diz Sainte-Beuve: "ela poderia servir como prefácio do Tartufo". Nela, poder-se-ia afirmar, "Pascal zombou dos jesuítas para toda a eternidade". Os padres da Cia. de Jesus lamentam: o autor das *Provinciais* não respeita as coisas santas. A *diairesis* funciona às maravilhas na pena de Pascal. Não se trata de rir do sagrado, mas dos estultos que parolam erroneamente sobre as coisas santas. De um lado, existe o que se deve respeitar. De outro, o dos jesuítas, surge o que se deve escarnecer. "Je n'ai pris sujet de rire que de ce qu'il y a de ridicule dans vos livres [...] en me moquant de votre morale, j'ai été aussi éloigné de me moquer des choses saintes". Na verdade, exclama Pascal, "il y a bien de la différence entre rire de la religion et rire de ceux qui la profanent par leurs opinions extravagantes".

A escala da gargalhada vai do homem até o próprio Deus. Pascal dá um sentido novo à imagem da vida na qualidade de teatro, já presente em Platão, Agostinho, Lutero etc. Somos marionetes dos deuses. Não sabemos se nossa existência é uma tragédia ou uma comédia. Nós não a vemos no todo. Só os numes celestes podem assistir a nossa representação. Parece que eles riem de nossas pobres almas.

Pascal decide a parada: Deus se riu do homem. Este último é o *ridicolosissimo eroe* das *Pensées*. Erro: Deus não se riu do homem: Deus ri eternamente de todo e qualquer homem. "Se existe um Deus, ele é infinitamente incompreensível, dado que ele não possui partes nem limites, ele não possui nenhuma relação conosco. Somos incapazes de conhecer o que ele é e mesmo que ele é" (*Pensées*). No riso e no jogo, sempre que ousamos tolamente brincar com Deus, perdemos. Se perdemos, podemos ganhar tudo, desde que este "tudo" venha apenas com a Graça divina. "*Deus*", afirma a 11ª Provincial,

odeia e despreza os pecadores, até mesmo na hora da morte. Naquele tempo em que seu estado é o mais deplorável e o mais triste, a sabedoria divina unirá zombaria e risada à vingança e ao furor que os condenarão aos suplícios eternos: *In interitu vestro ridebo et subsanabo?* E os santos, agindo com o mesmo espírito, usarão proceder idêntico, porque, segundo David, ao enxergar os malvados punidos, eles tremerão e rirão ao mesmo tempo: *Videbunt justi et timebunt: et super eum ridebunt*. E Jó fala do mesmo jeito: *Innocens subsannabit eos*.

A cosmogênese e a antrogênese, na perspectiva pascalina, ordenam-se sobremodo pelo riso divino. E tal risada é humilhante para o homem. O *pecado original* é tolice de um ser finito que imaginou poder elevar-se ao Eterno. A explosão risonha nasce justo dessa incongruência, a qual, aliás, é colhida pela razão. Deus, ao constatar a burrice humana, falou para si mesmo (é o que lemos nas primeiras linhas da Bíblia): "Eis que Adão tornou-se como um de nós: *Ecce Adam quasi unus ex nobis*".

Trata-se, diz Pascal, de uma ironia por meio da qual Deus beliscava o homem vivamente. Os patriarcas riram, Jó riu, Agostinho riu, toda a Igreja riu e rirá do pecador. Adão não riu, e foi expulso do paraíso por sua tola seriedade. Deus ri eternamente. Os santos riem com ele vendo os danados. Impossível fechar esta 11ª Provincial sem um sorriso amarelo nos cantos dos lábios, e sem recordar as duras pontas contra o cristianismo inteiro, grafadas na *Genealogia da Moral*. Nietzsche fala de Tertuliano, o inspirador de Pascal, no "Contra os Espetáculos". Não se alegrem os pagãos com o circo, grita Tertuliano, onde os seguidores de Cristo são comidos pelas feras. Na Eternidade, os santos terão um espetáculo mais grandioso, mais feliz, vendo para sempre os seus inimigos massacrados em torturas inimagináveis. "Que vasto espetáculo então! Como admirarei! *Como rirei*! Ali rejubilar-me-ei!" E Nietzsche une Tertuliano e São Tomás de Aquino na mesma, passe o anacronismo, atitude sádica ressentida. No *Comentário ao Livro das Sentenças* (IV, L, 2, 4, 4) Tomás de Aquino afirma: "Para que a felicidade dos santos lhes agrade ainda mais, e para que eles agradeçam a Deus mais abundantemente, ele lhes permitiu ver os tormentos dos ímpios". Essa gargalhada, se concordarmos com Nietzsche, exala ressentimento e impotência eternos.

O maior número dos filósofos prefere combater o riso. Varrão, o representante latino da Sátira Menipéia, deu-lhes a marca registrada: "tristes philosophos et severos". Todos estão sujeitos à doença que abate sábios e poderosos, a melancolia. Um dos textos mais cheios de informações sobre essa tristeza é o clássico e bem-humorado livro de Robert Burton, *The Anatomy of Melancholy* (1621). Nele, é constante o apelo aos escritos satíricos, sobretudo os de Luciano de Samósata. Apanhando o lugar comum da estultice humana, Burton penetra no tema do riso e das lágrimas (outro lugar comum, sobretudo após o Renascimento), nas figuras de Heráclito e Demócrito, com um intróito em que recorda o lucianesco *Karonte, Observador*. Utilizando a técnica da *anabasis*, Luciano eleva Karonte até uma grande altura a partir da qual ele poderia observar todo o mundo sincronicamente. Após sua inspeção, Hermes pergunta-lhe o que viu. As cidades parecem, diz Karonte, "colméias, onde cada abelha possui um ferrão, e não fazem nada mais do que ferretear seu vizinho". Abelhas, zangões, todos sofrem a ação da Esperança, do Medo, da Ignorância, do Ódio. Alguns animaizinhos mostram-se cálidos, enquanto outros são apenas solícitos. As cidades são facções onde todos lutam contra todos. "Criaturas loucas", exclama finalmente Karonte, "por que vocês colocam seu coração nestas coisas?"

Nessa passagem de Luciano, Burton acha um bom veio para abordar o riso. Vale a pena seguir a anedota inteira. Hipócrates fora chamado pelo povo de Abdera para saber se Demócrito era doido ou não. O médico encontra o filósofo "sentado sob uma árvore, sobre uma pedra, sem usar sapatos, com um livro em seus joelhos, cortando vários animais, na faina de estudá-los". Perguntado sobre a razão desse procedimento, ele responde que cortava os bichinhos para descobrir a causa da loucura e da melancolia. Após ter o médico enaltecido sua atividade e seu modo feliz de viver, Demócrito pergunta-lhe por que também ele, Hipócrates, não tinha contentamento. Resposta: devido às doenças, às dívidas, às querelas familiares, as quais nos roubam o tempo. Demócrito riu disso tudo. O riso deve-se à vaidade humana que busca riqueza, glória, poder. Os indivíduos ferem-se mutuamente, mãe e filha brigam, irmão luta contra irmão etc. Cada um, que possui seu próprio defeito, enxerga apenas o alheio. O glutão aponta o bêbado, e assim por diante. Eles acreditam pertencerem ao registro dos deuses, não se importando com a vida perene, esquecendo que, dada a mutabilidade do mundo, nada neste último é firme e seguro. "Quem está em cima, amanhã estará em baixo." Segue-se uma longa série de malefícios e tolices, os quais produzem o riso. Quando deixou o filósofo, Hipócrates foi interrogado pelo povo. Afinal, Demócrito era louco, ou não? "Ele é o mais sábio, o mais honesto homem", foi a resposta. "E o povo ficou muito decepcionado por ter dito que ele era doido."

Como tratar a melancolia? Um dos meios é o riso. Os gregos antigos, assevera Burton, tinham uma deusa dos prazeres, e os espartanos, instruídos por Licurgo, sacrificavam em honra do deus Riso, sobretudo após suas guerras e nos tempos de paz. "Risus enim divum atque hominum est aeterna voluptas": porque o riso é o prazer de homens e deuses. Rir é o remédio, mas rir sobremodo em boa companhia. Nas receitas colecionadas por Burton, a hilaridade é um dos recursos mais eficazes contra a loucura e a tristeza.

Após o século XVIII, a cultura ocidental perdeu muito da força curativa proporcionada pelo riso. Se tomarmos os textos de Fichte, Hegel, Schopenhauer, Bergson (passando pelos poetas românticos, como Jean Paul e Baudelaire), o riso é discutido esporadicamente, perdendo o seu poder corrosivo, em especial no ataque a superstições, preconceitos, doutrinas filosóficas comprometidas com a dominação cinzenta que se abateu sobre o mundo após Napoleão Bonaparte. A partir do Corso, como demonstrou plasticamente Stendhal em *O Vermelho e o Negro*, o tédio e as delações, a censura, os policiais inseridos nas conversas, tornaram a França um país soturno, melancólico. Com ela, a república das letras cobriu-se com a negra teoria, fugindo da verde árvore vital.

Podemos encontrar, nos textos filosóficos posteriores à Revolução Francesa, momentos de risonha crítica. O grave I. Kant, que escreveu algumas sátiras mordentes, como *Os Sonhos de um Visionário Explicado pelos Sonhos da Metafísica*, e o *Conflito das Faculdades*, não previu que seus herdeiros estariam apenas de vez em quando bem-dispostos e livres da bílis preta. Basta bater os olhos sobre um trecho de Fichte, bem-humorado só na superfície. Seria possível deduzir o mundo e a consciência empírica a partir de um *Eu transcendental*? O teórico afirma que sim, e suas múltiplas exposições pretendem deixar isso claro como o Sol. Mas os críticos não o entendem. Eles evitam um debate verdadeiro e querem ridicularizá-lo. Ouçamos o próprio Fichte.

> Eu digo: "deduzi *a priori* a necessidade de admitir ainda outros seres racionais semelhantes a nós". Eles respondem: "então, verdadeiramente você deduziu *a priori* a necessidade de admitir outros seres racionais semelhantes a nós! Reflitamos um pouco sobre isto! Rá-rá-rá!" Eu lhes digo: "deduzi *a priori* o ar e a luz". Eles respondem: "ar e luz *a priori*; já pensou? Rá-rá-rá! –Rá-rá-rá! Rá-rá-rá! Riam conosco! Rá-rá-rá! Rá-rá-rá! Ar e luz *a priori*! Seu saberete! Rá-rá-rá! Ar e luz *a priori*! Saberete, rá-rá-rá [...]".

Fulmina o pobre Fichte: "Eu acreditava entrar na república dos sábios. Estou numa república de loucos". Não é de somenos importância que essas explosões trágicas e cômicas ocorram ao redor da passagem do racional ao efetivo, na doutrina científica de Fichte. Este problema é antigo como a filosofia. Já Platão pinta o filósofo, nas representações do vulgo, como um estulto que fala coisas sem sentido.

O caminho do ideal ao empírico, e o retorno em sentido inverso, é a cruz da filosofia e da racionalidade. Entre os poucos textos satíricos escritos por Hegel, o defensor da adequação célebre entre o racional e o efetivo, chamado por isso mesmo de *panlogista*, estão dois escritos que gargalham contra o vulgo. O primeiro é o famoso "Como o Senso Comum Compreende a Filosofia, Exposto a Partir da Obra do Sr. Krug", saído no *Jornal Crítico da Filosofia* (1802-1803). Krug, sabemos, pediu que o filósofo deduzisse a pena com a qual ele escrevia. Modo de afirmar, muito rapidamente, a separação entre conceito e empirismo. A temática da contingência é básica nisso tudo. Outro texto hegeliano satírico é o também juvenil (mas nem tanto) "Quem Pensa Abstrato?". Nele, Hegel mostra que *abstrato* é o pensamento preso à subjetividade empírica, a qual todos os misólogos chamam *concreta*. Em ambos os trabalhos o riso cumpre seu papel crítico e polêmico. Com a idade, Hegel tornou-se cada vez mais "sério". Em seus livros maduros, entretanto, é possível descobrir pontas e ironias bem-humoradas, as quais incomodaram (e muito) os seus adversários.

É possível o trânsito entre razão e empirismo? Afastando-se a tentativa idealista de "tudo deduzir segundo um princípio e unificar num sistema todos os elementos da realidade" (Jean-Marie Lardic), podemos dizer que este é o núcleo do pensamento leibniziano e, por ricochete, de Voltaire, no *Cândido*. Até o século XX, os nexos entre empírico e racional levantam muito palavrório, sobretudo no plano ético. O que é o mal? Esta pergunta esgotou cérebros filosóficos desde Platão e recebeu sucessivas tentativas modernas de resposta, como a *Teodicéia* de Leibniz. Teilhard Chardin, por exemplo, no século XX, definiu o mal como "um problema estatístico". O que mostra a falta que faz um Voltaire em nosso tempo.

Os vínculos entre conceito racional e intuição empírica foram desenvolvidos por Schopenhauer tendo como suporte o riso. Segundo este filósofo, o saber abstrato reflete a intuição e nela se baseia. Os conceitos não substituem as intuições. Pode haver uma incongruência entre ambos. Assim, afirma Schopenhauer, o racional só pode aproximar-se do intuitivo como o mosaico se aproxima da pintura. O riso é a percepção da incongruência entre conceito e objeto. O pedante, colecionando fórmulas conceituais abstratas sem intuições, torna-se risível (*O Mundo como Vontade e Representação*, § 13). A causa do risível é sempre a subsunção inesperada de uma coisa num conceito que não lhe corresponde. O riso advete, de repente, a incongruência entre o mencionado conceito e a coisa pensada. E Schopenhauer cita a anedota do público parisiense que pediu a *Marselhesa* em um teatro, armando um barulho enorme quando não se atendeu esse desejo. Um policial uniformizado foi ao palco para dizer que, no teatro, executava-se apenas o que estava anunciado no cartaz. "Et vous, monsieur, êtes vous aussi sur l'affiche?", o que provocou a hilaridade generalizada. Assim também o artista Unzelmann, quando era proibido todo improviso no teatro de Berlim. Ao entrar em cena com seu cavalo, este depositou algo inesperado sobre o palco. O público riu muito. Mas aumentou o tom da gargalhada quando Unzelmann dirigiu-se ao bicho: "Então, você não sabe que é proibido improvisar?"

O pensamento, segundo Schopenhauer, não abarca todos os infinitos matizes da realidade. O riso é um estado prazeroso. A percepção da incongruência entre o pensado e o intuído nos causa alegria. Na briga entre razão e intuição a segunda vence sempre porque não está sujeita a erro. O contrário do riso é a seriedade. O homem sério se convence de que pensa as coisas assim como elas são e que elas são como ele as pensa. Por isso, ele escorrega muito fácil no ridículo. As pessoas medíocres, assevera o filósofo, moral e intelectualmente falando, têm um riso forçado e falso. Poderíamos dizer, arremata, que a maneira pela qual uma pessoa ri e as coisas que a fazem rir são indícios seguros de seu caráter. O mundo moderno, adverte Schopenhauer, caiu deploravelmente na ternura pelas palavras. O eufemismo tomou conta de tudo. Se o filósofo estivesse entre nós, ele certamente teria desgosto de nossa linguagem hipócrita e politicamente correta. "Linguagem pomposa", assim terminam suas considerações sobre o riso, "pensamentos vulgares; esta é a característica dos tempos vulgares e por isto hoje chamamos de 'humorista' ao que antes se chamava 'bufão'". (Capítulo 8 de *O Mundo como Vontade e Representação*, segunda parte). Na mídia televisiva, no Brasil, temos inúmeros exemplos dessa efetividade.

A partir dessa marca dos indivíduos segundo o seu riso, Nietzsche retira um modo de classificar os filósofos. "Permito-me", diz ele,

> estabelecer uma hierarquia dos filósofos segundo a qualidade de seu riso, colocando no ápice os capazes de um riso dourado. Admitindo que os próprios deuses cultivem a filosofia, o que várias conclusões levam-me a crer, não duvido, também, que eles, filosofando, saibam rir de um modo novo e super-humano, à custa de todas as coisas sérias. Os deuses são brincalhões; parece que, mesmo durante a celebração dos ritos sagrados, não podem segurar o riso.

"Rirá melhor quem rir por último." Com este dito popular Diderot termina *O Sobrinho de Rameau*, uma das obras-primas filosóficas e literárias da cultura ocidental. Como poderíamos classificar o pensamento de Voltaire, segundo este critério? Nosso homem foi recebido como um furacão vingador pelos seríssimos padres, políticos, pedantes em geral, que infestavam a sociedade do Antigo Regime.

Após o Termidor, um espírito sério dominou os discursos filosóficos. O jargão das profundezas passou a ser norma, banindo o enunciado claro e distinto. A linguagem sibilina tornou-se patente, anunciando rigor aos incautos. A charlatanice romântica, presente em uma fala pítica, levantou objeções até mesmo de Hegel, normalmente visto como ligado ao discurso esotérico. Contra os românticos e seu pretenso mergulho nas profundezas naturais e anímicas, algo impossível ao universo comum dos seres pensantes, mas destinado a ser compreendido apenas pelos geniais poetas e pensadores dos pequenos círculos iniciáticos, Hegel desfechou duros ataques ao longo de seus escritos. "Assim como existe uma extensão vazia", diz ele no "prefácio" à *Fenomenologia do Espírito*, "existe também uma profundidade vazia". O visado, aqui, entre outros, é Jacobi, cuja representação do sujeito põe este último como "profundo" e não disposto a se perder, comunicando-se, no exterior. O ego, nas palavras de Hegel, é tão sensível, tão autocentrado, tão dolorido e cheio de não-me-toques, que o melhor é chamá-lo "o absoluto em *negligé*" (*Estética*).

A mania da profundidade chegou aos nossos tempos. Quanto mais jargão é a fala de um teórico, mais ela tende a ser confundida com *rigor*. Não apenas Carnap, K. Popper e outros eminentes críticos, por exemplo, apontaram o charlatanismo da *profundeza* em Heidegger, para indicar apenas um desses oráculos. Sacral sem figura santa. Desse modo, indicando que o discurso filosófico laico mantém a pretensão de possuir uma aura só captável pelos iniciados, T. Adorno caracteriza o profetismo heideggeriano, em *O Jargão da Autenticidade*. As orações dos inspirados heideggerianos fogem da prova lógica e histórica. Aprendendo com seu oráculo maior um meio grosseiro de eludir o conceito, por meio de pretensas etimologias produzidas *ad hoc*, os seguidores desta seita místico-filosófica mergulham fundo no palavrório. E somos obrigados a ler ou a ouvir termos da gíria esotérica, com insistentes hifens que dão aos tolos o gosto ilusório da profundidade. As palavras cheias de hifens e tautologias (*a questão da questão, a pergunta da pergunta* etc.) no discurso dos que imitam Heidegger usurpam o lugar da filosofia e adubam o terreno para falas compromissadas com o atraso tecnológico. Como bons irracionalistas modernos, os heideggerianos recebem emolumentos, gastam-nos em computadores e livros, mas batem sempre na tecla: a técnica corporifica a metafísica... O lero-lero anticientífico e contrário à técnica não os impede de gozar os avanços do engenho humano. Mas seu palavrório não questiona a falta de acesso das multidões, *negativamente privilegiadas* ao saber, à tecnologia de ponta. Enquanto isso, tais misólogos gastam verbas acadêmicas – que deveriam ser dirigidas para os laboratórios onde se cura, onde se produz máquinas e conhecimentos úteis à população – produzindo verborréia ou, na saborosa fala francesa, *mauvaise métaphysique*.

Jacyntho Lins Brandão (1990), em artigo excelente sobre "Doentes, Doença, Médicos e Medicina em Luciano de Samósata" lembra a *cura* de um pedante que tornava arcaico ao máximo seu discurso, sem nenhuma idéia atrás do palavrório impressionante e oracular. O culto das palavras raras, o tom distante e *profundo* de uma fala semelhante, tornou Lexifanes, o mencionado pedante, um paciente que deveria sofrer um vomitório, para livrar-se do blablablá ininteligível a que estava submetido. O termo, utilizado por Luciano para definir a verborréia arcaizante de Lexifanes, cabe às mil maravilhas para nossos heideggerianos: *lero*. Isto nos conduz ao *De Garrulitate*, no qual Plutarco caracteriza esta doença própria ao boquirroto, que fala e não ouve, encantado que está com sua própria voz e *profunda* sabedoria. Outro caso de pedantismo explícito, muito próximo ao discurso heideggeriano, é o de Panurgo, no início do nono capítulo do *Pantagruel*. De fato, é ridículo constatar como os charlatães irracionalistas semeiam sua fala com etimologias gregas, alemãs, latinas etc., para espanto dos beócios. Após ter Panurgo esgotado os "enfeites" discursivos com o alemão, italiano, inglês etc., Pantagruel, atônito, pergunta-lhe: "Parlez-vous christian?". Depois do grego, nova pergunta: "Ne sçavez-vous parler françoys?". E Panurgo responde em bom francês, porque era originário da França. É verdade que a fome obrigou o pedante a parar com seu palavrório. A fome não é problema dos pedantes atuais. Só nos resta, com o positivismo lógico, um excelente remédio, odiado pelos heideggerianos, perguntar-lhes: "parlez-vous christian?".

Essa famosa linguagem cifrada da *Eigentlichkeit* possui origens no romantismo irracionalista do século XIX, hoje retornando às teses e trabalhos filosóficos, com muita força, no mesmo instante em que os neonazismos e as intolerâncias retornam à Europa e ao mundo. As críticas dirigidas por Hegel contra Schleiermacher são eloqüentes, nesse sentido. Trata-se de, para este último, na filosofia, atingir a concepção própria de mundo. Ora, retruca Hegel, "na subjetividade, na intuição própria do mundo encontra o Eu a sua maior tolice".

Os românticos não têm conceito (até aí, um xingamento comum em Hegel, para quem Newton não sabia que pensava conceitualmente, como o senhor Jourdan não sabia que conversava em prosa). Eles escrevem, todos, como inspirados que falam por meio do monólogo "e só entendem-se mutuamente por encontrões e apertos de mãos, por sentimentos mudos. E o que dizem é trivialidade" (*História da Filosofia*). Quando lemos as análises da linguagem heideggeriana, por Carnap, saímos com a mesma impressão: o tom oracular e complicado esconde, não raro, trivialidades e atitudes misólogas, enunciadas com uma seriedade assustadora.

Essa forma de escrever, bárbara e indecorosa, mostrou-se eficaz sobretudo no combate ao pensamento dos séculos XVII e XVIII. Contra a antiga *enárgeia*, a escrita luminosa e distinta, o romantismo erigiu um palavrório esotérico que foge, justamente, da verificação universal pela comunidade dos pensantes. Nessa logomaquia conservadora contra as Luzes, a vítima por excelência foi Voltaire. Não partilhando a *seriedade* dos filistinos românticos, para quem esta atitude se restringia ao subjetivo, aos batimentos cardíacos que os comoviam até às lágrimas auto-indulgentes, às geniais intuições que só eles podiam obter, Voltaire foi visto como *não sério*. Não exercendo a *profundidade* romântica, manifesta pela *Naturphilosophie* à cata do *originário*, do *primitivo*, do *inconsciente*, Voltaire foi banido para a pátria gaiata e incômoda da superficialidade. Com ele, o século XVIII inteiro foi acusado de ingenuamente acreditar no progresso, na técnica, na razão. O libelo, por sua vez, é tudo, menos ingênuo.

Quem ri não é sério. Esta equação é moderna, romântica, conservadora, irracionalista. Mesmo Platão, conforme escreve Pascal, não seria um homem sério nessa perspectiva. Quando ele escreveu as *Leis*, assevera Pascal, o grego brincava. "Esta é a parte menos filosófica de sua vida." Aqui entramos em um desvio que não podemos seguir hoje. Trata-se da fala, do pensamento, da escrita. Todos conhecem as reservas platônicas à escrita. E Platão talvez seja o escritor mais soberbo que algum dia lemos. Na Carta VII, está dito com todas as letras: "não existe nenhum escrito que seja meu, e isto jamais existirá". Acostumados às montanhas de comentários sobre as "doutrinas platônicas", esta afirmação nos espanta. O saber que eu possuo, arremata Platão, não se pode formular em proposições. Ele resulta de um comércio repetido com a própria matéria desse saber. Depois de muito freqüentar um problema, "súbito, surge uma luz que se espalha na inteligência, este saber produz-se na alma e, doravante, é nutrido por ele mesmo".

Por esse motivo, termina Platão,

[...] nenhum homem sério, ocupado com questões sérias, arriscar-se-á a deixá-las cair no falatório público, escrevendo-as, e as expondo aos maltratos e às dúvidas. Por isto, quando se vê algo escrito por alguém sério, seja uma lei por um legislador, seja este ou aquele assunto, deve-se investigar o caráter deste escrito e perceber que não se trata do que é o mais sério. Supondo que ele acredite que estas coisas escritas são realmente sérias, e por tal motivo ele as depositou em escritos, então é certo que os deuses, não os mortais, lhe arruinaram a cabeça [344c-d].

É justo essa desconfiança da *seriedade* que possibilitou o combate ao pedantismo na pena de Erasmo, de Rabelais, de Voltaire e de Diderot. Mas o pedantismo, especialmente o misólogo e o instalado nas cátedras, tem mais fôlego do que o espírito. Ele se enamora da letra, cultuando formas embalsamadas e repetindo fórmulas. O pedantismo é sério. Por isso, sentiu os golpes das Luzes e retrucou instalado na pequena subjetividade.

O leitor deve estranhar essa longa introdução sobre o riso, a seriedade, o cômico. Mas fiz questão de nos deter em todas essas aléias, devido ao preconceito mais arraigado contra as Luzes e, particularmente, contra Voltaire: o de que ele não seria propriamente filósofo, mas apenas um literato engraçado que infernizou a vida dos padres e dos preconceituosos de seu tempo. A tarefa filosófica de Voltaire – e de todos os franceses ligados de um modo ou de outro à *Enciclopédia* diderotiana – seria menor: traduzir o empirismo inglês em letras elegantes, buscar os padres embaixo de todas as camas e demais recantos escondidos nos lares decentes, gritar contra a massa ignara que adorava um auto-de-fé. Este, para usar o jargão de Hegel e de seus amigos românticos, é o lado *interessante* das *Luzes*, o seu lado *negativo*. Já no que tange ao positivo, o valor filosófico dos iluministas seria quase nulo. Ou seja: os pensadores a que nos referimos seriam apenas e tão-somente propagandistas, ideólogos para bem dizer a coisa. As Luzes inteiras, fora o *negativo*, resumir-se-iam a um palavrório imenso, ainda conforme nosso bom Hegel, tão imbuído de seriedade.

Não por acaso invoquei o riso pascalino para entrar em nosso tema. Pascal também é tido, por muita gente boa, como apologeta, santinho, beato, geômetra etc. Tudo, menos filó-

195

sofo. Descartes, este sim, merece entrar no cenáculo especulativo. Nenhum cartesiano aceita, até hoje, as pontas contra seu ídolo nas *Pensées*. "Descartes, inútil e incerto [...]". Esta alfinetada abala os que decoraram as regras para a condução do espírito e rezam pela cartilha das *Meditações*. Mas ela faz pensar. E não é esta, justamente, a essência da filosofia? É praticamente impossível falarmos em Pascal sem mencionar Voltaire. Jean Deprun, num fino trabalho sobre a inquietação no século XVIII francês, indica algo importante nesse sentido: a própria idéia de *inquiétude* pascalina, estratégica para entender a descrição do homem no universo e na sociedade, encontra-se desenvolvida ao longo do *Cândido*, como *tédio*. Há uma espécie de reverberação entre o riso de Pascal e o de Voltaire.

Vejamos alguns juízos de Voltaire sobre Pascal. O *piedoso*, na opinião voltairiana, era bastante afastado do rigor acadêmico. Ele riu-se muito de autores e de livros sobre os quais nunca bateu os olhos, pelo menos por inteiro. É isto o que diz Voltaire na "Traduction d'une lettre de Milord Bolingbroke":

> Pascal era muito eloqüente, era sobretudo um folgazão. Parece que ele tornar-se-ia bom geômetra: o que não concorda muito com a zombaria e o cômico que reinam em suas *Cartas Provinciais*; mas sua periclitante saúde tornou-o logo incapaz de estudo continuado. Ele era extremamente ignorante sobre a história dos primeiros séculos da Igreja, bem como ignorava quase toda outra história. Alguns jansenistas me confessaram, quando estive em Paris, que ele nunca leu o Antigo Testamento inteiro; e acredito que, de fato, poucos homens fizeram tal leitura, exceto os que têm a mania de comentá-lo. Pascal não leu nenhum dos livros dos jesuítas dos quais ele zomba em suas cartas. Eram ajudantes de Port-Royal que lhe forneciam as passagens que ele transformava tão bem em ridículo.

No *Século de Luís XIV*, capítulo 37, "Do Jansenismo", Voltaire afirma que Pascal fez mais do que os partidários de Port-Royal em busca de tornar odiosos os jesuítas: ele os tornou ridículos. "Suas *Cartas Provinciais*, que apareceram então, eram um modelo de eloqüência e de zombaria. As melhores comédias de Molière não têm mais sal do que as primeiras *Cartas Provinciais*: Bossuet não possui mais sublime do que as últimas." É verdade, finaliza Voltaire, "que o livro inteiro elevou-se sobre um fundamento falso. Nele, atribuía-se aos jesuítas todas as opiniões extravagantes de vários jesuítas espanhóis e flamengos". Mas, em qualquer hipótese, as *Provinciais*, na opinião de Voltaire, são "o livro melhor escrito que já apareceu na França". Os padres de Santo Inácio conseguiram ordem do Parlamento de Provence para incinerar as ditas folhas, "eles não se tornaram menos ridículos, mas tornaram-se mais odiosos". Nas *Variantes do Templo do Gosto*, Voltaire diz que as "*Cartas Provinciais* são a mais engenhosa, a mais cruel e, em certos lugares, a mais injusta sátira que jamais foi realizada".

Injustas, sim, mas profundas. E aqui encontramos, na pena do *superficial* Voltaire, o elogio da profundidade em filosofia, para espanto dos que nele apenas enxergam películas de pensamento. "De mil leitores", afirma Voltaire,

[...] não há talvez um que não prefira em segredo o espírito de Fontenelle ao sublime de De Meaux, e a imaginação das *Cartas Persas* à perfeição das *Cartas Provinciais*, onde nós nos espantamos ao ver o que a arte possui de mais profundo, com toda a veemência e ingenuidade natural. É que as coisas só impressionam os homens segundo a proporção que elas têm com o seu gênio. Assim o verdadeiro, o falso, o sublime, o baixo etc., tudo desliza sobre muitos espíritos e não os atinge: é pela mesma razão que as coisas muito pequenas escapam à nossa vista e que as grandes a ofuscam. Donde vem que tanta gente ainda prefere à profundeza metódica de Locke a memória fecunda e descosida de Bayle.

Há uma sátira superficial recusada por Voltaire. Ela volta-se contra os sujeitos, não se dirigindo ao universalmente ético. Essa variante da sátira "gera inimizades eternas [...] As famílias, os amigos, entram nas querelas; é o veneno da literatura. Combati ousadamente nesta arena, e jamais fui o agressor" (Carta a M. de Pezay, 9.3.1767). A sátira grosseira faz rir, mas nós a desprezamos. Ela é particularmente odiosa, na crítica

[...] mercenária de ignorantes que insultam contra pagamento as artes que eles nunca praticaram, que denigrem os quadros do salão sem saber desenhar, que se elevam contra a música de Rameau sem saber solfejar: miseráveis zangões que vão de colméia em colméia para serem expulsos pelas abelhas operosas! ["Preface", *Les scythés*].

197

Nesse sentido, diz ainda Voltaire, "[...] tanto as letras são queridas por mim, quanto o nome de satírico é um título que eu desprezo e detesto" (*Discours de M. Voltaire en réponse aux invectives de ses détracteurs*). A sátira vulgar atende ao desejo do povo, sempre em busca de distração que detenha um pouco sua inquietude. Nota-se, em Voltaire, na crítica dessa via filistina da sátira, uma continuidade da descrição pascalina sobre o *divertissement*, fruto da angústia dos medíocres com sua própria existência. Basta ler a Carta 61, dirigida à Marquesa du Chatelet, cujo subtítulo é justamente "Sobre a Calúnia":

> Jerusalem a connu la satire./ Persans, Chinois, baptisés, circoncis,/ Prennent ses lois: la terre est son empire;/ Mais, croyez-moi, son trône est à Paris. Là, tous les soirs, la troupe vagabonde/ D'un peuple oisif, appelé le beau monde,/ Va promener de réduit en réduit/ L'inquietude et l'ennui qui la suit.

O próprio Voltaire diz ter lutado na arena satírica, sem *nunca* atacar ninguém pessoalmente. Licença poética, ou simples tática no despiste polêmico, o fato é que ele escreveu *Le Mondain*, *Le pauvre diable*, *La vanité*, *Le Russe à Paris*, *Les chevaux et les ânes aux sots*, *Le Marseillais et le lion*, *Les trois empereurs en Sorbonne*, *Les cabales*, *La tactique*, *Le dialogue de Pégase et du vieillard*, e muitas outras sátiras, algumas eminentes, outras lançadas contra pessoas definidas. O pobre Rousseau caiu no conto do Voltaire sincero, atribuindo uma sátira a ele dirigida pelo autor do *Cândido* a outra pessoa. Mas essas são outras histórias. Se Pascal escreveu *as mentirosas*, Voltaire não deixou de usar o mesmo recurso para espalhar o pavor entre os adeptos da *infame*. O fato de cair no gênero baixo da sátira não impede o desejo e a prática do que é elevado naquele estilo, sobretudo tendo como modelo a leveza de Luciano de Samósata.

Qual a via correta na sátira? Qual o alvo eminente nesse gênero? Os grosseiros libelistas não realizam nada que seja digno das letras. Na *Correspondência*, lemos a carta datada de 5 de junho (1751). Nela, Voltaire anuncia o envio, a Frederico II, de sua sátira intitulada *Diálogo entre Marco Aurélio e um Recoleto*. E o que diz nosso escritor sobre essa peça?

Tentei escrevê-la segundo a maneira de Luciano. Este Luciano é ingênuo, ele obriga os seus leitores a pensar, e somos sempre tentados a ampliar seus Diálogos. Ele não quer ser espirituoso. O defeito de Fontenelle é sempre querer mostrar graça: sempre vemos a ele, e nunca o seu herói; ele os faz dizer o contrário do que deveriam; ele sustenta o pró e o contra; ele só deseja brilhar. É verdade que, no fim, ele consegue isto; mas ele fatiga depois de algum tempo, porque sentimos que nada é verdadeiro em tudo o que nos apresenta. Percebemos o charlatanismo, e ele repugna.

O satírico superficial expõe a si mesmo, mostra a sua própria graça. O profundo, como Luciano, expõe todas as faces do objeto satirizado. O primeiro nos cansa – como, digamos, cansa ler as intermináveis lamentações dos românticos sobre o seu ego dolorido – com sua saliência importuna. O segundo, abre-nos o caminho do herói e da humanidade, com variegada experiência da alteridade.

Precisamos nos deter um pouco na marca atribuída por Voltaire a Luciano. O termo *naif* faz pensar. Para Diderot, *naif*, além da simplicidade, acumula os significados de inocência, verdade, originalidade. Oposto ao *naif* temos a *manière*, que significa, para muitos autores do século XVIII, o que a hipocrisia representa nos costumes. Oposto a ingênuo, temos o que é afetado, lisonjeiro, que deseja agradar o observador. Quando, contrastando Fontenelle e Luciano, Voltaire afirma que o último é *ingênuo*, ele resume um modelo moral, artístico, civilizatório. Numa sociedade qualquer, sobretudo na república das letras, quem cultiva e exibe seu ego e deixa o assunto para segundo plano, no juízo severo de Voltaire, é charlatão. E superficial. O que ocorre na sátira também surge na filosofia. Vimos acima Voltaire elogiando a profundidade metódica de Locke, contra a saliência e o virtuosismo de memória exibidos por Pierre Bayle.

De Maistre, nas *Soirées de Saint-Petersbourg*, indica o quanto o trabalho dos enciclopedistas, traduzindo o século XVI de Francis Bacon e o pensamento de Locke para a cultura francesa, fizeram um trabalho importante, teórica e politicamente. Só este labor de importação, com seu mérito – no caso de De Maistre, crime – dos *philosophes* e de Voltaire, exigiria muita cautela das pessoas *sensatas*. Para De Maistre, Locke é o escritor que rompe a separação das substâncias –

espiritual e material – abalando o fundamento da crença na imortalidade, injetando de vez a dúvida na doutrina cristã do Bem e do Mal. Os estragos metafísicos começam, como sempre, na genealogia de Joseph De Maistre, na Reforma, a qual se aperfeiçoa em pecado e malícia na escrita de Locke, Hume, e de outros com o mesmo *defeito*.

Locke, como todos os filhos de Lutero, só pode dizer a palavra *não* contra a autoridade religiosa, política, científica. A origem comum dos pensamentos e das mais sublimes *verdades ortodoxas*, em Locke, deixam De Maistre apoplético: essa origem comum arranca a raiz transcendente da fé, afastando-a da razão. Daí, para a fama de *pura negatividade*, jogada por De Maistre sobre Locke e as Luzes – fama assumida sem maiores cautelas por Hegel e pelos românticos –, nada mais faltou. É superficial quem rompe com a base da fé positiva e autoritária, desejosa de ornar-se com o manto da razão. Os irracionalistas do século XIX, e os de hoje, não se cansam de repetir essa cantiga, forjada por De Maistre, inimigo jurado dos direitos humanos e da liberdade.

O que De Maistre não perdoa mesmo é o símile proposto por Voltaire entre Locke e Pascal. O primeiro seria o *Pascal da Inglaterra*. Vejamos o que diz De Maistre: "não sou ternamente cego para com François Arouet: eu o suporia muito leviano, muito mal-intencionado [...] mas não acreditaria, nunca, que um homem de tanto bom gosto e tato se permitisse uma comparação extravagante deste naipe, se ele tivesse julgado por si mesmo". E De Maistre invectiva Locke, o "tedioso", cuja filosofia é a de um almanaque, louvando Pascal, "apologista sublime, polêmico superior, capaz de tornar divertida a calúnia". Pascal, segundo De Maistre, é sobretudo profundo.

Atentemos muito bem: o laico John Locke é *superficial* e *tedioso* (lemos estes epítetos, contra as Luzes, na pena de Hegel). O cristão Pascal é *profundo* e *engraçado*, mesmo caluniando. Porque Voltaire, *leviano* mas "homem de bom gosto", cometeria a bobagem de comparar os dois heróis do pensamento? A resposta de Joseph De Maistre é um primor de má-fé e de suposição caluniosa: porque Voltaire não leu o inglês inteiramente. A leveza voltairiana, sujeita às ocupações várias, como o muito escrever, o muito gozar dos prazeres de mesa e cama, tê-lo-ia impedido de passar os olhos atentos sobre o princípio, o meio, o fim dos textos excretados por Locke.

Se Voltaire tivesse lido o empirista, sentencia De Maistre, teria notado que no *Entendimento Humano* estava, *in nuce*, a Revolução Francesa. A escrita de De Maistre é mais saborosa:

> [...] após ter posto os fundamentos de uma filosofia tão falsa quanto perigosa, o fatal espírito de Locke dirigiu-se para a política, com um sucesso não menos deplorável. Ele falou sobre a origem das leis tão mal quanto parolou sobre a origem das idéias; e ainda sobre este ponto ele colocou os princípios dos quais vemos as conseqüências. Estes germes terríveis teriam abortado, talvez, silenciosamente, sob o gelo de seu estilo; recebendo vida na lama de Paris, eles produziram o monstro revolucionário que devorou a Europa.

Um pensamento *superficial* que não aceita o juízo da autoridade na religião, na política, na arte, na ciência, só pode conduzir, afirma nosso reacionário, à catástrofe democrática. Esse diagnóstico impera nos espíritos conservadores que buscam no cristianismo político, de Joseph De Maistre até Augusto Comte, deste até o movimento L'Action Française e desta à TFP, o princípio da ordem e da obediência, a dominação que abole a crítica e a liberdade. Todos os herdeiros desse conservadorismo no século XX caluniaram as Luzes, dizendo que seus postulados de igualdade e liberdade são *metafísicos*. Maurras, Mussolini, Hitler, só quiseram, como De Maistre, instrumentalizar o catolicismo como domador das massas. Eles, também como o maçon De Maistre, nunca acreditaram nos dogmas e na ética dos evangelhos. É natural que os livros dos enciclopedistas e de Voltaire tenham ardido nas fogueiras desses rebentos da contra-revolução. Importa notar a técnica de refutação assumida por De Maistre: trata-se do velho recurso de atacar as subjetividades, deixando de lado a passagem pelo próprio assunto, *a coisa*. Dizer que Voltaire era vaidoso, que ele escrevia muito, que ele não deixava a mesa e a cama, são, na escrita de Joseph De Maistre, *prova* de que ele não leu os ingleses por inteiro. Esta técnica sofística vai contra todas as determinações filosóficas do decoro, o qual exige que se trate a *coisa* na *sua própria medida*, não a reduzindo a fatores subjetivos e contingentes.

Tamanho decoro é partilhado por todos os defensores da razão moderna, a começar pelo pai da ciência experimental, Francis Bacon, atingindo Immanuel Kant, na voga das Luzes. Tome-se a *Razão Pura*: já na epígrafe daquele monumento temos a citação baconiana: "De nobis ipsis silemus: De re autem, quae agitur, petimus [...]". Calamos sobre nós mesmos, falamos das coisas. Esta é a regra desobedecida por Fontenelle, segundo Voltaire, esta é a norma que encontramos em Luciano. No final do século XX, após as inúmeras tentativas de afastar o sujeito como centro do mundo, do saber, da ética e das artes, as palavras desta razão ampla, decorosa, trazem alento ao pensar. Num mundo do *Starsystem*, no qual o mercado define as celebridades teóricas, e onde as doutrinas são vendidas segundo engenhosas operações de *marketing*, e onde egoidades inchadas brilham durante momentos para depois se precipitarem no silêncio do lixo cultural, vale a lição de ética na escrita, reproduzida por Voltaire.

O bom humor e o diálogo filosófico sempre tiveram um convívio difícil. A sua incongruência foi sublinhada por Luciano. Segundo ele, o saber dogmático e o riso são eternos inimigos. O diálogo teórico é sério em demasia, "filosofando sobre a natureza e a virtude". A comédia zomba "dos que pensam coisas elevadas. Ela só tem um prazer: rir-se deles, empurrando-os para as liberdades dionisíacas" (*Prometeu em Palavras*). Ninguém melhor do que Luciano mostrou o ridículo do fanatismo. Poucos exibiram, como ele, as tolices dos seríssimos filósofos. Luciano foi seguido por Sêneca, Rabelais, Erasmo, Morus, Voltaire, Diderot, James Joyce, G. Grass. Nenhum pedante especulativo venceu esta via-láctea risonha. A filosofia posterior a Hegel deseja ser coisa séria. Ela não admite o riso no santuário do Conceito. Salvando o diálogo, Hegel não soube o que fazer com sua irmã inimiga, a sátira.

Onde, na evolução do espírito, colocar o gênero satírico? Ele não pertence, dogmatiza Hegel, à épica ou à lírica. "Não se produz, em seu âmbito, poesia verdadeira ou verdadeira obra de arte". Luciano, segundo Hegel, volta-se "com leveza contra tudo: heróis, filósofos e deuses [...] Mas se alonga e se perde no palavrório [...] tornando-se particularmente enfadonho". Estratégia hegeliana: quando enfrenta um texto indigesto à razão dialética, nosso pensador decreta que ele não tem graça. Luciano "é tedioso" (*Lições sobre a Estética*). A metafísica francesa das Luzes não passa de "uma enxurrada de falatório tedioso" que nada conceitualiza (*História da Filosofia*). Luciano escreveu um diálogo hilariante sobre certa feira onde as mercadorias seriam... os filósofos das mais variadas tendências. É possível imaginar onde ele colocaria o grave Hegel.

A linguagem cristalina, notável em Luciano, impressionou as Luzes. Mas já Focion via nele um excelente

[...] estilo, servindo-se de vocabulário claro, próprio e que se distingue pela eficácia [...] Sua composição foi por ele realizada de tal modo harmonioso que o leitor não sente estar lendo prosa, mas uma doce melodia sem música, a qual se instila nos ouvidos [cf. Mattioli, 1980].

Entre Focion e Hegel, quem possui bom gosto não tem escolha. Hegel considera Luciano e a sátira menipéia *tediosos*. Seu juízo é o mesmo para as Luzes. Vejamos o nexo entre o elemento satírico e Voltaire. Este último chegou a ser conhecido como "um Luciano elevado à suprema potência da curiosidade, do saber, da ironia e da eloqüência" (Émile Egger). Razão e sátira constituem um só bloco. Voltaire e Luciano mostram, nos seus textos, o trabalho dissolutor das crenças carcomidas, devastando o irracionalismo que domina os cérebros do vulgo e dos filósofos dogmáticos.

Ao tecer considerações sobre Swift, outro discípulo de Luciano, Basil Willey aponta um traço crucial das técnicas satíricas. Nelas, o alvo maior é nos forçar a ver "coisas reais e familiares como se fosse a primeira vez, como se nós fossemos visitantes de um outro planeta [...] ou de algum quartel da Razão". O escritor retira o objeto satirizado "da seqüência familiar que normalmente o reconcilia conosco, e nos faz vê-lo como ele é em si mesmo, como, no conto de Andersen, a criança viu o imperador nu". O inesperado no habitual: dominando essa técnica, o humorista filosófico desmistifica a ordem existente, solapa as bases do autoritarismo. A razão satírica impera no discurso das Luzes. O pensamento conservador combateu a crítica, impediu que os homens olhassem com estranheza os absurdos do mundo. Segundo Burke, o pai do conservadorismo, "a política não deve se adaptar à racionalidade humana, mas à natureza humana, da qual a razão é apenas uma parte".

A sátira lucianesca, no pólo contrário ao de Burke, ajuda-nos a ver o que julgamos *natural* com novos olhos, os da razão sem peias e hostil aos dogmas. Nela, os personagens encarregados de nos fazer enxergar de modo diferente são apresentados por meio de três modos: por *katabasis*, indivíduos vivos se dirigem para o mundo inferior (como o herói Menipo, que desce ao Hades). Por *anabasis*, os personagens críticos elevam-se ao mundo superior e de lá observam os costumes ridículos dos humanos (Menipo sobre a Lua, onde vê os homens como formigas atarefadas e tolas). A terceira técnica é apresentar os próprios mortos conversando sobre os absurdos observados no mundo, como ocorre no "Diálogo dos Mortos". Esta maneira de distanciar-nos do que vivemos, possibilitando-nos encarar os *fatos* por outros ângulos, recebeu, na fala de Bertolt Brecht, o nome definido: *Verfremdung*.

Em Voltaire, esses artifícios do estranhamento encontram-se em textos como "Conversa de Luciano, Erasmo e Rabelais nos Campos Elíseos" (1765). Ali, o sarcástico Luciano exclama, após a narrativa de muitas tolices do catolicismo político: "Vocês ganham de nós em loucura! As fábulas de Júpiter, de Netuno e de Plutão, das quais nós rimos, eram respeitáveis se comparadas às tolices que enfatuam o seu mundo". Um outro exemplo de *anabasis* como técnica lucianesca, seguida por Voltaire, é a sátira *Os Três Imperadores na Sorbonne* (1768). No início, surge o tema pascalino da inquietude. Os imperadores estão bem no seu repouso, mas "seu espírito está inquieto, e se cansa de tudo, com freqüência um beato se entedia no paraíso". Após várias peripécias pelo mundo sábio, o trio chega a Sorbonne, onde descobre que, sendo pagão, está danado. Marco Aurélio diz a um doutor pedante – o que é sinônimo – "vocês não conhecem as pessoas de quem falam, as Faculdades às vezes são mal-instruídas sobre os segredos do Altíssimo, embora eles sejam revelados. Deus não é tão ruim nem tão tolo como vocês afirmam". O doutor,

Ribaudier no caso, cai em convulsões dignas dos energúmenos de São Medard, e chama o imperador de deísta, ateu, ímpio, herético, inimigo do trono e do altar, e intenta um processo contra ele. O fim da sátira diz que os três imperadores pensavam estar na Sorbonne, mas se enganaram, tinham visitado um hospício de loucos. Erro de lugar, erro de pessoas, erro teológico: tudo isso mostra a intolerância fanática que transforma a universidade, lugar da ciência, em foco de ódio eterno, sob o reino e a censura da Faculdade de Teologia.

No *Diálogo entre Marco Aurélio e um Recoleto*, logo nas primeiras frases do monge ao imperador, que também veio de outro mundo para saber o que se passava nos tempos novos, temos o epíteto preferido pelos intolerantes. O estóico seria um *danado*. Ao saber que agora, em Roma, domina um Papa, que nela reina a Inquisição, e que o Império romano está circunscrito a uma cidade sem importância, Viena, o sábio latino exclama: "Você me conta estranhas coisas. Todas estas grandes mudanças não se fizeram sem grandes infelicidades. Eu amo sempre o gênero humano, e o lamento". No final, o recoleto excomunga o imperador e segue para as matinas. "E eu", diz Marco Aurélio, "vou me unir ao Ser dos seres".

Estóicos ou não, o importante é que os imperadores romanos surgem, nos diálogos de Voltaire, feitos *ao modo de Luciano*, como ícones da tolerância. Nesse sentido, eles trazem a dupla implicação proporcionada pelo encontro, nos textos de Luciano, de um ceticismo atenuado e da atitude cínica. Não é possível tolerar o pensamento e os costumes alheios se o sujeito acredita residir na verdade absoluta. É justo este o tema dos textos satíricos voltairianos. E este é também o núcleo dos diálogos lucianescos. A sátira, na linha de Luciano, é séria e cômica ao mesmo tempo. Se o pensamento é apenas sério, ele facilmente cai na armadilha dogmática, degenerando em fanatismo. Se for apenas engraçado, não atinge a polifacetada experiência humana. Como a razão, a sátira abarca os vários ângulos do real, sem se prender com exclusividade a um deles.

Vimos, acima, Platão ironizar o político que pretende escrever coisas sérias. O grande herói de Luciano, o cínico Menipo, reúne a fama de ser ao mesmo tempo um risonho zombeteiro e ácido acusador, muito sério, dos desregramentos humanos. Na *Dupla Acusação*, Luciano diz que Menipo "é o que late mais forte, sendo o mais mordente de todos os antigos cínicos". Suas mordidas são tanto mais profundas quanto ele as produz rindo e sem que nos apercebamos delas. Marco Aurélio, nos *Pensamentos*, apresenta-o como ranzinza crítico do gênero humano (VI, 47). Como afirma um editor nosso contemporâneo, Léonce Paquet, há muitas razões para acreditar que Menipo está na origem do gênero literário chamado *spoudaio-géloion* (sério-cômico), central em Luciano, Varrão, e na seqüência filosófico-literária que vai de Erasmo a Voltaire. Acostumados ao divórcio entre riso e conceito, após Hegel, parece-nos estranho, para falar sério, ser possível sorrir, ou mesmo, escarnecer, de nós mesmos e da tolice humana que reside em nós e em nossos próximos.

Luciano inova, literária e filosoficamente, diante de Platão e de Aristóteles, nesse campo do riso e do sério. No *Filebo* platônico, lemos que o principal efeito da comédia, o riso, liga-se indissoluvelmente ao prazer maligno sentido diante da exposição do outro à ignorância de si mesmo. A característica principal do caráter cômico é um *vício* da ignorância impotente. Porque a comédia provoca um prazer misturado com a dor, Platão a condena como indesejável. Luciano, em plano oposto, une o riso e a seriedade para atingir dois alvos: desmascarar o dogmatismo tolo dos filósofos e ensinar um comportamento moderado, em todos os sentidos.

O lado satírico dos textos é um meio utilizado para desarmar o tolo ou o dogmático. Este ri da tolice apresentada, não suspeitando que ela é apenas um espelho de sua própria sandice. Dentro, escondido, está o ensinamento sábio. Erasmo, no adágio *Silene de Alcibíades*, usou ao máximo todos os símiles deste exterior ridículo com a sublime sabedoria interna. Rabelais compara seu *Gargantua* e seu *Pantagruel* ao osso cuja gordura alimentícia está escondida. Quem ler um escrito assim, sem conhecimento prévio, toma-o como pura brincadeira. Mas os temas mais árduos da metafísica, da ética, das artes, jazem nas suas linhas de corte duplo. O diálogo de Luciano chamado *Dioniso* é apresentado por ele mesmo como exemplo do estilo sério-cômico de pensar e escrever. Dioniso, o deus criança, entra em guerra contra os indianos. Seu exército é risível: um velho pançudo, Sileno, com pés de bode e chifres, mulheres descabeladas, as bacantes, sátiros. Quando enxergam este incrível exército, os indianos caem na gargalhada. Ele não representava nenhum perigo sério. Mas assim que a batalha começou, o barulho infernal dos sátiros, a violência das bacantes, a força dionisíaca fizeram dos indianos prisioneiros e vencidos. "Muitas pessoas estão na mesma condição dos indianos quando encontram novidades literárias, como a que apresento. Pensando ouvir apenas estórias de satíricos e brincalhões [...] elas não sentem o perigo das mulheres e dos sátiros."

Muito se falou sobre o *Cândido*, sobretudo na tese apresentada por Martin: "Trabalhemos sem arrazoar, este é o único meio de tornar a vida suportável". Mais famosa, ainda, a resposta de Cândido: "Bem dito, mas é preciso cultivar nosso jardim". Toda essa conversa liga-se ao diálogo de Luciano *Hermotimus*, no qual ressalta o agnosticismo, a atitude cética e satírica diante do "sério", tomado unilateralmente.

O tema do diálogo é a pretensão filosófica de possuir o melhor modo de vida, enquanto um cético aplica-se a demonstrar que esse gozo só pode ser o do homem comum. Os personagens são Licino, o cético, e Hermotimo, aprendiz estóico de sabedoria. Por que ler tantos livros?, pergunta Licino a um apressado Hermotimo, sem tempo para a vida. Este responde com o aforismo hipocrático que ainda podemos encontrar no *Fausto* goethiano: "a vida é curta, a arte é longa". Vale a pena empalidecer lendo livros, escrevendo etc.? A cada uma dessas perguntas, Hermotimo, como bom discípulo da filosofia dogmática, responde com uma citação célebre, cheia de lugares-comuns. A insistência do cínico tem como resposta uma crítica de Hermotimo: você é contra a filosofia. "Eu não disse", responde Licino, "que não se deva estudar a filosofia, mas que devemos ser cuidadosos na escolha". Além do mais, continua bem adiante Licino, você esquece que as virtudes residem no agir justo e corajoso.

Todos vocês [por "vocês" entendo os filósofos] negligenciam estas coisas, e estudam como encontrar e compor seus miseráveis textos, silogismos, problemas. Vocês gastam a maior parte de suas vidas nisto, e todo aquele que vence esta corrida é o seu herói conquistador. É por tal motivo que vocês admiram os seus mestres, os velhos, porque eles reduzem seus discípulos à perplexidade e sabem como colocá-los na pior confusão.

Em suma: "vocês esquecem a substância e caçam as sombras".

A corrida contra o tempo, a busca do saber e da vida feliz, a crença nos enunciados filosóficos e teológicos, tudo isso se repete em Pangloss e na incansável ladainha do otimismo, deixando a ação eficaz em segundo plano. Tudo ocorre com os personagens do *Cândido*, nada é feito por eles. O fatalismo, que percorre as mentes e as espinhas de todos, com sua *razão suficiente*, prenuncia uma era em que os indivíduos e as massas não agem, mas são agidos, não querem, mas são induzidos a querer, como bem descreve, para nossa época, Herbert Marcuse. Afinal, o *sistema* entrega a mercadoria. Mas é no Hermotimo de Luciano que Voltaire encontrou a arma para lutar contra Pascal, o seu inimigo de escol. "Nossa natureza está no movimento", dizia Pascal, "o repouso inteiro está na morte". Essa desgraça transforma-se, por meio de Luciano, em bênção. Os atos e não as sombras da morte constituem a virtude. Nesse prisma, a frase de *Cândido* deixa de ser um quietismo filistino, como é a hermenêutica habitual, para se transformar em capacidade de vencer o Destino, promissor ou nefasto. A tolerância vem do saudável ceticismo, ele próprio não absoluto, para o qual nenhum saber é definitivo, e para o qual ressalta a incongruência entre o real e as nossas forças intelectivas e morais.

O riso, em Pascal, demonstra desespero pela condição humana. Por isso, ele não entra na economia difícil de harmonização entre o sério e o cômico. Já Voltaire assume o pólo oposto. É o que lemos nas *Observações sobre os Pensamentos de Pascal*:

> Quanto a mim, quando vejo Paris ou Londres, não vejo razão alguma para o desespero de que fala Pascal; vejo uma cidade que nada se parece a uma ilha deserta, mas que é povoada, opulenta, policiada, e onde os homens são felizes tanto quanto a natureza humana o permite. Qual é o homem sábio que se entregará ao desespero porque não conhece a natureza de seu pensamento, porque não conhece os atributos da matéria?

Contra Pascal, escreve Voltaire:

> Minha grande disputa contra ele gira precisamente ao redor do fundamento de seu livro. Ele pretende que, para que uma religião seja verdadeira, é preciso que ela conheça a fundo a natureza humana, e que ela explique tudo o que se passa em nosso coração. Eu penso que não é deste modo que se deve examinar uma religião, o que é tratá-la como se fosse um sistema filosófico; penso que é preciso unicamente ver se esta religião é revelada ou não [...].

Analisando a escrita de Pascal e de Voltaire, Leo Spitzer colhe esta diferença:

> Pascal, o grande estilista, disse que, se fosse semelhante a Deus, o estilo não seria necessário. Voltaire, diferente de Pascal, mas escritor não menos soberbo, serve-se de seu estilo não para conduzir persuasivamente o homem até Deus, mas para compensar a solidão interior do homem sem Deus e para dar-lhe pelo menos o sentido do triunfo mental [...] O "tempo" de Voltaire é a rapidez, a sua dimensão é a altitude, a sua lei, a liberdade do que é grave. Ele eleva o intelecto do homem não ao paraíso, mas ao céu. [*Critica Stilistica e Semantica Storica*, Bari, Laterza, 1966].

Desse modo, a tolerância trazida pela atitude cética, a qual separa natureza e revelação, dando à fé estatuto de fé, não a deixando imiscuir-se no pensamento científico, político, artístico, é base da refutação de Pascal, melhor seria dizer, do cristianismo sociopolítico, por parte de Voltaire. Sainte-Beuve cita a opinião de alguém que teria afirmado: "Supondo-se que Pascal tivesse sido filósofo, ele teria sido cético. Seu modo de raciocinar implica o ceticismo filosófico". Sim, objeta Sainte-Beuve, "mas Pascal sendo cristão e não filósofo, esta hipótese cai por si mesma". Este é o ponto de toda a nossa conversa, hoje. Se o cristianismo é revelado, e, portanto, não brota do mundo natural e humano, ele é alheio às especulações sobre o ser e o nada, o verdadeiro e o falso, o belo e o feio, o ético e o criminoso. Não existe *filosofia cristã* a ser imposta, pelo dogma, aos cérebros pensantes. O mesmo ocorre com as leis, a ética etc. Do mesmo modo, não é possível substituir ao cristianismo uma religião "racional", expulsando os cristãos do mundo. Toda pretensão de juntar as águas resulta em um monstro ridículo, digno de sátira. É desse modo que Luciano descreve o itinerário de Peregrinus, sujeito que confundiu todos os elementos da cultura e que, na irônica caracterização de Diderot, "começou sendo adúltero, pederasta e parricida e acabou tornando-se cínico, cristão, apóstata, louco. A mais louvável ação de sua vida foi a de queimar-se vivo. Julgue-se as outras por ela".

Auerbach antipatiza com a escrita rápida de Voltaire, que aproxima traços distantes para explodir as conivências estabelecidas, como se elas fossem naturais. Mas esta aproximação de incongruências permite afastar, no campo da filosofia e da política, as ligações também julgadas *naturais* entre os mandamentos dos cristãos, válidos para eles apenas, e a ordem legal e a *ratio studiorum* das escolas. Sempre que uma crença revelada, isto é, não dependendo da racionalidade humana, exige para si o acolhimento universal, temos a intolerância que levanta fogueiras, prende os refratários, tortura os sacrílegos, censura os livros, demite os professores, impede a livre discussão. Pascal soube usar o riso contra os jesuítas, os filósofos e os políticos. Até aí, sua obra é notável. Mas quando pretende, pela fé revelada, descer mais fundo do que a razão, ele deve ser combatido como fonte de intolerância e de fanatismo.

Tratando-se de um escritor conhecido como campeão da tolerância, precisamos ouvir um intolerante confesso, que fez disto virtude, Joseph De Maistre. Nunca o ódio pelas filosofias democráticas do século XVIII se manifestou mais violentamente do que nas páginas das *Soirées de Saint-Petersbourg*. Voltaire, segundo De Maistre, "sempre foi apenas gracioso (*joli*)". "Ele é encantador, dizem. Mas esta palavra, para mim, representa uma crítica." Continua o caridoso De Maistre, vestindo a máscara de personagem atrabiliário, o Conde: Voltaire é

[...] medíocre, frio, e com freqüência [quem acreditaria?] pesado e grosseiro na comédia; pois o malvado nunca é cômico. Pela mesma razão, ele não soube fazer um epigrama [...] se ensaia a sátira, ele escorrega para o libelo; ele é insuportável na história, apesar de sua arte, de suas elegâncias, de suas graças estilísticas; nenhuma qualidade pode substituir as que lhe faltam, a saber, a gravidade, a boa fé e a dignidade, as quais são a vida da história.

O leitor não está satisfeito? Então escute o que mais diz Joseph De Maistre sobre nosso escritor: "monotonia de sufocar plaina sobre a maior parte de seus escritos. Estes só têm dois assuntos: a Bíblia e seus inimigos. Ele blasfema ou insulta". O retrato de Voltaire serve, até hoje, para todos os inimigos da razão laica. "O seu riso" assevera De Maistre,

> não é legítimo: trata-se de uma carantonha. Vocês não notaram que o anátema divino foi escrito em seu rosto? [...] Olhem esta fronte abjeta que o pudor nunca enrubesceu, estas duas crateras apagadas onde parecem ainda borbulhar a luxúria e o ódio. Esta boca [...] este *rictus* espantoso, de orelha a orelha, estes lábios pinçados pela cruel malícia, como uma espécie de mola prestes a se abrir para lançar blasfêmia e sarcasmo [...] Voltaire, com seu aguilhão, belisca sem cessar as duas raízes da sociedade, as mulheres e os jovens; ele os embebe com seu veneno, o qual ele transmite de geração a geração.

"Outros cínicos", diz mais adiante De Maistre, "apavoraram a virtude, Voltaire apavorou o vício". E por que não? Nosso filósofo é corrompido ao ponto de ter sido expulso da própria Sodoma... "Sodoma o baniria [...]".

Terminemos lembrando as palavras, agora de um cristianíssimo poeta, importante em nosso tempo. "O método pascalino", diz T. S. Eliot,

> [...] no todo, é o método natural e correto para o cristão; e o método oposto é o assumido por Voltaire. Devemos recordar que Voltaire, na sua tentativa de refutar Pascal, deu, de uma vez por todas, o tipo para esta refutação [...] Porque Voltaire apresentou, melhor do que ninguém até então, o ponto de vista do descrente; e no fim nós devemos escolher, para nós mesmos, entre um ponto de vista e o outro.

Os deuses de Luciano riram, no ocaso da cultura grega. O Deus pascalino riu, no crepúsculo da cultura cristã. Voltaire apenas continuou, agora do lado humano, a tarefa de escoimar, na vida espiritual, uma intolerância que era tanto maior, quanto menor era a fé coletiva na divindade e nos valores cristãos. Seus textos apresentam-se como Janus: neles, podemos gargalhar com as tolices religiosas, científicas, políticas, zombando de todos os fanatismos. Ao mesmo tempo, o riso nos conduz aos problemas mais graves da filosofia moral do Ocidente, desde que tenhamos informações para ler os seus escritos em todas as suas facetas. O gênero sério-cômico ainda não foi reassimilado, depois da seriedade especulativa do século XIX, pela nossa cultura. Talvez seja por isso que não sabemos afastar os fanatismos que se instalam na mídia eletrônica, nos comícios políticos, nos estádios de futebol, e *last but not least*, nas igrejas, capelas, sinagogas e mesquitas de nossos dias. As guerras, as torturas, os atentados impunes aos direitos humanos – a começar com o direito à diferença – resultam dessa perda da capacidade de rir. Comemorando os séculos de Voltaire, talvez possamos retomar a boa via aberta por Demócrito e realizada pela enorme fieira de pensadores que solaparam formas geladas do espírito, como Luciano, Erasmo, Rabelais, Voltaire, Diderot e todos os que definiram o valor e a beleza deste mundo, exorcizando o fanatismo que brota dos delírios causados pela sandice do "melhor dos mundos possíveis".

O tirano, sobretudo o que manipula a religião, pensa Voltaire, "deseja comandar tolos, e acredita que os burros obedecem melhor do que os demais". Quando os homens comuns acreditarem que a ignorância não paga a pena, e que as perseguições são abomináveis, surgirá uma opinião pública livre e tolerante (*Dicionário Filosófico*, "Preconceitos"). O supersticioso é governado pelo fanático e se torna fanático. A superstição é *doença do espírito*. O político conseguiria combatê-la? "Este problema é espinhoso, trata-se de perguntar até que ponto deve-se fazer uma punção num hidrópico. Ele pode morrer na mesa cirúrgica. Isto depende da prudência do médico." Se o número de supersticiosos diminuir num país, as inflações do fanatismo e das desgraças nele desaparecem. Estes são problemas perenes, até hoje enfrentados por nós. Como exemplo, temos a tortura. Sempre que existe asneira política, religiosa, acadêmica, há fanatismo e intolerância nas massas. Estas, por uma palha contra os preceitos estabelecidos, exigem que os desviantes sejam tratados "exemplarmente" (Cf. *Dicionário Filosófico*, "Tortura").

Tudo, nos tempos modernos, depende da seriedade. Parece que o mundo foi vencido pelo vírus hegeliano. Perdeu-se, com isso, a ponta crítica que lanceta as bobagens do Estado e dos civis, laicos ou religiosos. O homem, desde o século XVIII, cresceu em ciência e técnica, abafando o riso dos deuses e dos satíricos. O resultado encontra-se na tolice que aumenta em escala planetária, com seitas malucas e cultos aberrantes arrebanhando multidões. No Brasil, vencem as cacofonias dos que enganam a piedade popular e vampirizam a crendice das massas. Nas Américas, *pastores* berram intolerância na *mídia*, espalham superstição, intoxicam almas. No Oriente e na África, regimes teocráticos deformam seres humanos em nome de um Deus sanguinário. Na Europa, o "neo" nazismo promove o retorno dos energúmenos racistas, apressando a morte do pensamento. Fanatismo é monomania, é querer impor aos muitos uma só visão, se preciso utilizando a força. A sátira racional, ao contrário, opera com muitas vozes, não necessariamente harmônicas.

Como a democracia, a sátira inclui dissonâncias, e nisto reside a sua beleza. Além das sátiras de Voltaire, polifônicas na essência, *O Sobrinho de Rameau*, a partir de duas vozes, apresenta o coro múltiplo dos sábios e tolos de seu tempo, de sempre. Não é coincidência, se o fio condutor daquele texto reside na refutação, em ato, das teorias cartesianas ou pitagóricas do tio Rameau sobre o físico harmônico, o político harmônico etc. Assim também, como nota Jean Starobinski, as *Cartas Persas* são regidas pela "pluralidade das consciências, pela diversidade dos pontos de vista e das convicções" (*Exílio, Sátira, Tirania* em *Le remède dans le Mal*). Com esta técnica, abriu-se o caminho para a liberdade moderna de pensamento, exorcizando-se o desejo milenar, enraizado nas almas despóticas, de impor o uníssono em todos os assuntos humanos. Entre o ideal do *concanto*, acarinhado por Santo Agostinho, e as hordas que entoaram hinos sobre um país acima de tudo, temos um intervalo musical, odiado pelo pretérito e pelo futuro, no século XVIII. Esta é a polifonia da razão. As forças arcaicas uniram-se contra ela, as fogueiras nazistas substituíram os autos da fé. Hoje retoma-se a nostalgia da unidade.

O sonho de Kant e de Saint-Pierre, a famosa união européia, mostra-se mais do que ambígua. Nela, os diferentes são perseguidos e expulsos. A fraternidade, a igualdade, a liberdade são monopólio dos brancos, nativos, deuses europeus. Enquanto isso, ruge o ódio à diferença no Oriente Médio. Os blocos, poderosos ou fracos, tendem a se alicerçar nos preconceitos e na superstição. As Luzes, mais do que nunca, tornam-se imperativo categórico de quem ainda não perdeu o siso. Tolerar a propaganda genocida não é tarefa democrática, mas covardia envergonhada e tola. Expandir o irracionalismo, a prevenção contra a ciência e a técnica, significa manter a divisão mundial entre os opulentos e os destinados a sofrer seu destino, sem remissão. Massas ignorantes constituem o solo fértil dos sofistas e charlatães. Quando indivíduos da classe média acreditam que falar muitas vezes a palavra *dinheiro* lhes traz o próprio, a culpa deve ser partilhada entre eles e o espertalhão, *sociolingüista* ou quejandos, que, efetivamente, enche as burras e infesta as páginas e telas da mídia. Mas os universitários, cientistas, escritores que se calam por medo ou descaso assumem uma culpa bem mais importante nesse cenário emburrecedor. Magos, gnomos, florais de Bach, toda esta enciclopédia antiga da loucura humana convive perfeitamente com o computador, com o telefone celular, com o fetiche tecnológico. Falta razão para perceber que estes instrumentos podem ampliar o espírito, ou comprimi-lo ao estatuto das amebas intelectuais.

O medo da impopularidade soma-se à demagogia e temos o falso pudor dos pensadores. A fala *politicamente correta* deixa impune o charlatanismo mais escandaloso. Os cérebros pensantes, em grande parte, são coniventes com as novas infâmias. Não se critica, nas rodas intelectuais, os milagreiros cujas anedotas fariam as delícias de Luciano, Rabelais, Erasmo, Voltaire, Diderot. Em plena São Paulo moderna já estão sendo vendidos, nos lucrativos escritórios das seitas, apartamentos paradisíacos. O seu preço aumenta se eles estiverem próximos à morada de Jesus Cristo. As chaves são entregues pelos *pastores* com honestidade, depois da fatura paga... Esta história, como a de Luciano, é verdadeira. Como é efetiva a ignorância em nosso país. Aqui, as universidades são asfixiadas criminosamente pelos governos, e astrólogos norteiam as mentes incultas. No Brasil, quem não acredita em milagre perde eleições. Urge purificar a fé pública e imprimir os iluministas franceses. Antes de escurecer os cérebros dos estudantes com o lero-lero irracionalista, ponha-se diante de seus olhos a saudável irreverência das Luzes, a razão satírica que atenua a loucura séria do fanatismo.

Bibliografia

BOMPAIRE, J. *Lucien Écrivain: imitation et création.* Paris, 1968
BRAHAM, R. B. *Unruly Eloquence, Lucian and the Comedy of Traditions.* Cambridge, Harvard University Press, 1989.
BRANDÃO, J. L. "Doente, Doença, Médicos e Medicina em Luciano de Samósata". *Cadernos de História e Filosofia da Ciência,* Série 2, vol. 2, n. 2, 1990, pp. 145-164.
ELIOT, T. S. *Selected Essays.* London, Faber and Faber, 1980.
HEGEL, G. W. F. *Werk in Zwanzig Bänden.* Frankfurt am Maim, Suhrkamp Verlag, 1975.
LUCIANO. Cambridge, Harvard University Press, Loeb Classical Library, 1972.
MATTIOLI, E. *Luciano e l'umanesimo.* Napoli, Nella Sede dell' Instituto, 1980.
MAYER, C. A. *Lucien de Samosate et la renaissance française.* Genève, 1984
PASCAL. *L'oeuvre de Pascal.* Paris, Gallimard, 1950; Chapel Hill, 1979.
PLUTARCO. Cambridge, Havard University Press, Loeb Classical Library, 1986.
ROBISON, C. *Lucian and his Influence in Europe.* London, Chapel Hill, 1979.
SAINTE-BEUVE. *Port-Royal.* Paris, Gallimard, 1962. 3 vols. (Edição Pléiade).
SCHENK, L. *Lukian und Die Französische Literatua im Zeitalter der Aufklärang.* München, Ludwig Maximilians Universität zu München, 1931.
VOLTAIRE, F. M. A. *Oeuvres complètes.* Paris, Garnier Frères, 1879 (Liechtenstein, Kraus Reprint Limited, 1967).

8. DIDEROT, PENÉLOPE DA REVOLUÇÃO*

"Leio agora um livro de Diderot. Estou maravilhado com o talento extraordinário deste homem. Quanto conhecimento e força discursiva!"(Eckermann, *Diálogos com Goethe*).

"A mão se move a mesa vira verdade é o mesmo que mentira ficção fiação tesoura e lira" (Haroldo de Campos, *Galáxias*).

"As parcas fiam ávidas a dúvida já lívida [...]" (Nelson Ascher, *Ponta da Língua*).

Metamorfose. Esta foi a palavra usada por Goethe para concluir as referências de seu interlocutor sobre Diderot. O filósofo seria um avatar da literatura, brilho anunciado já no tempo de Luís XIV, incandescendo com D'Alembert, Beau-

---

* Quando este texto foi publicado, a comunidade intelectual brasileira não tinha acesso à edição elegante e competente dos escritos diderotianos, feita por J. Guinsburg (Diderot, *Obras*, São Paulo, Perspectiva, 2000, em 2 volumes). Doravante, a pesquisa do filósofo tem um horizonte bem mais vasto em língua portuguesa.

marchais, e outros semelhantes. Proteu sublime, o *esprit* adquire a forma da alma, asas de borboleta livre e multicolorida. Definição perfeita da escrita e dos interesses de Diderot pelo mundo cultural e político.

De Goethe até hoje, o juízo sobre o arquiteto da *Enciclopédia* varia, mas nota sempre o aspecto ondulatório de sua prosa, repousando sobre tudo e todos no mundo do saber. Para não estacionar em nada, envolvida no próprio pneuma, nos turbilhões do vento, a pena de Diderot rompeu muitas amarras. "Dispersé, superficiel, erratique, contradictoire, répétitif et rêveur, ce *logos spermatikos* sème à tous les vents", diz, sobre Diderot, Elisabeth de Fontenay.

Comparado a Montaigne[1] com freqüência, suspeito de plágio filosófico – apropriação direta dos trabalhos de Francis Bacon[2] – visto de forma prudente, por seu relacionamento direto com Catarina II[3], a obra de Diderot tem sido esquadrinhada nos mínimos detalhes históricos, psicológicos, metafísicos, médicos, científicos. Jean Thomas resume os componentes do *esprit* que vela em Diderot: recusa da metafísica, da teologia, das religiões positivas. Ademais, entusiasmo pela ciência, amor do bem público, moral fundamentada pela natureza, tolerância e cosmopolitismo. Finalmente, abandono das regras, recurso a novas formas literárias, sempre que os gêneros tradicionais eram insuficientes, amor pelas artes e técnicas ao mesmo tempo. O retrato é o inverso, luminoso, do lacrimejante Rousseau.

Os críticos mais pérfidos – que surgiram quando ele vivia – projetaram, dele, a imagem de um sofista eclético, não rigoroso. O que se visava, no caso em questão, era colocar

---

1. "Diderot foi para a França, no século das Luzes, o equivalente do que foi Montaigne no século da Renascença" (Jean Thomas).
2. "Bacon está na origem da maioria das reflexões de Diderot sobre o método experimental e sobre a exploração metódica da natureza"(Paul Vernière).
3. Cf. E. de Fontenay, *Diderot ou le materialisme enchanté*, Paris, Grasset, 1981. Spinoza, cauteloso, recusou o papel de conselheiro do príncipe, gostosamente desempenhado por Descartes e tantos mais. O desencanto sempre vem, seja em Siracusa, com Platão, seja na Rússia, com Diderot. Neste setor, poucos filósofos mostram astúcia suficiente.

"toda sua obra sob o triplo sinal da espontaneidade e da incoerência, ou para falar de uma outra maneira, do improviso"[4]. Melhor destino não lhe reservaram os entusiastas: ampliando sua figura romanticamente (textos corrosivos como o "Fogo de um Vulcão", e outros símiles psicológicos para descrever sua arte) "eles pintam e interpretam Diderot com os traços de sua legenda"[5].

O fervor acadêmico dirigiu-se, sobretudo, rumo à discussão estética, moral, científica, quando se trata desse filósofo em novos tempos. Escasseiam livros e artigos que tematizem sua política, ligando-a ao clima espiritual que resultou em 1789[6]. Na esteira de Sainte-Beuve, discute-se a importância social de Diderot, não tanto pelo que ele pensou, mas por sua forma de agir. Sendo dos primeiros escritores a se promover na escala da "nova magistratura", a da pena – que no século XIX conduzirá, na expressão de Paul Benichou, ao *Sacre de l'ecrivain* deixando para trás o ideal aristocrático do "é letrado", trocando-o pelo "daquele que vive das letras" (J. Thomas), Diderot foi posto na pele dos jornalistas, obrigados a entregar "seu texto cotidiano ou hebdomadário: ele representa a democratização, a industrialização da arte" (R. Fayolle).

Editor da *Enciclopédia*, proxeneta bem-sucedido das letras: a eficácia violenta de sua ação abafaria, nele, veleidades às profundezas especulativas. Comparada à de Jean-Jacques, a escrita diderotiana seria instantânea e superficial. Textos como *O Sobrinho de Rameau* ilustrariam a condição ressen-

---

4. Georges Daniel, *Le style de Diderot, légende et structure*, Genève, Droz, 1986.
5. Georges Daniel, *op. cit.*
6. Cf. Simone Goyard Fabre, "Les idées politiques de Diderot au temps de l'Encyclopédie", e Lesler G. Crocker, "Diderot as political philosopher", *Revue internationale de philosophie*, n. 148-149, 1984; Michel Delon, "La marquise et le philosophe", e J. M. Goulemot, "Jeux de conscience, de texte et de philosophie, l'art de Prendre Positions dans l'essai sur les règnes de Claude et de Neron", *Revue des sciences humaines*, n. 182, 1981; Marc Buffat, "Diderot, le corps de la machine", e Jacques Chouillet, "Les machines de Diderot (ecrits politiques)", *Revue des sciences humaines*, n. 186-187, 1982; Roger Fayolle, *Sainte-Beuve et le XVIII e siècle ou comment les revolutions arri vent*, Paris, A. Colin, 1972, pp. 277 e ss.

tida de seus colegas menos afortunados[7]. Autores "dialéticos" chegam a recolher Diderot nas malhas do "materialismo vulgar" do século XVIII. Leituras marxistas veriam nele, como ironiza E. Fontenay, ou o superado metafísico, ou apenas o João Batista dialético: "Diderot não merece nem esta indignidade nem este excesso de honras". Certo, Marx, ao enviar a Engels uma cópia de *O Sobrinho de Rameau*, escreve: "A obra-prima única vai, novamente, te proporcionar prazer"[8]. Logo, logo, os materialistas apresentaram a "obra-prima" como triste catecumenato a *O Capital*...

O próprio Diderot armou a cilada. Ela apanha os leitores que passam ao largo da complexidade existente na pele, na superfície. Acostumados por Rousseau, e por seus êmulos românticos, ao charlatanismo das "profundezas"[9], os hermeneutas desse tipo imaginam que um texto é só... um texto, ignorando nele o resultado magnífico de todo o processo vital e intelectivo.

A face, a máscara: ícones da própria cultura. Imagem arlequinal cheia de formas descontínuas, multicoloridas. Diderot revela a sutileza do gênio, ao mostrar-se uno e múltiplo, fugindo da "autêntica" subjetividade, armadilha em

---

7. Robert Darnton, *Boemia Literária e Revolução: O Submundo das Letras no Antigo Regime*, São Paulo, Companhia das Letras, 1987, pp. 118 e ss. No mesmo sentido, cf. os comentários de P.E. Arantes às teses de Kojève e outros: "Diderot teria então posto em cena a divisão congênita do intelectual do Antigo Regime? Tudo o leva a crer. De um lado o intelectual arrivé, Voltaire, o último escritor feliz [...], do outro, menos o anti-Voltaire do que o seu duplo, Rousseau, 'o mano capeta do Iluminismo'", em "Dialética e Experiência Intelectual em Hegel", *Cadernos da UnB*, 1981, p. 115.

8. Citado por Fontenay, *op. cit.*, p. 205.

9. "Por inverossímil que isto possa parecer a 'espíritos livres' [...] nós acreditamos que a 'psyché' é algo 'profundo', que o nosso 'ego' é uma coisa interessante [...] No que não acreditamos, graças à sacrossanta psicologia?" (Gérard Lebrun, comentando o livro de Sennett, *O Declínio do Homem Público*). Cf. *Passeios ao Léu*, São Paulo, Brasiliense, 1983, p. 260. Impossível discordar do juízo seguinte: "Nascemos, sem dúvida, no século XVIII, menos das Luzes do que de sua ruptura, e de uma nova forma de trevas. Desde Rousseau, sabemos que o lugar da Providência deve ser tomado, e que basta saber mentir para poder ocupá-lo. Donde *O Emílio*: o sujeito da ciência cede o lugar para o pedagogo, o qual mente para melhor instruir" (Claude Rabant, *Délire et théorie*, Paris, Aubier-Monlaigne, 1978, p. 11).

que tombará a maior parte dos românticos. Diz ele a Sophie Volland: "Eu tinha num só dia cem fisionomias diversas, segundo a coisa que me afetava". Como auto-representação do escritor, trata-se de um bom antecedente para Fernando Pessoa...

Deixemos de lado todo o saber médico, suposto na teoria das artes e da escrita de Diderot[10]. Mesmo sem esta passagem – ela relativizaria a pretensa ingenuidade e diletantismo do autor – podemos lembrar a meticulosa técnica expositiva que, justamente por ser polifacetada, polifônica, abarca com elegância e brilho problemas lógicos e teóricos à altura da "corrente genial" (Hegel) que define a filosofia. Para leituras que só percebem "rigor" no agenciamento sistemático e gelado de termos unívocos, produzidos por mítica subjetividade una, Diderot deixa muito a desejar. Vale para ele o dito por Heidegger sobre Platão: "A possibilidade de um sistema no saber, a vontade de sistema [...] pertencem às características essenciais dos tempos modernos". Logo, continua Heidegger, "o pensamento e a certeza nele constituída tornam-se o *metron* e o critério da verdade". Desses enunciados, deduz Alain Boutot: "A filosofia platônica não é sistemática. Nem por isto, resume-se a uma reunião desconexa de Diálogos sobre assuntos diferentes, tendo poucos vínculos entre si"[11]. Quem identifica "rigor" com um Eu transcendental (mesmo que este "Eu" seja um "Nós", como em Hegel), ordenando sistematicamente o mundo, nada reconhecerá em Diderot, filosoficamente.

Mas semelhante "leitor" não aprenderá com Platão, Montaigne e outros, inclusive posteriores a Diderot, como Nietzsche: entre as infinitas variações do universo, e a identidade feliz do ego classificatório, eles já escolheram. Mas Diderot não provoca em demasia o possuído pela vontade de sistema? Esse exegeta, ouvinte, seja lá o que for, se acomoda

---

10. Cf. M. Hobson, "Sensibilité spectacle, le contexte medical du 'Paradoxe sur le comedien' de Diderot", *Revue de metaphysique et de morale*, nº 2, 1977, pp. 145 e ss.
11. Cf. Alain Boutot, *Heidegger et Platon, le problèma du nihilisme*, Paris, PUF, 1987, pp. 23-26.

bem com a técnica expositiva cartesiana, o relato: "Mas propondo este escrito apenas como uma história [...] ou como uma fábula [...] Descartes era menos apaixonado pelo sistema do que os atuais cartesianos. Marx também não era marxista"[12]. Há uma enorme distância entre este Descartes e o pensador que opera "segundo a ordem das razões"[13] suportando a escrita literária apenas como pobre substituto das matemáticas.

O leitor mencionado aceitaria, com esforço, a proposta expositiva de Spinoza:

> A primeira significação de verdadeiro e falso parece ter origem nos relatos; diz-se verdadeira uma narração quando o fato dito teria acontecido realmente; falso, quando ele nunca se deu. [...] As idéias indicam apenas relatos, ou histórias da natureza no espírito. Daí, chegou-se à designação, por metáfora, das coisas inertes; quando dizemos que o ouro é verdadeiro, ou falso, é como se o ouro apresentado contasse algo sobre si mesmo, o que está, ou não, presente nele[14].

Tentativas várias de contar uma história, dando-lhe começo, meio e fim. A partir daí, os adeptos do "rigor" esquecem o traço metafórico de seu próprio discurso, constroem o sistema em pretensas bases "unívocas". Descartes e Spinoza ainda enunciam o "como se", para bem marcar a percepção do problemático relacionamento entre filosofemas e Ser. No fundo, domina em todos os sistemáticos, certo Aristóteles, o descrito por Elias Canetti: "Nos espantamos com a enorme semelhança entre Aristóteles e a incoerência dos procedimentos científicos modernos, sua tecnicidade glacial, o abuso de sua especialização [...] Esta espécie de pesquisa exclui o entusiasmo e a transformação do homem"[15].

Afinal, na linha dessa lógica, o que é "saber"? A escrita de Canetti fere, na sua fenomenologia: "um engenhoso siste-

---

12. Cf. *Un autre Descartes: le philosophe et son langage*, Paris, Vrin, 1980, pp. 37 e ss.
13. Cit. em Pierre-Alain Cahné, *op. cit.*
14. *Pensamentos Metafísicos*, Apêndices, cap. VI (trad. Ch. Apphun), *Oeuvres*, vol. 1, Garnier-Flammarion p. 352. Trecho também comentado por Jean-Pierre Faye, *Théorie du récit*, Paris, Hermann, 1972.
15. Cito na trad. francesa: *Le territoire de l'homme*, Paris, Albin Michel, 1978, p. 50.

ma de caixinhas que arrumamos no fundo de nós mesmos, será preenchido, como se tratássemos de espelhos em mesmo número, por tudo o que a curiosidade nos designar. Basta descobrir um objeto qualquer para jogá-lo lá dentro, ele permanece mudo e morto no fundo da caixa"[16]. O sistemático simplesmente coleciona. Ele transforma as coisas vivas em etiquetas. Não por acaso, no relato fantástico cujo sujeito é uma nulidade ontológica, *O Capital*, o autor frisa, logo no começo de sua fábula: "a riqueza das sociedades em que domina o modo de produção capitalista, aparece na 'monstruosa coleção de mercadorias'". O romantismo surge, aqui, como recusa de uma fria lógica que reduz o ente humano a algo inerte.

O sistemático, como Aristóteles,

[...] é pensador sem sonho (oposto a Platão), ele exibe desprezo pelo mito, e quando os poetas não lhe servem, não os aprecia. Ainda hoje encontramos gente que só sabe aproximar-se de um assunto, aplicando-lhe compartimentos [...] e imagina que, nas gavetas e caixas de Aristóteles, as coisas apresentam-se com maior clareza, quando, na realidade, elas estão, ali, perfeitamente mortas[17].

Um leitor assim, preso ao "rigor" não pode ver coisa séria e fixa, num filósofo que ousa falar: "Abandono o espírito a toda libertinagem. Deixo-o senhor de acompanhar a primeira idéia, louca ou sábia, que se apresente, assim como os nossos jovens dissolutos que são vistos na alameda de Foy, seguindo os passos de uma cortesã [...] Meus pensamentos são minhas rameiras" (na tradução de A. Bulhões). Hegel foi melhor leitor das Luzes, e desta filosofia "dissoluta" (embora ainda não, infelizmente para ele, científica): para ele, a maneira francesa de pensar é "mais viva, dinâmica, engenhosa. Ou melhor, ela é o próprio engenho. Ela é o conceito absoluto, voltado contra todo o reino das representações subsistentes e dos pensamentos fixos. Ela abala tudo o que é fixo, atribuindo-se a consciência da pura liberdade"[18]. Burguesa, certamente, semelhante

---

16. *Idem*, p. 50.
17. *Idem, ibidem.*
18. *Geschichte der Philosophie*, em *Werke in zwanzig Bänden*, F.A.M., Suhrkamp Verlag, vol. 20, p. 287.

filosofia pensa rápido e lépido. Volteia o mundo inteiro, não se restringe a um só país, como certa dialética pesadona posterior[19].

Relato cartesiano, fixado em "racionalismo". Narração de Spinoza, traduzida para o "fatalismo panteísta". Semelhantes astúcias tornam-se difíceis, no caso de Diderot. Sua prosa, indica Jauss[20], só parece mover a forma do relato, "para impedir a narração de atinar com o fim; esta, de fato, é desviada incessantemente rumo a um diálogo que se levanta contra a ordem, pela qual o discurso narrativo pretendia remediar a contingência; e este diálogo reabre um horizonte de problemas novos, questões suspendidas". Contra a imposição do Tratado, Diderot opera uma reforma na ordem expositiva da filosofia, atacando os significantes para dissolver velhos significados. Admirador de Platão, ele efetivou um dos mais graves ataques ao platonismo ocidental, antes de Nietzsche.

Em Diderot, Rolland Galle enxerga a dança das formas, no seu propósito antiautoritário. Com a reinvenção do diálogo, restringe-se "a autoridade preponderante do mestre". Com isso, ele "outorga direitos iguais à voz do outro". Mais diretamente: "o estabelecimento na forma do diálogo progressivo, da doutrina das Luzes não só renovou o modelo antigo do diálogo platônico, mas constitui também uma superação dele, pois questiona a noção de verdade, tal como ela foi definida pela ontologia clássica"[21].

A noção de polifonia, para descrever o trabalho de Diderot, foi retirada de M. Bakhtin. Este a utiliza para pensar a sátira menipéia, herdeira do diálogo socrático, aberto ao outro. Platão, no lado oposto, afirmaria, de modo monológico, uma verdade feita, estabelecida anteriormente e presente para "ser enunciada no diálogo magistral". Contra a certeza dogmática, Diderot aponta, no elogio de Sócrates, a dificuldade

---

19. André Jolles, "Witz", em *Einfache Formen*, Max Niemeyer, Tübingen, 1974, p. 248.
20. "'Le neveu de Rameau', Dialogique et dialectique (ou: Diderot lecteur de Socrate et Hegel lecteur de Diderot)", *Revue de métaphysique et de morale*, n. 2, 1984, p. 145.
21. Citado por Jauss, e por ele comentado, no artigo em questão.

de sua própria filosofia e escrita: "toute sa dialectique se résout en incertitudes". O "eu" filosofante se dissolve nos pensamentos do sobrinho de Rameau, resolve a questão apresentada por "ele", na forma aparente de respostas fixas. Mas estas apenas dinamizam a violência da dissolução de ambos, filósofo e "vagabundo", na linguagem.

Inevitável, quando se percorre os meandros da escrita diderotiana, o encontro com o termo de Cícero para designar a inteligência. Também é fatal perceber a distinção, também ciceroniana, entre *ingenium* e técnica. No texto do romano, um estudante de retórica dotado de *ingenium* domina rápido as regras, ultrapassando-as. O aluno parcamente dotado aprende, com dificuldade, formas estabelecidas, sem jamais inventar outras. É, no máximo, um erudito conservador de idéias "sólidas", fixas.

Mutação epistêmica: ao contrário dessa tradição erudita,

[...] o novo diálogo socrático concebido por Diderot não mais repousa nas garantias metafísicas da lembrança [...] ele renova as características da disputa erística, um método que pode chegar ao esmagamento do contraditor e de suas opiniões; ele não mais se posiciona como uma conversa entre amigos em que o ataque visa apenas o não-saber, nunca a pessoa do outro[22].

É preciso olvidar, dirá Nietzsche. Quebre-se a tradição cristã que divide o erro e o errado, forma sutil de enlear o último nas malhas da "verdade absoluta", a que acedem só os padres, laicos ou religiosos.

Se recusa o Uno no plano do saber, Diderot também o repele na convivência. Nele assistimos à erotização do conhecimento, diferente da proposta no *Banquete*. Ali, a pedagogia reclamava que o aluno amasse muitos jovens belos, para melhor separar-se do amor de um só, chegando à pura idéia da beleza. Mas, aduz E. Fontenay, "o múltiplo e o diverso não são, em Diderot, astúcias do Um, eles são apreciados por si

---

22. Jauss, *op. cit.*, p. 156. O *ingenium* ata e desata relações entre os sujeitos. Ele consiste num poder destrutivo e produtor, ao mesmo tempo. Cf. Jolles, *op. cit.*, p. 251. O *Witz* desfaz os nós da linguagem, da lógica, da ética. "Com seu poder de colocar tudo de ponta-cabeça (*die Dinge auf den Kopf zu stellen*), o *Witz* encontra-se em todos os domínios." *Idem*, p. 251.

mesmos, em virtude de um donjuanismo do espírito que constitui o pecado mortal do filósofo"[23]. A escrita do autor subverte o estabelecido em filosofia, separa a verdade "dos procedimentos impostos pela tradição, como via obrigatória para ela". Diderot visa ao veraz, mas fareja suas astúcias. Aprendeu com Montaigne e Bacon a ser meticuloso, dando à palavra o peso de sua origem helênica: *metis*. Rompe matreiramente com os dogmáticos, destruindo os sinais que lhes servem como esteios. Contra o ascetismo estéril, retorna à fonte dos conceitos, à potência de engendrar entes novos. O vínculo amoroso junta-se, na sua imagética, ao prender a vida com todos os dedos.

"Meus pensamentos são minhas rameiras." O leitor desatento aos significantes mal entrevê, naquela frase, a revolução metafórica que modifica a prosa política moderna. Vontade e desejo entram na elaboração discursiva do filósofo. Não mais para serem submetidos, como em Kant e na antiga tradição teórica cristianizada, mas como alvo e meio expressivo. Sublinha ainda Fontenay:

[...] o espírito não mais concebe como virgem visitada, chamada, interpelada por uma transcendência, mas [...] ele se deixa derrubar, como uma jovem, por qualquer um, em qualquer lugar e em qualquer hora [...] Pensar é saber alternar o papel de cafetão e o de prostituta. Que se danem os pais e as mães![24]

Naturalmente, as cabeças acadêmicas fogem dessa orgia. Elas concebem a imaculada verdade[25] sem apegos carnais ou desejos. O rigor severo as define. No alemão, *Strenge* possui raiz comum com a corda (*Strang*). O intelecto pode reduzir-se à corda que giramos dando-lhe rigidez, tornando-a sólida. Mas o espírito rápido, vivo, rompe o severo (*das Strenge*) para se libertar, justo para exercer o rigor real, quando ele é necessário. Ninguém engendra algo, sem o renascentista *relaxatio animi* (Jolles).

O donjuanismo de Diderot escandaliza o pensamento científico. Mas...

---

23. *Diderot ou le matérialisme enchanté*, p. 228.
24. *Idem, ibidem*.
25. Sem forçar demais a imagem, de fundo nietzschiano.

supondo que a verdade seja mulher, não poderemos suspeitar que todos os filósofos – dogmáticos – quase nada entendiam das mulheres e que a espantosa seriedade, a indelicada insistência com as quais eles se aproximaram da verdade foram só esforços inúteis e pouco apropriados para conseguir, justamente, os seus favores?[26]

Vejamos dois efeitos filosóficos e discursivos de nosso autor, em pensadores inquestionavelmente postos como teóricos políticos. *O Sobrinho de Rameau* é um lugar-comum a Marx e a Hegel. Na *Fenomenologia*, sabe-se muito bem, o espírito burguês é descrito, por intermédio do diálogo diderotiano, como estilhaçamento essencial. Ali, todos os elementos sólidos se dissolvem, numa perversão universalizada.

Nada de otimismo face à natureza, sobretudo a humana: "O ponto importante é que vós e eu sejamos, e que sejamos vós e eu. Que tudo prossiga, ademais, como se puder. A melhor ordem das coisas, na minha opinião, é aquela em que eu deveria estar; e dane-se mais perfeito dos mundos, se nele eu não estou" (*O Sobrinho de Rameau*). Na irreverência, a especulação metafísica atinge seu grau zero: é abandonada. Ser e nulidade dissolvem-se no dever-ser, no devir. O mundo onde eu deveria estar é a "melhor" ordem, ou seja, onde "vós" e "eu" estamos ao mesmo tempo, em permanente equivalência. A inversão da frase, espelhamento, indica sua subversão: "dane-se o mais perfeito dos mundos". Trata-se de alterar o mundo, não de interpretá-lo escolarmente. Na frase retorcida, perfeito isomorfismo, na sua transformação em dois isocola, temos o fim "de tudo o que é fixo", para lembrar o juízo hegeliano sobre a filosofia francesa.

Na frase mencionada, "vós e eu sejamos, e que sejamos vós e eu" o "ser" corre como num jogo de xadrez, dissolvendo e resolvendo posições contraditórias. Diderot leva ao máximo, abalando-a, a espacialização do pensamento. Vale para o enunciado de Diderot, os isocola acima, a mesma enunciação de J. Starobinski nos outros quiasmas sobre o "dever": "a justificação brinca com a polissemia do verbo, dever, o qual pode ser tomado no sentido da obrigação moral ou no de necessi-

---

26. *Op. cit.*, prefácio.

dade física"[27]. Em todo caso, rompe-se com o metafísico. Dissolução perpétua do todo, na qual desaparece qualquer veleidade da subsistência dos seres, "jogo que dissolve a si mesmo", diz Hegel.

> Mudai o todo, vós me mudareis necessariamente; mas o todo muda sem cessar [...] Todos os seres circulam uns nos outros, por conseguinte todas as espécies... tudo é um fluxo perpétuo [...] E falais em indivíduos, pobres filósofos: deixai de lado os vossos indivíduos; respondei-me. Existe um átomo dentro da natureza rigorosamente semelhante a um outro átomo? [*Sonho de D'Alembert*].

Ocorre, no fim desta passagem, algo ligado à técnica retórica que se volta contra o otimismo, a harmonia social.

Quando define a existência de "vós" e de "eu" por meio de um quiasma, a equivalência dos termos é absoluta. Logo, o jogo especular entre "vós" e "eu" retira qualquer pretensão à diferença entre um e outro. Diderot retorce o argumento imaginado em Leibniz, para definir o princípio de individuação. Contra a figura das folhas, nenhuma igual às outras, lança o contra-ataque do atomismo materialista: "Existe um átomo dentro da natureza rigorosamente semelhante a um outro átomo?" A qualidade pretendida, "o melhor" dos mundos, some. Toda equivalência é apenas discursiva, frásica. O salto para qualquer raciocínio ontológico é sonho. Mas podemos atingir conexões verdadeiras, ao contrário do entendimento que separou a moral, o saber, a estética. "Bocejai, senhores; bocejai à vontade, não vos incomodeis. O império da natureza e de minha Trindade, contra a qual as portas do inferno nunca prevalecerão: o verdadeiro, que é o pai e que engendra, o bom que é o filho, donde procede o belo que é o espírito santo, se instala devagar [...]" (*O Sobrinho de Rameau*).

Ocorre que as conexões verdadeiras, unidas à ética e à estética, formam o quadro da política moderna. Bacon admira em Maquiavel sobretudo o simulado poder que, agindo, parece inativo. Divina providência laica.

---

27. Cf. J. Starobinski, "Sur l'emploi du chiasme dans 'Le Neveu de Rameau'", *Revue de métaphysique et de morale*, n. 2, avril-juin 1984, p. 191.

E estes jansenistas podem reclamar, este método político que segue rumo ao seu alvo, sem barulho, sem efusão de sangue, sem mártir, sem um fio de cabelo arrancado, parece-me o melhor. Eu – Há razão, aproximadamente, em tudo o que vós acabastes de dizer. Ele – Razão? Melhor. Quero que o diabo me carregue se me preocupo com isto.

A seqüência vai num crescente de negações com a anáfora de "sans". Ela termina, não de forma "científica", mas exatamente no plano da *doxa*: "parece". Em semelhante opinião, o "eu" tangencia a racionalidade, mas reforça o campo opinativo: "aproximadamente". A astúcia da razão, nesse ponto, perverte a hipótese, ela pode ser, ou não ser. Os jesuítas que empregam esse "método" de imposição, os jansenistas que o denunciam permanecem apenas no campo da fala, explícita ou implícita ("podem reclamar").

Mas tanto falatório não suporta a eficácia prática: "um jovem carvoeiro falará sempre melhor de seu ofício do que toda uma academia". A pinçada certamente dói nos sábios religiosos. A "fé do carvoeiro" sempre a arma predileta dos padres contra a ciência agnóstica ou atéia... Para o bom entendimento, uma palavra basta. Diderot filósofo estetizante, mas cuja política é quase nula? Dirijam-se, por gentileza, senhores, aos primeiros parágrafos do *Tratado Político* spinoziano, para verificar o que se diz da política. Spinoza lembra que os verbosos teóricos constroem uma Sátira. Diderot lança a sátira contra os filósofos.

No mundo, político sobretudo, alguns "acreditam" e são enganados. Outros enganam. Mas alguns sabem-se ilusionistas e burlados. Estes são os homens cuja consciência é dilacerada. Eles percebem o poder como um rápido jogo dissolvente, absoluto. "Dentro da natureza, todas as espécies se devoram; todas as condições se devoram na sociedade. Justiçamos uns e outros sem que a lei me intrometa." Novamente a negação dos fundamentos metafísicos da política ocidental: entre a *physis* e a *pólis* inexiste ruptura. A distinção entre o natural e o normativo evapora-se. A Fortuna reina, soberana. O domínio opera por choques, beliscões de cada "indivíduo" sobre os demais: as abelhas humanas agem assim. "Esta beliscará a seguinte: a qual se excitará [...]; enquanto o Todo se agitará, se moverá, mudará de situação e de forma; elevar-se-á algum barulho, gritinhos [...]" (*Sonho de D'Alembert*).

Na sociedade política, como no estado de natureza, cada um devora o outro, ou o belisca, "pois os tolos e os loucos se divertem mutuamente; eles se buscam, se atraem". É o que diz Hegel:

> [...] a consciência dilacerada, conhecendo seu próprio dilaceramento, ao exprimi-lo se transforma no riso irônico sobre o existir, como sobre a confusão do todo, e sobre si mesma: ela é, ao mesmo tempo, o eco deste barulho que nela se escuta. Ela é a tola vaidade que ouve a si mesma [...] a reflexão redobrada do mundo real em si mesmo [...] Ela [...] sabe julgar tudo, e parolar sobre tudo, sabendo exprimir de um jeito espirituoso, nas suas contradições, as essências sólidas da efetividade, como as determinações sólidas postas pelo juízo; esta contradição é sua verdade.

Hegel ampliou o diálogo com a escrita e a corrosiva fala diderotianas. O autor da *Fenomenologia do Espírito* usou essa prosa para compreender o fenômeno político máximo da modernidade burguesa:

> No contexto hegeliano, as metáforas insolentes do sobrinho servem para exprimir a dupla significação de 1789 na história universal: esta reviravolta deve-se, de um lado, à realização pacífica da intelecção pura que corrói o império do erro [...] e, de outro, à uma revolução política que é uma luta violenta com o oposto enquanto tal[28].

Na *Fenomenologia*, o capítulo que evoca *O sobrinho*, termina com a Revolução Francesa. A queda do "ídolo chinês" serve como transposição dos ídolos ocidentais: a sutil dialética diderotiana impregna o ar respirado pelos dominantes, seu éter de pensamentos, tornando-o insuportável. Para usar os termos de H. R. Jauss: "Como fato violento, a revolução só pode ter bom sucesso na medida em que a intelecção pura já havia minado as bases do poder por sua ação tranqüila. Hegel parece ter sido fascinado sobretudo por esta realização subversiva das Luzes"[29].

Marie-Jeanne Königson resume esses lados, citando o artigo "Enciclopédia" da própria *Enciclopédia*. O método crítico de Diderot, ali, mostra-se em sua astúcia textual:

---

28. Jauss, *op. cit.*, p. 180.
29. *Idem, ibidem.*

> Quando for preciso [...] eles irão opor as noções; eles contrastarão os princípios; eles atacarão, abalarão, derrubarão secretamente algumas opiniões ridículas que não se ousaria insultar abertamente [...] Sempre, por exemplo, que um preconceito nacional mereceria respeito, seria preciso que seu artigo o expusesse respeitosamente e com todo seu cortejo de verossimilhança e de sedução, mas derrubar o edifício de lixo, dissipar um amontoado vão de poeira, remetendo aos artigos onde princípios sólidos servem de base para as verdades opostas[30].

O lado corrosivo da escrita, seu efeito poético liberador, oposto às formas estabelecidas[31], levaram Diderot a se integrar na "luta apaixonada contra as frases e palavras vazias, brumosas, nocivamente abstratas, a luta ideocrática contra as 'palavras estelionatárias', segundo a expressão proverbial"[32]. Com isso, ele ajudou a produzir a moderna língua política e filosófica, agudizando sua eficácia subversora. Claro, como o Senhor Jourdan, muito professor inculto, "bem como o editorialista do jornalzinho de segunda, não sabe que rumina palavras de ordem, outrora inovadoras, dos grandes filósofos"[33]. Entre elas, as de Diderot.

Um terço do livro de Raynal, a *Histoire philosophique des établissements et du commerce des Européens dans les deux Indes*, na terceira edição, foi obra de Diderot. Este volume teve vinte edições conhecidas, de 1781 até 1787, quarenta edições-piratas, capítulos separados. "Toda a geração de 89 o leu, e também os homens de 93"[34]. A escrita filosófico-política raramente tem efeito imediato. Ela é parte daquela operação de tecelagem silenciosa e secreta do espírito, a que se refere Hegel. Um ato "contínuo, violento, criador"[35] que desfia o panejamento aparentemente sólido das falas e instituições dominantes.

---

30. Citado por Marie-Jeanne Königson, "Hegel, Adam Smith et Diderot", *Hegel et le siècle des lumières*, Paris, PUF, 1974, p. 66.
31. "Toda expressão verbal estiliza e transforma, em certo sentido, o acontecimento que ela descreve" (Roman Jakobson).
32. Em "Qu'est-ce que la poesie?", *Questions de poétique*, edição Todorov, Paris, Seuil, 1983, pp. 122-123.
33. R. Jakobson, *op. cit.*
34. M.-J. Königson, citando Hegel.
35. *Idem, ibidem.*

Tanto Hegel, quanto Marx, são avaros no uso do termos "real". Reservam-no para momentos particularmente graves de sua exposição. Para designar ocorrências finitas, dentro do tempo e do espaço empregam comumente *Wirklichkeit*, economizando o termo tão caro à metafísica e ao positivismo, *Realität*. Impossível ignorar a constelação semântica de *Wirklichkeit*, na qual se situa o verbo *Wirken* com a polissemia de tecer, operar, produzir efeito. O mundo da cultura, do espírito, ao contrário de uma estável realidade, da qual se busca encontrar "leis" eternas constitutivas, resulta sempre da ação humana, sendo por ela engendrado, tecido. O *prius*, considerando-se a sociedade, é esta força, energia da ação, cujo efeito são os laços que unem os sujeitos. Estes se tornam livres por seu próprio ato, fazendo-se absolutos, sem laços.

Percebe-se o interesse de Hegel pela metáfora da tecelagem como *conditio sine qua non* para a descrição fenomenológica da consciência cultural moderna. Goethe, introdutor e comentarista de Diderot, justo no relativo ao *Sobrinho*, sempre moveu o símile antigo da tecelagem para indicar a ação da Natureza e do Espírito. A primeira, "A natureza tecelã" costura forças que dançam: "Como tudo se tece para formar um Todo/ Como cada elemento se entrelaça no outro e vive!" O Espírito da Terra diz a Fausto: "E assim eu opero no tear ruidoso do tempo, e teço a vestimenta viva da divindade". Sutil maneira de se referir ao mundo como enfeite, roupa, ampliando a concepção cosmética antiga. Sugestão sugada ao máximo por Carlyle.

"Todo efetivo é racional, todo racional é efetivo." Jacques D'Hondt, hoje reiterado por Domenico Losurdo, já tentou mostrar o quanto esse lema pouco tem a ver com a "santificação do existente". Conseqüência marxista: quem tece pode desfazer os fios. A sociedade resulta de formas determinadas, na tecelagem humana. Se ela fosse real, e não efetiva, jamais poderia se esgarçar, ou ser tecida de outro modo. Percebe-se a característica fáustica da filosofia política, em Hegel e Marx só com esse significante violentado pela "dialética" posterior.

O efeito revolucionário de uma escrita mede-se pela capacidade formadora de significantes e significados por tramas dos vários universos discursivos, as Galáxias, para lembrar o trabalho poético de Haroldo de Campos. Neste item, é estratégica a dinâmica transposição de planos, aproximando traços aparentemente separados da língua. O campo da *Wirklichkeit* lembra a sugestão de Jacobi, em sua carta a Fichte: o mundo, para o último, seria uma espécie de meia tricotada, onde se teceriam figuras infinitas: sóis, estrelas várias etc. Mas o todo resultaria do movimento de um fio que, se desvinculado, abstraindo-se todos os nós que o acompanham, levaria ao puro ato de tecer. Trata-se de uma percepção imagética aguda de *Tathandlung*.

Em Diderot, encontramos a passagem do fazer à escrita no seu verbete da *Enciclopédia* sobre a meia (*Bas*). Vejamos: "O tear para fazer meias é uma das máquinas mais complicadas que nós temos". Desde o começo, a determinação lógica da conseqüência, tão cara à tradição filosófica idealista, sobretudo a Fichte. Até aí, poder-se-ia dizer, apenas aproximação arbitrária do leitor. Mas sigamos: "podemos observá-lo como um só e único raciocínio do qual a fabricação da obra é a conclusão". A máquina, lógica exteriorizada, tece os fios do raciocínio, reunindo com firmeza as premissas e as conclusões.

Como a escrita artística, a lógica, a máquina para tecer meias compõe um equilíbrio delicado: "deste modo, reina entre suas partes uma dependência tão grande, que se retiramos uma só, ou alteramos a forma das que julgamos menos importantes, prejudicamos o mecanismo inteiro". A forma, a forma: além do cuidado estético, percebemos a união de rigor, beleza, utilidade.

Raras dialéticas poderiam fornecer, daquele modo de filosofar, um conceito mais rigoroso e completo, justo a partir desse comparativo da máquina tecelã:

[...] nos prometeríamos em vão algum conhecimento da máquina inteira, sem entrar no detalhe e na descrição de suas partes [...] A ligação das partes exigiria que se dissesse e que se mostrasse tudo ao mesmo tempo, o que não é possível, nem no discurso, onde as coisas seguem-se necessariamente, nem nas Pranchas, onde as partes se cobrem umas às outras.

Círculo entre conhecimento e sua exposição. Como dizer um Todo discursivamente? Ou por meio de imagens discretas? Diderot apanha o arcaico ato comparativo entre escrita, no plano do significante, e significado, letra e espírito. Problema que atormenta a filosofia, como gênero literário, de Platão até Marx.

Diderot sempre recusa "evidências". Como a lógica, tanto a cultura quanto seu relato constituem tecidos sutis, enleados pelo homem-máquina ou pela máquina, também ela tecida pelas mãos e inteligência humanas. O engenho para fabricar meias é o perfeito ícone do mundo, sempre engendrando relações novas (*Daedala Natura*, diziam os latinos), no físico e no político. Sobre tais assuntos, afirma Diderot, no mesmo verbete da *Enciclopédia*: "il fallait tout dire ou rien; que ce n'était point ici un des ces mécanismes dont on pût donner des idées claires et nettes".

Astúcia, *méchané*: a invenção técnica supõe rompimento com o "natural". Ela exige *ingenium*. Diderot cita Perrault:

> Os que têm gênio suficiente, não para inventar semelhantes coisas, mas para compreendê-las, caem num profundo espanto ao ver as peças quase infinitas das quais a *machina* de fazer meias é composta, e do grande número de seus diversos e extraordinários movimentos. Quando vemos as meias sendo tricotadas, admiramos a sutileza e a destreza das mãos do operário, embora ele só faça uma só malha de uma vez: que dizer quando vemos uma certa máquina que forma centenas de malhas ao mesmo tempo, isto é, que realiza num momento todos os movimentos diversos que as mãos só fazem em muitas horas?

Tempo, escrita e invenção prendem o discurso. Não falta o espanto próprio ao engenhoso que percebe a beleza e simplicidade da máquina, como resultado de ardilosos intelectos e sensibilidades. A tese conservadora, de fundamento organicista, que degradou a crítica romântica da técnica, ainda hoje afirma: "tal argumento é mecânico", "isto é uma simples fórmula", "aquela política é mero cálculo", e quejandos. Lixo discursivo que entrava, entre nós, o invento técnico e artístico. O espantoso, a metamorfose do complexo em simples, e a reunião de várias "simplicidades" em novos conjuntos complexos, e assim ao infinito, desaparece para o romantismo tosco que impera em determinadas áreas do "saber". Sobretudo nas definidas como "ciências" humanas. Se o ignaro soubesse, diz Kant, a dificuldade, o engenho, a finura que os matemáticos empregam para chegar à bela fórmula, nunca falaria, como papagaio: "isto é apenas uma fórmula". O mesmo, diga-se, das técnicas escriturais, filosóficas ou não, e das máquinas, estudadas pelos mais lúcidos dentre os pensadores, com base nos progressos científicos.

Essa raiva da técnica, e do engenho, circula ainda em nossos dias, na mente do "platonismo invertido", como bem define François Dagognet. Este autor lembra a ligação entre matemática, técnica e óptica, para desvelar a desconfiança da filosofia "rigorosa" no artefato. Repetem incansavelmente os herdeiros do platonismo: a figura do triângulo apenas sugere o verdadeiro. "Se esquece talvez que a geometria projetiva não repudia, a tal ponto, as figuras quebradas e disformes; pelo contrário, ela estuda as transformações e as reinsere numa série ou uma lei geradora que as justifica"[36].

Dagognet, continuando o pensamento das Luzes, recusa o platonismo e a marca da infâmia colocada por Rousseau sobre as aparências[37]. Termina seu trabalho constatando que "a ciência, a tecnologia e a arte pictórica têm [...] caminhado contra a corrente de uma filosofia muito presa ao inteligível e ao supra-real, desconfiada frente aos duplos e às diversões ópticas". Conservadora, contra-revolucionária, a boa filosofia do "rigor" defendeu, freqüentemente, "a causa da verdade, da solidez e de sua sustentação, das proporções justas como das referências estáveis". Contra esta fixidez, o autor convida à repetição do programa racional e sensível de Diderot, em nível mais complexo. Para além do "paradoxo", da máquina de tecer meias, ou do comediante que tece máscaras, aparências, é preciso, hoje, baseando-se no trabalho técnico e científico, inventar. Urge

inverter os papéis ou as posições; o reflexo acrescenta algo ao modelo, o desvela, a câmera obscura não sendo hostil a este gênero de distorções das

---

36. Dagognet, *Philosophie de l'image*, Paris, Vrin, 1984, pp. 226-227.
37. Cf. sua análise da *Lettre à D'Alembert sur les spectacles, op. cit.*, pp. 31 e ss. A denúncia das aparências, e do teatro, coordena-se à virulenta crítica da técnica, das ciências, das artes. Para nosso desespero, a cultura conservadora – e mesmo progressista – brasileira, pensa como Rousseau, repudia a *Enciclopédia*.

quais ela se beneficia: ela mesma vive de subversões e de inversões. O pretenso decalque não reproduz: ao seu modo, ele produz [...] defendamos até os reflexos dos reflexos; desçamos mais um grau ainda do lado das sombras e das aparências.

Semelhante programa não separa poesia de ciência, essencial e fortuito. Ele espanta as vistas metafísicas, mesmo as que usam a máscara da "dialética" sob o sinal do "realismo", nas versões como as de Lukács. Para dizê-lo na forma mais apropriada, com Shoshana Felman: "O realismo é apenas uma teologia invertida. Toda leitura realista é supersticiosa. Toda leitura que pára o movimento textual, que atravessa a linguagem e bloqueia o sentido numa pretensão à verdade, entra necessariamente numa estrutura mistificada"[38].

No símile apresentado por Diderot – raciocínio, máquina de tecer meias – temos lúcida apresentação da escrita, na filosofia dialética. Esta, nem realista nem idealista, recusa "a idéia nebulosa", mas também "a materialidade com seu peso: a compenetração de ambos exige isto"[39]. Que os "materialistas" evitem o escândalo. Para Engels, insuspeito de "esteticismo" e de "culto às imagens", "a matéria enquanto tal é pura criação do pensamento, uma abstração. Quando resumimos as coisas, como dotadas de existência corpórea, sob o nome de matéria, prescindimos das diferenças qualitativas entre elas"[40].

Alfred Schmidt[41] percebe o vínculo entre pensamento e sensibilidade na filosofia de Marx, ao lembrar que, para o segundo, "quem separa o pensamento dos sentidos, alma do corpo, também é incapaz de captar a relação existente entre os conteúdos da cultura e a esfera da produção material". E cita *O Capital*: "a tecnologia revela o comportamento ativo do homem face à natureza, o processo imediato de produção de sua vida, e, portanto, também o de suas relações sociais vitais, e o das representações espirituais que delas surgem".

---

38. *La folie et la chose litteraire*, Paris, Seuil, 1978, p. 169.
39. F. Dagognet, *op. cit.*, p. 155, reterindo-se à *Estética* hegeliana.
40. F. Engels, *Dialética da Natureza*, trad. esp. W. Roces, México, Grijalbo, 1961, p. 217.
41. *O Conceito de Natureza em Marx*, trad. esp. E. Prieto, México, Siglo Veintiuno, 1976, pp. 30 e ss.

É tempo de se conduzir a análise "marxista" para seus antecedentes das Luzes, no campo da reflexão. O elo poético é vital nesta mudança. Como enuncia o prefácio da *Fenomelogia*, lembrado por J. P. Faye: "O conflito entre a forma de uma proposição em geral e a unidade destrutiva do conceito é análogo ao que ocorre entre a métrica e o acento. O ritmo resulta do núcleo oscilante". Daí a busca de Faye por entender o "efeito de 'tradução'", necessário para distinguir os níveis em que se move o humano: natural, técnico, político etc.

Narrar a história, fazê-la, ambos os atos passam pela mudança formal. "Na própria trama das transformações materiais se tecem as mudanças do 'rosto' (ou da 'forma'), produzidos pela própria forma narrativa." Faye remete a *O Capital*: "Devemos considerar o processo completo no lado da forma, ou seja, apenas na mudança de forma, ou metamorfose da mercadoria, que mediatiza a mudança material na sociedade". O vínculo entre alma e significante passa pelo artifício: "Roman Jakobson acertava, quando dizia que a produção das ferramentas e o surgimento da linguagem (e o interdito do incesto) é um único processo, o do articulação dupla". O efeito discursivo vai agora além da tecelagem. Textualiza as imagens e a luz que as carrega. "Quando Marx analisa o aparecimento dos *quanta* de valor, os *Wertquanta*, precisando que eles se produzam como uma linguagem, *wie eine Sprache*, abre [...] as possibilidades de um exame teórico das relações entre os corpos sociais e suas emissões"[42].

A exposição do saber, em Diderot e na dialética posterior, hegeliana ou marxista, procura apresentar elementos diversos ao mesmo tempo. Amarrar o discurso, vencer com a força das imagens, velha sutileza das aranhas, unindo-se ao vigor do aço. Esta é uma *poiesis* que, ao contrário da tradição, e de acordo com a vista burguesa do trabalho, é práxis. Segundo J. M. Königson: para ir além da autoconsciência, no árido mundo industrial, surge a obra literária que assume o caráter subversivo da técnica, destruindo sem alarde as políticas estabelecidas. A máquina de produzir meias prefigura o autômato: por que não a escrita automática?

---

42. J. P. Faye, *op. cit.*

Investigações como as de Jauss e de Starobinski sobre a retórica de Diderot elucidam seu estatuto filosófico e político. Elas contrariam tratados que se preocupam em definir suas idiossincrasias, seus plágios, suas repetições de autores antigos. Seja: mesmo operando como *bricoleur*, e, talvez por isto mesmo, Diderot abala o edifício expositivo, na filosofia e na ficção (podemos guardar esta taxinomia depois dele?), desfiando velhos elementos. Proceder como Robert Derathé, entre muitos, significa reduzir Diderot à mesmice, ou à colaboração menor com o santo Rousseau[43].

O choroso adversário do teatro jamais perdoou a crítica diderotiana, próxima ao dito aristotélico: "quem vive só, ou é um deus, ou uma fera". Comentadores falam do "mal-entendido" dos homens das Luzes, quando, após lerem Rousseau, deduzem que o melhor seria ficar de quatro, voltar à bestialidade. É possível duvidar de tamanha "incompreensão". Contra a intimidade rousseauniana, inimiga do urbano, vem sempre a flecha diderotiana: "Só o malvado vive só"[44].

Nem todos os comentadores seguem esta via – a de abafar o pensamento político de Diderot – bastante sinuosa. Discutindo artigos da mesma *Enciclopédia*, fortemente marcados pela leitura de J. Locke, diz S. Goyard-Fabre: "Diderot, ao recorrer, para fundar a autoridade política, à idéia de um contrato consensual enraizado no consentimento livre e voluntário do povo, seguia antes do *Contrato Social* de Rousseau"[45]. E, mais adiante: "ele preludia o que dirá Rousseau contra Grotius, ao declarar que um homem não pode se dar inteira-

---

43. "A *Enciclopédia* de Diderot e D'Alembert contribuiu igualmente para vulgarizar as teorias políticas dos jurisconsultos [...] Os artigos de jurisprudência, redigidos por Jaucourt na maior parte das vezes são apenas uma compilação de Pufendorf, Barbeyrac e Burlamaqui [...] Os artigos de Diderot, publicados nos primeiros volumes da *Enciclopédia*, são em parte inspirados por Pufendort e Barbeyrac." Derathé cita Rousseau: "o *Discours sur l'inegalité*, obra mais do gosto de Diderot [...] e para a qual seus conselhos me foram muito úteïs" (cf. *Jean-Jacques Rousseau et la science politique de son temps*, Paris, Vrin, 1970, pp. 32, 81 e 82).

44. Diderot, *Correspondence generale*, cit. por J. Starobinski, *Rousseau: la transparence et l'obstacle*, Paris, Gallimard, 1971, p. 297.

45. Starobinski, *op. cit.*, p. 57.

mente e sem reserva a um outro homem". É bem mais do que o papel de simples plagiador, conselheiro, ou influenciado...

Outra matéria disputada, mas que se deixa na sombra, nos panegíricos de Rousseau: a questão da vontade geral. Citemos a *Enciclopédia*: "é à vontade geral que o indivíduo deve o fato de ser homem, cidadão, súdito, pai, filho, e quando lhe convém, viver e morrer. Ela deve fixar os limites de todos os deveres. Tendes o direito natural mais sagrado em tudo o que não vos é contestado pela espécie inteira" ("Direito Natural"). Como encontrar esta vontade geral? Ela é, sobremodo, "em cada indivíduo um ato puro do entendimento que arrazoa no silêncio das paixões".

Entre os dois enunciados, Diderot coloca uma condição média: "o homem que escuta apenas sua vontade particular é o inimigo do gênero humano". O traço previne a facção, mesmo que esta se exprima em nome da vontade de todos, por interesses que, assumindo o estatuto nacional, são particulares. Vontade geral não se confunde com maiorias ocasionais. Por corriqueira que seja a tese, ela ainda tem muito a ensinar, sobretudo nas formações políticas pós-totalitárias ou autoritárias, como no Brasil.

A facção, ouvindo a voz de sua própria consciência, embora tenha na boca a "vontade geral", age em detrimento da universalidade, torna-se inimiga do gênero humano. Muito autoritarismo partidário, progressista ou conservador, negligencia este aspecto delicado do pensamento político. Do Gulag até Auchwitz, recolhemos os produtos desta operação que substitui o todo pelas partes dominantes no momento.

Diderot recusa a "personalidade" do povo. Ele "receia ainda mais no povo as fraquezas e os excessos psicológicos da populaça"[46]. Só quem esqueceu as massas "incontroladas", no fascismo, nazismo, stalinismo (uso as aspas porque, na verdade, atrás das suas manifestações existiam máquinas bem prontas, do "partido" ou do "Estado", para não falar da Igreja), a demagogia, a violência popular – os linchamentos, no

---

46. "Les idées politiques de Diderot au temps de l'*Encyclopédie*", *op. cit.*, p .97.

Brasil o provam – pode recusar esta cautela. As eleições, sobretudo em povos atrasados técnica e culturalmente, em vez de libertarem, escravizam. Saída? Eleições, é claro, mas não exclusiva e preferencialmente.

"O povo é muito burro. A quantidade da canalha é mais ou menos sempre a mesma. A multidão é ignorante e bestificada." Após os vagalhões das massas fascistas, vale meditar, como Elias Canetti, este tema assumido por Diderot. Sua atitude cética o leva à desconfiança nos sistemas e nas políticas "populares", dogmáticas. Um exemplo de incompreensão do elemento cético na *Enciclopédia*, porque isola o político do epistemológico, temos em Jean-Paul Dumont. Baseado no lugar-comum sobre o "racionalismo" das Luzes, o autor, após afirmar que "Diderot não mede totalmente a importância filosófica de sua análise dos fundamentos do pirronismo. Ele não compreende o sentido e a intenção da dúvida", chega à seguinte frase: "Por uma estranha reviravolta da história, Diderot deduz de uma fórmula cética, uma dissertação que procura refutar o ceticismo"[47]. É não ter entendido uma só frase de *O Sobrinho de Rameau*, do *Paradoxo sobre o Comediante*, da *Enciclopédia*.

Vejamos alguns pontos em que a dúvida, sobretudo a cautela, de Diderot opera na sua percepção do político. Comecemos com as "Observations sur l'instruction de S.M.I. aux députes pour la confection des lois"[48]. Naquele texto, Diderot deixa bem claro de quem desconfiar, acima de tudo: "Le premier point d'un code doit [...] m'instruire des précautions que l'on a prises pour assurer aux lois leur autorité. La première ligne d'un code bien fait doit lier le souverain". Marx, criticando a Constituição francesa que permitiu o golpe de Luís Napoleão, repete este ponto. Muitas constituições de hoje, recentíssimas, esquecem a reserva indicada. Resultado: emasculam o texto das leis fundamentais, deixando livres os executivos de hoje, ditadores de amanhã. Os redatores da nossa Constituição de 1988 não tiveram essa cautela. O resultado é

---

47. *Le scepticisme et le phénomène*, Paris, Vrin, 198, p. 66.
48. Publicado em Diderot, *Textes politiques*, Paris, Ed. Sociales, 1971, pp. 61-177.

a ditadura do Executivo, que usurpa o Legislativo e ameaça o Judiciário, com as Medidas "Provisórias" que se perpetuam.

Outra cautela, infelizmente esquecida por legisladores "populares". Periodicamente, diz Diderot, deve ser revisto o texto das leis básicas. O povo, com o soberano, jura novamente fidelidade a elas. "Todo soberano que recusar o juramento deve ser declarado déspota e tirano." Fala-se muito do anticlericalismo, forte nas Luzes. Mas Diderot matiza o seu. Após lembrar o dito: "cada jesuíta é um punhal, nas mãos do superior", ampliando-o para "Deus é um punhal cujo cabo está nas mãos de cada padre", ele compara sacerdotes e filósofos. Estes últimos são, às vezes, fanáticos. Mas inofensivos, pois falam em nome da *ratio* friamente escutada, alheia ao paraíso ou ao inferno[49].

Após os sacerdotes, vem o perigo do "bom ditador". O carisma e a suavidade iluminada do soberano são perigosos. Acostumam os súditos à cega obediência, fazendo-os esquecer "o alarma contínuo, o conservador necessário da liberdade". Toda autoridade máxima, no Executivo, deve ser limitada, de modo permanente. O poder tem sua fonte no "consentimento da Nação, representada por deputados ou reunida num corpo". Um soberano que rompa este ponto deve ser considerado em guerra com os governados. Ele torna-se inimigo do seu povo.

Interessante a fábula mecânica narrada por Diderot para explicar a origem da sociedade:

[...] no pretenso estado de natureza, os homens estavam espalhados sobre a superfície da terra, como uma infinidade de pequenas molas isoladas. Acontecia, de tempos a tempos: algumas destas molas se encontravam, pressionando-se em demasia e se quebrando. Os legisladores, testemunhas destes acidentes, procuraram remediá-los, e o que imaginaram? Aproximar as molazinhas e com elas fazer uma bela máquina que chamaram sociedade; na bela máquina sociedade, as molazinhas, animadas por uma infinidade de interesses diversos e opostos, agiram e reagiram umas sobre as outras, com todas as suas forças e, para um momento de guerra acidental, resultou uma verdadeira guerra contínua. Nela, todas as molas enfraquecidas e fatigadas não pararam de gritar, e quebraram-se num ano, mais do que se teriam que-

---

49. *Idem*, p. 67.

brado em dez, no estado primitivo e isolado, onde o ressentimento de um choque era a lei única[50].

O sabor hobbesiano do trecho mostra-se em sua clareza máxima, na maneira de imaginar o indivíduo, e a sociedade, como agenciamento de engrenagens que se chocam. Note-se, entretanto, que a reunião, a "bela" máquina ideada por "legisladores", ao invés de produzir harmonia, carrega a morte exasperada. O "estado de natureza", no qual ocorre a guerra de todos contra todos, está posto depois da união societária. As "molas" fazem o engenho, e nele se dissolvem, morrem.

> Mas ocorreu algo pior. Estas belas máquinas chamadas sociedades multiplicaram-se, pressionando-se, e o choque não mais foi de cada mola contra a outra, mas de uma, duas, três belas máquinas, umas contra as demais, e numa colisão espantosa, quebraram-se mais molas num só dia, do que em mil anos do estado de natureza, selvagem e isolado[51].

Impressiona a finura do filósofo ao expor, imageticamente, o tempo da política, nacional e internacional. A guerra interna, quando os Estados se multiplicam, passa ao exterior, encurtando a vida individual, em proveito de ninguém, salvo das "belas máquinas". O movimento acelerado segue ritmo uniforme, mas os choques evidenciam que a dinâmica sociopolítica produz máquinas para deter a violência, ampliando a... violência. Com o monopólio da força física e a burocratização racional da vida, diria Max Weber, surge o Estado verdadeiramente moderno.

Na violência política, qual a "vocação" do intelectual? "Ele pode ou deixar tudo se deteriorar, o que é propriamente trair a filosofia, ou intervir"[52]. Mas como? Observando o funcionamento da máquina, agindo depois como bom mecânico, "que melhora os circuitos". Nada de "rei filósofo", pois. O poder legítimo não pertence ao cientista, como pensará o século XIX, nas várias correntes "utópicas", nem é herança de

---

50. Citado em Jacques Chouillet, "Les machines de Diderot", em *La machine dans l'imaginaire* (1650-1800), *Revue des sciences humaines*, n. 186, 187, pp. 258-259.
51. *Idem*, p. 259.
52. Jacques Chouillet, *op. cit.*, p. 260.

monarcas ou ditadores. "Não existe outro soberano verdadeiro que não seja a nação; não pode existir outro legislador além do povo." Assim, o déspota esclarecido que pretende ensinar aos deputados como fazer leis, ou aos "legisladores", na fábula da "bela máquina", só podem conduzir o social à tirania, e à guerra continuamente acelerada, no interior do país e no plano internacional. Para limitar o monopólio da força física nas mãos do poder executivo, que só gera tirania, é preciso produzir instrumentos que movimentem "contraforças físicas" como o "Parlamento da Inglaterra, que me parece uma terrível contraforça física ao poder real"[53].

Diderot pensa, nesse plano, exatamente como reflete no prisma da escrita. No discurso, os isocola, os quiasmas, servem para opor os adversários fazendo com que eles não cheguem ao final, detenham-se, suspendam a morte do outro. O equilíbrio das forças enunciativas é precário, e assim deve ser. Nada de final feliz, nem unilateralmente trágico. O relato, como diz Jauss, é sempre suspenso. Para pensar o funcionamento da máquina de "tecer meias", é preciso colher ao mesmo tempo todos os seus elementos ativos. Ora, na bela máquina política, ideada pelos déspotas, esclarecidos pelos filósofos, o que é ativo verdadeiramente vincula-se ao governante. O povo reduz-se a instrumento. Pior: "se há um inconveniente a temer, não é que a monarquia esqueça sua prerrogativa, mas que os súditos esqueçam seus direitos"[54].

Na retórica, na filosofia, na ciência, e, sobretudo, na política, demagogo ou o bajulador falam com armas "engatilhadas". Em caso contrário, sofrem a pena do silêncio, morte. A história estatal posterior, revolucionária e contra-revolucionária prova-o. "Tudo sempre entra na grande dificuldade, a de limitar a autoridade soberana, ou de dominar Briaréu"[55]. A figura mítica retoma a metáfora habitual do tecido: segurar o soberano, gigante de cem braços, com as malhas tecidas pela vontade cidadã. Característica de Diderot: a dificuldade não se resolve facilmente, só com engenhos, cabeças educadas na

---

53. Cit. por Chouillet, *op. cit.*, p. 263.
54. Diderot, *op. cit.*, p. 78.
55. *Idem.*

ciência, e baionetas. Vemos até onde vai a metáfora da tecelagem: os "cem braços" devem urdir relações livres, automáticas, entre si, prendendo o poder nas mãos, retirando-o das garras de um só: "a servidão de um só é a preliminar essencial da liberdade de todos"[56].

Todo o imaginário da máquina mostra, em Diderot, o cauteloso ceticismo fundamental. A "bela" ordenação maquínica do Estado mata. Mas é tolice recusar a técnica. Trata-se de usá-la contra o poderoso, em favor da liberdade e dos indivíduos. Para isso, torna-se urgente ampliar, na ciência, nas artes, na política, a estreita concepção da "utilidade", irmã gêmea do realismo. "Se a reprodução é o limite do útil, e se este limite não pode ser ultrapassado sem deixar de ser bom, todas as matemáticas se reduzem em quatro páginas, toda a mecânica em seis proposições [...] todas as manufaturas são restritas ao trabalho das matérias de primeira necessidade"[57].

Duplicidade de sentido na mecânica: astúcia de mando e de liberdade, a mais ampla, sobretudo a do pensamento inventivo. O recado contra Rousseau aparece diretamente:

> Não foram as belas artes que corromperam os costumes; não foram as ciências que depravaram os homens. Estudai bem a história e vereis que muito ao contrário a corrupção dos costumes foi ocasionada por causas completamente diferentes sempre conduziu à corrupção do gosto; a degradação das belas artes, o desprezo das ciências, a ignorância, a imbecilidade e a barbárie, não aquela da qual a nação tinha saído, mas uma barbárie da qual ela não sai mais. A primeira é a de um povo que ainda não abriu os olhos; a segunda é de um povo que tem os olhos furados[58].

O gênio abre os olhos e os refina com arte. A tirania surge quando escamas são postas sobre as vistas dos cidadãos, ou se furam as retinas de um povo. No primeiro caso, o filósofo pode ajudar, civilizando os homens, recusando-se, contra o desejado por Rousseau, a colocá-los "de quatro". No segundo, pouquíssima valia tem o filósofo. A metáfora óptica une-se à da tecelagem, na crítica da tirania. O sábio possui vistas agudas, enxerga mais do que o povo. Mas não pode se

---

56. *Idem*, p. 161.
57. *Idem*, p. 165.
58. *Idem*, p. 85.

permitir dizer tudo, pois a crença se diz de muitos modos. Há um preconceito, pelo menos, que o teórico não tem o direito de quebrar. Numa tirania, esse "preconceito" é o espírito de liberdade que resta ao povo. Desmantelar essa crença se equipara ao crime maior: extrair ao povo toda esperança de mutação, advento da liberdade.

Vejamos o trecho mencionado:

> É preciso que um povo seja livre; ou que ele acredite que é livre. Quem destrói este preconceito nacional é um celerado; é uma grande teia de aranha sobre a qual é pintada a imagem da liberdade. Esta imagem que prende todos os olhos do povo o eleva, o sustenta, o rejubila; alguns olhos agudos enxergam, através dos buracos desta teia, a cabeça nojenta do déspota. Que faz o sujeito que rasga a teia? Nada para o mestre do qual é escravo, um mal incrível para a nação que ele desengana, que ele abate, que envilece ao lhe mostrar de repente a cabeça nojenta. O corpo depositário das leis fundamentais de um Estado é esta teia de aranha[59].

Trama inconsútil de aspectos culturais. Em Diderot, nada autoriza a falar em "moralismo absoluto", como o faz certa crítica, em política separada dos outros campos, verdade e beleza. "Se refletirdes, o belo nunca é mais do que o sentido comum bem vestido. Mas por mais elegante, por mais rica que seja a vestimenta, se o sentido comum não está embaixo, não escuto nada mais do que um sofista ou um falso belo espírito"[60]. A liberdade inexiste sem o verdadeiro, e só é feliz quem progride no belo, lutando por isso. Como afirma Diderot: "Mil homens que não temem por sua vida são mais temíveis do que dez mil que temem por sua fortuna. Que cada um deles tenha em sua casa, no fundo de seu campo, ao lado de seu tear, ao lado da charrua, seu fusil, sua espada, sua baioneta". Se existe plágio de Bacon por Diderot, este é um dos mais explícitos, basta olhar o *Ensaio* baconiano sobre o dinheiro na condução das guerras... E daí? A lição do Chanceler não continua válida? E o que poderíamos dizer do Vietnã enfrentando a rica federação americana?[61]

59. *Idem*, p. 163.
60. *Idem*, p. 74.
61. Diderot, "Apostrophe aux Insurgents d'Amerique", *Textes politiques, op. cit.*, p. 214.

Basta recordar o peso de Diderot na obra de Raynal, para ver a gravidade do que ali se diz: "Povos cujos rugidos fizeram tremer tantas vezes os senhores, que esperais? Para qual momento reservais vossas tochas ardentes, as pedras que calçam as vossas ruas? Arrancai-as!"[62]

Hegel e os conservadores perceberam a capacidade corrosiva da escrita diderotiana. Sainte-Beuve, como é seu hábito, afasta as conseqüências revolucionárias do estilo, sobretudo no político. Barbey d'Aurevilly atacou os pontos essenciais. Para ele, Diderot, o ex-beneditino que se transformou em "maleditino", era "um costureiro, cuja cabeça, abalada, parecia um tear". Mais adiante: "Diderot era um ardente revolucionário. Ele teria sentado na Assembléia Nacional [...] ele deixaria cortar o seu pescoço com Fauchet e os Girondinos". Outro defeito, segundo d'Aurevilly: "a cabeça de Diderot detestava o sistema, o qual é a honra das cabeças humanas". Ademais, "ele era do século mais superficial [...] é o escritor fiel aos maus hábitos de um século grávido da Revolução, e que, para suprimir um abuso, suprimia toda a instituição"[63].

Mais do que um filósofo político, Diderot ligou-se à cortante idéia do século XVIII: nada é estável, o estilhaçamento domina o núcleo do universo: "O que é este mundo, senhor Holmes? Um composto sujeito a revoluções, e todas indicam uma tendência contínua para a destruição; uma sucessão rápida de seres que [...] se empurram e desapareçam: uma simetria passageira; uma ordem momentânea"[64]. Quem desejar definir este pensamento como "racionalismo", esteja à vontade. "Rirá melhor quem rir por último."

---

62. Citado por Yves Benot, "Préface", em *Textes politiques, op. cit.*, p. 48.
63. Barbey d'Aurevilly, *Contre Diderot*, Préface de Hubert Juin, Paris, Ed. Complexe, 1986.
64. *Lettre sur les aveugles: oeuvres philosophiques*, Paris, Garnier, 1964, p. 123.

9. O PENSAMENTO CONSERVADOR

Quando falamos de um pensamento político, devemos lembrar as consciências onde um dia ele tornar-se-á princípio inquestionável, norteando a vida e a morte. O estudo sobre as multidões torna-se cada vez mais premente, sobretudo quando investigamos a violência racista e a injustiça social, garantidas pelos meios de imposição persuasiva de grande alcance, abarcando homens e mulheres que se entrechocam nos vários cantos terrestres.

Nesse campo, suscita interesse cada vez maior o lúcido *Massa e Poder* de Elias Canetti (Canetti, 1986). Neste monumento antropológico, filosófico, psicológico e político, encontra-se uma descrição rigorosa do comportamento massificado que domina um ou outro instante de nossa vida. Talvez em termos políticos tenhamos a coragem de nadar contra a corrente. Não raro, em plano individual nos distanciamos do juízo público. Cedo ou tarde sentimos a pressão da massa em nossas opções. Quando nos acostumamos à coragem de refletir, fugindo do lugar-comum, envergonhamo-nos das frases ditas para não sermos linchados, física ou espiritualmente, pelo grande número. Se vivemos em regime político de opressão, gradativamente repetimos lugares-comuns e teses batidas pelos propagandistas. Raros dentre nós chegam ao fim de seus dias sem dobrar a espinha e a língua, desobedecendo os ditadores que decretam morticínios em nome do povo, divindade sedenta de sangue que possui mil faces e apelidos. Nós brasileiros conhecemos alguns, como os adeptos do "ame-o ou deixe-o" ditatorial, os "fiscais do presidente", "os descamisados" etc.

Elias Canetti apresenta o espírito moderno imerso nos ritmos e nos movimentos de massa. Sua obra-prima foi gerada como réplica aos movimentos nazistas e fascistas que infernizaram o século XX. Hoje, Canetti está morto, mas seu livro aí está, como advertência e como instrumento para a luta contra o neonazismo, o neofascismo, que pouco têm de "neo" e apresentam muito das ideologias genocidas aceitas pelas hordas cujo pensamento se reduziu à repetição maquinal dos *slogans*. Entre estes, um traz ressonâncias sinistras, neste momento: "Desperta Alemanha" ("Deutschland erwache"). No fundo da alma autoritária, na Alemanha ou no Brasil, esses gritos despertam ódios, mentiras, calúnias, perseguições. Não por acaso os propagandistas, mudando o senhor da hora, permanecem os mesmos. Com idênticas técnicas enganadoras.

Importa conhecer, com as massas e suas frases prontas e de sentido semanticamente restrito, os pensadores que produziram a fala que hoje se repete no rádio, na televisão, nas revistas, no cinema, no teatro, nos púlpitos e nas cátedras. Sigo ainda a sugestão de Elias Canetti, em outro livro seu, *O Território do Homem* (Canetti, 1978), no qual analisa dois teóricos conservadores e autoritários. Refiro-me a Thomas Hobbes e a Joseph De Maistre.

Canetti diz com propósito: os dois pensadores apresentam-nos o terrível. De Maistre, que escreveu contra a revolução e Hobbes, que previu os eventos revolucionários em sua terra, ambos tiveram medo, e investigaram as razões pelas quais os homens temem a natureza e os seus iguais. Ambos dedicaram sua vida ao estudo da guerra de todos contra todos. Suas doutrinas serviram aos senhores que aniquilaram milhões de almas, desde Napoleão até os militantes da suástica ou do Kmer vermelho.

Joseph De Maistre, indica Elias Canetti, possui força persuasiva imensa quando fala das guerras "providenciais" enviadas por Deus para castigo dos homens. Suas descrições dos conflitos armados são verdadeiras, apesar de ser o seu intento desiludir os que buscavam liberar o Estado moderno do jugo teológico-político.

Hobbes, situado na outra ponta do pensamento conservador, sem apelar para o divino na justificação do mando, também é admirado por Canetti, justo porque nele o poder aparece sem disfarces. Repito as suas próprias enunciações: Hobbes

> é o único pensador que não esconde com um véu o poder, sua importância e seu peso, sua posição no centro de todas as ações humanas; ele também não o glorifica. [...] Ele sabe o que é o medo; seus cálculos o exorcizam [...] Ela não subestima o peso do Estado. Rousseau, perto dele, é só um garoto falastrão. [...] Sua incredulidade religiosa foi uma oportunidade incompatível: as promessas baratas não tinham influência alguma sobre seu medo. Ele não explica sua aversão pelo grito das massas. Mas o nota. [...] Maquiavel, de quem muito se fala, é só uma de suas metades, sua metade clássica. O *Leviatã* é considerado uma "Bíblia ideal", na minha coleção de livros mais importantes, entre os quais, bem entendido, os livros de meus inimigos ocupam lugar de honra. Os livros de nossos inimigos agudizam nosso espírito, enquanto os outros o enfraquecem [...] Nem a *Política* de Aristóteles, nem o *Príncipe* de Maquiavel, nem muito menos *O Contrato Social* de Rousseau integram esta minha "*Bíblia*" [Canetti, 1978, pp. 153-155].

Perdoando a exigência de Canetti, pois ele pode escolher com severidade entre os autores a serem tidos como exemplares, digamos que sua tese sobre os escritos de nossos adversários que devem ser lidos é estratégica para quem deseja um regime democrático. Em meu pequeno *Conservadorismo Romântico* (Romano, 1981), discutindo o pensamento que ajudou a solidificar as tiranias modernas, com os sentimentos contra a ciência e a razão, eu advertia para a cegueira de se ler apenas os textos que confirmam o nosso modo de enxergar as coisas. Chega a ser cômica a atitude de professores e militantes, quando, em tom sectário, buscam preservar a virgindade ideológica de seus alunos ou companheiros, impedindo que eles consultem autores vistos como reacionários.

Permitam-me contar-lhes uma anedota verdadeira. Em certo campus paulista, uma aluna perguntou-me qual o conteúdo da disciplina a ser ministrada por mim. Respondi que iria analisar os escritos de Maquiavel. "Que bom!", disse ela. "Já estava cansada de Marx." Naqueles anos os professores freqüentavam muito Marx e pouco outros autores. A situação mudou. Hoje, os docentes evitam ensinar marxismo, fora de moda para os intelectos que medem os pensadores pelo metro do mercado financeiro ou político. Outra aluna, militante, protestou: "Num curso marxista, estuda-se Marx". "Errado", retruquei: "num curso marxista se imitaria Marx. Nele, seriam vistos Aristóteles, Hegel, Smith, Ricardo etc." Numa universidade pública, arrematei, todos os sistemas e pensamentos devem ser discutidos. Se a estudante imaginava ser "marxista" é porque já havia estudado os autores antes de cursar as disciplinas ensinadas no campus: ninguém opta por esta ou aquela filosofia sem acurado exame prévio. Neste caso, o currículo não seria essencial. Se desejava aprender marxismo, ela precisaria, antes, comunicar-se com os pensadores que definiram o campo teórico a partir do qual Marx refletiu. Para isso, bastaria conferir os subtítulos dos trabalhos de Marx: "crítica da economia política". "Crítica" é exame, seleção, partilha, análise.

Canetti explora o símile da guerra, estrangeira ou civil, em Hobbes e em De Maistre, indicando que os dois escritores constroem suas políticas para o controle dos homens. Escolho, nesta ocasião, outra imagem comum aos dois teóricos, a figura do estraçalhamento do corpo humano, algo a ser evitado, segundo Hobbes, mas servindo como advertência aos que acreditam na razão humana sem Deus, no entender de Joseph De Maistre.

Nas *Soirées de Saint-Petersbourg*, De Maistre desenha a figura do carrasco. Solitário, ele espera o instante em que um político torpe, de preferência ministro de Estado, venha exigir os seus serviços.

Ele parte, chega à praça pública coberta pela massa amontoada e palpitante. Jogam-lhe nas mãos um envenenador, um parricida, um sacrílego: ele o toma, o estende, liga-o numa cruz horizontal, levanta o braço: faz-se então um silêncio horripilante e ouve-se apenas o ruído dos ossos que se quebram sob a barra, e os hurros da vítima. Ele a livra, carrega-a para uma roda de suplício: os membros quebrados unem-se nos raios, a cabeça pende, os cabelos se eriçam e a sua boca, aberta como fornalha, só envia por intervalos uma pequena quantidade de palavras sangrentas implorando a morte. Ele acabou o serviço, o seu coração bate, mas de contentamento. Ninguém suplicia melhor do que eu. Ele desce, estende a mão suja de sangue, e a justiça joga nela algumas peças de ouro que ele carrega através de uma dupla fila de homens cujos corpos se afastam, horrorizados. Ele, senta-se à mesa e come. No leito, a seguir, ele dorme. Amanhã, despertado, sonha em outra coisa bem diferente do que realizou na véspera. É um homem? Sim, é recebido por Deus nos seus templos, onde recebe permissão para rezar. Ele não é criminoso, mas nenhuma língua se permite dizer que ele é virtuoso, honesto, estimável etc. Nenhum elogio moral lhe convém, pois todos supõem relações com os homens, e isto ele não possui [De Maistre, 1960, p. 40].

Quem vive numa situação dominada pela violência e na qual o linchamento é fato banal, saberá apreciar este retrato. Porque, em caso contrário, seria preciso que os próprios governantes, ou então os soldados, matassem pessoas no cotidiano. Ambos, carrasco e soldados, matam com licitude. Mas o primeiro é coberto de opróbrio, enquanto o segundo recebe glórias. Caso o soldado matasse como seu colega de profissão, ele seria visto com o mesmo horror e medo. O mando repousa sobre estes dois pilares mortíferos. O poder manifesta a vontade divina, para a qual a ordem e o bem não correspondem à nossa inteligência, aos nossos fins. O cadafalso é um altar, lemos no mesmo livro.

Não se deve emitir gracejos sobre essas descrições de J. De Maistre. Quem se lembra dos campos de concentração, onde carrascos-militares cumpriram burocraticamente seu ofício, sabe a que realidade terrível ele se refere. O poder, segundo essa vertente conservadora, se almeja evitar que toda a sociedade se estraçalhe – isso teria ocorrido durante o Terror jacobino –, deve estraçalhar, como se fosse a mão divina, homens inocentes ou culpados, pouco importa. Fundamental é a hierarquia e a ordem na sociedade, garantidas pelo Estado. Deste último não se espera "justiça" ou "bondade", mas que impeça o delírio filosófico dos democratas, cujos resultados teriam sido a indisciplina e o caos.

No outro lado temos Hobbes. Nele, também encontramos a figura do despedaçamento. O povo, lemos no capítulo 12 do rigoroso *De Cive*, faz como as filhas estultas de Eson. Estas últimas, aconselhadas por Medéia, cortaram seu pai em pedacinhos, colocando-o para cozinhar. Essa imagem exemplifica o pensamento conservador de Hobbes. A *res publica* é como o velho Eson. Se a massa a quer reformar, seguindo sofistas e demagogos, acaba estraçalhando o que era um todo adquirido de forma artificial pela ciência e pela técnica. A demagogia, desde os primeiros inícios do Estado antigo, diz Hobbes, sempre aproveitou a raiva dos pobres, dizendo-lhes que a culpa de sua miséria seria localizável nos governantes, e não em sua própria preguiça ou prodigalidade (Hobbes, 1982). É bem conhecido, continua Hobbes: quem imagina ter sobre suas costas os fardos da república, como os impostos, sem vantagens, inclina-se à sedição.

Além desta miséria material, existe a sede de honra, partilhada por todos os homens. A massa é tola. Disfarçados, em seu interior, os espertos e ambiciosos manipulam sua opinião auto-indulgente (a massa, na fala dos demagogos, nunca erra, sempre escolhe bem, é infalível, desde que apóie sua causa quando eles se candidatam aos cargos de mando) com os cantos de sereia, ou com a retórica de Medéia. Tudo vai mal? Então destruamos o Estado, para rejuvenescê-lo, nele introduzindo a justiça perfeita.

Não por acaso essas imagens do estraçalhamento, o carrasco e as filhas de Eson, aparecem nestes pensadores do conservantismo europeu moderno. Hobbes quis impedir que a *res publica* se esfacelasse, propondo uma doutrina em que o povo não conta. Como os pensadores clássicos do século XVII, ele opõe o povo ao vulgo. Esta distinção encontra-se mesmo em Hegel. Basta reler as considerações da *Filosofia do Direito* (Hegel, 1975, p. 318) sobre a opinião pública. É preciso, segundo Hobbes, produzir o Estado de maneira artificial, na qualidade de máquina que impede os homens de se entredevorarem na busca de riqueza e honra, ou nas chacinas efetivadas pelo gozo de mandar. O vulgo rebelde serve como instrumento monstruoso nas mãos dos que o enganam visando impor o mando de facções.

Joseph De Maistre escreve muito tempo após Hobbes. Quando a Revolução Francesa entrou em refluxo, seus escritos tornaram-se importantes na Europa. A força dos governantes deve ser absoluta, pensava De Maistre, porque ela tem como fonte a vontade divina. A força dos governantes deve ser absoluta, afirmara Hobbes, porque só os príncipes possuem soberania e saber para aplicá-la racionalmente. Entre essas duas fórmulas distintas, instalou-se o pensamento liberal e as representações democráticas que, nas Luzes, conheceram o seu apogeu. Também nelas definiu-se o ideal de cidadania democrática que hoje disputa, com o pensamento conservador, as preferências dos intelectuais e das massas.

A diferença entre Hobbes e a época das Luzes, esta última com suas esperanças pedagógicas – sua confiança na razão e na liberdade – pode ser notada na atitude de Diderot, o pai da *Enciclopédia*, diante da mesma fábula de Eson decepado por suas filhas. Em Hobbes, a história (que encontramos nas *Metamorfoses* de Ovídio, no livro 7) indicaria que o povo, com as filhas de Éson, destrói a república. Diderot enxerga no texto uma outra moral: o despedaçamento dá certo, Eson rejuvenesce. Em Hobbes, a saúde do corpo sociopolítico exclui o conflito e a idéia ou prática de um povo soberano. Depois do pacto, este é um conceito subversivo, pensa Hobbes, condenando a eloqüência, por ele definida como demagogia e sofística. Diderot exalta a oratória. Ela deslancharia a resistência legítima ao poderoso tirânico e arbitrário. A rebelião é recurso dos povos contra os soberanos que romperam o contrato social separando "os seus interesses pessoais do interesse da sociedade". Há um excelente trabalho sobre esses problemas, escrito por Gianluigi Goggi (cf. Goggi, 1985, p. 173).

As primeiras linhas da "Epístola Dedicatória", no *De cive*, mostram os cidadãos romanos como lobos vorazes que destroem os outros povos, vivendo, como os reis, de rapina. Diderot inverteu essa imagem, acompanhando o juízo de Catão repetido por Plutarco: *zôon ô basileus, sarcophagon estin*. Esta é uma referência clássica à face violenta do rei devorador de seu povo, na qual retoma-se o libelo de Aquiles contra Agamémnon. Como lembra Erasmo de Roterdam, essa frase pode aproximar-se daquela outra, escrita por Hesíodo, mencionando o rei como "devorador de presentes". O próprio Erasmo acentua: melhor seria dizer que o rei é devorador de tudo.

Todas essas inversões fazem lembrar que o século XVIII, leitor do pensamento greco-latino, soube apanhar, como Diderot e outros, a essência da teoria hobbesiana conservadora. Diderot inverteu o nome do verdadeiro estraçalhador da república. Não o povo, mas o governante tirânico é quem arrasa a vida estatal e societária. O direito à autoconsciência – mais tarde chamado "direito do cidadão" – sobrepõe-se, no século das Luzes, à *raison d'État*. Com o fim da Revolução Francesa, na Contra-Revolução romântica, exemplificada por De Maistre entre outros, volta o elogio do soberano contra o povo, proibindo o direito de crítica, de rebelião e de reforma do Estado "a partir de baixo".

Chegamos ao essencial na política conservadora. Hobbes ou De Maistre, com seus êmulos dos séculos XIX e XX, consideram que o povo não é soberano, ele apenas suporta a soberania. Basta ler o arquiconservador Donoso Cortés. Em sua lição de direito político (29 de novembro de 1836) aquele doutrinário afirma-se contra a soberania popular. "A soberania de direito", afirma ele,

é una e indivisível. Se ela é própria do homem, ela não pertence a Deus. Se está localizada na sociedade, não existe no céu. A soberania popular, pois, é ateísmo e se o ateísmo pode introduzir-se na filosofia sem transformar o mundo, ele não pode introduzir-se na sociedade sem feri-la com a paralisação e a morte. O soberano possui a onipotência social. Todos os direitos são seus, porque se houvesse um só direito que não estivesse nele, não seria onipotente e, não o sendo, não seria soberano. Pela mesma razão, todas as obrigações estão fora dele, porque, se ele tivesse alguma obrigação a cumprir, seria súdito. Soberano é o que manda [eu sublinho], súdito o que obedece. Soberano é o que tem direitos, súdito o que cumpre obrigações. Assim, o princípio da soberania popular é ateu e tirânico, porque onde há um súdito que não possui direitos e um soberano que não tem obrigações há tirania.

Sainte-Beuve diz, em algum lugar, que se retirarmos Deus de Pascal, teremos a doutrina hobbesiana inteira. Algo parecido ocorre com as relações entre Donoso Cortés e Hobbes. Na mesma lição citada, Donoso aponta o autor do *Leviatã* e do *De cive* como a grande muralha contra a doutrina da soberania popular. A soberania de direito divino conhecia, diz Cortés, alguns limites,

[...] mas a soberania definida por Hobbes nega toda limitação para si mesma. Segundo ele, Deus não existe e o povo, desde o instante em que abre mão de seus direitos, faz-se escravo. Inflexivelmente lógico, Hobbes nega ao povo o direito de resistência à opressão, mesmo a mais delirante e absurda (Cortés, 1970, pp. 342-347).

As massas, diz nosso doutrinário em outro lugar ("De la Monarquia Absoluta en España", 1838),

carecem de unidade, de previsão, de concerto, só a iminência do perigo pode obrigá-las a se reagrupar ao redor de uma bandeira. Quando passa o perigo, decai o entusiasmo, a unidade conjuntural formada pelo entusiasmo se atenua e se fraciona [...] Quando se extingue o entusiasmo, o povo deixa de ser uma realidade para ser apenas um nome sonoro. Na sociedade, então, só existem interesses que se combatem, princípios que lutam entre si, ambições que se excluem e individualidades que se chocam.

O povo é existência fugaz que não possui estabilidade, logo, não garante nenhuma soberania. Sem esta última, não existe poder (Soberano é o que manda, lembremos desta definição dada por Donoso, estratégica nas doutrinas sobre a soberania no século XX, especialmente nas jurisprudências próximas ao nazismo), sem poder, desaparecem os vínculos sociais. Para o pensamento conservador, a soberania popular é o perigo e o grande vício do liberalismo e das Luzes democráticas. "Povo" é nome enganador, quando posto na boca dos que nele depositam esperanças, afirma Donoso Cortés, em texto escrito entre 1851 e 1853 ("Despachos desde Paris").

"Em geral", declara Cortés, "os povos recusam o poder que lhes é pedido e confirmam o poder que lhes é tomado. O que sei é que para a França só existe salvação na ditadura. Nela, não há ditadura possível ou pelo menos provável, se não vem do povo e não se apóia no povo. Todo poder ditatorial ou real que só busque apoio nas classes acomodadas é um poder perdido". No autor do "Discurso sobre a Ditadura", não estranha encontrarmos, nesse pseudo-elogio do povo, a crítica mais virulenta ao Estado de direito moderno. Quem deseja pautar o poder por meio da Constituição é um fraco, perdido antes de sabê-lo. "O governo das classes vencidas é o constitucional, o das vencedoras foi, é, será perpetuamente a monarquia civil ou a ditadura militar. Nunca os povos obedeceram gostosamente alguém que não fosse um ditador ou rei absoluto."

"Soberano é o que manda." Na pena de Cortés, os democráticos e liberais são gente que discute sem decidir. Quando percebe essa indecisão perpétua, o povo joga-se nos braços dos poderosos, dos que são vencedores, fugindo dos vencidos. Esta forma de pensar une todos os reacionários do século anterior e do nosso tempo. Permitam-me citar um trecho de meu *Conservadorismo Romântico*, sobre este ponto. Segundo Novalis, há uma diferença radical entre monarca e súditos. O rei é verticalmente superior aos homens rasos. Enquanto todo cidadão é "um funcionário do Estado", o rei "não é um cidadão, logo, não é um funcionário. O sinal distintivo da monarquia é que ela repousa na crença em um homem superior [...] o rei é um homem erigido em fatalidade terrestre".

O rei é eleito por seu nascimento, não está restrito a nada que não seja a expressão direta de sua natureza. Contra os "infelizes filistinos" que, nas Assembléias francesas, quiseram impor uma Constituição ao rei, Novalis responde: "sou um homem profundamente antijurídico". Constituições escritas são artificiais, produzidas pela reunião, discussão e contrato entre inferiores (Romano, 1981, p. 152). A soberania popular é afastada também por De Bonald, outro pai do pensamento conservador moderno. "O direito do povo a governar a si próprio é um desafio contra toda verdade. A verdade é que o povo tem o direito de ser governado" (Godechot, 1961). Novalis disse a coisa com todas as letras, sem mascar as palavras, para usarmos a expressão francesa: "O povo é como uma criança, um problema individual, pedagógico". Esta sinceridade bruta ataca a essência das Luzes modernas, para as quais, seguindo I. Kant, a maioridade é nossa meta e labor.

Nesse plano, pode-se apontar um traço conservador fortíssimo no pensamento de Hegel, filósofo ora visto como liberal, ora como pai do totalitarismo. Hegel assumiu a mesma recusa dos conservadores diante da soberania popular, especialmente na *Filosofia do Direito* (Parágrafo 279, nota).

A soberania pertence ao Estado. O conceito de soberania popular só é concreto neste todo.

> Mas é opondo-a à soberania que reside no monarca que se colocou, em época recente, a falar de soberania popular. Vista nesta oposição, a dita soberania integra estes pensamentos confusos que têm por base uma representação grosseira do povo. Sem seu monarca e sem a organização que a ele se une necessária e imediatamente, o povo é a massa informe que não é mais um Estado [...] [Hegel, 1975, p. 259].

"Difficile est satiram non scribere." Com esta frase, Hans Kelsen termina suas considerações críticas ao redor de algumas posições jurídicas alemãs, em seu tempo (Kelsen, 1989, p. 469). A frase irônica, desferida principalmente contra Ebers, pode ser endereçada a todos os pensadores, de Joseph De Maistre a Carl Schmitt, contrários às Luzes e à razão científica no cuidado das coisas políticas e jurídicas. O pensamento que herdou os pressupostos do século XVIII liberal e democrático, bem como racionalista, busca, na trilha de Spinoza, a salvação da *res publica* no maior número de casos, deixando a exceção. Mesmo dessubstancializando o conceito de soberania, como em Kelsen, busca-se, nesta vertente, o que é normal afastando-se a patologia do poder.

A força do ataque conservador está justo em acentuar a patologia do mando e a exceção política. Como vimos, Hobbes, De Maistre e Donoso Cortés sublinham a doença do corpo social para garantir, de múltiplos modos, a ditadura permanente do governante sobre (e contra) os governados. Nessas águas banharam-se Augusto Comte e outros teóricos que viram na idéia de soberania popular apenas um resquício da idade metafísica, o século XVIII e a Revolução Francesa.

Edmund Burke enuncia o princípio de que o povo, a maioria, não é soberano, porque o governo difere de um problema aritmético. "Foi dito que 24 milhões devem prevalecer sobre 200 mil. Verdade, se a Constituição de um reino fosse um problema aritmético. [...] A vontade de muitos, e seu interesse, devem diferir com freqüência, e uma grande vontade será a diferença quando eles, os muitos, fazem uma escolha ruim" (Burke, 1976, p. 141).

Voltemos a De Maistre. Evitei, até agora, citar seu texto principal, o famoso *Du Pape*. Mas lembremos sua doutrina sobre a soberania, apresentada no Livro 2 daquela obra. Como seria previsível, De Maistre, o autor da imagem sobre o carrasco, começa seus considerandos pela justiça. O homem reto não teme o soberano, o celerado sempre o teme. Mesmo que o príncipe seja dissoluto, ele tem a virtude de garantir a aplicação geral da lei. Ao tratar a origem da soberania, vemos que nosso autor rompe com todas as idéias modernas do contrato, desde os juristas protestantes, como Althusius, até Rousseau.

> Sendo o homem necessariamente associado e necessariamente governado, sua vontade não conta para nada no estabelecimento do governo [eu sublinho]; pois, uma vez que os povos não têm escolha e que a soberania não resulta diretamente da natureza humana, os soberanos não existem pela graça dos povos, a soberania não sendo a resultante de sua vontade, tanto quanto a própria sociedade.

Não existe soberano sem povo, assevera De Maistre, nem povo sem soberano. Mas o povo tem dívidas para com o soberano, ele "deve-lhe a existência social e todos os bens que dela resultam. O príncipe só deve ao povo um brilho ilusório que nada possui em comum com a felicidade e que dela o exclui mesmo quase para sempre".

Inexiste soberania limitada, ou do povo. Existe soberania legítima ou não.

> Dirão alguns: a soberania na "Inglaterra é limitada". Nada é mais falso. Apenas a realeza é limitada naquela ilha célebre. Ora, a realeza não é toda a soberania, pelo menos teoricamente. Quando os três poderes, que, na Inglaterra, constituem a soberania, concordam, o que podem eles? É preciso responder, com Blackstone: TUDO. E o que se pode contra eles? NADA [maiúsculas do próprio De Maistre] [De Maistre, 1966, pp. 122-137].

Um continuador explícito de Joseph De Maistre, Augusto Comte dele retirou lições de soberania conservadora. O resultado principal é a proposta de uma ditadura positivista, sem a intervenção dos parlamentos, e a instauração de um poder espiritual, com presença de intelectuais, sacerdotes da Humanidade, dirigindo as consciências da massa. Nesse Estado, dasapareceria a noção de direito. "Todo direito humano é absurdo e imoral. Uma vez que não mais existem direitos divinos, esta noção deve apagar-se completamente" (Comte, 1966, pp. 237-238).

Ditadura por ditadura, cabe lembrar que Donoso Cortés já havia efetivado a "dedução" acima. O resultado é praticamente o mesmo, quem explica a operação é Carl Schmitt:

> Desde 1848 a doutrina do direito público tornou-se positiva escondendo nesta palavra o seu embaraço: ou funda todo poder, mediante as mais diversas reconstruções, sobre o "poder constituinte" do povo: isto é, no lugar da idéia monárquica de legitimidade entra a democrática. Neste ponto é incalculável na sua relevância o fato de que um dos maiores representantes do pensamento decisionista e filósofo do Estado católico, consciente de modo extremamente radical da essência metafísica de toda política, Donoso Cortés, diante da revolução de 1848, pudesse compreender que a época do realismo tivesse chegado ao fim. Não existe mais realismo, porque o rei não existe mais. Sequer existe uma legitimidade em sentido tradicional. Logo, só resta um resultado: a ditadura. É o mesmo resultado a que Hobbes chegou, procedendo na base da mesma conseqüência do pensamento decisionista, embora misturado com uma espécie de relativismo matemático. "Auctoritas, non veritas facit legem" [Schmitt, 1972, p. 73].

"Soberano é quem manda." Este mote, produzido por Donoso Cortés, aninha-se na frase de Carl Schmitt, citada em todos os discursos, velados ou explícitos, que adotam a ditadura como solução para os impasses da vida pública: "Soberano, é quem decide sobre o Estado de exceção". Este célebre "extremus necessitatus casus" tem sido bastante sublinhado na doutrina de Carl Schmitt (Lowith, 1991, p. 16). Não por acaso, no mesmo número da revista *Les temps modernes*, que publica o texto de Lowith, podemos ler a tradução de importante escrito de Carl Schmitt sobre o Estado na qualidade de mecanismo em Hobbes e Descartes. Esta é uma característica estratégica do pensamento conservador: ele sabe buscar suas fontes e seus inimigos, não raro editando seus textos. Isto ocorreu com F. Tönnies, o maior estudioso de Hobbes, e seu editor, que levou anos de engenho para escrever uma refutação monumental de sua visão mecânica e dessacralizada, o que foi aproveitado de Hobbes nas Luzes democráticas. Refiro-me, naturalmente, ao clássico da sociologia romântica, *Comunidade e Sociedade*.

Mas vejamos o que diz Carl Schmitt sobre o Estado hobbesiano. Em primeiro lugar, o banal: o Estado, na perspectiva de Hobbes, é *machina machinarum*, o primeiro produto da era técnica. Mas é algo que vem antes, nas considerações de Schmitt sobre Hobbes que mais nos interessa: "na condição civil, estatal, todos os cidadãos têm segurança de sua existência física. A tranqüilidade, a segurança, a ordem, reinam. Como sabemos, isto é uma definição da polícia. O Estado moderno e a polícia nasceram ao mesmo tempo e a instituição essencial deste Estado de Segurança é a polícia". O artigo de Schmitt é de 1937. Nessa época, as frases acima já apresentam ressonâncias terríveis para quem tivesse a ousadia de negar a legítima soberania do povo alemão e de seu Líder. É possível seguir este ponto num artigo também importante de André Doremus (Doremus, 1982, p. 585).

Em 1937 Schmitt publicou o trabalho nuclear para a compreensão do Estado totalitário, sendo este último termo de sua lavra na história da língua política. Refiro-me ao "Totaler Feind, totaler Krieg, totaler Staat", republicado em 1940. Em carta a Jean-Pierre Faye, escrita no dia 31 de agosto de 1963, Carl Schmitt indica sua atitude na época:

> Sob a impressão de uma dissolução [eu sublinho], irresistível das diferenças e dos limites tradicionais num direito dos povos, e da mesma dissolução das diferenças no terreno do direito constitucional e estatal (como Estado e Sociedade, Estado e economia, política e cultura etc.) surgiu a fórmula do Estado total, mas como pura análise da realidade e sem nenhum interesse ideológico [...] não orientada em sentido fascista.

Como diria Kelsen, difícil não satirizar... (Faye, 1974, pp. 61-62).

O que é "conservador"? O medo de que a população estrague a festa do poder, destruindo a segurança, a propriedade, os vínculos da tradição, as inovações técnicas que só beneficiam alguns. Trata-se de conservar o social e o Estado, produto histórico como nos românticos, engenho técnico como em Hobbes, mas sempre no horizonte do pavor e do medo, da guerra, do soldado, da polícia, do carrasco. Por isso a imagem do dilaceramento é, junto com o medo da subversão da ordem, onipresente nas falas conservadoras. Nelas acentua-se a harmonia como fim político, não importa o preço. Harmonia étnica, política, axiológica, econômica etc. Se tal concórdia implica em jogar nos porões da polícia este ou aquele inocente, se ela disfarça ódios arraigados, tudo isto importa pouco. Os caminhos da Providência são misteriosos. "Todos os conceitos mais importantes da moderna doutrina do Estado são conceitos teológicos secularizados [...] O Estado de exceção tem, para a jurisprudência, uma significação análoga à do milagre para a teologia" (Schmitt, 1972, p. 61).

Milagres custam muito. Eles repetem os planos da Providência, laica ou religiosa, com lógica infalível. Termino, lembrando dois fatos importantes, no meu entender. Primeiro, o renascimento do interesse pelo pensamento conservador, e a recusa do século XVIII, na Europa sobretudo, coincide com a retomada dos movimentos fascistas que já chegaram ao governo, por exemplo na Itália. Carl Schmitt recebe uma voga de interesse inusitado. É importante tomá-lo em consideração, com todos os doutrinários que lhe serviram de sustento, para entender um pouco a mente dos líderes e das massas que agora ativaram a caça aos judeus, aos árabes, aos negros, aos diferentes.

No Brasil, mais do que nunca, os frios cálculos burocráticos e administrativos unem-se ao carisma pré-fabricado ou efetivo, colocando massas nas mãos de indivíduos, a quem cabe decidir o destino de milhões. O Salvador político, com pirotecnia fabulosa, promete ao mesmo tempo segurança às massas e aos proprietários. Nessa conciliação de incompossíveis reside a força retórica do pensamento conservador: no seu Estado, pobres e ricos vivem na aparência em harmonia garantida pelo encanto dos chefes, mas na verdade provida pelo medo da solidão e da morte, do carrasco e da polícia, enquanto se espera o soldado. Nesse pânico cultivado com precisão científica pelas forças conservadoras, reside boa parte da angústia que antecede todo plano milagroso de salvação, contra, por exemplo, o processo inflacionário. Nele, também, mantém-se o fanatismo da adesão aos mesmos planos, produzidos *sine ira et studio* para engodo e para manter o mando em mãos definidas. Nele, brota o ódio que explode na massa quando os seus deuses da véspera se transformam em demônios da hora, como ocorreu com os ditadores fascistas e, numa escala mais branda, com nossos presidentes, de Vargas a Collor.

Enquanto durar este pêndulo, os intelectuais conservadores produzirão teorias que reduzem o povo ao papel de simples suporte, assistindo apenas à vida política, enquanto eles, os intelectuais, aderem sem vergonha aos donos do mando. Isso apenas contribui para o afrouxamento da ética, ensinando o povo a viver de expedientes, como os seus políticos vivem de golpes econômicos, políticos, publicitários, como seus intelectuais (não repetirei a fórmula batida, sobre "as exceções", se elas existem, são evidentes) sobrevivem parasitando os poderosos. No Estado assim constituído, a lei é afastada e dirigida contra os críticos e a oposição. O discurso conservador exige fé em Deus ou na República, mas foge das leis e de sua abrangência universal. Nele... o conceito de igualdade, como o de soberania popular, é "metafísico". A única lei universal, nesta terra onde as Luzes ainda não penetraram, pela educação e pela técnica, é a de Gerson, muito útil aos soldados que nos impuseram durante anos sua ditadura. Donoso Cortés, naqueles anos melancólicos, alegrou-se com certeza em seu túmulo, como lavou sua alma, contra a república democrática espanhola, no advento do Generalíssimo Franco.

Bibliografia

BURKE, E. (1976). *Reflections on the Revolution in France*. Middlesex, Penguin.
CANETTI, E. (1978). *Le territoire de l'homme*. Paris, Albin-Michel.
_____. (1986). *Massa e Poder*. Brasília, Ed.da UnB.
COMTE, A. (1966). *Catéchisme positiviste*. Paris, Garnier.
CORTÉS, D. (1970). *Obras Completas*. Madrid, Biblioteca de Autores Cristianos.
DE MAISTRE, J. (1966). *Du Pape*. Genève, Droz.
_____. (1960). *Les soirées de Saint-Petersbourg*. Paris, La Colombe.
DOREMUS, A. (1982). "Introduction à la pensée de Carl Schmitt". *Archives de Philosophie*, Paris, 45: 565-585.
FAYE, J. P. (1974). *Los lenguajes totalitarios*. Madrid, Taurus.
GODECHOT, J. (1961). *La contre-revolution*. Paris, PUF.

Goggi, G. (1985). "Diderot et Médée dépeçant le viel Eson". *Colloque International Diderot*, Paris, Aux Amateurs des Livres.
Hegel, G. W. F. (1975). *Principes de la philosophie du droit*. Paris, Vrin.
Hobbes, Th. (1982). *Le citoyen*. Paris, Flammarion.
Kelsen, H. (1989). *Il problema della sovranità*. Milano, Giufrè.
Lowith, K. (1991). "Le decisionisme – ocasionnel – de Carl Schmitt". *Les temps modernes*, Paris, 544, nov.
Romano, R. (1981). *Conservadorismo Romântico*. São Paulo, Brasiliense.
Schmitt, C. (1972). *Le Categorie del "Político"*. Bologna, Il Mulino.

10. O SUBLIME E O PROSAICO: REVOLUÇÃO CONTRA-REFORMA*

> *O livre espírito francês sempre lutou*
> *[...] com grandes homens, e não apenas*
> *com dogmas e sublimes monstros, como os*
> *espíritos livres de outros povos.*
>
> (NIETZSCHE, *Aurora*)

Escrevendo certa feita sobre o sentimento de entusiasmo, onipresente durante a Revolução Francesa, Germaine de Staël indicou o vínculo entre o conceito de sublime e a destruição produtiva suposta por ele. Vejamos:

a natureza física segue sua marcha invariável pela destruição dos indivíduos; o pensamento do homem assume um caráter sublime quando ele considera a si mesmo de um ponto de vista universal, ele serve, então, em silên-

---

* Texto apresentado originalmente como conferência no IX Encontro de História da Anpuh, São Paulo, set. 1988.

cio, aos triunfos da verdade, e a verdade, como a natureza, é uma força que só age por um desenvolvimento progressivo e regular[1].

Temos, nessas linhas, pontos essenciais para a caracterização do plano revolucionário: o lento caminho do mundo, passando pela corrosão dos indivíduos, a inexorável universalidade da consciência que reconcilia o homem consigo mesmo. A tese final trai uma lógica hostil à revolução. Só o passo evolutivo garante o verdadeiro.

O sublime, para a pensadora, adquire ao mesmo tempo o estatuto da quantidade e dinamismo. O homem, pelo pensar, eleva-se à maior amplitude – universal – e à força mais intensa, capaz de romper todos os obstáculos finitos. Urge, portanto, garantir um desenvolvimento "progressivo e regular", reformas em todos os âmbitos, escapando ao alarido revolucionário. O silêncio das melhorias impede os gritos revoltosos. Esta leitura justifica-se. Nas *Considérations sur la Révolution Française*, De Staël refere-se do seguinte modo à violência física como fonte do direito: "Todos os medíocres apelam gostosamente para as baionetas, pedindo-lhes socorro contra os argumentos da razão, a fim de agir através de algo tão maquinal quanto sua cabeça; mas os espíritos superiores, só desejando o desenvolvimento do pensar, sabem o quanto a guerra o obstaculiza"[2].

Alfinetada sutil em Napoleão, certamente, mas também nos que apelam para transformações violentas além das já praticadas – metodicamente – pela natureza. Note-se o campo semântico permanente: forças, desenvolvimentos, maquinário, artefatos guerreiros. Se a França tivesse visto a si mesma num espelho mágico, termina a escritora, observando sua perda da liberdade como resultado de suas vitórias, "ela teria tentado combater este impulso do sangue pelo das idéias, que é de uma ordem bem mais elevada"[3]. A Revolução, fato mecânico, desencadeou forças incontroláveis, que só puderam

---

1. Madame De Staël, *De l'Allemagne*, Paris, Didot, s.d., capítulo XI, p. 578.
2. Madame De Staël, *Considérations sur la Révolution Française*, J. Godechot (ed.), Paris, Tallandier, 1983.
3. *Idem*.

ser contidas pelo Corso, representante exato do mais temido pelos filósofos, a tirania.

A imagética física e mecânica opera em todos os momentos da narração apresentada por Staël. Quando descreve o "Governo chamado como o reino do terror", encontramos em sua pena a aplicação da lei mais nomeada no campo científico:

> Não se observou as comoções civis como pensador, quando não se sabe que a reação é igual à ação. Os furores das revoltas fornecem a medida dos vícios das instituições; [...] diz-se, hoje, que os franceses foram pervertidos pela Revolução. E de onde vinham os pendores desordenados que se desenvolveram violentamente nos primeiros anos revolucionários, a não ser de cem anos de superstição e arbítrio?[4]

Obsessiva tese do desenvolvimento natural dos povos que, ao encontrar obstáculo redobra sua força, tornando-se praticamente impossível de dirigir. O pior, para o silencioso reformista, é um Governo despótico, absoluto. Ele suscita o despotismo popular que tudo destrói.

> Há, numa Nação, certa massa de sentimentos [sempre o símile físico] que é preciso cuidar, como se tem o entusiasmo, que Montesquieu fosse uma força física. A República chama seu princípio; à monarquia, o seu; o próprio despotismo, quando ele é, como na Ásia, um dogma religioso, mantém-se por certas virtudes; mas uma constituição que põe a humilhação do soberano, ou a do povo, deve ser necessariamente derrubada por um ou por outro[5].

Liberdade e mundo físico correm paralelos. Embora em campos opostos, ambos podem ser apresentados como análogos por quem pretende pensar o social, assumindo as desejáveis reformas, contra a revolução catastrófica. Staël foi apenas um desses escritores que teorizaram o fenômeno revolucionário à luz do plano mecânico. Escutemos Hegel, sutil crítico da Revolução, amigo de melhorias graduais no Estado, introduzidas pelos funcionários sábios e bem-compostos, os representantes do Universal:

---

4. *Idem*, pp. 304-305.
5. *Idem, ibidem.*

É voltando-nos para a natureza física que poderemos melhor explicar o que é a liberdade volitiva. A liberdade, com efeito, é uma determinação fundamental do querer, como o peso é uma determinação fundamental dos corpos. Quando se diz que a matéria é pesada, poder-se-ia acreditar que tal predicado é contingente; ele não o é, entretanto, pois nada material é isento de peso. Ou melhor, a matéria é o próprio peso. O peso constitui os corpos, ele é o corpo. O mesmo ocorre com a liberdade e a prática, pois o que é livre é a vontade. Um querer não livre é uma palavra vazia e a liberdade só é feita enquanto vontade, sujeito[6].

Comparação perigosa. Bem sabemos o que dela fez o pensamento contra-revolucionário, sobretudo na pena de Augusto Comte. Este último deixou de encarar a analogia como analogia, e tomou a metáfora física ao pé da letra. Como diz o seu *Plano dos Trabalhos Científicos Necessários para Reorganizar a Sociedade* (1822): "não existe liberdade de consciência na astronomia, na física, na química, neste sentido que todos achariam absurdo não acreditar confiantemente nos princípios estabelecidos nestas ciências pelos homens competentes"[7].

Antes dele, outro contra-revolucionário definiu a questão em termos quase diretamente invertidos aos de Hegel: L. De Bonald.

> Em todos os tempos, o homem desejou colocar-se como legislador da sociedade religiosa e da sociedade política, e dar uma Constituição a uma e a outra: ora, creio ser possível demonstrar que o homem nem pode dar uma Constituição à sociedade religiosa ou política, NEM DAR PESO AOS CORPOS, OU EXTENSÃO À MATÉRIA, e que muito longe de constituir a sociedade, o homem, por sua intervenção, só pode impedir que a sociedade se constitua, ou melhor, falando mais exatamente, só pode retardar o sucesso dos esforços que ela faz para chegar à sua constituição natural[8].

Hegel é mais delicado na sua recusa da revolução. Em primeiro lugar ele jamais chega à grosseria de pôr a física como parâmetro para a racionalidade social. Como lembra

---

6. Hegel, "Princípios da Filosofia do Direito", em *Werke in zwanzig Bänden*, Frankfurt am Main, vol. 7, p. 46; trad. francês, R. Derathé, Paris, Vrin, 1975, p. 72.
7. A. Comte, *Écrits de jeunesse*, Paris, Mouton, 1970, p. 246.
8. De Bonald, *Théorie du pouvoir politique et religieux*, Paris, Union Générale d'Editions, 1966, p. 19.

sua longa nota na *Filosofia do Direito,* há duas formas de leis, as da natureza e as do direito. Nenhuma novidade, para os ouvidos acostumados à filosofia do Ocidente sobretudo a aristotélica, com sua divisão entre o que é segundo a convenção e o que segue a natureza no relacionamento político. As leis naturais, e aí começa o matiz novo e moderno de Hegel, "nunca são transgredidas [...] para saber o que é uma lei da natureza, precisamos conhecer a natureza, pois suas leis são isentas de erro e apenas nossas representações sobre elas podem ser falsas. A medida destas leis está fora de nós, nosso conhecimento nada acrescenta nelas, não as melhora. Só nosso conhecimento aumenta".

Quanto à experiência física, pois, Hegel poderia concordar com o positivista: a "crítica" é importante, o mundo não se transforma por nossa teoria ou vontade. A política, se fosse pensada nesse prisma, perderia todo o sentido. Inexiste, de fato e direito, revolução. Mas este é só um lado da vida humana, o teórico voltado para o externo ao sujeito humano. O que está fora de nós, o outro, pode ser captado pelo intelecto e razão, corrigindo *nossas imagens* inexatas sobre ele. No outro lado, o nosso, há certa semelhança entre o direito e a natureza. "Aprendemos, de fato, a conhecer as leis do direito, tal como elas são dadas. É mais ou menos deste modo que o cidadão, e o jurista que estuda as leis, se mantêm, eles também, ao que é dado."

Mas existe uma *diferença*, diz Hegel, entre a consideração do que é dado e o campo do direito. Nota-se que o filósofo emprega, aqui, um termo técnico grave da linguagem especulativa, trata-se de *Unterschied*, diferença essencial, e não mera diversidade, entre o físico (e o positivo no direito, o dado) e o jurídico.

Em que reside semelhante *diferença?* Nas leis do direito intervém o espírito de observação e a diversidade (*Verschiedenheit*) das leis nos faz atentos ao fato de que elas não são absolutas. Vejamos: entre a natureza e o direito, ocorre uma *diferença* absoluta. No interior do campo jurídico (cuja essência é a mesma) dão-se *diversidades*. São estas que despertam o espírito para que ele perceba a diferença entre leis naturais e jurídicas. As primeiras são dadas, imutáveis, só passíveis de serem colhidas corretamente pelo intelecto e razão, e incorretamente pelo nosso imaginário. As segundas, por sua vez, são postas pelo homem. Hegel faz aqui um jogo de palavras que frutificará na tradição dialética, mesmo a voltada contra ele, em Marx. O filósofo afirma que as leis do direito (*Rechtsgesetze*) são postas pelo sujeito. O jogo é entre *setzen* (o ato de pôr uma tese, por exemplo, um silogismo, do *modus ponens* lógico) e *Gesetz*, a lei. Contra Hegel, Marx dirá que os pensamentos humanos são o material vivo invertido (*umgesetzte*) e traduzido (*Übersetzte*) na cabeça do homem. Ou seja, para Hegel, o autor original das leis jurídicas é diretamente o homem, separado, por sua diferença, da natureza. Para Marx, o homem, imerso na vida material apenas traduz o seu próprio fundamento quando põe as leis naturais e jurídicas. Mas a "tradução" não é direta, puro reflexo, e sim complexa. Pelo menos, ela inverte a ordem frásica dos enunciados.

Voltemos a Hegel. Dada a diversidade legal, e visto que as leis são postas pelo sujeito, este, na sua convicção íntima pode entrar em colisão com essas leis, ou aderir a elas. O homem, na existência, não se limita ao que é *dado*, mas, pelo contrário, afirma ter em si mesmo a medida do justo.

Sem dúvida, ele pode submeter-se, por necessidade ou violência (*Gewalt*) à uma Autoridade exterior, mas isso não ocorre como no caso da natureza e sua necessidade, pois seu íntimo lhe diz sempre como as coisas devem ser, e é em si mesmo que ele encontra a confirmação ou crítica do que está em vigor.

Posta a colisão entre a fonte subjetiva do direito e as leis dadas, positivas, os homens sentem-se infelizes, insatisfeitos, desgostosos com o mundo humano, político. Surge a natureza, com suas leis imutáveis, como modelo sonhado de parâmetro para o direito. A natureza ofereceria, assim, remédios para a perpétua colisão político-legal. Busca-se, desse modo, escapar à diferença entre cultura e natureza, entre história e fundamento exterior dos atos humanos. Este caminho é recusado por Hegel.

Ao invés de fugir à contradição, é preciso conhecê-la, em todos os seus lados, com auxílio da força racional. E isto é urgente em nosso mundo, na contemporaneidade. Por quê?

Nos tempos antigos, as leis existentes eram objeto de um respeito e temor (*Achtung und Erfurcht*). Mas hoje, a cultura tomou uma aparência diferente e o pensamento deseja estar na ponta de tudo o que deve ter um valor. As teorias opõem-se ao que é dado na existência e querem aparecer como o que é verdadeiro e necessário em si e para si. Desse modo, hoje, a necessidade de conhecer e conceitualizar o jurídico tornou-se especial. Uma vez que o pensamento elevou-se à essência das coisas, também precisamos nos esforçar por compreender o direito como pensamento. Isto parece abrir a porta para as opiniões contingentes. Mas o pensamento verdadeiro não é a simples opinião sobre a coisa, ele é o conceito da própria coisa. O conceito da coisa não nos vem da Natureza. Cada homem possui dedos, e pode ter pincéis e cores: nem por isso será pintor. O mesmo dá-se com o pensamento: o pensamento do direito não é algo que se possua desde o início, mas o pensamento justo consiste em conhecer e discutir a própria coisa, só deste modo nosso conhecimento torna-se científico[9].

Retenhamos, nessa passagem, a diferença entre natureza e cultura, a diversidade cultural com suas colisões, o anseio por um modelo estável que libertaria o homem de suas infelicidades civis – a natureza, com suas leis imutáveis –, o respeito das leis positivas nos tempos antigos e sua crítica permanente pelo pensamento, nos tempos modernos. É significativo que Hegel, ao comparar a antigüidade legal com os dias recentes, aponte para o respeito e o temor do sujeito face ao estabelecido pelo costume. Estas atitudes, como veremos, residem, desde Longinus até Edmund Burke, passando por Kant, na essência mesma do sublime. No pretérito jurídico, sublime era obedecer à autoridade humana, externa à consciência e ao pensamento. Hoje, sublime é obedecer a lei, percebida cientificamente na sua essência, sem cair nas opiniões particulares ou públicas.

Achtung und Erfurcht, sentimentos que tornam o homem capaz de conviver na *pólis*, religiosamente. Para percebermos a extensão desta tese hegeliana, indiquemos as grandes linhas da concepção do sublime que a balizaram. Já no trata-

---

9. Hegel, em *op. cit.*, pp. 15-17; trad. franc., pp. 48-49.

do atribuído a Longinus (retórico grego, que teria vivido entre 213 e 273 AD), o *Do Sublime*, este não persuade, nem apraz, mas conduz ao êxtase, admiração. O sublime seria como "um raio". Com ele, nos *elevamos* de algum modo, como se tivéssemos produzido o que ouvíamos. Sublime, pois, é a "ressonância de uma grande alma" que reside na "faculdade de conceber pensamentos elevados"[10].

Na França, em 1710, Boileau acentua o caráter *indefinível* do sublime: "não é propriamente uma coisa que se prova e demonstra, mas um [...] maravilhoso que tolhe, que fere, e se faz sentir"[11]. Edmund Burke, o autor de um livro revolucionário contra a revolução, no entender de Novalis, apresenta o sublime como obra do espanto. Nele,

> o espírito é tão cheio por seu objeto que não pode admitir um outro, e nem, por conseguinte, raciocinar sobre o que o ocupa. Daí o grande poder do sublime [eu grifo], que, longe de resultar de nossos raciocínios, os antecipa, e nos tolhe com força irresistível.

No sublime, segundo Burke, a vista joga um papel estratégico. "Tudo o que é terrível para o olhar também é sublime." Não só o lado luminoso é sublime. Também a escuridão apresenta esta característica: nos governos despóticos, fundados sobre as paixões humanas, e principalmente sobre o medo, o chefe quase sempre é invisível para o povo.

Quanto a esse último tema, o da escuridão política, Burke cita Milton, sobre Lúcifer: "Black he stood as night". Nessa descrição, diz o autor, o poeta mostra um poder em que tudo é "sombrio, incerto, confuso, terrível, sublime no mais alto grau". Burke era suficientemente avisado sobre Milton, parte de sua própria cultura, para não saber o quanto, no poeta, latejava o sentido revolucionário. Lúcifer, em Milton citado por Burke, surge "from behind the Moon/ In dim eclipse disastrous twiligtht sheds/On half the nations; and with fear of change/Perplexes monarches"[12].

---

10. Cf. Ed. Burke, *Recherche philosophique sur l'origine de nos idées du sublime et du beau*, por E. Lagentie de Lavaisse, Paris, Vrin, 1973.
11. *Idem.*
12. *Idem.*

Claro, Burke, não é Shelley, para quem o diabo de Milton, como ser moral, é superior ao seu Deus. Mas sabe aquilatar a grandeza de sua revolta, respeitando-a. Sublime, conforme sublinhei acima na frase de Burke, liga-se ao *poder.* "Não conheço nada sublime que não seja modificação de potência. Este ramo procede tão naturalmente quanto os dois outros, do *terror*, fonte comum de todo sublime" (eu grifo).

A obscuridade é inimiga do belo. O sublime se cobre de sombras e trevas. E Burke cita novamente Milton, quando este descreve a viagem dos anjos caídos em sua terrível morada: "Over many a dark and dreary vale/They passed, and many a region dolorous;/Over many a frozen, many a fiery Alps; Rocks, caves, lakes, fens, dens and shades of death,/A universe of death"[13].

Em Milton, Lúcifer suscita um temor e respeito sublimes. No *Paraíso Perdido* seu deleite é jogar laços para os homens, enganando-os com a luz celeste, seu apanágio antes da Queda. Baldine Saint Girons acentua a polissemia de semelhante poema, sobre a palavra *delight*. A tentação vem como deleite e horror, por parte do homem. É um delírio (de *lacio*, laço), que envolve o sujeito humano, quando encontra-se diante do sublime. Por exemplo, Deus: *dark with excessive light thy skirts appear* (*Paraíso Perdido*, vol. III, p. 380)[14].

Exatamente este traço, o *deleite*, que joga com os opostos de luz e sombras, foi recolhido por Kant, nas *Considerações sobre Sentimento do Belo e do Sublime* (1764). "O aspecto de uma cadeia montanhosa, cujos picos nevados elevam-se acima das nuvens, a descrição de um ciclone ou a que faz Milton do reino infernal, nos dá um prazer misturado de espanto". Justo o termo utilizado por Burke: *delight.*

Na *Crítica da Faculdade de Julgar* (1790), o sublime é posto como uma "satisfação que jorra [...] no sentimento de uma parada momentânea das forças vitais, logo seguida por uma expansão mais intensa destas forças" (§ 23). Na sua experiên-

---

13. *Idem.*
14. *Idem.*

cia, somos atraídos pelo objeto, mas também expulsos por ele. Sublime, assinala Kant, é admiração ou respeito. O verdadeiro sublime foge às formas sensíveis, só é captado pelas Idéias, a razão. Ele é interior, portanto, ao homem. Lembremos a *diferença*, estabelecida por Hegel, entre natureza e cultura. No direito, plano espiritual, as leis impõem respeito e temor, quando são tomadas como positivas. Mas seu fundamento moderno é o pensar, a razão, atos dos sujeitos. As leis são sublimes, quando sua força faz tremer e temer. Elas são racionais, e modernas, quando fazem pensar.

A natureza, exterior ao sujeito por definição, não apresenta em si mesma o sublime. Este se caracteriza por um movimento do espírito livre, ligado à consideração do objeto, diz Kant. As leis do direito em Hegel só adquirem sua diferença face às naturais, quando surgem no homem o espírito de observação, e não o de identidade com as coisas. A natureza, em Kant, *suscita* a Idéia do sublime, mas esta se produz no espírito.

Kant apresenta o poder e a força, a grandeza, atribuídas pelo homem à natureza, como algo que suscita o sublime. "No caos ou desordem, em suas destruições mais selvagens e desregradas, a natureza suscita melhor as Idéias do sublime" (§23). Transposto para o plano político, revolucionário, veremos que este quadro de destruição e desordem também pode ser visto como "sublime".

Como pertence ao plano espiritual, às percepções da alma, o sublime pode caracterizar-se por duas formas de ver os objetos: a matemática e a dinâmica. É sublime, em termos matemáticos, o grande para além de toda comparação. Com ele, legamos sempre o sentimento de *respeito*, enquanto desprezamos o pequeno (§25). Se dizemos "grande", no sentido de sublime, não aceitamos comparação. Se passamos ao sublime dinâmico, nele vemos a natureza representada como suscitando *temor* (*Furcht*). Numa tempestade, enxergamos os rochedos batidos pela fúria dos ventos como ameaçadores. Mas se estamos em casa, seguros, o espetáculo atrai, e o chamamos sublime (§28). Hegel dizia que as leis antigas, positivas, na mais alta origem do homem, impunham atenção e temor. Tinham o estatuto de segunda natureza no reino do espírito.

Nelas, de algum modo, o homem estava fora de si mesmo. Elas eram sublimes.

Quando Kant fala, na *Crítica da Faculdade de Julgar*, em natureza, não devemos crer que ele retira o homem de seu plano. O estado de natureza, a luta de todos contra todos, também suscita admiração e temor: "a própria guerra", diz ele, no parágrafo 28,

quando conduzida com ordem e respeito sagrado dos direitos civis, tem algo de sublime em si mesma, e torna mais sublime a forma de pensar de um povo que se conduz deste modo [...] em troca, uma longa paz torna soberano o puro espírito mercantil, ao mesmo tempo que o baixo egoísmo, a covardia, a moleza, rebaixando assim a maneira de pensar de um povo.

O sublime matemático impõe o respeito, o dinâmico evoca as condições de produção natural e humana. O caos, a desordem, a guerra, podem ser orientadas pela razão, e sua fúria destruidora será, na sua própria negatividade, positiva. O sublime liga-se à idéia de força, poder, vida.

Hegel teorizou o sublime, acentuando as relações tensas entre seu aspecto matemático e o dinâmico. O sublime exprime o Absoluto no fenômeno finito. Exemplo: a eternidade. Sua representação torna-se sublime quando deve ser expressa de modo finito, temporal. O eterno, por definição, independe do tempo e do espaço, é uma Idéia da Razão. A distância entre o visado – a Idéia – e o dito, ou visto, ou ouvido, ou tocado, é infinita. Hegel exemplifica com Deus: "mil anos são para vós um dia"[15].

O sublime colore com tinturas finitas, naturais, algo que independe da natureza. Mas devemos perceber o outro lado: nele, é o próprio infinito que irrompe na história, na finitude, corroendo suas fronteiras aparentemente estáveis. O absoluto, o sem laços, é força infinita, poder. Seu relacionamento com a finitude pode ser *positivo ou negativo*. Qual o lado positivo? No sublime, percebe o homem o infinito, a Substância absoluta como o Todo, o Um, liberado de todas as particularidades (absoluto), mas irrompendo nos fenômenos deter-

---

15. Hegel, "Lições sobre a Estética", em *op. cit.*, vol. 13, p. 439.

minados, "como alma que os produz e vivifica". Ele é "afirmativamente presente". O sujeito humano, nesse aspecto positivo, quando percebe o infinito produtor, renuncia a si mesmo e "mergulha amorosamente nele, que é a essencialidade de todas as coisas".

Esse prisma *positivo* do sublime é identificado por Hegel na cultura indiana, no islamismo, e "de modo mais profundamente subjetivo, em algumas aparições da mística cristã". O Absoluto Um atrai para si todas as individualidades, que nele se *dissolvem*.

O lado negativo do sublime surge com a cultura hebraica. Nela, o Absoluto, o Um (a Substância) passa a ser sentido e pensado como Sujeito, como Senhor da criação. Tudo o que é finito surge, define-se apenas como um acidente de seu poder (*Macht*), pondo-se como negativo mesmo o que é mais esplêndido. O homem, nesta cultura, não encontra palavras adequadas e suficientes para exprimir o poder e a grandeza do Absoluto, o Altíssimo, e só pode chegar à uma satisfação, o positivo, com o servilismo da criatura. Esta, só no sentimento e na indignidade se considera adequada a si mesma, à sua própria significação.

A irrupção do infinito na finitude produz dois lados antitéticos na experiência humana. Como o absoluto com essa qualidade não pode ser aprisionado pelas imagens, no sublime ele aparece cindido. O positivo e o negativo só aparecem no plano imagético, no terreno das representações, onde podemos errar, e não da própria coisa, ou no conceito. "O sublime em geral é a tentativa de exprimir o infinito sem encontrar, no reino dos fenômenos, um objeto que se mostre adequado para esta apresentação (*Darstellung*)."

Na representação, no imaginário sobre o infinito, o sublime apresenta como *positivo* o poder criador do Absoluto. Como *negativo*, tem-se a purificação do fenômeno como particular inadequado à Substância. Nesta última o fenômeno desaparece.

O caminho da cultura é uma libertação do homem face à exterioridade natural, às suas leis imutáveis, às suas representações. A natureza, força fenomenal, sólida, passa a ser desgastada pela negatividade do pensamento, que possui o infinito como alvo e pressuposto. Este põe o natural como o seu negativo, algo que não tem sustento em si mesmo[16].

Vimos que a apresentação do infinito no finito dá-se na qualidade de *imagens*. Estas são, na História, ilustrações do Eterno. Para usar a terminologia de Gérard Lebrun, o tempo, no qual se manifesta o sublime, é "emblema de um explodir incessante, sintoma da inquietude de toda determinação sensível [...] o tempo é também o elemento negativo no mundo sensível".

Em Hegel, afirma Lebrun, o tempo exibe, de maneira niilista e até mesmo terrorista, a instabilidade de essência do finito. Mas ele é apenas a "apresentação" (*Darstellung*) exterior da negatividade. O Espírito, na qualidade de Eterno, "só se desenrola temporalmente por não se haver re-conquistado por completo"[17]. Como se faz ... que o verdadeiro eterno possa ter um modo de ser temporal sem desnaturar-se? Para esta pergunta, de fundo hegeliano, é preciso apontar para o pensamento dialético como "fantástica epifania de eternidade"[18]. Surge o problema central: como, após a neutralização do finito, pode Hegel ter elaborado o conceito de História? Lebrun apresenta a questão, não a responde. Minha intenção, neste texto, é modesta: indicar que entre a História e a noção de sublime existe um nexo bastante direto, justo no giro entre Absoluto, e o surgimento da positividade e da negatividade, no campo estrito do poder.

Chego enfim à temática que nos interessa imediatamente: o sublime e as imagens da Revolução. Primeiramente em Hegel. O sublime, vimos, surge na insuficiência, no sujeito, da passagem transparente do infinito ao finito. Com isso, a obscuridade forma o campo das imagens, em que o positivo (ou negativo) no mundo aparece invertido. A entrada do que é livre de laços, absoluto para dentro do tempo e espaço, é sofrida como violência destrutiva, a qual modifica tudo o que é anterior e abre caminho para o edifício novo do mundo, e da sociedade.

Para definir melhor o campo semântico, voltemos à noção do sublime, agora nas "Lições para a Filosofia da Reli-

---

16. *Idem*, p. 483.
17. Lebrun, *Passeios ao Léu*, Brasiliense, São Paulo, 1983, p. 28.
18. *Idem*, p. 29.

gião", de Hegel[19]. Quando analisa a fé judaica, por excelência o culto sublime, o filósofo diz que, nela, o mundo é posto pelo Espírito, é feito de seu Nada. "O negativo do mundo é o afirmativo o criador; nele, o nada é o natural." Deus, como construtor, é ele apenas o Ser, o positivo. "Mas ele é, ao mesmo tempo, o pôr de seu poder (*das Setzen seiner Macht*)." Mas o poder também é, ao mesmo tempo, relacionamento negativo para consigo mesmo, mediação em si mesmo do divino. A produção divina difere da humana. A segunda é exterior: "o sujeito, o primeiro, torna-se ativo e caminha para um outro, estabelecendo relações exteriores com o material".

A primeira é aquela na qual "Deus é o primeiro; sua produção é produção eterna, na qual ele não é resultado, mas o início". Ou então: "Deus está diante do mundo [...] como sua negação".

Na vida judaica, "o Ser do mundo é apenas o ser do poder, ou a efetividade positiva. A autonomia do mundo não é sua própria autonomia, mas a autonomia do poder". A identidade do poder divino consigo mesmo é o Nada de que foi feito o mundo [...] No bem, o mundo é apenas o que não é julgado em si mesmo. A justiça divina "é o momento de Negação, isto é, em que a nulidade se torna revelada". A relação universal deste nada, a relação de Deus com o mundo natural é a *sublimidade* (*Erhabenheit*). A sublimidade é o aparecer e manifestar divino no mundo. Deus surge como sublimidade que "nega a natureza inteira, a sujeita" na representação.

Essa atitude do homem diante de si mesmo, do mundo, do divino, na religião judaica, foi, segundo Hegel, invertida totalmente com o pensamento das Luzes, um pressuposto essencial da Revolução Francesa. Na forma religiosa, o mundo é desdivinizado em proveito de um só Deus. O homem leigo põe-se contra si mesmo, imagina-se como puro negativo diante de Deus, o Supremo Senhor, que nega seu mundo e, ao mesmo tempo, o produz, sendo, portanto, o único positivo. Ora, na filosofia francesa das Luzes, acaba-se com o estado de leigo, na política, na religião, na filosofia.

---

19. Hegel, "Lições para a Filosofia da Religião", em *op. cit.*, vol. 17, pp. 50 e ss.

A filosofia francesa é o conceito absoluto que se volta contra todo o reino "das representações estabelecidas, e dos pensamentos fixos, que destrói tudo o que é fixo e dá a si mesma a consciência de sua liberdade pura". A própria fé em Deus, e nas suas relações com o mundo, com seu governo, tudo isto não está fora (*ausser*) da consciência. Este absoluto, humano, fixa-se "como o movimento puramente negativo do conceito. O positivo, o simples, ou a essência, cai fora deste movimento. Não é deixado para ele nenhuma distinção, nenhum conteúdo, pois todo conteúdo desaparece naquela negatividade. Esta essência vazia é o pensamento puro [...] o conceito".

O intelecto se coloca contra toda autoridade externa. Na filosofia francesa das Luzes, só o negativo, pensa Hegel, "é interessante". Nela, admiramos a energia, "esta força assombrosa do conceito contra a existência, a fé, a autoridade consagrada por milênios. Deve-se notar o caráter do sentimento da mais profunda revolta (*Empörung*) contra todos os poderes fixos, que, para a consciência humana representam uma essência alheia".

Diante dessa negatividade destrutiva, Hegel indica o lado positivo da mesma filosofia francesa, a aspiração de conceber o absoluto como algo presente, unidade absoluta. É verdade: os franceses partem, em suas Constituições políticas, de abstrações, mas como pensamentos gerais que são o negativo face à efetividade. Com os franceses, a liberdade converte-se num estado universal, enreda-se com a história universal, e faz, com ela, uma época. "Os franceses lutam contra o conceito especulativo com o espírito (*Geist*), os alemães, com o intelecto (*Verstand*)."

O lado negativo da filosofia francesa explica-se, e se justifica, segundo Hegel, no campo religioso, devido à subsistência de uma religião fossilizada ("este aspecto positivo da religião, é o aspecto negativo da razão"). O mesmo, no campo do Estado: "O mais cego despotismo dos ministros e cortesãos, um exército numeroso de pequenos tiranos [...] para quem o poder divino significava as receitas do Estado e o suor do povo."

Agora, outro ponto essencial: os filósofos franceses, diz Hegel, não pensavam, sequer remotamente, em revolução

(*Revolution*), mas em melhorias, reformas no Estado (*Verbesserungen*). Este é o positivo de que falavam.

A causa da Revolução, portanto, segundo Hegel, foi a permanência dos preconceitos (*Vorurteile*), a soberba, a avareza, a carência absoluta de inteligência. Cabia ao governo, e não aos filósofos, implantar as reformas institucionais, e ele não soube fazê-lo. O lado positivo, construtivo, da filosofia francesa, deixa, segundo o escritor dialético, muito a desejar. Permanece em teses abstratas sobre o saber, e o mundo.

Resta que os filósofos puderam impor as bases da construção de um mundo novo, pela negação abstrata, contra as instituições existentes. Eles recolheram e ampliaram o legado moderno, o pensamento como base para o agir político. "O pensamento é a última ponta da interioridade. O homem não é livre se não pensa, pois ele está em relação com um outro." Mas na passagem revolucionária o pensamento falhou, no que se refere ao elemento construtor, positivo. Primeiro, no que se refere ao antigo governo: "as mudanças foram necessariamente violentas, porque a transformação (*Veränderung*) não foi empreendida pelo governo".

Contra todo um *status quo* iníquo e cheio de privilégios, dominado pelo catolicismo ("no catolicismo", diz Hegel, "o conceito de liberdade e razão nas leis não é considerado como obrigatório absolutamente"), de repente, o

pensamento, o conceito de direito fez-se valer de um só golpe, o velho edifício da *iniquidade* não pode resistir contra ele. No pensamento do direito, construiu-se portanto uma Constituição, tudo devendo doravante se basear sobre esta base. Desde que o sol encontra-se no firmamento e os planetas giram ao seu redor, não se tinha visto o homem colocar-se de ponta-cabeça, isto é, fundar a si mesmo na Idéia, e construir, tendo-a enquanto modelo, a efetividade. Anaxágoras foi o primeiro a considerar que o *Nus* governa o mundo. Mas é apenas agora que o homem chegou a reconhecer que o pensamento deve reger a vida espiritual. Aquele foi um magnífico alvorecer. Todos os seres pensantes celebraram esta época. *Uma emoção sublime reinou naquele tempo, o entusiasmo do espírito fez o mundo estremecer, como se apenas naquele instante se tivesse chegado à verdadeira reconciliação* (Versöhnung) *do divino com o mundo*[20].

20. *Idem*, vol. 12, p. 529.

Com o homem virado de ponta-cabeça, teríamos enfim a correta unidade entre o infinito e o finito. O elemento negativo poderia se tornar positivo. Não foi bem isso, entretanto, o que ocorreu, para Hegel. A Revolução Francesa, com efeito, é a realização *imediata* da liberdade absoluta. A grandeza coroa o projeto de instaurar o reino da liberdade absoluta; o seu fracasso sanciona o caráter de imediatez que se prende ao próprio projeto. Esta imediatez significa, segundo o ordenamento conceitual da dialética hegeliana, a determinação do em si abstrato, a marca do que permanece no estado de simples virtualidade ou promessa, e deve contar com o trabalho da mediação para atingir sua verdade concreta. A libertação, de absoluta, tal como pretendeu vivenciar a Revolução Francesa, é condenada a surgir na forma sublime e cruel do terrorismo do ideal abstrato[21].

No fenômeno revolucionário, a negatividade, volitiva e conceitual, dos cidadãos, "dissolve impiedosamente todas as estruturas sociais tradicionais". Ocorre uma oscilação permanente entre negativo e positivo, entre "anarquia e ditadura [...] a liberdade absoluta, porque abstrata, só pode ser uma atividade negativa, e porque recusa a objetivação, que condiciona a criação de instituições estáveis e ao ordenamento de um regime coerente, degrada-se em despotismo da liberdade, isto é, torna-se um cerimonial político da morte"[22].

Vale lembrar a tese de Mario Rossi (*Il Sistema Hegeliano dello Stato*), segundo o qual Hegel teria considerado a Revolução Francesa

não como um instante decisivo da história, que instaura uma nova realidade, mas como a subversão negativa de toda realidade subsistente. Nela, a própria positividade é apenas a positividade do negativo, supremo e titânico esforço "da vontade, isto é, do pensamento" para assimilar, negando-a, toda possível "substância" ou realidade [...] Hegel deu-se conta da dissolução do ordenamento corporativo *Ancien Régime*, e do isolamento atômico dos homens; é esta, para ele, aquela "liberdade absoluta" que, no *System der*

---

21. Cf. J. Granier, "Hegel el la Révolution Française", *Revue de métaphysique et de morale*, 85, 1º é année, n. 1, janv.-mars. 1980, p. 10.
22. *Idem*, p. 11.

Sittlichkeit, já era identificada com a criminalidade, com a delinqüência, com a rebelião individual contra toda forma de autoridade e lei[23].

Ao longo das considerações hegelianas, o sublime, como entrada imagética do infinito, do Absoluto, na história, define-se por um lado negativo que dissolve todas as relações estabelecidas anteriormente. Há o outro lado, o positivo, que ergue novos laços entre os homens, mais elevados e dignos de admiração e respeito. O sublime sempre é uma dissolução (*Auflösung*) e uma solução (*Lösung*) das colisões e barreiras do homem no mundo natural e político.

Vejamos o positivo, tal como o entende Hegel. O sujeito é diferente do mundo natural, e suas leis também o são. Para ele, o fundamento é a liberdade, o querer livre. Sujeito é idêntico à determinação para o agir, mover-se, ser ativo em geral. Mas, para efetivar-se desse modo, ele precisa de uma base positiva, um mundo circundante e sólido: cultura, ciência, religião, justiça, família, instituições. Todos estes lados, lemos nas "Lições sobre a Estética", são apenas formas, de um só e mesmo espírito e conteúdo que se explica e se efetiva nos sujeitos.

A concepção hegeliana do relacionamento entre indivíduos e todo social é de unidade e compenetração. O todo só é por meio do singular. E o singular só no universal encontra a base firme de sua realidade. Caso o indivíduo se apoie apenas em si mesmo, negando o universal, faz surgir o ideal. Este, por sua vez, começa a corrosão, a dissolução do Todo existente. O mundo ético, a reunião do universal, já se encontra elaborada (para o indivíduo), na forma de um ordenamento legal, necessidade exterior. O Estado já possui a força física e o constrangimento espiritual. A adesão à sua racionalidade objetiva pode ser uma submissão simples, ou pode nascer de um recolhimento livre e refletido.

De qualquer modo, no Estado maduro todo homem singular possui, no Todo, apenas uma parcela completamente determinada. No Estado, a dedicação ao Universal, e na so-

---

23. Cit. por Claudio Cesa, em *Hegel Filósofo Político*, Napoli, Guida, 1976, p. 60.

ciedade civil, a atividade produtiva, comercial etc. são divididas universalmente. O Estado não é negócio do indivíduo, nem repousa na força, coragem, audácia, inteligência dos singulares. Passemos à "Fenomenologia do Espírito". A batalha dos românticos, e das modernas subjetividades contra toda ordem estabelecida, a chamada luta do coração para o reconhecimento, porque essencialmente negativa, e centrada nos indivíduos, permanece no simples estado selvagem, mesmo no máximo refinamento moral, subjetivo.

A consciência, diz Hegel, que propõe a lei de seu próprio coração, experimenta uma resistência dos outros, pois essa lei singular contradiz as leis igualmente singulares de todos os corações. O universal está presente aqui, mas apenas como resistência universal, luta (*Bekampfund*) de todos contra todos, em que cada um procura fazer valer sua própria singularidade, sem consegui-lo, entretanto, porque essa singularidade experimenta a mesma resistência, e é *dissolvida*, por sua vez, pelas outras singularidades. Nesse Estado, em que cada um pretende assumir para si o monopólio do Sublime, pondo-se acima dos outros, e deles exigindo temor e respeito, o que parece ordem pública é hostilidade geral. Essa pseudo-ordem é a "corrida do mundo" (*Weltlauf*), aparência de um caminho regular e constante, mas que é apenas uma universalidade opinada e cujo conteúdo é o jogo vazio de essência: ele é a consolidação (*Festsezung*) das individualidades e de sua dissolução (*Auflösung*)[24].

Essa luta universal não é apenas romântica. Ela mostra o outro lado do culto ao indivíduo, o prosaico, que opera na sociedade civil burguesa. Na "Fenomenologia do Espírito", discutindo a obra de Diderot, *O Sobrinho de Remeau*, Hegel descreve a forma do ser moderno, e seu íntimo estraçalhamento. Nele, todos os elementos sólidos se dissolvem numa perversão generalizada.

Na vida moderna, enuncia o filósofo, "o Bem e o Mal, ou a consciência do bem e do mal, nobre e vil, são desprovidos de verdade, todos estes momentos se pervertem uns nos ou-

---

24. Hegel, "Fenomenologia do Espírito", em *op. cit.*, vol. 3, p. 311.

tros e cada um deles é o oposto de si mesmo". Este é o reino do "puro cultivo". Nele, o *espelhamento* rege os atos dos indivíduos e grupos. Todos os partícipes da experiência social se integram nela, de modo pervertido: "exercem um para o outro uma justiça universal; cada um tornou-se estranho a si mesmo, em si mesmo, enquanto se insinua em seu oposto, e o perverte do mesmo jeito".

O todo societário moderno, em que os indivíduos surgem e se integram, é

a unidade dos extremos absolutamente separados (*Getrennten*); este espírito é o seu meio-termo, que chega à existência através da efetividade livre destes extremos privados de si mesmo. Sua existência é o falar universal e o juízo dilacerante, em cuja luz se dissolvem (*auflösen*) todos estes momentos que devem valer como essências e membros efetivos do todo; um tal juízo é o jogo dissolvente (*auflösende Spiel*) que dissolve a si mesmo.

O filósofo, "bom" e simples, iluminista, que deseja "moralizar" esse mundo social perverso extraindo a violência, e a dominação astuciosa dos indivíduos, uns contra os outros, fica aquém dele. Sua crítica unilateral, "positiva", não o atinge. "Se a consciência simples reclama a dissolução (*Auflösung*) de todo este mundo perverso, ela não pode pedir ao indivíduo que o abandone, pois o próprio Diógenes, mesmo em seu tonel, é por ele condicionado [...]".

No social, alguns "acreditam" e são enganados, outros enganam. Mas alguns sabem-se enganadores e enganados. Estes são os homens e as mulheres com consciência dilacerada: sabem que a integração é feita pelo jogo dissolvente absoluto.

A consciência dilacerada, diz Hegel, consciente de seu próprio dilaceramento, ao exprimi-lo transforma-se

no riso irônico sobre a existência, como sobre a confusão do todo, e sobre si mesma; ela é, ao mesmo tempo, o eco deste barulho que nela se escuta. Ela é esta tola vaidade que ouve a si mesma. Ela é a reflexão redobrada do mundo real (*Realen Welt*) em si mesmo [...]. Ela é o Si (*Selbst*) que é para-si, que sabe julgar tudo, e parolar sobre tudo, mas que sabe ainda exprimir de um modo espirituoso, nas suas contradições, as essências sólidas de efetividade, como as determinações sólidas postas pelo juízo; esta contradição é sua verdade.

Quem possui consciência do mundo, tal como ele é, sofre. E faz sofrer. É um turbilhão (*Wirbel*) dissolvente que produz a si mesmo. O próprio mundo, nesta sua consciência,

> Ele tem, sobre si mesmo, o sentimento mais doloroso (*schmerfflichste Gefühl*) e o olhar mais verdadeiro – o sentimento de ser a dissolução (*Auflösung*) de tudo o que se consolida (*sich Befestigen*), de ser dilacerado através de todos os momentos de sua existência, fragmentado (*Zerschlagen*) em todos os seus ossos. Ele é, também, a linguagem deste sentimento e do discurso espirituoso (*geistreich Rede*) que julga todos os lados de sua condição.

No mundo assustador e sublime onde o Todo é temido e respeitado, todos se espreitam, destruindo laços estabelecidos. Liberdade absoluta, cujo resultado põe a sua própria negação. Todos são livres assim. Logo, ninguém pode ser livre. O terror conclui-se da faceta negativa, dissolvente do mundo burguês moderno, de que a Revolução foi imagem, ou melhor, símbolo.

A forma revolucionária é sublime, pois nela o terrível hipnotiza as massas e a cada homem. Trata-se de um instante destruidor em que reina o Nada primordial. Nela, a "liberdade – absoluta não pode produzir nem uma obra positiva, nem um ato positivo; só lhe resta a operação *negativa*, apenas a fúria da destruição". Só fica, pois, a morte, ou, mais exatamente, uma determinada morte que não possui nenhuma importância interior, "nada realiza pois o que é negado é o ponto vazio de conteúdo, o ponto do Si absolutamente livre".

A Revolução, na filosofia de Hegel, apresenta-se como perfeito corolário da vida humana. Nesta, já o primeiro passo do homem, na qualidade de homem, surge como morte dirigida contra o outro, para afirmar a própria vida. O conceito mesmo de "homem" o diz: ele é "o ser negativo que só é na medida em que suprime o Ser"[25].

Tomemos o nome obsessivo com que Hegel descreve as relações burguesas, na política moderna, revolucionária. *Dissolução*. Ele foi apropriado, a partir de Kant, passando por Schelling, para a química contemporânea. Na *Filosofia Real*, Hegel define o próprio elemento químico, quando unido ao

---

25. *Idem, ibidem.*

calor. "A matéria calórica é existência, possibilidade de difundir-se perfeitamente; os elementos já estão perfeitamente *dissolvidos*, carecem entre si de massa, de existência [...] Trata-se da matéria, dissolvida por si mesma [...] que existe enquanto dissolução"[26].

Note-se que o passo anterior, no mesmo trecho, é dado pelos sólidos, que se formam e dissolvem, cristalizando-se ou se expandindo, no calor ou no frio. O conceito de *fluidez* é estratégico neste *processo*. Poesia ou química? Isto é o que o leitor de nossos dias se interroga, quando lê nas frases de Hegel o tratamento do mais sublime símbolo da Revolução Francesa, o das Luzes. O que é a luz? Resposta hegeliana, ainda no plano das ciências naturais: "é a pura unidade, raio puro, alma do ser-em-si, matéria química toda vez que a massa foi totalmente dissolvida neste raio. Esta matéria química se acha posta, assim, como carbono, pois é nesta absoluta singularidade. O cristal, abarcando a dissolução sob este puro e transparente ser de si mesmo, apagou sua dissolução, sua brandura, é absolutamente duro e frio".

As Luzes, diríamos nós, dissolvendo a massa dos sólidos relacionamentos do *Ancien Régime*, transmutam-se em duro cristal frio. Não exagero a comparação do mundo físico-químico com o social e o político e revolucionário. Todos conhecemos a famosa frase de Saint-Just: "la Révolution est glacéc", nos instantes que antecedem a *reação* termidoriana. Escutemos um comentador:

Termo-dinâmica: o movimento pelo calor. Bastam duas fontes, uma quente, de um lado, outra fria, de outro, num sistema fechado. Se fazemos o movimento no sentido quente-frio, teremos o calor que se transforma em trabalho, em potência motriz. Saint-Just nos indica bastante claramente que é de um tal sistema que se trata, na sua famosa frase: "A Revolução gelou" [...] isto descreve a transformação do calor insurrecional em potência motriz e trabalho utilizáveis [...] O terror nada mais é, deste ponto de vista, do que o modo de transformar mecanicamente os calores populares em trabalhos de governo[27].

26. Hegel, *Filosofia Real*, Ed. Fondo de Cultura Economica, por J. M. Ripalda, Mexico, 1984.
27. Cf. L. Dispot, *La machine à la terreur, Révolution Française et terrorisme*, Paris, Crasset, 1878.

Ao deixar as metáforas minerais, químico-físicas, Hegel continua empregando o termo *dissolução* no plano orgânico, animal. O sangue, neste último, "é a simples dissolução, que não apenas contém tudo, mas que é calor, unidade de si e da figura, o *devorar-se* a si mesmo. Assim, o organismo está tenso como indivíduo inteiro frente ao exterior, tem fome e sede. É um todo que devora a si mesmo, assim é *sentimento de sua negatividade*" (*Filosofia Real*, *op. cit.*, p. 136).

A ponta extrema dessa voragem é a voz, para "um ouvido ativo todo animal apresenta uma voz quando morre violentamente, expressa a si como abolido (os pássaros têm canto, enquanto os outros dele carecem, porque os pássaros pertencem ao elemento aéreo; a voz articulada representa um eu mais desenvolvido)" (*idem*, p. 140).

Fizemos apenas uma rápida inspeção nesta delirante escalada de horrores, que vai do químico ao espiritual, passando pelo termodinâmico. Toda uma tecnologia da morte se esboça na descrição voluntária que define as bases para o surgimento do homem. O ente humano partilha a negatividade, onipresente no mundo, verdadeira guerra fundada ontologicamente: "a pele é *arma* exterior, o osso, a interior; os lábios recebem, mas não beijam apenas: eles se tornam uma presa com os dentes" (*idem*, p. 140). Captamos, pois, o sentido real de negativo, morte, dissolução, nas páginas anteriores.

Trata-se de uma fenomenologia apavorante da consciência revolucionária burguesa. O trabalho do negativo, que vem diretamente da divindade judaica, a qual produz o mundo do Nada, continua na matéria e recebe sua apoteose no homem. A Revolução Francesa é *sublime* porque se funda no puro nada, o pensamento: corrosivo, dissolvente, destruidor. Nada é positivo, sem passar pelo negativo, nada é sólido, sem dissolver, nada é, sem o nada. Esta base filosófica é suposta por Marx quando apresenta o inferno tecnológico engendrado pela burguesia.

Lembremos o *Manifesto Comunista*:

a burguesia desempenhou na história um papel eminentemente revolucionário. Em toda parte onde chegou a dominar, ela *destruiu todas* as condições feudais, patriarcais, idílicas. *Impiedosa,* ela rasgou os elos multicoloridos da feudalidade, que uniam o homem ao seu superior natural, para só deixar subsistir entre homem e homem a ligação de interesse nu, o frio "pagamento, à vista" [...] Ela dissolveu a dignidade da pessoa no valor de troca [...] Todas as relações sociais sólidas enferrujadas, com seu cortejo de idéias e opiniões admitidas e veneradas, se dissolvem (*Alie festen* [...] *Verhältnisse* [...] *werden aufgelöst*); as que substituem, envelhecem antes mesmo de esclerosar.

Tudo que era estabelecido e estável evapora, *tudo o que era sagrado* (*Heilige*) *se profana*. Os homens são, finalmente, forçados a considerar com um olho desiludido o lugar que eles ocupam na vida, e nas suas mútuas relações.

Às metáforas químicas unem-se as orgânicas, a dissolução antecipa a esclerose. Perde-se o sentido da Sublime sacralidade. O desencanto frio é o que resta. Marx aplica essa universal corrosão à sociedade burguesa, sua forma de inovar perpetuamente, dissolvendo o corpo dos trabalhadores em primeiríssima instância. A sociedade burguesa exige "a mudança do trabalho, o fluxo das funções, a mobilidade universal do trabalhador. Ela reproduz, de outro lado, a antiga divisão do trabalho com suas particularidades ossificadas. Esta contradição absoluta impede todo repouso, solidez (*Festigkeit*), segurança (*Sicherheit*) nas situações vivas do trabalhador".

É certo que Marx pensa, como Hegel, que a solução (*Lösung*) está na própria dissolução (*Auflösung*). Quanto mais a burguesia estilhaça o trabalhador, em seu "sangue, músculo, ossos", mais ela precisa liberar conhecimento e técnicas para o indivíduo:

sim, a grande indústria obriga a morte a substituir o indivíduo fragmentado (*Teilindividuum*), o mero portador de uma função produtiva de detalhe, pelo indivíduo desenvolvido que saiba cumprir funções sociais, diversificadas, do trabalho, e lhe impulsione a diversificação de suas capacidades naturais ou adquiridas.

Lucidez extrema na descrição do processo dissolvente. Confiança problemática no caráter "educador" e libertário da grande indústria. A técnica anuncia a essência humana, com solução e dissolução. Claro, a humanidade, nesta perspectiva, não se coloca problemas irresolúveis... Na dialética, o puro negativo exige sua contrapartida, o positivo. E vice-versa. Importa notar que este processo é o de esmagar a corporeidade viva e a alma dos submetidos. A dor dilacera. Estamos longe dos alegres passeios de um pós-moderno sobre o pós-revolucionário, da fórmula leve e total: tudo o *que é sólido desmancha no ar.*

Tomemos as conclusões de *Maquinaria e Grande Indústria*: na agricultura, e nas fábricas, a transformação capitalista do processo produtivo aparece como

> um *martirológio* para o produtor; o instrumento de trabalho aparece enquanto meio de escravizar, explorar, empobrecer o trabalhador; a combinação social do processo de trabalho aparece como uma supressão organizada de sua vitalidade individual, liberdade, autonomia. [...] Na agricultura moderna, como na indústria urbana, o aumento de produtividade e mobilidade do trabalho é conseguida às custas de devastar, debilitando, a própria força de trabalho. Além do mais, todo progresso na agricultura capitalista consiste na arte, não só de roubar o trabalhador, mas também o solo.

Bem pouco beata, pois, a consideração marxista sobre a "civilizadora" técnica burguesa.

"A Idéia fundamental do sublime é a luta; é a idéia de força livre e inteligente lutando contra os obstáculos que entravam seu desenvolvimento (*Jouffroy*)". Seguimos, desde o início, uma trilha para perceber a marca negativa colocada sobre a Revolução, por meio de seu caráter *sublime*. Vimos que Hegel faz o seu elogio. Mas ele permanece unilateral, na medida em que acentua o prisma destruidor do pensamento presente na vontade de instaurar a liberdade absoluta. Não é segredo a prevenção hegeliana contra o radicalismo teórico e prático. Sabe-se bem que, comentando as reformas eleitorais inglesas, em 1831, ele exorciza a onda revolucionária, a partir da Revolução de Julho, na França, e da revolução belga de 1830. O último parágrafo daquele artigo, aliás, censurado pelo governo prussiano, é eloqüente: uma oposição inglesa, perdendo o pé no Parlamento, seria tentada a haurir forças do Povo, produzindo, "em vez de uma reforma, uma revolução".

Apresentei amplamente esses traços contra-revolucionários em Hegel, não por considerar aquele pensador como o filósofo mais conservador de seu tempo. Nele temos postos, sistematicamente, todos os elementos da ideologia reacionária, unidos de forma lógica exemplar. Da idéia do sublime religioso, ao sublime político, da sua necessária produção imagética, uma vez que o sublime surge no choque de infinito com finito, dos lados positivos com os negativos da própria imagem, passamos a considerar a acentuação do fenômeno revolucionário como basicamente negador. O selo de Lúcifer define a Revolução Moderna.

Contra-Revolução

O sublime, eu indiquei, surge na passagem do infinito-divino, pensamento, ao finito, adquirindo o estatuto de imagem, em que os lados invertidos se destacam como positivo e negativo. Sua irrupção destrói, dissolve a firmeza aparente de sentimentos, razões, instituições políticas e sociais. Quando Hegel enxerga na Revolução Francesa o sublime, leva em conta outro lado deste último fenômeno, o fato de ele poder ser definido matemática ou dinamicamente. No primeiro prisma, nenhum evento pode ser dito maior que o revolucionário. No segundo, ele impôs termos e admirações por sua força destrutiva, idêntica às idéias. Confirmando a sentença de Anaxágoras, a Razão passou a dirigir o mundo, os homens inverteram sua atitude, ficando de ponta-cabeça. Pela primeira vez na história, a Constituição e o direito público seriam construídos sistematicamente pelo engenho humano, segundo os parâmetros da filosofia.

Hegel não foi o único, pelo contrário, entre os pensadores da época, cuja reverência face à Revolução transformou-se em prudente rompimento. Continuou admirando a obra dos franceses, mas como instante sublime, que exigiria uma síntese superior. O negativo, dissolução absoluta, quando chega ao seu máximo limite, a morte de todos, passa ao positivo, ancorando-se a efetividade em outro terreno, outras bases. A Revolução Francesa, e o intelecto crítico que a definiu, atinge, com o Termidor, a idade racional. Com o Corso, começa uma época nova, novas instituições surgem antes de outras guerras.

É preciso, rapidamente, lembrar a vista hegeliana do absoluto. Nela, o teórico, aquele que vê, percebe os dois lados do fenômeno, o negativo e o positivo, bem como sua passagem a um momento superior, que resolve a sua contradição, instaurando uma transparência maior. Após a negatividade crítica, definida com o espanto sublime no Terror, chegará o momento positivo. Para dizê-lo, por meio de um analista nosso contemporâneo, em Hegel a "*negação* eficaz, na história, é a negação interior, dialética, que se ultrapassa em sua própria negação, a negação da negação"[28].

A negação da negação é posição de uma *tese* nova. A partir daí o pensamento dialético assume sua própria recusa ao introduzir na lógica o lado positivo, fazendo triagens para encontrar uma política "sadia", para fugir à destruição dissolvente do movimento revolucionário, principalmente no aspecto da opinião subjetiva, individual. As conseqüências dessa positivação foram graves, como sabemos, no marxismo, sobretudo a partir de Engels.

O assim chamado "segundo violino" não gostava muito da pura crítica dissolvente. "Há uma negação má, estéril [...] puramente subjetiva, individual, que não é um estágio do desenvolvimento da própria coisa, mas opinião introduzida do exterior. E como dela nada pode resultar, o que nega é obrigado a se encontrar em desacordo com o mundo, denegrir raivosamente tudo o que se mantém sólido, e ocorreu todo o desenvolvimento da história" (*Anti-Düring*).

Sabemos até onde chegou esse culto do positivo na pena de Engels e de seus sucessores realistas, demasiado realistas, no plano dialético:

> Sem escravidão, não haveria Estado grego, arte e ciência gregas; não haveria Império romano. Ora, sem a base do helenismo e do Império romano, não haveria também Europa moderna. Não deveríamos esquecer nunca que toda nossa evolução econômica, política, intelectual tem como pressuposto um Estado no qual a escravidão era tão necessária quanto geralmente admitida. Neste sentido, temos o direito de dizer: sem escravidão antiga, não haveria socialismo moderno. A introdução do escravismo, nas circunstâncias da época, era um progresso (*Anti-Düring*).

Como comenta Jacques D'Hondt: "os pecados pretéritos são, deste modo, absolvidos à maneira hegeliana, negados em

---

28. Cf. J. D'Hondt, *De Hegel a Marx*, Paris, PUF, 1972, pp. 154 e ss.

sua própria qualidade de pecados. O aspecto negativo das realizações humanas tem tendência a se evaporar, em proveito do ganho positivo que elas permitiram obter"[29].

Diante de semelhante "lógica", podemos lembrar a ironia de Nietzsche: "Olhai os joelhos dos hegelianos, esfolados de tanto reverenciar a necessidade histórica". Hegel dizia: "a crítica pode ser bem fundada, mas é muito mais fácil descobrir o que falta do que descobrir o substancial [...] dando-se um grande ar, acima das coisas, sem ter nela penetrado, isto é, sem haver compreendido em si mesma, nem ao que ela contém de positivo" (cit. por J. D'Hondt).

A desconfiança na crítica e no poder corrosivo que ela efetiva atinge o máximo com os pensadores explicitamente contrários à Revolução. Mesmo eles percebem aquele fenômeno político pelo prisma do sublime e do infinito divino. Ouçamos Joseph De Maistre:

> o que mais espanta na Revolução Francesa é esta força arrasadora que curva todos os obstáculos. Seu turbilhão carrega como se fosse uma leve palha tudo o que a força humana soube lhe opor: ninguém, impunemente, contrariou sua caminhada [...] Com razão se diz que ela segue sozinha. Esta frase significa que nunca a Divindade tinha se mostrado de um modo tão claro em nenhum acontecimento humano[30].

De Maistre também utiliza o imaginário mecânico, universalizado pelas Luzes, contra os pressupostos iluministas: com a Revolução, destruiu-se o fundamento de todo o governo. Ora, igual "a reação, os males atuais anunciam uma *contra-revolução*". E o escritor toca num ponto conhecido: "se não ocorre uma revolução moral na Europa, se o espírito religioso não é reforçado nesta parte do mundo, as ligações sociais serão dissolvidas". Mas, em suma, a Revolução Francesa é "um dos espetáculos mais espantosos que o olho humano jamais contemplou".

O importante é a imagem sublime, e luciferina, apresentada por De Maistre sobre a Revolução, seu poder negativo,

---

29. *Idem, ibidem.*

30. De Maistre, *Considerações sobre a França*, Paris, Garnier (Les classiques de la politique), 1980.

destruidor: "para fazer a Revolução Francesa, foi preciso derrubar a religião, ultrajar a moral, violar todas as propriedades, cometer todos os crimes: para esta obra diabólica, foi preciso empregar um sem número de homens viciosos".

Dirigindo-se aos franceses, exclama De Maistre:

> não nos faleis das dificuldades e tristezas que vos alarmam, sobre as conseqüências do que chamais contra-revolução; porque não seríeis feridos pelas ruínas do edifício que vós mesmos derrubastes sobre vós? A reconstrução é uma outra ordem das coisas; entrai na via que pode vos conduzir até lá. Não é pelo caminho do Nada que chegareis à criação.

Falando sobre a Convenção Nacional, De Maistre, seguindo o exemplo de Burke, cita Milton, e Tasso, para evidenciar o espanto e medo sublimes que a negação da ordem racional teriam suscitado, no fato revolucionário:

> Quando assisto pelo pensamento a época de sua reunião [da Convenção] sinto-me transportado, como o Bardo sublime da Inglaterra, para um mundo intelectual; vejo o inimigo do gênero humano [...] convocando todos os maus espíritos neste novo *Pandoemoniun*; ouço distintamente *il rauco suon delle tartare trombe*; vejo todos os vícios da França, acorrer ao apelo, e não sei se escrevo uma alegoria.

Donoso Cortés serve para terminarmos nossa lembrança sobre o vínculo entre Revolução, sublime, e contra-revolução. Este escritor, na juventude, chegou a admirar o fato revolucionário: "a Revolução Francesa", diz um seu texto, *A Lei Eleitoral* (1835), "condenou à morte todas as instituições absurdas, demoliu os frágeis cimentos de todos os poderes usurpados [...] saudemos seus mártires, gênios dessa revolução magnífica".

Não apenas grande, mas sublime: "sua sublimidade e magnificência não consistem tanto em ter vencido, mas em saber abdicar, fazendo a vitória fecunda, acabando com todos os dogmas reacionários, e sendo causa do rápido desenvolvimento do único princípio legítimo que se destina, pela Providência, a dominar nas sociedades" (*Lições Sobre o Direito Político*)[31].

---

31. Donoso Cortés, *Obras Completas*, BAC, 1970.

O Donoso Cortés posterior, contra-revolucionário, ainda imagina a revolução no âmbito do sublime, como em 1847, escrevendo sobre Pio IX:

> Não erram os que acreditam que a Revolução foi um ato dos espíritos infernais desencadeados pelo mundo; mas também não erraram os que acreditam que eles não saíram de suas prisões para conturbar a terra, a não ser com autorização muito elevada. A Revolução foi uma obra do inferno, permitida por Deus; uma obra ao mesmo tempo infernal e divina. Infernais, os seus meios e agentes; divinos, seus resultados e fins.

Em 10 de outubro de 1789, Edmund Burke já imaginava a Revolução na forma que ela assumiu nas mentes de todos os conservadores, religiosos ou não, até hoje: "O portentoso Estado da França – onde os elementos que compõem a Sociedade humana parecem dissolvidos, e se produziu um mundo de monstros em seu lugar [...]".

Finalizando, resta refletir sobre o peso das metáforas mecânicas em todas essas representações sobre a revolução. Assim como ela teria finalizado o saber físico-matemático, levando-o a uma forma absurda, na política seus adversários a descreveram como presa de suas próprias representações, ou seja, presas ao mecanicismo absoluto. Este seria uma variante da grande doença que atacou o fundamento da sociedade, dissolvendo seus elementos.

Imagens físicas, químicas, mecânicas, passam, então, a compartilhar espaço nos escritos conservadores, e revolucionários, com figurações orgânicas, num reordenamento de representações cujas conseqüências ainda sentimos. O inimigo da Ordem deixa de ser o diabólico e sublime senso crítico. Passa a ser visto exatamente como monstro adoecido e que ameaça a saúde do Todo social. O revolucionário continua como símbolo do Inferno, para os realistas e os reacionários. Como sempre, os dois últimos acabam unindo-se. Afinal, pensam eles, o Apocalipse nunca deve ser agora. Enganar-se-iam?

11. IGREJA DOMESTICADORA DE MASSAS?

> *[...] falsos apóstolos, obreiros fraudulentos, transformando-se em apóstolos de Cristo.*
>
> (2 Coríntios, 11, 13-15)

I

Uma análise sobre a Igreja e os direitos humanos é tarefa árdua, cheia de sutis embaraços para todo intelectual afastado da via apologética ou da pura e simples recusa. Apologética, afirmar imediatamente ou por mediações retóricas o infalível acerto eclesiástico, quando penetra no espaço público para defender suas concepções do direito, Bem Comum e outros. Recusa simples, definir como simples tática de mando semelhantes atitudes, delas retirar o valor intrínseco na qualidade de expressão axiológica universal.

Gostaria de centrar minhas reflexões iniciais no ponto supremo da liberdade, o pensamento. Desde o início indico: no campo em que me situo, o pensar resulta do corpo, e não o contrário. Por isso, sinto-me autorizado a defender a mais irrestrita liberdade de conceituação, sem equívoco possível dos ouvintes e leitores sobre certo "idealismo". De fato, o embrutecimento a que chegamos, na sociedade em que o lucro define todas as relações, é tão grande que falar em "espírito", "pensar", e outros termos próprios à cultura humana, identifica-se, nas mentes incautas, com a perda do sentido "real", fuga do existente.

Um autor dos mais respeitáveis, cuja influência na vida moderna chega até hoje, e permanecerá enquanto a filosofia for praticada pelos homens, é Spinoza. Lembremos alguns tópicos de sua percepção da liberdade, no plano noético e dos atos. A tese nuclear daquele judeu, cuja família fugiu de Portugal e da Espanha, instalando-se na Holanda para viver e continuar sua própria cultura, é a de que Deus nos concede um intelecto determinado e uma vontade indeterminada (Carta a Blyenbergh). Liberdade, neste sentido, não significa indiferença, observar imparcialmente o verdadeiro e o bem ou pretensa neutralidade face ao erro e ao mal.

Quando conhecemos Deus, ou a essência do triângulo, e afirmamos essas verdades, somos livres. Se enunciamos frases originárias mais de nossa vontade, e menos de nosso intelecto, elas apresentam o caráter indeterminado que o voluntário possui. Naquele instante falam em nós as paixões, sobretudo a de mando sobre nossos semelhantes. Se atinamos com verdades claras e distintas, com o laborioso trabalho do intelecto – determinado, e não infinito como a vontade – podemos ter alguma base para a nossa força livre sem imposição sobre os demais corpos e mentes.

O ponto mais controverso, mas também o mais sublime da fala spinoziana dá-se quando se afirma que,

na própria essência divina existe o alento para nossa vida. Basta-nos, diz ele, saber que somos livres e podemos sê-lo, sem oposição alguma que venha do querer divino, que, de outro lado, somos causa do mal – neste sentido de que nenhum ato poderia ser chamado mau, salvo do ponto de vista de nossa liberdade (*idem*).

Por ter valorizado a tal ponto o ser humano, Spinoza encontrou na sua frente a mais fantástica campanha de silêncio e censura. Impressiona notar como, nas refutações de seu pensamento, os críticos transformaram o hino à vida livre, a *Ética* inteira, em "determinismo". Procure-se a fonte de juízos semelhantes, encontramos sempre um argumento apologético desta ou daquela seita do espírito, religiosa ou laica. Quando Spinoza foi convidado para a ensino público na Academia de Heidelberg, a única condição imposta pelos governantes, ao lado "da mais ampla liberdade de filosofar", era que ele dela não abusasse para estabelecer confusões na religião oficialmente estabelecida (Carta de J. C. Fabritius, 16.2.1673).

A resposta do filósofo é eloqüente: recusa a cátedra, pois não deseja esquecer sua pesquisa também "ignorando em quais limites minha liberdade de pensar deve ser contida, para que eu não pareça querer confusões para a religião oficialmente estabelecida". Quem prejudica o campo religioso? Não é a crítica filosófica, e nem o exercício do pensamento: "o cisma [termina Spinoza, na resposta a Fabritius], não deriva do zelo religioso ardente, mas das paixões diversas, ou amor pela contradição que desvia de seu sentido e condena todas as palavras, mesmo quando elas expressam um pensamento reto" (30.3.1673).

O filósofo afirma, na mesma carta, ter sofrido bastante na vida particular, com ataques e violências devidos ao sectarismo. E imagina quanto dissabor teria caso aceitasse um cargo público, pensando com sua própria cabeça. Na *Correspondência* spinoziana temos bons exemplos de atitudes sectárias, absoluta incompreensão de sua tese fundamental sobre o livre exercício do juízo. Entre as cartas, salienta-se a de um jovem discípulo seu, convertido ao catolicismo, que escreve ao ex-professor conjurando-o ao arrependimento, exigindo adesão à verdade religiosa.

Como nas formas discursivas comuns, entre os donos da certeza total, Albert Burgh, o jovem convertido, afirma ser Spinoza apenas mais um homem enganado pelo Príncipe dos espíritos perversos, com sua soberba criminosa. Toda a sua filosofia é apenas ilusão e quimera. Fundamentar a vida na dignidade do pensamento humano é temerário: como sabe o filósofo possuir a melhor filosofia? O juízo humano, defendido por Spinoza, é apenas arrogância perniciosa, pobres e desarrazoados argumentos. Com que direito um indivíduo ousa colocar-se acima da sociedade, no referente à enunciação do verdadeiro? "Você ousa acreditar-se acima de todos os que se levantaram na Cidade de Deus, na Igreja, isto é, os Patriarcas, os Profetas, os Apóstolos, os Mártires, os Doutores, os Confessares, a Virgem, santos inumeráveis?"

Mas Burgh não pára a lista dos infalíveis nos inumeráveis acima indicados. Na verdade, todos eles recebem suas certezas do próprio divino. "Miserável homúnculo", diz ele, com a gentileza e caridade próprias aos monopolistas do verdadeiro,

> verme vil da terra, que digo eu, pasto de vermes, pretende você, por uma blasfêmia inqualificável, colocar-se acima da Sabedoria infinita feita carne, do Pai Eterno? Audácia espantosa: quer este homenzinho fazer um juízo temerário sobre os mistérios terríveis da paixão e vida do Cristo, declarados incompreensíveis pelos próprios doutores católicos?

Supremo elemento de prova, brandido por Albert Burgh: os inumeráveis testemunhos da verdade religiosa. "Como você ousa negar a força persuasiva que ela retira do consentimento de tantas miríades de homens entre os quais encontram-se milhares que, pela doutrina, saber, sutileza verdadeira e solidez espiritual, perfeição de vida, lhe ultrapassam e dominam, e unânimes, como uma só boca, afirmam que o Cristo, filho do Deus vivo, se fez carne etc.?"

Chego ao ponto básico de nossa discussão, a partir justamente das características da Igreja católica, empregadas por Albert Burgh para massacrar o pretensioso homúnculo, pasto de vermes. Burgh resume a eclesiologia vulgarizada após Trento, mas de modo tão certo, que mostra bem o porquê Spinoza nele depositara esperanças teóricas. A primeira característica definindo a superioridade católica sobre o pensamento secular, filosófico, é o tempo. A Igreja é antiga. Reconhecemos o argumento de Tertuliano contra os filósofos. Herdeira do judaísmo, a posse da verdade é garantida à Igreja por certo usucapião: antes dos gregos – estes grileiros da verdade – os judeus já receberam o ensinamento correto. Vale para Aristóteles, Platão, e outros, no *Apologeticum*, o que se afirma no *De Praescriptione haereticorum*: sendo a Verdade, as *Escrituras*, uma posse hereditária dos cristãos, os demais não têm o direito de nelas tocar. Mas o tempo é apenas a face do Eterno. O mais verdadeiro encontra-se na tese contida *in nuce* no capítulo 17, 4-6 do *Apologeticum*, a da *anima naturaliter christiana*.

O argumento da antigüidade católica garante o segundo, a sua constância imutável, na doutrina e nos sacramentos. A seguir, Burgh enuncia a infabilidade, o seu caráter irreformável (seqüela da Contra-Reforma), e o vínculo que a faz una. Desta unidade, deriva ser impossível, para qualquer alma, separar-se da Igreja. Vêm depois a sua imensa extensão (após o tempo, o espaço...) e a perpétua subsistência, "até o fim do mundo". Os oito pontos enunciados por Burgh culminam no elogio da Igreja como sociedade perfeita, a única no seu gênero: "em nenhuma outra sociedade observa-se ordem semelhante, tão bela, tão exata e ininterrupta".

Uma associação divina, assim, produz os melhores homens, pois fornece uma via segura para chegar à tranqüilidade da alma, nesta vida e na próxima, com a salvação eterna. Tudo isso, pensa Albert Burgh, deve fazer Spinoza temer, afastar sua confiança nas opiniões elaboradas pelo seu cérebro. Spinoza responde ao jovem católico em termos secos e breves. O número de membros eclesiásticos santos e verazes: é lógico ter a Igreja a maior quantidade de homens sábios e retos. Quantitativamente, sem dúvida, ela é a maior associação religiosa. Mas, adianta o filósofo, também nas demais igrejas encontramos homens muito dignos de estima, que honram a Deus pela justiça e caridade. Quanto ao martírio, os albigenses também o sofreram, com todas as espécies de tortura, e com ânimo igual, guardando sua liberdade de espírito. Em suma, a santidade, o saber, não constituem posse e marca exclusiva da Igreja.

Contra-ataque de Spinoza: os fariseus, e não só os católicos, invocam miríades de testemunhos relatando como fato de experiência o que ouviram dizer. Eles colocam sua linhagem em Adão. Logo, o tempo, a posse da verdade, se este é o critério, dá-lhes força persuasiva. Ademais, exaltam com a mesma arrogância sua Igreja, pois ela permaneceu imutável, sólida, apesar dos gentios e cristãos. O que os orgulha é contarem com mais mártires do que qualquer outra seita.

Quanto às vantagens seculares da instituição eclesiástica, produtora de ordem social: "reconheço", diz Spinoza,

todas as vantagens políticas da disciplina, tão celebrada por você, da Igreja romana, e também o proveito material que muitos dela retiram. Nenhuma me parece mais perfeita para enganar os homens incultos e exercer uma dominação sobre as almas, se não existisse a disciplina da igreja muçulmana que, neste particular, ganha muito da católica. Desde sua origem, com efeito, esta superstição não conheceu cisma.

Pelo menos, diríamos, a ruptura entre sunitas e xiitas não chegou às divisões doutrinárias conhecidas na história da Igreja, com tamanha radicalidade.

O fim da carta nos interessa diretamente, sobretudo após os eventos em torno de Leonardo Boff, Dom Casaldáglia, e outros: "você me acusa de arrogância e orgulho porque uso a razão e repouso sobre este verdadeiro Verbo de Deus, que reside na alma, e jamais pode ser alterado ou corrompido?" Percebe-se porque a resposta dada a Burgh sobre a "melhor" filosofia foi dura e breve: "eu conheço a verdadeira, do mesmo modo que você sabe que os três ângulos de um triângulo igualam a dois retos". Ou seja, a verdade encontra sua essência estável no homem, em seu pensamento, como a mais elevada característica do divino, e não em formas e autoridades externas.

Toda reflexão política de Spinoza se pauta por semelhante busca da liberdade e democracia, unida ao verdadeiro. O último capítulo do *Tratado Teológico-Político* tematiza exaustivamente o relacionamento entre autoridade, ação livre, pensamento e ensino facultado a todos. Um governante que pretenda exercer-se como tal, até nos espíritos, é violento. Pior ainda se busca impor noções a serem consideradas verdadeiras ou falsas. Se a escravidão dos intelectos é ainda a norma sob um regime monárquico, não podemos admitir sua eventualidade numa democracia. É desastroso querer expor os membros de um coletivo à conformação de todas as suas palavras aos decretos estatais. O fim último do regime político não é a dominação, nem a repressão dos homens, nem o jugo de uns pelos outros.

Utopia? Costumam os "realistas" utilizar semelhante frase no sentido de encobrir o domínio das mentes e corpos finitos.

Segundo eles, o "bom cálculo" exige que tudo tenha sido, continue e permaneça igual, desde que lugares de mando lhes sejam garantidos nas Igrejas, Estados, instituições de poder. Para Spinoza, ao contrário, o fim do político não é o de transformar homens em animais, ou em autômatos. O alvo torna-se dar-lhes a plena segurança no uso de seus corpos e intelectos. Depois disto, eles estarão em condições de raciocinar mais livremente, não se enfrentarão com os instrumentos do ódio, cólera, astúcia, vivendo na justiça. Portanto, o fim último da organização societária é a liberdade.

Não leva semelhante prática à pura anarquia, à dissolução absoluta do tecido social? "Confesso", adianta Spinoza, "que uma atitude liberal do poder político pode trazer certos inconvenientes, mas quem viu uma instituição positiva qualquer, composta tão sabiamente que não comporte alguma inconveniência? Querer regular a vida humana inteira por leis, é exasperar os defeitos, não corrigi-los". O governante autoritário mostra-se o maior subversivo quando ordena o que deve ser pensado e dito, obriga os governados a separar suas palavras de seu raciocínio. A boa-fé, indispensável à comunidade pública, corrompe-se, encorajando-se os traços detestáveis da lisonja, perfídia, quebra dos melhores costumes.

Os homens, pensa Spinoza, ao contrário do materialismo grosseiro imperante, não correm todos, ávidos, à cata de ouro e ventre cheio, em prejuízo da nobreza da vida e da libertação interior. Servos das paixões, eles também apresentam outro lado, a força para o verdadeira e o livre. Se o governo proíbe o que julgam justo, tratando como delitos crenças cuja verdade, para eles, não é duvidosa, ou como crimes o que os faz amar a Deus e ao próximo, aos seus olhos o mais belo é provocar revoltas colocando todas as formas de violência para servir às suas convicções. Nesse caso, pergunta ele, qual a eficácia das leis dirigidas contra a opinião? Elas atingem os homens retos, e deixam intactos os celerados.

Quantos cismas religiosos, políticos, científicos, derivam dos esforços dos poderes públicos para pôr fim às controvérsias dos doutores, pensa Spinoza, com razão. De qualquer modo, pergunta ainda: haveria pior calamidade para uma república, do que infligir o exílio infamante a homens íntegros, culpados apenas de formar opiniões dissidentes e não saber dissimular?

II

Detenhamos nossa escuta em Spinoza e em seus adversários religiosos. Sobre o que, ou quem, falam eles? Sobretudo no relativo à Igreja católica, sob qual signo pode-se perceber esta forma de associação humana e mística? Tratava-se, ainda no século XVII, como acorrerá até mesmo no século XIX, e hoje, de uma Igreja cuja face funcional e doutrinária marcou-se pela Contra-Reforma. Sua estrutura e sua autocompreensão definiram-se em parâmetros modernos, com acentuada ingerência da autoridade no plano do pensamento, e das opções éticas leigas. A união visível da Igreja foi posta enquanto absoluto, deixando na sombra outros prismas da experiência do sagrado, nos seus desdobramentos culturais, científicos e técnicos sobretudo.

É possível acompanhar essa representação da unidade, na crítica feita por católicos e protestantes acerca da concepção eclesiológica. Contra as noções reformadas, exacerbou-se a tese de que o verdadeiro é indivisível. "Amo os homens, mas odeio os erros." Nesta frase de Bossuet temos uma concepção do Todo hierárquico que engloba e ultrapassa cada membro empírico da Igreja. A verdade só chega aos indivíduos concretos pelo prisma de uma outra concretude maior, a Autoridade. Para os católicos, nesta via doutrinária, pertencer ao mundo cristão significa obediência, veneração pelo costume estabelecido, aceitação de uma verdade absoluta determinada pela Igreja. A Reforma, definida pelos católicos como um movimento que tornou cada homem a árbitro de sua fé, rejeitou a unidade do cristianismo[1]. Difícil esquecer que mesmo no interior das Igrejas reformadas, quando elas consolidavam-se institucionalmente, atenuou-se

---

1. Cf. Elisabeth Perry Israels, *From Theology to History: French Religious Controversy and the Revocation of the Edict of Nantes*, The Hague, Martinus Nijhoff, 1973.

o peso da liberdade individual. Entre a Igreja católica e os movimentos radicais que brotaram na França protestante, as Igrejas reformadas buscaram, inclusive para não desaparecerem no século XVII (na França, com a Revogação do Edito de Nantes, por exemplo), o reforço de sua forma institucional, visível[2].

A luta pela verdadeira imagem da unidade, católica ou reformada, necessitou passar pelo arbítrio do Estado, e acelerou a secularização da *res publica*. Ainda no caso da França: sendo Luís XIV católico, os seus irmãos na fé entregaram-se a ele, aceitando a "intervenção do Estado em questões de consciência, encorajando a marcha para a secularização. Os Protestantes, para se defenderem dessa força religiosa e estatal, invocaram a ética secular. Nos anos seguintes, após a revogação do Edito de Nantes, ambas as confissões de fé amargaram o triunfo dos poderes seculares, esquecendo que elas mesmas os ajudaram a vencer"[3].

Embora cada vez mais afastada, no campo do mando secular direto, a Igreja católica, a partir do Trento, enunciou teses claras sobre si mesma e tomou atitudes práticas para corrigir os fiéis. À unidade visível da instituição correspondeu um olhar interno, aplicado pela hierarquia sobre os membros do Corpo Místico. A base de uma soberania eclesiástica sobre o social e o político, por falta de eficácia naqueles planos, pesa sobre a prática interna, abafando a livre experiência nos seus limites. A hegemonia vertical do clero e a observação disciplinar do laicato se correspondem, fazendo do segundo elemento menor na economia estrutural religiosa.

Para a tese da soberania visível eclesiástica, o monumento católico fundamental, ainda hoje, mas principalmente no século XIX, é constituído pela obra de Roberto Bellarmino. Refiro-me à difícil, extensa e radical *De Controversiis Christianae Fidei, adversus hujus temporis haereticos*, publicada entre 1586 e 1593. Desse acúmulo textual polêmico e dogmático, o ponto mais sensível, e minuciosamente criticado pela

---

2. Leszek Kolakowski, *Chrétiens sans église: la conscience religieuse et le lien confessionel au XVIIe siècle*, Paris, Gallimard, 1969.
3. Perry Israels, *op. cit.*, p. 201.

filosofia política laica ou protestante, localiza-se no célebre *De Summo Pontifice*, a terceira das controvérsias gerais, em cinco livros. De Hobbes até agora, os enunciados de Bellarmino chocam os defensores do Estado, e da *res publica* secular.

Vejamos sinteticamente as concepções sobre o poder religioso e civil do cardeal. Discutindo a maneira de governo, afirma ele, entre as formas puras, é a monarquia a mais adequada. Devido à corrupção da natureza humana, um regime temperado pela combinação das três formas (monarquia, aristocracia e democracia) é mais eficaz do que a monarquia. Fazendo-se abstração das circunstâncias, a pura monarquia é o mais excelente governo.

O melhor controle da Igreja é o temperado, mas com hegemonia de um só. O governo eclesiástico não está principalmente nas mãos do povo. Ele também não está na dependência dos príncipes seculares. Também não está, sobretudo, nas mãos dos príncipes eclesiásticos. Ele está principalmente nas mãos de um presidente e sacerdote supremo. À pergunta seguinte: "foi o apóstolo Pedro o chefe de toda a Igreja, tendo o papel de príncipe no lugar de Cristo, constituído pelo próprio Cristo?" Bellarmino responde absolutamente: sim. Justificação sagrada: Mateus (16, 18-19). O primado de Pedro vale para todos os cristãos, em qualquer parte e tempo, ele é universal. Pedro, bispo de Roma, tem nos Papas os seus sucessores. Todos eles partilham o poder universal constituído pelo próprio Cristo. Seus juízos são infalíveis, e só eles podem pronunciar leis verdadeiras (Quarto Livro do *De Summo Pontifice*). Infalibilidade. Textos citados para defini-la: Lucas, 22, 31, mas também Mateus, 16. Depois João, 21, 16-17, e o Êxodo, 28, 30. No relativo à infalibilidade ética, legal, dos pontífices, Bellarmino cita João, 16, 13.

No tocante ao poder papal de decretar leis, válidas em todo o universo cristão, cita-se Deuteronômio, 27, 12. Depois, Mateus, 16. Também João, 21, 16 e João, 20, 21. Além disto, Atos, 15, 28; Romanos, 13, Ia; Coríntios, 4, 21; Timóteo, 3, 2. E também Timóteo (Ia) 5, 19; Lucas 10, 16 etc.

De todos esses lugares, Bellarmino deduz, não sem idas e vindas retóricas, que o poder eclesiástico papal é de *jure* divino. Todos os demais poderes, extra e intra-eclesiásticos, são de *jure* divino mediato. Príncipes seculares, de um lado, mas também bispos e padres, acedem à *Potestas ordinis*, pela mediação do Sumo Pontífice, não diretamente de Deus.

No Quinto Livro, Bellarmino procura provar que o Papa não possui diretamente o poder temporal de direito divino. Mas ele possui, por sua monarquia espiritual, o Poder supremo, mesmo temporal. Não é contrário ao direito divino que os bispos possuam, diretamente, juridisção sobre cidades e províncias. Para verificarmos as disposições de ânimo, no plano da hierarquia, no tocante às pretensões de mando secular direto, e visível, basta lembrar que este ponto valeu a Bellarmino a colocação no *Index*, no fim do papado de Sixto V.

Há outro traço que colocou Bellarmino na mira, não do Papa, mas dos reis, e dos apologetas do Poder absoluto secular. Enquanto o mando pontifical vem imediatamente de Cristo, os demais são, para ele, de *jure* divino mediato. Os bispos recebem poder do Papa, os soberanos civis ainda precisam passar pela mediação popular. O poder civil reside no povo, a menos que ele o outorgue a um príncipe. Sua origem é, de modo imediato, a totalidade da multidão. O governo vem da lei divina, mas esta – no século – não o concedeu aos homens em particular. A legitimidade depende do consentimento da multidão. Caso exista causa legítima (heresia, reconhecida e denunciada pelo Papa), os "muitos" podem mudar um reino em aristocracia, ou mesmo, em democracia.

Resumi brevemente, com risco de inexatidão, as teses de Bellarmino. Basta-me sublinhar o quanto as questões intraeclesiásticas passam pelas lutas externas, no plano do poder civil. Embora atenue o poder direto do Papa, no âmbito temporal, a doutrina de Bellarmino o exaspera no setor espiritual, centrando a unidade eclesiástica na mais forte obediência aos ditames de Roma. Contra a fragmentação causada pela Reforma, a tendência é unir, sem nenhuma fissura, os católicos sob a diretiva do Papa, evitando discussões e pesquisas produtoras de querelas ou heresias.

Enquanto concentra as decisões nas mãos pontificais, a Contra-Reforma articula um elemento nuclear. Para a prática política moderna Bellarmino e Mariana afirmam com clareza a doutrina de que o poder secular vem do povo. Este possui o direito de destituir e, em último caso, nulificar o tirano. Mariana, no *De rege et regis insti utione* (1598), defende mesmo a ação individual, nesta tarefa de matar o usurpador. É sempre salutar persuadir os governantes se eles oprimem a república. Pois eles tornam-se intoleráveis por seus vícios e delitos e são passíveis de assassínio, não só com direito mas aplauso e glória das gerações vindouras. Pouca novidade existe aqui para os conhecedores das doutrinas eclesiásticas medievais[4]. Entre elas, a de Salisbury: é lícito matar o tirano, e também é equânime e justo. Quem recebe o poder divino, conserva as leis, serve à justiça e ao direito. Quem, na verdade, usurpa, rebaixa os direitos, submete as leis à sua vontade e pode ser morto. Basta consultar o *Policraticus* (III, 15).

Em Bellarmino, embora o rei seja *Legibus solutus*, ele recebe o poder imediatamente de Deus, mediante o Povo. O Papa, entretanto, pode excomungá-lo, depondo-o, ou liberando os cidadãos da obediência à sua autoridade. Importa salientar este ponto: embora visando à supremacia espiritual e, nos casos excepcionais, temporal, do Papa, semelhantes doutrinas passaram pela idéia do poder do povo. Claro, se fôssemos seguir as teorias do tiranicídio, antes e depois da Contra-Reforma, teríamos muitas bibliotecas a esgotar, para a vertente católica e protestante. O que importa: a tese da unidade visível da Igreja foi eficaz coadjuvante na instauração do apelo ao povo, com resultados democráticos.

Ainda nesse plano da unidade visível, com sua noção de autoridade e poder, lembre-se um prisma que acentua unilateralmente a importância dos sacerdotes sobre os leigos. Trata-se do caráter sacro dos padres. Aqui, a visibilidade trouxe, no dizer de Bernard Plongeron, certo automatismo sacramental, vizinho da magia, assim, sob o peso da sociologia do mundo pós-tridentino, o padre era o único batizado a gozar dos três sacramentos que imprimem caráter. A visão sacramental, ligada ao poder interno na Igreja, assume aspectos cada vez mais rigidamente jurídicos. Em virtude de sua eclesiologia

---

4. Cf. Olivier Lutaud, *Des Révolutions d'Angleterre à la Révolution Francaise, le tyrannicide & killing no murder*, La Haye, Martinus Nijhoff, 1973. Também Mousnier, *R L'Assassinat d'Henri IV*, Paris, Gallimard, 1964.

mesma, a Hierarquia romana, senhora dos sacramentos, fixa
– de modo estático – os ritos elaborados, minuciosamente,
por seus canonistas[5].

Acentuando o aspecto visível do poder, da unidade eclesiástica, dos sacramentos e suas regras, a Igreja precisou, para controlar a disciplina, produzir um saber social rigoroso. Como disse acima, à hegemonia vertical do clero, correspondeu a observação do laicato. Ao invés de caridade e mútua confiança, ocorreu – como aliás no plano dos governos seculares – uma fúria controladora, vigiar e punir, como diria Michel Foucault.

A Igreja católica utilizou a sociografia para ver, diagnosticar, corrigir a vida dos fiéis, na moderna cura d'almas. Desde o século XVI, o mesmo Concílio de Trento obrigou os padres a aplicar os registros do estado das almas. São Carlos Borromeu, reformador, da disciplina do clero e dos leigos, não só prescreve a forma do *Lider status animarum*, mas indica o modo de redigi-lo. Ele deveria ser depositado todos os anos na sede episcopal. Na página seguinte, temos a figura do esquema diretor das perguntas a serem respondidas. Para os interessados, retiro estas informações de François Dagognet, *Philosophie de l'image* (Paris, Vrin, 1994), inclusive o gráfico.

Na análise de François Dagognet, ressaltemos: os inquéritos apresentam a contabilidade meticulosa das condutas. Para isto, utilizou-se meios abreviativos, que permitiram agrupar mais facilmente as informações. Como diz Georges Couton, lendo-se o *Livro do Estado das Almas*, "a ficha mecanográfica já está pronta, só resta inventar a perfuração". O tempo dos gráficos, estatísticas, computadores, poderia começar.

Com essa técnica de olhar vigilante, a hierarquia pode atingir as falhas na sua unidade interna, tanto no plano moral quanto no dogmático. Enuncia Dagognet: essas medidas da Contra-Reforma tendem a militarizar a Igreja, ameaçada em toda a Europa. Claro, muitos padres tendem a fugir deste dever, imposto por um Papa, um Concílio, bispos. Mas os pa-

---

5. Cf. Bernard Plongeron, *Théologie et politique au Siècle des Lumières,* Genève, Droz, 1973, pp. 187 e ss.

dres, na sua maioria, cumprem as ordens. A Igreja, além dos desvios, fica sabendo o número de batizados, confirmações, casamentos, sepulturas, assistência aos ofícios etc. Com Luís XIV, o clero torna-se, por estes meios, guardião dos registros sobre todos os aspectos da vida.

Não devemos imaginar que toda a teologia, e todos os católicos, reduziram sua fé e vida sacramental ao lado visível. Mas podemos dizer que, na definição dos direitos e deveres no interior da Igreja, a hegemonia, até o Concílio Vaticano II, foi jurídica e contabilista. O externalismo é a posição dos teólogos que pensam deste modo: quando se cumpre exteriormente, de modo correto, o ato eclesial, mesmo não o desejando interiormente, e portanto, fingindo, o sacramento seria válido (Sckillebeeckx, E Il., citado por Dagognet). Trata-se dos físicos ou calculadores do sagrado. Nesse domínio, a tendência hierárquica é, em vez de valorizar os sacramentos, a fé e os direitos humanos iluminados por eles, policiar a freqüência. A sociografia, posta em movimento de muitos modos pela instituição, é uma radiografia que mostra o esqueleto da vida anímica, o seu lado seco e formal. A Igreja surge como imensa burocracia em que desaparecem os direitos subjetivos e comunais, em nome da unidade gélida.

A Contra-Reforma nos legou, além desses aspectos, o domínio da imagem, sobretudo a artística. O direito do belo passou ao segundo plano. A arte colocou-se a serviço do dogma (cf. Santiago Sebastian, *Contrarreforma y Barroco*, Madrid, Alianza, 1981, pp. 145 e ss.).

III

Quando falamos em burocracia espiritual, abafando a liberdade e os direitos, devemos lembrar Max Weber. Em nosso tempo, ele apontou da forma mais rigorosa esse aspecto maquínico e burocrático da instituição católica. Note-se logo: suas teses recolhem a imagem que a própria Igreja produziu de si mesma, sem discutir sua efetiva forma histórica. Ou melhor, sem se permitir aventar outras formas históricas possíveis.

Definição: a Igreja é um organismo racional unitário com cabeça monárquica e controle centralizado da piedade. Assim, nela, a salvação resulta das graças que dispensa continuamente uma comunidade institucional com caráter de instituto, legitimada por fundação divina e graça institucional. Donde Weber extrai os princípios: em primeiro, o *extra eclesiam nulla salus*. Depois, só o cargo possuído legitimamente, e não a qualidade carismática do sacerdote, decide sobre a eficácia da graça indiferente à qualificação pessoal religiosa do necessitado de salvação. Esta é universal mas efetiva. O nível da contribuição ética pessoal é baixo. Os pecados se apagam mediante os atos externos, adequados juridicamente.

Junto com essa universalidade, diz Weber, a Igreja cristianizou o Ocidente. Utilizou o sistema de confissão e penitência, combinando-o à técnica jurídica romana e à idéia germânica de compensação pecuniária, sem par em todo o mundo. Finalmente, a graça institucional desenvolve, por sua natureza, a obediência e a subordinação à autoridade. Formal humildade de obediência é o único princípio que, em caso de realização conseqüente da graça institucional, abraça unitariamente o modo de vida. Weber cita reiteradas vezes o dito de Mallinckrodt: "a liberdade do católico consiste em obedecer ao Papa".

Força autoritária, mas elástica no controle da Cúria romana, diz Weber, os diretores da Contra-Reforma tornam o direito canônico um guia para o caminho da racionalidade. Isto, devido ao caráter racional de instituto da Igreja católica, que não encontramos em nenhuma outra parte. Junto com a maleabilidade, o tratamento jurídico e casuístico, Weber nota o processo de burocratização centralizadora do eclesiástico.

Na Igreja católica, lemos em *Economia e Sociedade* (do qual retiro todos os pontos citados acima), a eliminação dos poderes intermediários feudais, e dos poderes locais autônomos (iniciada por Gregório VII e completada pelo Concílio tridentino, pelo Vaticano I, e pelas disposições de Pio X), transformou-os em puros funcionários do órgão central. Junto, veio o aumento contínuo da importância dos párocos, formalmente subordinados, devido sobretudo à organização política de partido do catolicismo, o que representou um avanço na democracia, bem como em uma democratização, por assim dizer, passiva, ou seja, um progresso rumo ao nivelamento dos dominados. Nesse contexto, a massa horizontal dos fiéis presta legitimidade à hierarquia vertical e centralizadora, num processo de perda do sentido para as diferenças.

Assim, a burocracia racional pode controlar e prevenir qualquer movimentação horizontalizante, descartando-a, não importa sua amplitude numérica. Os hierarcas que estejam mais em consonância com as massas dominadas, e menos com a burocracia curial, correm um risco básico: eles não possuem seu cargo por direito próprio, mas pela mediação burocrática. Após os conflitos (*Kulturkampfe*) e a separação entre Igreja e Estado, a hierarquia teve a oportunidade de suprimir o direito ao cargo, substituindo a prebenda por funcionários eclesiásticos removíveis *ad notam*. Esta é uma das transformações eclesiásticas menos notadas, mas uma das mais importantes. Na história moderna da Igreja, sobretudo no caso dos padres, isto é nuclear. Mais raro, é o caso de bispos demitidos ou removidos por estarem em consonância com as massas, ou por interesses pessoais.

Na domesticação das massas, o poder secular e o religioso exercem uma reflexão recíproca. O temporal põe à disposição do espiritual os meios externos de coação. Para conservar o seu poderio como recompensa, a poder transcendente costuma oferecer ao secular a legitimidade, controlando os súditos por meios religiosos.Troca essencialmente hipócrita entre as burocracias: o que caracteriza a burocracia é um profundo desprezo por toda religiosidade irracional, unido à idéia de que pode utilizá-la como meio de domesticação. Em nota, Weber acrescenta que os militares alemães desejaram banir, no serviço divino, as histórias míticas, infantis, nas quais ninguém mais acreditava. Mas logo voltaram atrás, concluindo que a doutrina da Igreja era o melhor alimento para os recrutas.

A constatação de Weber da *Realpolitik* secular sobre as igrejas é direta, a burocracia européia vê-se obrigada, apesar de seu desprezo interior de toda mística, a respeitar a religião da Igreja existente no interesse da domesticação das massas. O mútuo serviço entre Estado e Igreja faz a última impor a sua forma de ver o social. Sempre que está mandando, diz

Weber, qualquer Igreja desconhece a liberdade de consciência das outras. Sempre que está em minoria ela exige esta liberdade. É esse ponto que faz ouvidas as reivindicações das seitas contra o monopólio das Igrejas. Tais exigências fazem brotar um direito dos dominados contra o poder político, democrático e outros. Essa liberdade de consciência é fundamental, em princípio, pois trata-se do mais amplo direito do homem, o que abarca o conjunto das ações eticamente condicionadas e garante a liberdade em face do poder, especialmente do Estado. A isto se incorporam os demais direitos do homem, do cidadão, da propriedade.

A dança mimética da burocracia tem limite quando os interesses da instituição eclesiástica são ameaçados pelos poderes estatais. A Igreja católica lutou tenazmente, pensa Weber, contra o cesaropapismo. Seu poder baseia-se na sentença de que, tanto no interesse do bem-estar no mundo ou no Além, "Deus deve ser mais obedecido que os homens", pois esse é "o limite mais antigo e, até a época da grande revolução puritana e dos direitos humanos a mais sólida barreira contra todo poder político".

Na perspectiva weberiana, portanto, a Igreja só luta pelos direitos do homem quando estes servem aos "seus" direitos. Mas fica sublinhado o fato: sempre que coincidem as suas pretensões, e as normas éticas em benefício do homem, ela representa para a burocracia secular a mais sólida barreira. Engana-se quem, dentro dela, pretende criticá-la, baseando-se no próprio carisma. Como instituição, ela administra um carisma impessoal, mais forte que os individuais. Weber também não esconde as tensões entre hierarquia e massas. A domesticação das últimas é conseguida por meio de refinados processos racionais, cuja modernidade se instaurou a partir de Trento, e da Contra-Reforma.

IV

Elias Canetti é um crítico de toda a domesticação interna à Igreja. Também ele expõe a forma pela qual aquela instituição se produziu e se apresentou na modernidade. Mas sem desprivilegiar os lados jurídicos ou políticos imediatos, como o faz Weber, Canetti detém sua atenção nos próprios ritos que, reconheçamos, trazem marcas das ações litúrgicas anteriores ao Concílio Vaticano II. Claro: em vastos setores eclesiásticos, tais práticas continuam intactas, ou tendem a retornar, como é o caso dos tradicionalistas.

O que diz ele sobre o catolicismo e as massas? No seu entender, é notável a circunspecção relacionada à grande amplitude do catolicismo. No próprio nome, diz-se que todos devem pertencer a ele. As condições de ingresso na Igreja não são duras. Nisto, ela conservou um último vestígio de igualdade que contrasta curiosamente com sua índole rigidamente hierárquica.

A Igreja é avessa à toda violência de massas. Estas, nos seus estalos súbitos, tendem a suprimir as distâncias obrigatórias, que nutrem a hierarquia. "Até hoje não houve sobre a face da Terra Estado algum que soubesse defender-se de tantas maneiras diferentes contra a massa. Comparados à Igreja, todos os Poderosos dão a impressão de serem modestos diletantes."

Uma das formas mais eficazes, utilizada pela Igreja para domesticar os fiéis, é impedir o seu vínculo horizontal.

> Eles não pregam uns aos outros; a palavra do crente simples não tem valor [...] A palavra santa lhe é ministrada já mastigada e dosada [...] Até mesmo os seus pecados pertencem aos sacerdotes. Olhemos as filas para as comunhões: os que estão na frente ou atrás são desimportantes. Cada um se preocupa com o próprio ego. A comunhão vincula o destinatário com a Igreja, que é invisível e que tem dimensões descomunais; ela o arrebata dos presentes.

A visibilidade do mando, exigida pela Igreja desde Trento pelo menos, resulta em negação da visibilidade recíproca e imediata entre os fiéis. O grande ser metafísico, a Igreja, é mais real do que a comunidade empírica. Nesse sentido, a hierarquia enfraquece e freia tudo o que existe de comum entre os homens reais, presentes, e coloca em seu lugar um misterioso país remoto, superpotente. Qualquer coisa que a Igreja mostre é sempre mostrada devagar. As procissões, continua Canetti, devem ser vistas pelo maior número possível de pessoas [...] ela flui lentamente. Nela, temos o surgimento da própria hierarquia cada qual desfila paramentado com sua dignidade. Já esta articulação de procissão inibe no espectador a aproximação a um estado semelhante ao de massa. Ou seja, não ocorre a falta de forma das massas, mas também não se chega à destruição da hierarquia. Nas procissões, o contemplador adulto jamais se verá como sacerdote ou como bispo. Estes sempre permanecem separados dele, sempre acima dele.

Para a hierarquia, pensa Canetti, uma atividade comunitária maior nem é desejada. Pois ela poderia conduzir a ações e estalos passionais que já não poderiam ser controlados.

Mas não é sempre que a Igreja pode se permitir sua elegante reserva, sua aversão em relação à massa aberta, a proibição que impôs à formação desta massa. Existem épocas em que ela é ameaçada por inimigos externos, épocas em que a apostasia se propaga com tanta rapidez que somente é possível combatê-la com os meios da própria epidemia. Nestas épocas a Igreja se vê obrigada a opor massas próprias às massas inimigas.

Todas as citações acima encontram-se em *Massa e Poder* (Brasília, UnB/Melhoramentos, 1986, pp. 170-174).

Nós brasileiros, temos exemplos desse movimento de massas quando a Igreja hierárquica imagina ameaçada sua hegemonia. Os Congressos Eucarísticos, no período dos sistemas totalitários, as marchas da família com Deus, antes do golpe de Estado, em 1964, são apenas alguns dos fatos que fornecem bastante razão a Canetti. Isto sem falar nos espetáculos que arrastam multidões em busca deste ou daquele religisoso que utiliza todos os recursos da mídia para atrair pessoas.

Nas atitudes de Weber e de Canetti, a instituição religiosa não defende diretamente nenhum direito humano. Quando o faz, é em benefício do seu próprio direito. Por isso, se alguém, dentro dela, eleva-se acima da hierarquia, por mais carisma pessoal que possua, esbarra na lentidão do processo domesticador das massas. Análise algo diferente resulta, se analisarmos a Igreja transferindo para ela, o dito por Renê Girard sobre a instituição jurídica. O símile é justificado, na medida em que, como sabemos, a vida religiosa católica é fortemente marcada pelo direito, canônico ou não.

313

Para Girard, o religioso visa apaziguar a violência, impedir o seu desencadeamento. Até aí, o ponto de vista é idêntico ao de Weber e ao de Canetti. Mas, como a autoridade judiciária, a Igreja procura tornar-se independente e constrangedora. Só assim, ela pode liberar os homens da violenta satisfação, da vingança pelos prejuízos recíprocos. Tanto o sistema judiciário quanto a Igreja racionalizam a vingança, manipulam-na, dela fazendo uma técnica de cura, e secundariamente, de prevenção contra a força. Do mesmo modo, instância jurídica e Igreja não pretendem representar nenhum grupo privado, imaginando-se a serviço de todos. Mas ambos não podem prescindir de um poder político forte. Faço essa comparação, autorizado pelo próprio Girard, quando este afirma, finalizando sua análise do Judiciário: "se ainda não compreendemos o religioso, não é porque estamos no seu exterior, é porque ainda estamos no seu interior, pelo menos no essencial" (*A Violência e o Sagrado*, São Paulo, Ed. Unesp).

Ou seja, a passagem do religioso para o político, e deste para a violência das massas, ou o caminho inverso, não supõe autonomia da máquina burocrática diante dos povos. O direito dos homens se efetiva não contra, mas por meio dos mecanismos estatais e eclesiásticos. Que os direitos sejam metamorfoses da violenta vingança, é algo que a idealização jurídica e mística produziu. Na sociedade real, a Igreja real, o direito real, longe de estarem separados da guerra de todos contra todos, apenas a administram.

O desafio que enfrentamos, segundo Girard, na defesa dos direitos humanos, é o do mimetismo, empregado pelas instituições de autoridade. Entre elas, podemos inserir a Igreja. Se domestica as massas, ela também se apresenta como obstáculo aos movimentos totalitários que destroem todo e qualquer direito, de comunidades ou indivíduos. Sabemos o quanto a Igreja valoriza a pessoa humana, mas também o quanto ataca o individualismo. O direito é da pessoa ou do indivíduo? A primeira, nas falas hierárquicas, está sempre unida às formações da família, da comunidade intermediária, do Estado e... da Igreja. O segundo quase sempre é identificado ao liberalismo, ao egoísmo etc. Até que ponto essa oscilação não tem permitido, justamente, à instituição religiosa, colaborar com regimes de massa, como o facismo, o nazismo, o getulismo etc.? Pôr o indivíduo como abstrato em nome de interesses coletivos pode significar a própria negação de todo e qualquer direito.

É isso o que pensa René Girard: "no que diz respeito à relativização do ato pessoal, político em particular, direi que a lição moral e política extrair é a seguinte: é preciso desconfiar do mimetismo. Esta lição é certamente democrática, na medida em que reconhece os movimentos oscilantes de massas como perigo".

O totalitarismo

aposta sempre nos movimentos de massa, do congresso de Nuremberg aos regimes de assembléia única poder-se-ia fazer, com ajuda do mimetismo, uma teoria dos processos stalinistas. Qual o fim destes processos? Trata-se de constranger a vítima a se juntar à unanimidade mimética, para refazer uma verdade que ninguém pode contradizer, isto é, refazer o mito. A verdadeira democracia consiste em conciliar a participação de todos os indivíduos na vida política, sem cair nos efeitos miméticos de embriaguez coletiva que todo regime totalitário utiliza, e do atual o texto bíblico nos fala constantemente [cf. Colloque de Cerisy, *L'Auto-organisation, de la physique au politique*, Paris, Seuil, 1983, p. 367].

Ampliando, poderíamos dizer que a unanimidade mimética imposta na Igreja após o Trento, exacerbada no século XIX com as doutrinas ultramontanas de De Maistre, de Bonald, Lamennais e outros, trouxe prejuízos internos ao catolicismo. Mas também trouxe prejuízos à ação política secular livre. Antes de resumir os traços que julgo essenciais à reflexão sobre os direitos humanos e a Igreja, quero lembrar, sumariamente, as novas atitudes trazidas nos textos do Concílio Vaticano II. Este, em alguns pontos, rompeu com a visão da unidade eclesiástica enquanto definida hierarquicamente e de forma disciplinar, visível. Também atenuou o caráter mimético da atividade *intra* e *extra*-eclesiástica. Hoje, entretanto, retornam a autoridade e o mimetismo. Os processos contra os que se colocam, individual ou comunitariamente, contra a centralização absoluta continuam. E isto nos deve fazer refletir. Se o poder secular retoma a dança hipócrita com o religioso (as relações do Vaticano com o governo Reagan e contra a Nicarágua, entre muitos atos de João Paulo II no plano internacional, fazem dar algum crédito a esta hipótese) certamente enfrentaremos um duro período de negação dos direitos humanos, para os dominados evidentemente. Deveremos esperar algo da Igreja, na defesa destes direitos, quando ela tiver novamente ameaçados, pelas formas estatais, os seus direitos? Mas não apressemos conclusões: vejamos as críticas de Ernst Bloch à concepção tradicional (na verdade, como vimos, bastante ligada à problemática moderna, desde a Reforma) da Igreja. Bloch ironiza a noção católica de um Estado que se educa de modo pastoral, consubstanciada no corporativismo, forte no mundo e no Brasil no período fascista.

Nesse sentido, as farpas dirigidas contra a tão celebrada *Quadragesimo Anno* são cruéis, mas certeiras. Nela, diz o filósofo, o Pontífice exige *de jure naturalis*, como norma instituída por Deus, que os salários dos trabalhadores não sejam muito comprimidos nem muito elevados, mas forneçam indivíduos suficientemente dóceis e dependentes (*ut salaria opificum nimis deprimantur aut extollantur*). O ponto capital é a santificação da propriedade, construída sobre o *pathos* da pessoa, e subordinada diretamente a Deus, isto é, à Igreja pastoral. Esta protege, assim, o Estado de direito, como um Estado sempre patriarcal[6].

Bloch chama a atenção para um elemento complexo. A Igreja, e muitos dos seus intelectuais, costumam referir-se raivosamente contra o conceito e a realidade do Estado liberal. No século XIX, os contra-revolucionários (De Maistre, De Bonald, Cortés etc.) viam no liberalismo o primogênito da Reforma, esta primeira revolta contra a autoridade vertical, hierárquica. Naquela época, o liberalismo era combatido, na retórica do catolicismo, como perigo onipresente. Com os movimentos fascistas, a oratória propagandística religiosa, em consonância com os vários totalitarimos, passou a se referir ao "velho liberalismo ultrapassado".

Nesse sentido, o antigo veto da Igreja à Revolução Francesa, ao liberalismo e ao socialismo, forneceu o solo ideoló-

---

6. Cf. *Droit naturel et dignité humaine*, Paris, Payot, 1976, pp. 145 e ss.

gico para que intelectuais produzissem o fantasma do fascismo como efetivação da famosa terceira via entre capitalismo e comunismo. Passado Mussolini, os mesmos cérebros voltaram a pregar a própria Igreja como a terceira via. O quanto aqueles intelectuais orgânicos se preocuparam com os direitos humanos dos não católicos podemos ler em *Sant'Ignazio di Loiola Apostolo di Roma,* um escrito do jesuíta Tachi Ventura. Judeus? Sem problema: Santo Inácio os batizou em massa, liquidando com eles de forma mais eficaz do que as soluções seculares. "Num só ano", diz o suave jesuíta, "foram batizados quarenta judeus por Santo Inácio, jovens e maduros"[7]. Só mentes apodrecidas acreditam, mesmo hoje, que a salvação dos corpos judaicos desculparia o assassinato de alma, nesta proposta limpa de aniquilação dos que vivem e pensam de modo diferente. Uma forma... bem jesuítica de se defender os direitos humanos!

Contra essas críticas interessadas e interesseiras do pensamento e práticas liberais, aduz Ernest Bloch,

comparada à justiça do Estado fascista, com sua completa ausência de garantias jurídicas, com sua ilimitada flexibilidade no direito, a justiça do Estado de direito burguês é uma luz [...] em virtude de seus valores [...] Em seu *Ensaio para Determinar os Limites da Atividade do Estado*, escrito em 1792 e publicado após sua morte, em 1852, Guilherme de Humboldt havia reduzido o Estado à simples função de garantia do direito, em oposição ao Estado administrativo total que reluz, em todo caso, pelo contraste com o pano de fundo fascista, a negação do direito e dos valores [E. Bloch, *Droit Naturel et Dignité Humaine, op. cit.,* pp. 146-147].

Evidentemente, o pensamento liberal tem suas violências próprias. Trata-se de um movimento surgido contra a imposição do *Ancien Régime*, mas que definiu um campo restrito. Para se exercer, o direito de propriedade abafou os demais prismas constitutivos de seu *corpus* doutrinário. Mas beatifi-

---

7. Istituto di Studi Romani (Clerico-fascista), Pubblicazioni (fas dell'agosto 1940, pp. 245-264). Neste *Istituto*, apresentaram-se membros da mais alta hierarquia católica, pregando a conaturalidade entre catolicismo e fascismo. Entre eles, o Cardeal Pacelli, que inaugurou o ciclo de conferências "Em Roma, onde Cristo é Romano". Cf. Canfora, *L' Ideologie del Classicismo*, Torino, Einaudi, 1980.

car formas totalitárias de mando, ou se auto-santificar, como fez a Igreja oficial no período fascista, caluniando o pensamento liberal *in totum*, é tarefa que prejudicou os direitos humanos.

Semelhante espécie de antiliberalismo possibilitou a emergência de teorias sanguinárias, cuja pretensão de limitar os direitos individuais, escarnecidos em nome do antiindividualismo, culminou nos campos de concentração. Como acorreu na prática e na doutrina do católico Carl Schmitt: "Não existem indivíduos", pensa Schmitt, levando ao máximo a posição autoritária hierárquica, e unindo-a à concepção nacional-socialista. "O homem pertence a um povo e a uma raça até nos mais profundos e inconscientes movimentos da alma, até a mais fina fibra cerebral"[8]. Em 13 de julho de 1934, Hitler proclamou-se, no Reichstag, juiz supremo do povo alemão. Comenta Schmitt, encantado: "A autoridade de julgar do Führer nasce da própria fonte de direito, todo direito nasce do direito à vida do povo"[9].

Cautela máxima, portanto, com discursos que acentuam em nome do antiegoísmo, o sujeito abstrato povo. Este traço *volkisch* marca, sinto mencionar, muito discurso católico ou laico brasileiro, com pretensões libertárias. Também na Alemanha bismarckiana, o *Zentrumpartei* tornou-se inimigo da ordem, ele que, conforme mostra J. P. Faye, era o máximo defensor da Ordem. Passado o perigo do *Kulturkampf*, retorna à velha cantilena contra o direito moderno, o individualismo etc. E facilita a tarefa nazista, como Stadtler, Spahn, e muitos outros intelectuais do *Zentrum*, Carl Schmitt só precisou ampliar as doutrinas da Ordem no sentido da direita.

Mas a crítica de Ernest Bloch vai além. Não trata apenas os intelectuais católicos como precursores do comunitarismo nazista. Atinge a própria Igreja na sua ânsia de abafar a liberdade moderna de perdição liberal.

---

8. Cf. Schimitt, "Estado, Movimento, Povo" em *Principii Politici del Nazionalsocialismo*, Firenze, 1935, p. 230.

9. Cf. "O Führer Define o Direito", citado por Francesco Valentini, apresentando a tradução italiana de *A Ditadura*, de Carl Schmitt (Bari, Laterza, 1975), p. XXIV. Em *Théorie du récit*, J. P. Faye comenta, de forma exaustiva, as intervenções de Schmitt na produção do discurso totalitário, e o papel do *Zentrum* católico na armação da ferradura ideológica fascista.

A Igreja ajudou as tentativas fascistas de realizar o pretenso Estado corporativo; Leão XIII não foi o primeiro a encontrar esta receita, mas foi a primeiro a lhe dar um fim anti-socialista. A idéia clerical do Estado corporativo, nas condições do capitalismo avançado é uma ideologia moderna que intervém, do alto, na luta das classes. Ela imagina no seu delírio uma solidariedade de ofício vertical entre operário e patrão tanto que este verticalismo, graças à comunidade de empresa e uma construção articulada destas comunidades, supera a fragmentação horizontal entre capital e trabalho; e a Igreja vê, nisto, um elemento da idéia do *Corpus Christi*.

Vejamos bem: a navalha de Bloch vai fundo, sem irenismos e acomodações como ocorre sempre que progressistas desejam abiscoitar as massas católicas, com a mão do gato clerical. Nessa hora, a lisonja funciona em ambos os lados. Os progressistas colocam a Igreja como a grande aliada, esquecendo que seus verdadeiros aliados católicos enfrentam uma luta diuturna e sem quartel no interior da instituição religiosa, para estabelecer e tornar respeitado seu ponto de vista. Lobos e raposas desconhecem direitos. Enquanto os progressistas mentem aos seus parceiros hierárquicos, estes retomam a disciplina *interna corporis*, na Igreja, com silêncios impostos. Ao passo que, no lado laico, a mente deformada pelo centralismo, pouco democrático, já aceitou toda a disciplina, com sacrifício do intelecto.

A crítica de Ernest Bloch é a seguinte: para ele, torna-se

excessivamente simplista, e jornalístico, qualificar a Igreja como filial de Wall Street em Roma, mas ela foi, em todo tempo, uma formação de compromisso, e sua maleabilidade tem, no tocante ao socialismo, limites bem traçados. É difícil imaginar que o cristianismo eclesiástico corte suas amarras com o capitalismo, embora o jovem clero nunca tenha sido, e não seja exatamente como o velho, embora o socialismo não mais possa falar do religioso como "água da lavagem do racionalismo". Mas, ao pé da vinha e dos sarmentos (João, 15, 1-7), quando o governa é autoritário, o jeito de Cesar vence o de Cristo. Assim como, evidentemente, em todo clericalismo, mesmo quando ele faz, e sempre faz recuar face à sua burocratização, seu centralismo, seu dogmatismo; temos justamente, no passado da Igreja, um exemplo instrutivo e não só para os católicos [Bloch, *op. cit.*, p. 289].

Bloch cita Gregório XVI, que escreveu em 1832 ser uma loucura a idéia de que todo homem possui a liberdade de consciência. Mesmo assim, com esta crítica radical do catolicismo, o filósofo pensa que ele pode ser redimido e, por meio de uma nova forma ecumênica, entrar no registro da solidariedade, levando a sério a vivência fraterna. Há um direito fundamental à comunidade, ao humanismo. Os católicos guardam este aspecto do direito, o ético, o coletivo.

Mas existe a outra ponta, aquela representada pelos direitos individuais, fruto da luta da *Aufklärung* burguesa: é impossível a dignidade humana sem que acabe a miséria, mas também é impossível uma eticidade adequada ao homem, sem o aniquilamento das antigas e novas formas de submissão. Hans Mayer critica o lado excessivamente comunitário de Bloch, pois este "fala dos humilhados e ofendidos, mas refere-se apenas à comunidade sofredora, não aos indivíduos humilhados e ofendidos, cujo agir a sofrer não pode ser subsumido nas leis de caráter geral"[10]. Mayer lembra Theodor Adorno e afirma como "reificada toda denúncia política, social, jurídica que prescinda do sofrimento concreto de seres humanos individuais [...] Uma atitude mental que despreza toda personalização para só reconhecer coletividades".

Uma dialética entre o individual e o coletivo, respeitando os dois lados da cadeia: esse foi o desafio enfrentado pelo pensamento político laico após a Revolução Francesa, o Terror, o Termidor, a Contra-Revolução. Muitos Estados, com seus ideólogos, acentuaram o peso ético – coletivo – contra o moral – unido à subjetividade individualizada – de forma constrangedora.

No Brasil, tivemos péssimos resultados desta equação difícil, para usar a expressão de Bloch. Basta conferir: "O indivíduo não é mais, em nossos dias, o objeto capital e quase único da proteção da lei do Estado, os corpos sociais havendo-se tornado o principal sujeito de direitos" (Francisco Campos, *O Estado Nacional*, citado por Jarbas Medeiros).

10. *Aussenseiter*, Suhrkamp Verlag, Frankfurt am Main, 1975. O livro de Hans Mayer é um dolorido sinal de alerta para o problema das minorias, éticas, étnicas, religiosas, ideológicas. Nelas se apresenta, de forma mais aguda, o problema geral do respeito do indivíduo e do coletivo, em termos de direitos humanos. Uma doença como a Aids traz, no seu bojo, todo este violento dilema que não se resolve unilateralmente, sem Profundo desrespeito ao ser humano, na qualidade de indivíduo e ser social.

Com o fracasso das Luzes, no sentido de garantir a igualdade, a liberdade, a fraternidade, a diferença no interior do social, sem privilégios, ocorreu o exacerbamento do coletivo, unido ao máximo autoritarismo hierárquico. Na Europa e no Brasil tivemos a pretexto de combater o "individualismo protestante e burguês", práticas e doutrinas voltadas para a domesticação das massas, e para o aniquilamento das resistências individuais.

Para efeito comparativo, lembremos as teorias autoritárias dos séculos XIX e XX, produzidas a partir do modelo católico, no qual a decisão última e absoluta pertence ao pontífice monarca. Tese de todas estas doutrinas: "a razão do indivíduo é muito fraca e miserável para atingir, sozinha, a verdade" (Carl Schmitt). O argumento é o mesmo utilizado por Burgh contra Spinoza, como indiquei no início deste texto. Para De Maistre, o valor do Estado consiste no fato de que ele toma decisões, o da Igreja, no fato de suas decisões serem inapeláveis. Lemos no *Du Pape* (que parece ter retornado às cabeceiras de certos altos funcionários eclesiásticos, como o cardeal Ratzinger), infalibilidade e soberania constituem sinônimos perfeitos. De Maistre deduz deste poder infalível sua bondade: "todo governo é bom, desde que estabelecido".

Na perspectiva acima, não há lugar algum para os direitos do homem. Donoso Cortés – lido no Brasil, publicado pela Editora Vozes até o final dos anos de 1950 – o diz com toda crueza. Se Deus não se tivesse tornado homem, "el réptil que piso con mis piés, seria a mis ajos menos despreciabje que el hombre". O que é a história humana? "Um labirinto, no qual a humanidade cega vaqueia e do qual ninguém conhece a entrada, a saída, a estrutura." Seria preciso ir além? Vejamos:

não existe o direito humano, só existe o direito divino. Em Deus está o direito e a concentração de todos os direitos, no homem está o dever e a concentração de todos os deveres; o homem chama direito seu a vantagem que lhe resulta do cumprimento do dever alheio, que lhe é favorável, não sendo a palavra direito em seus lábios nada mais do que uma locução viciada. Quando, indo adiante, transforma sua viciosa locução em teoria, esta desencadeia as tempestades no mundo [Cf. *Cartas à Director del Heraldo*, 15.4.1852, Obras, BAC, TAI, pp. 735-736].

321

Note-se em que se transformou o poder de Bellarmino, na pena reacionária de Cortés.

> Considerada isoladamente a dignidade pontifical, a Igreja parece monarquia absoluta. Vista em sua constituição apostólica, parece oligarquia potentíssima considerada, por um lado, na dignidade comum aos prelados e sacerdotes e, por outro, o fundo abismo que existe entre o sacerdócio e o povo, parece imensa aristocracia.
> Quando se colocam os olhos na imensa multidão dos fiéis, espalhados pelo mundo, e se vê que o sacerdócio, apostolado, pontificado, estão a seu serviço, a Igreja parece uma democracia imensa [*Ensayo sobre el Catolicismo*, BAC, 11, pp. 523-524].

Exacerbação da unidade e controle decisionista autoritário, poucos ousarão negar o peso dessas doutrinas nas tristes horas de franquismo na Espanha: "relativamente a los gobiernos, significan que por el catolicismo han sido santificadas la autoridad y la obediencia, condenadas para siempre la tirania y las revoluciones" (*idem*, p. 525). A sacralidade ditatorial tem, para Donoso, seu fundamento em Deus.

> El universo está hobernado por Dios. si pudiera decirse así, y si en cosas tan altas pudieran aplicar-se las expresiones del lenguaje Parlamentario, constitucionalmente [...] algunas veces, directa, clara y explicitamente manifiesta su voluntat soberana quebrantando esas leyes que El mismo se impuso torciendo el curso natural de las cosas. Y bien, señores cuando obra asi, no podria decir-se, si el lenguaje humano pudiera aplicarse a las cosas divinas, que obra dictatorialmente? [*Discurso sobre la Dictadura*, BAC, II, pp. 308-309].

Deus seria como Pinochet: convoca um plebiscito mas se o resultado não agrada busca sua anulação. São vários os exemplos desse aprisionamento divino para caucionar os regimes mais hediondos, em nome da Igreja. Boas razões tem Spinoza quando denuncia, em certas imagens teológicas de Deus, um soberano tirânico. Boas razões também possuem Weber, Canetti, e tantos outros, que descrevem o nexo entre poder secular e religioso como domesticação das massas. Para Donoso, bem como para De Maistre, com reverberações na revista *A Ordem* no Brasil recente, em se tratando de "escolher entre a ditadura que vem de baixo e a que vem de cima escolho a de cima, porque chega de regiões mais limpas e serenas; trata-se de escolher, por último, entre a ditadura do punhal e a do sabre. Escolho a do sabre, porque é mais nobre" (*idem*, p. 323). Os mortos espanhóis, argentinos, franceses, aos milhares, se pudessem falar, diriam algo sobre semelhante nobreza. Também os mortos recentes do Brasil, diriam o quão nobre é a ditadura do sabre. Como diz Walter Benjamin, "se os dominantes vencem – e a tradição nos ensina que eles sempre vencem – nem os mortos estão em segurança".

Diga-se o que se quiser: a distância entre esses teóricos do poder católico não é abissal, face aos desejos confessos ou escondidos da hierarquia, em todos aqueles países.

Passemos ao Vaticano II. A idéia da unidade de obstar à unidade: "Longe de impedir a unidade da Igreja, certa diversidade de costumes e usos antes aumenta-lhe o decoro e contribui não pouco para cumprir sua missão" (documento *Unitatis Redintegratio*). Longe de afirmar total suficiência no verdadeiro, "a Igreja precisa do auxílio, de modo peculiar, daqueles que, crentes ou não crentes, vivendo no mundo, conhecem bem os vários sistemas e disciplinas e entendem sua mentalidade profunda" (*Gaudium et Spes*). Na própria definição eclesiológica: "Em virtude desta catolicidade cada uma das partes traz seus próprios dons às demais partes e à toda a Igreja. Assim o todo e cada uma das partes aumentam, comunicando entre si todas as riquezas e aspirando à plenitude na unidade" (*Lumen Gentium*).

Quanto ao Sumo Pontífice, ele continua como "perpétuo e visível princípio e fundamento da unidade de fé e comunhão" (*Lumen Gentium*). Embora posto como mestre supremo da Igreja e nele residindo o carisma da infalibilidade da própria Igreja, o pontífice não é isolado numa ponta de pirâmide: "a infalibilidade prometida à Igreja reside também no Corpo episcopal, quando, com o sucessor de Pedro, exerce o supremo magistério" (*idem*). Mas ambos, Papa e bispos, devem usar "meios aptos para investigar exatamente e enunciar convenientemente esta Revelação" (*idem*).

Quanto ao relacionamento entre Igreja e sociedade, a primeira "não coloca a sua esperança nos privilégios oferecidos pela autoridade civil" (*Gaudium et Spes*). No plano político, "reconheçam as opiniões legítimas, mas discordantes entre si, sobre a organização da realidade temporal" (*idem*). Logo, é "desumano que a autoridade política incorra em formas totalitárias ou ditatoriais que lesem direitos da pessoa ou dos grupos sociais" (*idem*). No rol dos direitos e deveres do homem, a *Gaudium et Spes*, após enumerar o direito de "agir segundo a norma reta de sua consciência", fala no direito à vida particular e refere-se "à justa liberdade, também em matéria religiosa".

Chega ao ponto que sublinhei, ao falar de Spinoza. Embora por vias opostas, e contrárias, o Concílio afirma, alto e em bom som, a liberdade de pensamento e consciência. Alguns pontos modais são apresentados sem equívoco possível. A opção religiosa, "o direito a essa imunidade continua a existir, ainda para aqueles que não satisfazem a obrigação de procurar a verdade e de a ela aderir" (*Dignitatis Humanae*). Enunciados como os seguintes poderiam ser assinados por qualquer filósofo secular:

> A verdade, porém, deve ser buscada de um modo consentâneo à dignidade da pessoa humana e sua natureza social, e saber, mediante livre pesquisa, servindo-se do magistério e da educação, da comunicação e do diálogo. Por esses meios uns expõem aos outros a verdade que encontraram ou pensam ter encontrado, para se auxiliarem mutuamente na investigação da verdade. Uma vez descoberta a verdade, deve-se aderi-la com firmeza e consentimento pessoal [*Dignitatis Humanae*].

Donoso Cortés, De Maistre, De Bonald, Pio X, e uma plêiade de profundos defensores do direito do Uno, em detrimento da liberdade pessoal, certamente se espantariam com enunciados conciliares, como o seguinte: "promovamos na Igreja a mútua estima, respeito e concórdia, admitindo toda a diversidade legítima [...] Nas coisas necessárias reine a unidade, nas duvidosas, a liberdade, em tudo, a caridade" (*Gaudium et Spes*).

Como nos distanciamos, aqui, de um Joseph De Maistre, para quem a unidade significa "triunfo sobre a divisão, o mal e o pecado", instaurando definitivamente "a apoteose final do catolicismo pela vitória sobre as tentações e os erros modernos. União ao nível do Eterno, unidade ao nível do tempo. Se a Primeira nos ultrapassa, escapa ao nosso controle, sobre a segunda podemos pensar e discorrer" (Cioran, "De Maistre", em *Exercícios de Admiração*, Rio de Janeiro, Guanabara, pp. 40-41).

Poderíamos apresentar inúmeros trechos, e textos, do Concílio Vaticano II, no qual se atenua o rigor da unidade, em proveito do livre exercício do diálogo, do respeito aos direitos dos cristãos, e alheios à fé. Georges Gusdorf, preocupado com a ciência, e com o caso Galileu, cita falas autorizadas na Igreja durante o Concílio. Por exemplo, o Gardeal Suenens: "Eu vos suplico, padres, não façamos um novo processo de Galileu. Um só basta à Igreja" (Gusdorf cita como fonte o *Le Monde*, 31.10.1964). Com um jogo de palavras francês, nosso autor deseja que a Igreja cumpra o voto de respeitar a livre pesquisa. A menos, diz, que para ela *aggiornamento* só traduza um adiamento (*ajournement*). Qualquer coincidência com as práticas recentes é mais do que aleatória. O *ajournement*, coma indica Canetti, faz parte do tempo lento, característico da instituição católica hierárquica.

Conclusão

Num primeiro passo, indiquei a forte atitude spinoziana em defesa do livre pensamento. Nele, esse aspecto noético não é separado dos corpos mas, pelo contrário, deles decorre. Assim, uma defesa dos direitos humanos limitada ao pensar é ilusória. Mas, no entanto, reduzir tais garantias ao somático (comer, vestir, morar etc.) é perder o sentido do ser livre. Todos conhecemos a lenda do Grande Inquisidor, poucos entre nós, salvo tardios discípulos do ultramontanismo radical, apoiariam sua fala.

No segundo instante, tentei apresentar um pálido esboço da concepção eclesiológica, e da verdade, recusadas por Spinoza. A união visível, centrada na autoridade infalível da cátedra de Pedro, reforçou o lado formal da estrutura constrangedora do catolicismo. O *Livro sobre o Estado das Almas* mostra até que ponto foi a tentativa de vigiar e punir na Igreja.

No terceiro, apresentei, na sociologia weberiana, na reflexão de Elias Canetti, e nas teses de René Girard, os desdobramentos dessa imagem do catolicismo, produzida por seus racionalizadores: instituto burocrático para a domesticação das massas. Indiquei o quanto essa figura foi endurecida pelos apologetas da Contra-Revolução católica do século XIX: De Maistre, Donoso etc.

Finalmente, apontei para uma quebra nessa lógica da imposição – do unitário e do verdadeiro – com o Vaticano II.

Por que escolhi o agenciamento de imagens, enunciados, discursos? Por que não recolhi atos empíricos da Igreja, ou de seus vários segmentos, contra ou a favor dos direitos humanos? Por que, afinal, não elaborei uma denúncia do gradativo estabelecimento de uma nova forma de unidade eclesiástica, autoritária como a que resultou de Trento, mas diversa, na medida em que incorpora técnicas de controle e mando extremamente modernos?

Em primeiro lugar, tomei o caminho de seguir fragmentos de teorias, para que possamos, numa triste comemoração dos direitos humanos, lembrar que tanto na Igreja quanto no mundo laico eles estiveram longe de ser unanimidade, teórica e prática. E hoje, estilhaços das falas impositivas se reagrupam, formando novos mimetismos entre os poderes. Se ficamos esperançosos com o aumento do sentido de justiça, não podemos deter a maré montante dos movimentos contrários à liberdade e ao direito, na Igreja e fora dela. Preocupa, e muito: os discursos do Vaticano II estão sendo negados, e retorcidos rumo ao rígido controle de fiéis, teólogos, bispos. Os clérigos, leigos, hierarcas que, no passado recente do Brasil, lutaram pelo respeito à pessoa, casseiam ou recebem ameaças diretas. Novos dirigentes mostram-se dispostos à colaboração com executivos governamentais sem nenhum compromisso ético ou desejo de modificar a vida dos negativamente privilegiados, para usar a terminologia weberiana. Chamo a atenção para o próprio texto, a carta magna dos direitos humanos que comemoramos. Alternam-se, nele, referências aos direitos individuais, pessoais, familiares, coletivos. "Todo indivíduo tem direito à vida, à liberdade e à segurança da sua pessoa" (artigo 3) e "todo indivíduo tem direito à liberdade de opinião e expressão, investigar e receber informações e opiniões, e o de difundi-las, sem limitação de fronteiras, por qualquer meio de expressão" (artigo 19). Os itens constam do escrito, explicitamente, por motivos sérios. Uma coisa é o discurso de movimentos políticos e religiosos, sobre o bem comum, e a condenação dos egoísmos. Outra, é aniquilar individualidades em nome desse ideal. Como garantir o espaço da cidadania – cristã ou laica – descartando a liberdade do individual? Vivemos demasiado sob o signo da física social positivista, herdeira do pensamento contra-revolucionário de Cortés, De Bonald, De Maistre, que, de seu lado, reatualizou as doutrinas hierarquizantes da Contra-Reforma, e do marxismo vulgar, para quem o indivíduo é um falso problema, ilusão ideológica das Luzes. Nessas falas, universais abstratos são hipostasiados, transformando-se nos verdadeiros sujeitos. Assim, despista-se o curto-circuito entre a tese vazia de uma comunhão *a priori* no Todo e o esmagamento metódico das partes. Prática corrente no autoritarismo brasileiro, estatal ou eclesiástico, aqui se aceita complacentemente, com leves expressões de tristeza, é claro, a morte de centenas e centenas de marginalizados. Estes nunca deixaram de carregar o atributo jurídico de pessoa. Essa máscara, como lembra Theodor Adorno, indica a integralidade dos homens, e ninguém. Todos os bandidos massacrados têm nome, endereço, documentos civis. Pessoas, mas sobretudo indivíduos. A perda de um só deles é insubstituível na ordem da vida. O que se nega neles não consiste apenas nas suas características de classe. O próprio fato de terem roubado, por exemplo, desqualifica-os aos olhos de muitos operários. Para certos marxistas, é normal que o *Lumpen* se nadifique; ele não ajuda na mudança da infra-estrutura econômica, atrapalha o desenvolvimento econômico e social.

Nega-se, então, seu estatuto de seres vivos, plásticos, individuais. Nosso pensamento positivista, preso às categorias rançosas que indiquei, não aceita, sequer teoricamente, a existência do indivíduo. Como estranhar se a polícia não encontre resistências para suas desculpas, se os fuzilamentos sempre se absolvem, e se absorvem, pela cortina de silêncio universitário, mas também estatal, e mesmo eclesiástico?

Sábios e policiais assumem, por vias transversas, a mesma desvalorização do indivíduo. No jargão dos agentes da ordem, os perseguidos, ou simples suspeitos, são nomeados "elementos", ou seja, o particular, o fragmento, o dejeto.

E, no entanto, todos nós estamos sujeitos a essa desvalorização absoluta, é justo a falta de respeito pelas individualidades autônomas que distingue o despotismo, com a ausência de garantias jurídicas para *todos* os integrantes da experiência social. Todos são indivíduos, e só indivíduos – em massa ou um a um – são presos e fuzilados sem dó nem piedade. Nas greves e manifestações, embora estas sejam formas coletivas de luta, a polícia sempre escolhe alguns sujeitos, isolando-os de seus pares. Normalmente os "escolhidos" são os líderes que superam os demais pela coragem e lucidez, os que apresentam individualidade mais livre e rica, no plano espiritual.

Sempre que se estabelece uma tirania qualquer, no plano espiritual, ela só consegue atingir seus fins passando pela força. "Para reunir todos os cidadãos de um Estado numa perfeita conformidade de opiniões religiosas, é preciso tiranizar os espíritos, constrangê-los no jugo da força. A força só produz hipócritas, e por conseqüência almas vis" (Beccaria, *Dos Delitos e das Penas*). Quem ameaça as mãos, os instrumentos de escrita, a alma, arruina, logo, os corpos. Como a Igreja não tem o monopólio da força física, é possível prever caso a onda atual impositiva nela persista, na qual ela irá encontrar apoio. Também podemos saber, consultando a história, o que dará ela ao seu parceiro truculento.

Nossa expectativa é que a própria dinâmica da vida social, com suas contradições, seus movimentos de consciência, como a Anistia Internacional e a própria Comissão de Justiça e Paz, e tantos outros, impeça a eficácia da tirania que se esboça na Igreja, com estarrecedores frutos no Estado.

12. "LEMBRA-TE DE QUE ÉS HOMEM": GOVERNANTES E JUÍZES NO *POLICRATICUS* DE JEAN SALISBURY

Vivemos, hoje mais do que nunca, sob o domínio da imagem no setor público. O Executivo, o Legislativo e o Judiciário dela precisam para dialogar entre si e com os governados. No caso do Governo esta urgência imagética é maior. Legítimos ou ilegítimos, os administradores buscam apresentar uma figura lisonjeira ao eleitor. As pesquisas de opinião tornaram-se, desse modo, um ritual integrado à liturgia do mando[1]. Os

---

1. Advertência de estudioso sério sobre as eleições nos Estados democráticos modernos: além da propaganda, e dos meios materiais postos em movimento, "o poder, tudo faz para embrulhar os resultados. Ele deseja em demasia uma 'representação' que lhe seja favorável. Misturam-se nas eleições três 'imagens': a real, se esta palavra ainda guarda algum sentido, a normativa ou potencial, dado que se trata freqüentemente de fornecer uma direção para o futuro, e a desejada e procurada, porque os manipuladores tendem a se perenizar e se empenham na desregulagem dos indicadores. *Os modos de escrutínio*, assim, contam mais do que o resultado final". Reco-

líderes políticos, nos Parlamentos ou nas Administrações, precisam ter de si mesmos uma figura muito favorável. Eles devolvem ao povo, de modo especular, elogios e sedução, tradicionalmente compreendidos sob a rubrica do comportamento demagógico[2]. Os juízes, por sua vez, julgando-se isentos das paixões políticas e ideológicas, usuais nos outros poderes, não raro se imaginam como neutros aplicadores da Lei, *sine ira et studio*, desconhecendo as armadilhas de sua própria subjetividade, também sujeita à autolisonja e à lisonja dos interessados nos trabalhos da justiça. Não raro, a cidadania se choca com a opinião que as corporações jurídicas exibem de si mesmas, como se elas reunissem deuses impassíveis, intermediários transparentes entre a letra do diploma legal e seu sentido. Os graves equívocos cometidos pelo Judiciário moderno, em vários países, mostram que o esquecimento da própria humanidade pode transformar os juízes em tácitos coniventes com processos atrozes de tirania. Os magistrados alemães que "julgavam" casos de "impureza racial", desmanchando casamentos entre "arianos puros" e "indivíduos de raças decaídas", são um extremo. Mas tamanho servilismo diante da lei, em sua letra, é uma tentação ampla e permanente, que deve ser discutida no prisma social e político.

A lei é o resultado de processos socioculturais complexos, jamais se revelando numa "pureza" unívoca. Este ponto parece truísmo, mas é freqüente ouvirmos juízes que, numa causa em que se misturam camadas de interesses econômicos, políticos, psicológicos, estratégicos, e até mesmo religiosos, sentenciam desconhecendo todos estes condicionamentos, causando danos ao coletivo no seu todo. Sempre é bom

---

menda-se a leitura do livro, estratégico, em que semelhantes análises são feitas com agudeza: François Dagognet, *Philosophie de l'imagem, op. cit.*, em especial o capítulo "Elections".

2. Um tratamento inteligente deste ponto encontra-se em Richard Sennett: *The Fall of Public Man*, Alfred A. Knopf Ed., 1974. Há tradução brasileira da editora Cia. das Letras. "O político moderno não é um simples inventor de fachadas que se destinam a distrair o público. Suas máscaras virtuosas são verdadeiras para ele; suas declarações de boas intenções são autojustificações, mesmo quando elas nada têm a ver com a sua conduta real." Teses como estas, avançadas por Sennett, dão muito o que pensar.

lembrar a advertência de Norberto Bobbio, insuspeito de "ideologismo" neste caso: "Todo homem público deveria ser mais escrupuloso no respeito às obrigações morais e jurídicas [...] pela simples razão de que as suas infrações são mais danosas à comunidade". Obrigações morais "e" jurídicas, sem disjunção do que pertence à lei e do que implica o ético e o moral. Mas esta é uma das teses mais antigas do simples liberalismo. O juízo negativo sobre a "neutralidade"[3] da ciência jurídica pode ser bem mais severo.

Para refletir filosoficamente sobre todos esses problemas, deveríamos voltar à Grécia antiga. Mas é possível situar nosso apoio analítico na Idade Média. Nas linhas seguintes, discuto certas técnicas para discriminar o rei tirânico e o legítimo, com algumas conseqüências para o ofício de juiz, nos textos fundamentais de J. Salisbury. Os estudiosos do direito estatal conhecem a importância deste autor na visão da justiça no Ocidente. Tendo como recurso interpretativo a teoria da lisonja, desdobrada no *Policraticus*[4], indicarei como o fenômeno da adulação entra na economia, proposta pelo filósofo, do poder justo e do mando injusto.

Para bem entender o *Policraticus* é preciso ter em mente dois opúsculos do seu autor, melhor inscritos, para os olhos

---

3. Não é preciso utilizar apenas fontes democráticas ou progressistas para manter esta suspeita. Pensadores autoritários, como Carl Schmitt, trazem farto material para se pensar as conseqüências da "neutralidade" dos magistrados. No regime nazista, diz ele, "Legislação, Administração e Justiça funcionavam, graças a novas simplificações e acelerações do processo, com obstáculos sempre menores, como aparelhos de comando". O que o leva, ao discutir a fieira de tribunais, "revolucionários" ou "conservadores" de exceção, a apoiar o lamento do padre Laberthonnière: "Eu não julgo a vítima, mas apenas os juízes!". Cf. "O Problema da Legalidade", resposta de C. Schmitt ao Tribunal de Nuremberg (13.5.47), à pergunta: "Por que os Secretários de Estado seguiram Hitler?" Uso a excelente tradução de G. Miglio e P. Schiera, no volume *Le Categotie del "Politico"*, Bologna, Il Mulino, 1972, pp. 279-292. Já dizia Max Weber: "neutro" puro é quem já se decidiu pelo mais forte, pelo vencedor.

4. Cf. *Joannis Saresberiensis Episcopi Carnotensis Policratici sive De Nugis Curialium et Vestigiis Philophorian Libri VIII*, Oxford, Clemens C. J. Webb (ed.), 1909. Para maior comodidade, envio à excelente tradução de Manuel Alcalá: *Policraticus*, Miguel Angel Ladero (ed.), Madrid, Editora Nacional, 1984.

menos atentos, na hagiografia, mas que são textos políticos nucleares na história do pensamento. Refiro-me às vidas de Santo Anselmo e de São Thomas Becket. Quem pesquisa a história jurídica inglesa sabe a importância da linhagem que vai de Becket até Thomas Morus, com tudo o que ela implica na discussão sobre a essência do Estado moderno. Utilizarei os textos mencionados na edição de Inos Biffi[5]. É comum a ambos os textos a defesa intransigente da chamada "liberdade eclesiástica". Apresentando a figura de Becket, Salisbury desenha os reis ingleses como tiranos. Salisbury opõe Santo Anselmo a Guilherme Rufus, filho de Guilherme o Conquistador (morto em 9 de setembro de 1087).

Vejamos o retrato de Rufus:

> Pródigo dos próprios bens, ávido dos bens alheios, apaixonadíssimo pelas feras mas negligentíssimo diante das almas, promotor de milícia e de malícia, ferozmente hostil à Igreja e à inocência, insaciável na busca de prazeres, o seu desenfreado amor do mundo era igual ao seu desprezo por Deus. Sem nenhum respeito pelo corpo – coisa extremamente indecorosa num rei – ele se embrutecia em todas as formas de imundície. Seguiam-no os nobres e, como sempre ocorre, o povo simples, embora reduzido a um estado de opressão [*Vida de Santo Anselmo*, Livro 7].

As alusões acima referem-se à notória vida desregrada de Guilherme, com o seu claro homossexualismo. Mas o centro da crítica é a questão do respeito aos representantes do sagrado. Na mesma Vida de Anselmo, Salisbury anota a sua doutrina, célebre no *Policraticus*, sobre o corpo político. Citando Claudiano, e o *Panegírico de Honorio Augusto,* enuncia nosso teórico: assim como é o dirigente (*rector*) da cidade, assim também é o conjunto de seus habitantes[6]. No relato sobre a existência de Anselmo, Guilherme é dito "rei ímpio" e "tirano".

Eis como Salisbury resume a morte desse governante execrável para a Igreja: "Na manhã de 2 de agosto, ano de 1100, o rei partiu para a caça na floresta de New Forest. Ali,

---

5. Milano, Jaca Book, Biblioteca di Cultura Medievale, 1990.
6. "Modela-se o orbe pelo exemplo do rei. Não é tão importante, através de leis, transformar os costumes dos homens, quanto modificar a conduta dos reis."

recebeu uma flecha no flanco e, ferido no coração, expirou [...] Ignoramos quem lançou a flecha [...] De qualquer modo, quem o fez obedeceu fielmente à disposição de Deus, o qual teve compaixão de sua Igreja" (Livro 12). Mesmo assim, surgiram confrontos com o novo soberano, Henrique I, sempre ao redor dos antigos direitos eclesiásticos e os do reino[7], sobretudo na querela das investiduras, resolvido afinal a contento para ambos os lados. Provisoriamente, claro. Nos embates entre trono e altar, Salisbury nota sempre que "bispos e barões" colocam-se ao lado do governante laico, criando um clima de lisonja cortesã.

Na vida de Becket, Salisbury afirma que uma das qualidades do jovem estadista, depois arcebispo e mártir, é ser infenso à lisonja. Quando ainda chanceler, lemos, "embora parecesse que o mundo, com suas licenças, o adulasse e aplaudisse, ele não esquecia nem seu cargo nem seu dever: obrigado como era, diuturnamente, a empenhar-se na prosperidade e honra do Estado, da Igreja, do povo. Isto o fazia enfrentar o próprio rei e seus inimigos, eludindo artimanhas e engôdos" (*Vida de Th. Becket*, 7).

Não se trata apenas de personalidades individuais: Salisbury diz expressamente que os choques entre Igreja e soberano vinham da luta para saber quem poderia controlar corpos e almas. Em Becket, Salisbury enxerga o defensor da Igreja, mas também um homem que ajudou a corroer a imoderada autoridade real, com sérias conseqüências para todas as instituições de mando. Isto não impediu o nosso teórico de afirmar que o mártir "observou a Lei divina, suprimindo os abusos dos antigos tiranos" (*idem*, 22).

Por essas lembranças, estratégicas para a imagem do governante, notamos que a lisonja e o tiranicídio não são periféricos na doutrina do *Policraticus* sobre o poder legítimo. Este traço é pouquíssimo acentuado entre os analistas do pensamento de nosso autor, embora seja estratégico para entender sua lógica jurídica. Para as considerações seguintes, va-

---

7. "O poder público, abolindo o privilégio gozado pela Igreja, avocava ao próprio juízo indiferentemente as causas mundanas e as eclesiásticas, resultando que o clero e o povo eram vilipendiados."

ler-me-ei dos trabalhos clássicos de E. Roberto Curtis, E. H. Kantorowicks, John A. Watt e E. Lewis[8]. Discordo destes autores, mas é impossível desconsiderá-los no tratamento do tema que discuto.

Salisbury, é consenso, foi admirador de Platão. Mas sua principal característica foi a defesa da retórica, algo inusitado entre os platônicos. Ele critica os que autonomizaram a dialética. Para ele, a retórica – união do agradável e do fecundo – sintetiza razão e verbo. Ela mantém a harmonia na comunidade humana. Deus, diz solenemente nosso autor, uniu retórica e filosofia. Quem as separa é inimigo público (*hostis publicus*). Extrair dos estudos a retórica é abalar toda formação dos intelectos, lemos em sua outra obra célebre, o *Metalogicon*. Descobre-se, imediatamente, nestas teses, a marca de Cícero.

Outro ponto essencial na doutrina do poder legítimo, em Salisbury, além da retórica que permite o diálogo humano, encontra-se na metáfora do teatro. Esta é um lugar-comum em todas as filosofias políticas do Ocidente. Platão, nas *Leis* (I, 644d), discute a governabilidade por seu intermédio. Os homens unem-se, diz um personagem daquele texto, e obedecem à autoridade, porque têm medo ou esperança. Diz o personagem que encama o Ateniense: "suponhamos que nós, seres vivos, sejamos um engenho dos deuses, bonecos, seria para seu divertimento que eles nos produziram, ou para algo sério? Não o podemos saber". No *Filebo* (50b) se afirma: "quando rimos das qualidades ridículas de nossos amigos, misturamos isto com prazer e dor, quando os misturamos com a inveja; porque concordamos que a inveja é uma dor da alma, e que o riso é um prazer e, neste caso da amizade, ambos se apresentam unidos, ao mesmo tempo. Agora, dizemos que nos lutos e

---

8. E. R. Curtis, *La litérature européene et le moyen-âge latin* (trad. J. Brejoux), Paris, PUF, 1956; E. Gilson, *La philosophie au moyen-âge*, Paris, Payot, 1976; Kantorowicks, *The King's Two Bodies*, Princeton, Univ. Press, 1957; J. A. Watt, *The Theory of Papal Monarchy in the Thirteenth Century*, Nova York, Forham Univ. Press, 1965; Cf. também E. Kantorowicks, "La royauté médiévale sous l'impact d'une conception scientifique du droit", em *Philosophie,* n. 20, Automne 1988; também E. Lewis, *King above the Law? "Quod Placuit" in Bracton. Oberlin,* Ohio, 1960.

tragédias e comédias, não só nos palcos, mas em toda tragédia e comédia da vida, de modos incontáveis, a dor é misturada ao prazer". Sem estas determinações, impossível pensar a política platônica, cujo alvo é tornar todo indivíduo amigo da *pólis*, e vice-versa.

Tal símile é básico no *Policraticus*.

> A amizade é um nome que dura enquanto é útil; como a peça vai e vem no tablado. Enquanto permanece a Fortuna, amigos, nos mostrais um rosto amistoso; se decai a Fortuna, virais o rosto e fugis vergonhosamente. A companhia mimetiza na cena seus respectivos papéis. Este aqui, faz o papel de pai; aquele, de filho; aquele recebe o nome de rico. Mas quando o libreto se fecha com as cenas festivas, reaparece sua face verdadeira, perece a dissimulada.

Logo a seguir, no mesmo *Policraticus*, vem o capítulo sobre a "Comédia Mundana, ou Tragédia".

Como Platão, Salisbury pensa o político por meio de metáforas artísticas, extraídas em especial da música. Em todas as esferas da arte, ele define o campo dos signos, naturais e artificiais. Esta é sua definição de "signo": "algo que mostra a si mesmo aos sentidos e que mostra à alma algo fora dela do que ele mesmo (signo) é"[9]. Como platônico, Salisbury não se detém nos sentidos físicos. Existem, no seu entender, signos "que nada mostram aos sentidos corporais, mas freqüentemente inculcam na alma o verdadeiro e o falso, mediante a essência de qualquer coisa, ou sem a dificuldade do meio".

Signos podem ser verdadeiros ou falsos. Isto faz com que nosso teórico caminhe dos sinais para a semântica: "se uma palavra possui três ou quatro significados, chama-se polivalente [...] uma coisa possui tantos significados quantas semelhanças com outras tiver; mas de tal modo que o maior nunca seja signo do menor, uma vez que os signos sempre são menores". Na hierarquia semântica, temos a base para um discurso sobre o poder político: o sacerdócio é signo direto do divino, o governo laico o é, em escala menor.

Dessa teoria do signo e do significado, Salisbury passa à questão da linguagem lisongeira, fala onde os signos são per-

---

9. *Policraticus*, livro II, capítulo 14.

vertidos para realçar uma figura enganosa do governante, o que destrói o corpo político inteiro. No campo da adulação é preciso desconfiar, mais do que em outros setores, dos signos, tanto nos sentidos quanto no intelecto. É preciso discernir entre signos e significados. Bem aplicando a razão, na política, na magistratura, no governo, chegamos a *possibilidades*, o que nos deve contentar. Nenhum rei, juiz, ou pessoa eminente, pode atingir, no mundo, a "verdade em si mesma". Por isso, é preciso interpretar os signos, escritos ou orais, como no caso das leis, discursivos como no caso da política das cortes e das praças públicas. Precisamos, para bem julgar, admitir nossa ignorância. A nossa razão privada não é o metro de tudo o que se pode saber. Quando nem a fé, nem os sentidos nos fornecem uma certeza incontestável, precisamos aplicar a dúvida. Como diz E. Gilson: "quando se conhece apenas um sistema ou solução de um problema, é-se naturalmente inclinado a aceitá-lo. Como escolher, uma vez que não há escolha?" A liberdade do espírito é "função do aumento e da variedade dos conhecimentos". Salisbury, fiel ao platonismo cético da Nova Academia, propõe, em questões espinhosas como as dos universais, suspender o juízo.

A doutrina política de Salisbury é teológica. "Os poderes foram ordenados por Deus." Esta lição prevê que o governante é um "gêmeo" do poder divino. Por isso é importante a teoria dos signos: o rei é "gêmeo" visível do poder divino, invisível. Sem esse quesito, inexistiria tangibilidade do governante, não sentiríamos sua presença. Como bom platônico, Salisbury distingue entre modelo, imagem, simulacro. O modelo é imitado pela imagem e pelo simulacro, mas há uma enorme distância entre eles.

Ora, pensa Salisbury, como homem, o governante pode ser iníquo, mas enquanto mimetiza o poder divino, como Cesar, ele o encarna, ele é *deus*, *dominus* nos termos latinos. Esta, no entender de E. Kantorowicks, é a doutrina que se pode encontrar no "Anônimo Normando". O poderoso tem personalidade dual: Tiberius possui uma *potestas qua Caesar*, uma espécie de "halo". Ao mesmo tempo, em seu corpo individual e natural, ele não possui "halo" algum. O imperador é *deus in terris*, *deus terrenus*, *deus praesens*, nos autores latinos lidos por Salisbury, sobretudo Vegécio e Sêneca, este último, por exemplo, no *De Clementia* (I, 1, 2).

Enquanto os defensores exclusivistas do Imperador acentuaram a expressão *deus in terris*, os adeptos do poder papal designaram o poder secular do Sumo Pontífice com a expressão *Christus in terris*. Nos dois campos, o governante supremo, imperador ou Papa, é visto como imitação de Cristo: *Christomimesis*. Uma coisa é o poderoso mimetizar um signo inferior, sobretudo quando este vem dos sentidos. Esse é o caso de Guilherme Rufus, na *Vida de Santo Anselmo*. Isto o conduz para o estatuto de bestial tirano, imagem que lhe é mais conveniente. Outra, é cuidar da alma, ou seja, mimetizar as idéias de eqüidade que brotam do Deus invisível e que tornam-se visíveis na imagem do Papa ou Imperador justos. No quarto livro do *Policraticus*, logo o que segue o texto sobre a adulação, temos a doutrina do *rex imago aequitatis*. O Cristo só pode ser verdadeiramente representado pelo governante que toma visível a justiça, invisível. Isto vale sobretudo para a função dos tribunais.

Há uma contradição aparente para quem lê o *Policraticus* sem a teoria das formas platônicas e sem a teoria dos signos. O príncipe é absoluto, mas é absolutamente limitado pela Lei. Tome-se o segundo capítulo do livro IV: "O que é a Lei", diz o título, "E que o Príncipe, embora não esteja obrigado pela Lei, é, no entanto, servidor da Lei e da Eqüidade, exercendo, como pessoa pública e derramando sangue sem culpa". Salisbury, aqui, repete o Direito Romano. O príncipe é *legibus solutus*, livre dos laços da lei. Isto não significa que lhe é permitido agir mal. Dele se espera que aja segundo o sentido invisível da Justiça (daí a importância da semântica, para além dos signos materiais) e ele é preso, *ex officio*, à Lei e à Eqüidade: "Dicitur absolutus, non quia ei iniqua liceant, sed quia is esse debet, qui non timore penae sed amore iustitiae aequitatem colat" (*Policraticus*, IV). O magistrado é inocente do sangue que verte como juiz, porque o faz na qualidade de ministro da utilidade pública, como *persona publica* (note-se a metáfora teatral). Na qualidade de *imago aequitatis* ele é *aequitatis servus*.

Sem considerar o livro III do tratado em questão, sobre a lisonja, só poderíamos concordar com as conclusões de E.

Kantorowicks. Segundo este, dever-se-ia esperar de Salisbury, na antítese entre *persona publica* e *privata voluntas*, alguma teoria dizendo que o príncipe, como pessoa privada, está sob a lei, é *legibus alligatus*, enquanto no público ele é *legibus solutus*. Segundo Kantorowicks, Salisbury preocupa-se apenas com a *persona publica*. "É como dizer", cito Kantorowicks, "que o príncipe de Salisbury não é um ser humano no sentido ordinário. Ele é 'perfeição' se, afinal, ele é príncipe e não tirano". Deste círculo, avançamos pouco em termos lógicos, a não ser atribuindo a um poderoso pensador especial apego à empiria e aos juízos tautológicos: o príncipe bom é justo, o príncipe justo é bom. A saída indicada por Kantorowicks é apontar para certas frases de Salisbury, em que o príncipe pode ser como o Cristo, o qual, sendo rei dos reis, estava, entretanto, "sub lege: Sicut Rex regum, factus ex muliere, factus sub lege, omnem implevit iustitiam legis, ei non necessitate sed voluntate subiectus; quia in lege voluntas eius". A lei seria sua vontade.

Esse ponto foi definido, em forma aristotélica, por Tomás de Aquino: o príncipe é *legibus solutus* face ao poder coercitivo (*vis coactiva*) da lei positiva, pois esta recebe seu poder do próprio... Príncipe. Mas o mesmo Príncipe é limitado ao poder diretivo (*vis directiva*) da lei natural, a esta última ele submete-se voluntariamente (*Suma Teológica,* I., Ilae, questão 96, a.5 ad 3). Esta doutrina manteve seu prestígio até Bossuet, na famosa *Politique tirée des propres paroles de l'Ecriture Sainte* (livro IV, proposição 4). "Os reis", diz Bossuet, "são submetidos como os outros à eqüidade das leis [...] mas eles não são submetidos às penas das leis ou, como fala a teologia, eles são submetidos às leis, não quanto à potência coativa, mas quanto à potência diretiva".

Outra via utilizada por Kantorowicks: dadas as idéias cristãs e teológicas, que punham o rei medieval como imagem de Deus, estando acima da lei e abaixo dela, é possível pensar os aparentes paradoxos pelo menos para quem não é cristão como o de Maria: "Virgem e Mãe, filha de seu Filho" (*Nata nati, mater patris*). Pode ser... mas o problema já é difícil mesmo sem recorrermos ao mistério cristão. No campo indicado, sobre o rei como superior e inferior ao mesmo tempo à lei, temos *in nuce* todas as contradições do relacionamento entre o público e o privado e a justa execução das tarefas dos governantes para com o povo. No círculo acima, se o secularizarmos, o que de fato ocorreu durante a Revolução Francesa, temos as aporias de todos os legisladores e juízes, em qualquer instância ou tribunal. Estar "supra" ou "sub" a lei são realidades que exigem acurado domínio dos signos e da semântica. Não raro um juiz afirma "obedecer a lei" quando, na verdade, dando-lhe sentido estrito e único, sem pestanejar, impõe-lhe sua subjetividade empírica, para não dizer as suas idiossincrasias.

Com a metáfora do corpo do príncipe, e do corpo político, Salisbury pensa o Estado com símiles religiosos. Kantorowicks segue os vários sentidos teológicos e canônicos da imagem, indo da hóstia ao *Corpus Ecclesiae Mysticum*, e daí para o *Corpus Reipublicae Mysticum*. Interessa-nos a perenidade do corpo estatal ou eclesiástico, o que hoje se entende como "soberania". O Papa e o Príncipe entram na passagem – perigosa – do infinito e do finito, do pensamento dos juristas medievais. Neste ponto, a doutrina da lisonja é fator decisivo. Ela pode conduzir ao efêmero, à corrosão temporal. Evitá-la significa rumar para o estável, o que mimetiza o Eterno.

Dois mementos eram ditos aos governantes: *Memento quod es homo* e *Memento quod es Deus*. *Vice Dei* também era fórmula usada. O primeiro vem da Antigüidade e lança raízes no "conhece-te a ti mesmo" socrático e délfico. No triunfo, o Imperador romano vitorioso tinha sempre um escravo na sua biga, dizendo:

"Olha para trás. Lembra-te de que és homem." O segundo, sobretudo a partir do século XVI, foi transformado em doutrina absolutista, a partir do Salmo 81, 6: *Ego dixi: Dii estis, et filii Excelsi omnes*. Na tradução dirigida para adular Tiago I, lemos: "I have said, ye are Gods". Na ampliação absolutista foi esquecido "apenas" o conteúdo dos versículos seguintes: "But ye shall die like men, and fall like one of the princes". O Salmo em pauta começa com a idéia de Deus como Juiz Supremo: "No meio dos deuses estabelece seu julgamento". O Salmo também termina com a mesma imagem jurídica: "Levanta, ó Deus, julga a terra".

Francis Bacon, nos *Ensaios* (em especial o "Sobre o Império"), diz que os príncipes, à semelhança dos "corpos celestes", causam "bons e ou maus tempos, recebem veneração, mas nunca descansam". Segundo Bacon, o rei é um ser mortal, embora imortal por sua dignidade e seu corpo político. Se quiséssemos rastrear esta distinção, precisaríamos voltar ao Egito antigo, passando por Aristóteles (*Política*, III, 16, 13, 1287 h), para entender a concordância e contradição entre os dois corpos do rei, público e privado, mortal e imortal. Para Salisbury o príncipe é imagem de Deus. Mas, na medida exata em que também é homem, ele deve ser ensinado a ler a Lei, pelos sacerdotes, ou lê-la por sua própria conta. O rei, diz Salisbury, deve ler as leis, humanas e divinas, todos os dias. Pois bem: a lisonja (e a demagogia, a lisonja do soberano para com o povo) não atinge o governante na qualidade de imagem de Deus. Como homem, ele está sujeito à adulação, tornando-se tirano. É por esse motivo que, antes de chegar à problemática da lisonja, Salisbury discute longamente as artes, boas e más, as ciências, os signos, os significados das palavras.

Tudo isso para que o príncipe, moderado pela sabedoria, possa, como o filósofo platônico e cético da Nova Academia, suspender o juízo como homem, sobretudo quando os discursos são dirigidos a ele, e falam sobre ele, impedindo-o de se autoconhecer. A adulação sempre se dirige ao governante como "perfeito", merecendo perpetuar-se no mando. Ela também se dirige aos juízes louvando seu "excelso saber", tornando-o quase infalível. Desse modo, a lisonja desvia o governante e o magistrado de toda e qualquer dúvida e sabedoria real. A lisonja pode transformar sábios em imprudentes, justos em tiranos.

Nenhum juiz terreno é absoluto, só Deus julga a terra. O orgulho, alimentado pela lisonja e pela filáucia, faz com que o juiz se torne injusto necessariamente, mesmo quando aplica a lei formal, desprovido de prudência. O rei magistrado, por sua vez, deve saber que os negócios políticos só fornecem *probabilidades*. Mas nem o governante nem o juiz devem renunciar à razão, a qual lhes permite discriminar entre os signos, entre o verdadeiro e o falso, entre as palavras escritas (seus vários sentidos), entre os amigos, descobrindo os verdadeiros, fugindo dos falsos. Eles devem recordar que são "pessoas", funções que devem ser desempenhadas com arte. Tal é a base do livro III do *Policraticus*. O governante e o juiz são *imagens* divinas. É orgulho tolo julgarem-se infalíveis como seu *modelo divino*. Kantorowicks e outros intérpretes negligenciam a parcela de humanidade do príncipe quando analisam o tratado de Salisbury. Este apresenta uma consciência aguda da finitude humana, na pessoa pública dos governantes e magistrados, através do fenômeno peçonhento da lisonja e da autolisonja. O circuito da adulação destrói toda liberdade crítica, toda verdadeira liberdade de exame, toda suspensão do juízo, toda hermenêutica. O soberano ou juiz que só aceita elogios abre a porta da tirania mais brutal contra os cidadãos. Não é por acaso que os "espelhos do príncipe", e entre eles o fundamental trabalho de Erasmo de Roterdam, *Institutio principis Christianis,* sobretudo no item 2, "O Príncipe Deve Evitar os Lisonjeadores", derivam de Salisbury e da tradição platônica espalhada na Europa pelo sábio Plutarco.

O príncipe de Salisbury sofre a tensão que ocorre entre o divino e o humano. Trata-se de uma economia lógica e ontológica difícil, mas habitualmente realizada pelo grande pensador medieval. Nem o divino sufoca o humano, nem este absorve o divino. Nem teocracia exacerbada, nem perda dos direitos eclesiásticos. O governante é posto diante da Lei divina, invisível e eterna, e diante da norma humana, visível, limitada, passível de mentira. A função didática e filosófica, para não dizer política, do livro III do *Policraticus* é extraída das *Leis* platônicas. Ali, como relembra Erasmo, a adulação mais perigosa para o indivíduo e para a república é a adulação de si mesmo (*Leis*, V, 731-732).

Além de Platão, temos o testemunho de Santo Agostinho sobre este lado humano na imagem do rei. Basta ler a *Cidade de Deus*, no livro IV, 15:

> Não dizemos que uns imperadores cristãos foram felizes porque governaram por longo tempo, ou morrendo, deixaram seus filhos como sucessores [...] Mas dizemos que foram felizes se governaram justamente; se não

foram enaltecidos pelas lisonjas dos que lhes emprestam sublimes honras, e pelos obséquios dos que os saúdam com humildade excessiva, mas sim pelos que lhes recordam que são homens [...]

O livro III do *Policraticus*, portanto, dá ao governante o estatuto humano, e lhe ensina a conhecer os signos dos malefícios do poderoso que foge à justiça e prefere a si mesmo. Desse modo, a contradição entre o rei, imagem divina e *legibus solutus*, e o rei, imagem de si mesmo e que deve estar *sub lege*, se esclarece. Caso vença a lisonja e conheça a si mesmo, o magistrado saberá respeitar o direito. Em caso contrário, resta ao povo o tiranicídio, proposto no mesmo livro III aqui analisado: "Não é lícito adular o amigo, mas é permitido acariciar as orelhas do tirano. Porque é lícito adular a quem é lícito extrair a vida [...] O que recebe o poder das mãos de Deus, serve à lei e à justiça e é servo do direito. Em troca, quem o usurpa, oprime os direitos e submete as leis ao seu arbítrio pessoal".

Essa tese, como sabemos, foi usada de muitos modos, ao longo das doutrinas sobre o direito político. Na Inglaterra, com o *Killing no Murder*, panfleto que reflete opiniões jusnaturalistas, até a execução do Rei, na França, da morte de Henrique IV até a guilhotina aplicada em Luís XVI (e nos seus juízes, os jacobinos, começando por Robespierre), ampliou-se e se modificou – não raro se perverteu – a idéia de que é justo matar o tirano que tripudia sobre o povo e não distribui justiça. Hoje, reconhecemos, com espanto, o retorno do que se imaginam investidos do direito de matar governantes, em nome de Deus. Este *locus* importante dos ideários antigos e modernos tem seu crivo racional no *Policraticus*, infelizmente, um texto quase desconhecido dos intelectuais, mesmo dos encarregados de pensar o Estado e o Direito.

Em nosso tempo as justificativas para o tiranicídio se afastam das razões jusnaturalistas e da suspensão do juízo e da análise[10]. Elas mergulham no fanatismo religioso. Neste ponto, as lições de Salisbury estão longe de serem praticadas.

---

10. Cf. Norberto Bobbio, "È Lecito Uccidere Il Tirano?", em *L'Utopia Capovolta*, Torino, La Stampa, 1990, pp. 87-90.

Mas também em nossa época, na qual a imagem vale mais do que o pensamento frio, e na qual os poderosos não têm dúvidas ao empregar a demagogia – lisonja – desenfreada, é tarefa árdua distinguir o legítimo do ilegítimo, o ético e o imoral. Mesmo os intelectuais, quando sobem ao poder, esquecem o que aprenderam e ensinaram. Melhor seria guardar o antigo costume, na posse de juízes e governantes: nela, outrora, alguém era encarregado de dizer: *Memento quod es homo.* Isto os preveniria contra os aduladores, praga que infesta todos os palácios, mesmo os de Justiça. Talvez, então, os acertos ou erros dos magistrados não fossem tão cômicos, para nossa infelicidade e tragédia.

13. SOB A SOMBRA DE TRASÍMACO: REFLEXÕES À MARGEM DA VIOLÊNCIA

Nosso tema é a violência. Sempre que falo sobre esse prisma da vida humana, procuro entrar diretamente *in medias res*. Nas próximas linhas deixarei essa senda e convido os leitores para um retorno às nossas origens noéticas, políticas, axiológicas. Abordarei o tema em algumas imagens da justiça e da injustiça no pensamento filosófico. Talvez a presença mais constante na consciência popular e na faina de um juiz, de um advogado, de um promotor, seja aquela mulher cega com a balança, medindo atos e palavras. A filosofia também dedica-se a essa avaliação de vocábulos. Ela chegou, com os céticos, à idéia de um exercício permanente de pesagem das frases, para que nada seja avançado às pressas, sem cautela e prudência. Referindo-se ao cético, um comentador diz que esse filósofo evita a *propéteia*, ou seja, a pressa que consiste em acolher um argumento aparentemente conclusivo, em deixar-se seduzir por ele, ao invés de continuar a pesquisa e aprofundá-la. O cético, contra o pensador dogmático, "não se deixará fascinar por uma doutrina que exiba argumentos aparentemente convincentes... ele não cairá em pecado de precipitação"[1].

O magistrado pesa sentenças, argumentos, leis, assumindo o compromisso de ler e interpretar, no processo, as verdades das partes, e todas as verdades. Um juiz rigoroso não cai na *propéteia*. A ele não é lícito praticar o que Erich Auerbach chamou "técnica do holofote": no exame de um texto, quem usa esse método

> ilumina excessivamente uma pequena parte de um grande e complexo contexto, deixando na escuridão todo o restante que puder explicar ou ordenar aquela parte, e que talvez serviria de contrapeso daquilo que é salientado; de tal forma diz-se aparentemente a verdade, pois que o dito é indiscutível, mas tudo não deixa de ser falsificado, pois, da verdade faz parte toda a verdade, assim como a correta ligação das suas partes[2].

O público, diz Auerbach, sempre cai no truque da propaganda que apresenta partes de uma verdade como se fosse o todo.

Os leigos normalmente não obedecem aos preceitos da hermenêutica, os quais exigem que se vá do particular ao geral, retornando ao particular tantas vezes quantas forem necessárias para a compreensão do círculo textual e intersubjetivo em jogo em toda busca de inteligibilidade. O público, diria eu, não tem o tempo necessário para seguir o preceito de Leo Spitzer, um dos maiores hermeneutas de nossa época, quando discute o melhor meio para atingir as múltiplas lógicas que habitam um complexo textual: ler, ler, ler. O público, especialmente o brasileiro, conhece por ouvir dizer, pelo rádio, e por ter visto, na televisão. As doutrinas epistemológicas indicam o "ouvir dizer" como a mais baixa forma de captação conceitual. Denis Diderot, examinando os sentidos, apontou já no século XVIII que a vista é o nosso instrumento mais preso à superfície do mundo, deixando escapar o que é efetivo mas que precisaria, para ser notado, de todos os demais órgãos.

---

1. Oswaldo Porchat Pereira, "Ceticismo e Argumentação", em *Analytica*, vol. 1, n. 1, 1993, p. 38.
2. Erich Auerbach, *Mimesis*, São Paulo, Perspectiva, 1971, p. 352.

O público, insisto na frase de Auerbach, sempre cai no truque da propaganda, "sobretudo em tempos de inquietação, e todos conhecemos muitos exemplos disso, em nosso passado mais imediato". Auerbach escreve logo após a Segunda Guerra Mundial, e da experiência nazifascista, de um lado, e stalinista, de outro. O público poderia, talvez, ser desculpado. Talvez... Mas os intelectuais, os dirigentes, os magistrados, não têm esse direito. Um filósofo que assevera coisas sobre a lógica ou a ética, sem examinar todos os aspectos da questão, pode produzir racionalizações que ajudam seres humanos imprudentes a jogar a morte sobre seus semelhantes, em escala genocida. Um juiz que não pesa todos os elementos dos autos e se pronuncia com leveza, destrói a confiança das pessoas na justiça, abrindo o caminho para as mais espantosas tiranias. Poucos homens podem receber o reconhecimento do gênero humano por terem expresso, de fato, um *veredictum*.

Na idéia da pesagem, está incluído o pensar. Conhecemos a etimologia: "pensamento" tem como fonte "*pensare, ponderare, pondus*". Quem pensa, pesa juízos. Isso é impossível sem tentativas. Na língua filosófica moderna, foi Montaigne, um prudente analista do homem e de sua busca da verdade, quem transportou o antigo símile da pesagem e do pensamento para o campo do ensaio. O termo latino é comum: *exagium* é o ato de pesar as moedas, discernindo as verdadeiras das falsas, *monetam inspicere*. Montaigne tem a idéia de *asayer* as moedas, ou seja, os enunciados éticos, religiosos, políticos, epistêmicos: "Je ne compte pas mes emprunts, je les poise". Ao contrário do público que aceita moedas sem valor como se fossem verdades, Montaigne aconselha o pensamento. "As pessoas", diz ele, "não mais prestam atenção no peso das moedas, no que elas valem, mas cada um as recebe segundo o preço fornecido pela sua aprovação comum e por seu curso"[3].

Quem pensa, só recebe idéias após examiná-las a fundo. O Renascimento e o Barroco, sabemos, são momentos inflacionários. Sem isso, não teríamos boa parte de nossa cultura

---

3. Cf. Silvio Lima, *Ensaio sobre a Essência do Ensaio*, São Paulo, Livraria Acadêmica, 1946.

científica, humanística, pictural, poética e jurídica. Os governantes mecenas, para incentivar as ciências e as artes, precisaram utilizar a inflação, despertando as iras de muitos particulares que financiavam o governo. "Os preços", diz o historiador Trevor-Roper,

> na segunda metade do século XVI, quase quadruplicavam; e o processo continuou. Como poderia um príncipe manter a própria posição, quando o poder aquisitivo desaparecia misteriosamente? Alguns governantes, por exemplo os reis espanhóis, tinham a sua *royalty* na prata americana... Mas outros tiveram menos sorte, e se quiseram manter cortes dispendiosas em tempos inflacionários, recorreram às pesadas taxas. Isso significou muita luta entre eles e os parlamentos, as dietas, os estados gerais. Os representantes da burguesia, do clero, e mesmo dos nobres, examinando as contas e as despesas com arte e semelhantes, recomendavam cortes com tais gastos "inúteis"[4].

Se eles fossem atendidos, nosso tesouro espiritual seria bem menor.

A inflação ameaça o valor das moedas e possibilita discursos intermináveis de pouco valor sobre a economia, a política, a verdade. Por isso, Montaigne aconselha pesar os conceitos numa balança rigorosíssima. Mas o que ocorre na inflação, com os corpos humanos? O público, sempre disposto a aceitar os truques propagandísticos, desespera-se com a perda do valor monetário. Quem confiava no seu dinheiro, sente-se rebaixado com a desvalorização. Indivíduos e massas ressentem essa perda. "Como pouco se vale sozinho", diz Elias Canetti, "igualmente pouco se vale unido aos demais. Quando os milhões aumentam, todo um povo de milhões se converte em nada". As massas não esquecem nem podem esquecer essa perda de substância. Elas exigem esperanças que as façam recuperar o seu próprio valor, pouco importa se, para isso, for preciso matar milhões. E o que se passou com os judeus durante o nazismo. Eles foram mortos aos milhões, para aplacar a sede de existência sofrida pela "raça ariana". Na hora da inflação, as multidões pensam menos do que habi-

---

4. H. Trevor-Roper, *Il Rinascimento*, Bari, Laterza, 1987, pp. 233-235.

tualmente. E mesmo os intelectuais, que deveriam manter o juízo crítico, a capacidade de pesar palavras e atos caem no encantamento da propaganda. Vítimas da "técnica do holofote", eles enxergam apenas alguns lados do verdadeiro, recusando os demais porque seriam "inconvenientes". Stendhal, no *Vermelho e o Negro*, mostra o quanto os intelectuais são capazes de fugir dos "assuntos desagradáveis", sobretudo quando esses exigem enfrentar governos populares e opinião pública, mesmo que ambos sejam tirânicos, como era o caso de Napoleão I, e dos regimes opostos aos direitos conquistados pela Revolução Francesa.

A violência, freqüentemente, faz com que os intelectuais e os que deveriam manter a vida em bases civilizadas não apenas se demitam de sua tarefa – pesar os pró e os contra – mas comecem eles mesmos a raciocinar como o público, repetindo idéias não ensaiadas como se fossem axiomas inquestionáveis. Os juízes que aceitaram, na Alemanha nazista, julgar casos sobre a pureza de sangue, os juízes que aceitaram, na França de Vichy, participar de julgamentos "especiais", todos eles se demitiram, antes, da tarefa árdua e corajosa de pesar o que ouviram e o que falaram. E se não há magistratura pensante, ensaiando cautelosamente todos os elementos que estão diante dela, desaparece a liberdade para os outros pensadores, cuja função seria a de bem executar esta tarefa.

Immanuel Kant, não por acaso, imaginou a razão como um tribunal onde o juiz, a própria razão, julga em primeira e última instância a si mesma, possibilitando que outros juízos menores sejam verdadeiros. O genitivo da *Kritik der Reinen Vernunft* une-se à figura do pretório da razão, do qual nem os governos nem as igrejas podem fugir. Utilizar categorias sem examiná-las é trabalho sofístico ou dogmático. Não esqueçamos que "categoria" tem origem judiciária e significa acusar em justiça. Na *Crítica da Razão Pura*, como na filosofia inteira do Ocidente, a tarefa mais difícil, e a fundamental, é justificar a dedução das categorias. Conceitos usados sem exame não trazem objetividade porque neles não se reconhece ao mesmo tempo o pensamento e os dados empíricos. O juiz, a razão, só aceita como científicas as categorias que mostrem provas simultâneas de racionalidade e de abrangência empírica. "Intuições sem conceitos são cegas, conceitos sem intuições são vazios."

Nem empirismo, pois, ou a famosa justiça do Cadi, que recomeça em cada caso, nem formalismo, ou aplicação de formulas ôcas aos novos casos, sem reflexão atenta. Isto, pensa Kant, vale para a teoria e para a prática. Com o agravante de que na prática existe, com a liberdade, a hipocrisia, dificultando ainda mais a tarefa de quem julga. Saber aplicar uma categoria universal ao caso particular, esta é a arte do intelecto. Se ela não existe, é inútil todo o conhecimento erudito de quem ajuíza, porque escapa-lhe a passagem do abstrato amplo ao empírico restrito. Desse modo, não há fórmula que substitua a força do engenho e o senso de justiça, ou, nas palavras kantianas, o intelecto agudo, a boa vontade, o caráter. Um decorador de sentenças e de códigos não é sábio, mas presa do idiotismo erudito, conforme afirma Kant no início da Analítica Transcendental, quando trata do juízo[5].

Essa observação kantiana tem uma longa história no pensamento. Na *Carta Sétima*, Platão relata a sua experiência desastrosa com Dioniso, o tirano de Siracusa. Este, incapaz de pensar filosoficamente, tentou exibir erudição, escrevendo livros supostamente segundo a filosofia platônica. Platão nega esta possibilidade, dizendo que jamais existiu algo que poderia ser chamado "sua" filosofia. Marx dirá, no século XIX, não ser "marxista". O mesmo enuncia Platão. "Todas as pessoas", exclama, "que afirmam conhecer questões às quais eu me aplico, bem com os que dizem ter sido meus auditores", enganam-se: "Não existe nenhum escrito que seja meu, e isto jamais existirá". Para nós, acostumados aos milhões de livros escritos sobre as "doutrinas platônicas", esta afirmação es-

---

5. "O defeito de juízo é o que se chama propriamente idiotia, este defeito não tem remédio. Uma cabeça obtusa ou limitada, à qual nada mais falte do que um grau conveniente de intelecto e conceitos próprios, pode muito bem se armar, mediante o ensino, até atingir a situação de douta. Mas como nestes casos ocorre que sempre falta o intelecto (segunda Petri = o juízo, na doutrina de Petrus Ramus) não é raro que homens muito doutos os quais, no uso da sua ciência, deixem entrever tal defeito, que nunca poderá ser corrigido." *Kritik der Reinen Vernunft*, Hamburg, Felix Meirter, 1956, p. 194.

panta. O saber que eu possuo, arremata Platão, não se pode formular em proposições. Ele resulta de um comércio repetido com a própria matéria desse saber. Depois de muito freqüentar um problema, "súbito, surge uma luz que se espalha na inteligência, este saber produz-se na alma e, doravante, ele é nutrido por ele mesmo".

Por esse motivo, termina Platão,

nenhum homem sério, ocupado com questões sérias, arriscar-se-á a deixá-las cair no falatório público, escrevendo-as, e as expondo aos maltratos e às dúvidas. Por isto, quando se vê algo escrito por alguém sério, seja uma lei por um legislador, seja este ou aquele assunto, deve-se investigar o caráter deste escrito e perceber que não se trata do que é mais sério. Supondo que ele acredite que estas coisas escritas são realmente sérias, e por tal motivo ele as depositou em escritos, então é certo que os deuses, não os mortais, arruinaram-lhe o juízo[6].

O homem sério não se prende à letra da Lei, nem à letra do saber. Estes elementos são mais um obstáculo ao conhecimento e à prática. Se o indivíduo não tem "familiaridade com a coisa", ele pode reunir muitos livros na cabeça, mas nada disso produz a luz do saber.

Pascal, o geômetra que desconfiava das razões "evidentes", percebeu muito bem o sentido dessa passagem platônica. "Imagina-se", diz ele nas *Pensées*,

Platão e Aristóteles [...] com enormes vestimentas de pedantes. Eles eram pessoas honestas e, como todas as demais, riam com seus amigos; e, quando se divertiram escrevendo suas *Leis* e suas *Políticas*, fizeram-no brincando; era a parte menos filosófica e menos séria de sua vida; a mais filosófica era viver simples e tranqüilamente. Se escreveram sobre política, era como se fossem regular um hospício de loucos; e se fingiram falar sobre este assunto como grande coisa, é porque sabiam que os loucos a quem falavam pensavam ser reis e imperadores. Eles penetraram em seus princípios para moderar sua loucura [...][7].

Por que tantas voltas sobre o pensamento, a erudição, o juízo, a escrita e a ironia filosófica, se o tema é a violência?

6. *Carta VII*, 341-344, Loeb Classical library, Plato V. IX, pp. 531-544.
7. *Pensées*, n. 294, Pléiade, p. 901.

Eu poderia ter operado desde o início com as informações sobre o que se passa na Praça da Sé, com meninos jogados na pior miséria, vivendo e sumindo diante dos Palácios da Justiça. Também poderia tocar na escravidão que retorna nos campos, nas mortes por encomenda, na truculência policial, nos demorados julgamentos, na insensibilidade dos legisladores, na corrompida estrutura do Estado e da sociedade civil brasileiras. Ou poderia, com ajuda antropológica e sociológica, evocar o tráfico de drogas, tecendo considerações sobre problemas levantados pelos estudiosos nas favelas cariocas e paulistas. Utilizo para minha reflexão os informes trazidos pelo Núcleo de Estudos em que trabalha o professor Paulo Sérgio Pinheiro. Outras investigações nos fazem conhecer muito sobre essas práticas destrutivas do vínculo social. Entre vários, são lúcidos e confiáveis os escritos da professora Alba Zaluar, a qual pesquisa a violência ligada às drogas nas favelas do Rio[8].

Mas eu desejo colocar-me no plano filosófico, seguindo Platão na busca da justiça. Como já mencionei, com os exemplos de Kant e da Carta VII platônica, a leitura exige a hermenêutica, sendo impossível ao pensamento filosófico e jurídico operar com fórmulas conceituais já prontas. Só tomarei uma imagem que atravessa os textos platônicos, a da caça, para mostrar o quanto este pensador pode ser útil para quem deseja refletir cautelosamente sobre a justiça e a violência, Em primeiro lugar, indiquemos que a própria busca da justiça é apresentada por Platão, na *República*, como uma caça. No livro IV (432 a-d), Sócrates refere-se à justiça como a um animal acuado dentro da moita e os que a buscam são como "caçadores, de espírito atento", para evitar que ela escape "por outro lado, tornando-se invisível e desaparecendo". Ela anda por aí, em qualquer canto, diz Sócrates ao companheiro, "Olha e então esforça-te por a descortinares, a ver se a avistas antes

---

8. São muitos os textos importantes desta pesquisadora. Vários ainda no prelo. Os interessados podem dirigir-se a ela na Unicamp, no Departamento de Antropologia. De particular interesse de magistrados e promotores é o artigo "Crime e Castigo Vistos por uma Antropóloga" (Friburgo, Ibrades, 1994, mimeo.).

de mim e me prevines". O lugar onde se esconde a justiça é "inacessível e sombrio, pois é escuro e difícil para a batida". Chegar à justiça é tarefa de faro, de astúcia, de habilidade, é preciso conhecer a arte de seguir os rastros[9].

Em outro diálogo, o *Político*, o que se procura é a arte de dirigir os homens, e isto também deve ser uma caça para o pensador[10]. Mas é no livro das *Leis* que a imagem da caça atinge todos os matizes que nos interessam, quando pensamos na justiça. Uma cidade, se os homens injustos são mais numerosos e cometem violência contra os justos, que possuem menor número, é comparada a uma família, na qual muitos são injustos e poucos os justos. "É uma caça pouco rendosa", diz o Ateniense, um dos personagens do texto, "se apenas chegarmos a esta constatação". De fato, não é preciso ser filósofo ou legislador para se perceber esta evidência. A boa caçada deve conduzir-nos "não à propriedade ou impropriedade das frases verbais, mas à retidão essencial ou defeito de nossas leis". E chega a pergunta: "Qual será o melhor juiz? O que faria morrer todos os injustos e prescreveria aos justos comandar a si mesmos? Ou o juiz que, dando autoridade aos justos e deixando viver os injustos, tornaria estes últimos submissos, voluntariamente, a esta autoridade?" Platão não segue esta pista enganadora. Há um terceiro juiz, diz ele, "supondo-se que ele exista, é claro", "o que, tomando na mão uma parentela única em que reina a divisão, não faria nenhum dos membros perecer mas, após tê-los reconciliado para o futuro, dando-lhes leis, seria capaz de vigiar para que eles fossem amigos uns dos outros". Resposta de Clínias, o interlocutor: "O juiz ou legislador que possuiria tal qualidade seria, de longe, o melhor".

E como age esse juiz melhor? Ele deve formar a juventude, especialmente no que diz respeito... à caça. O legislador e o juiz, diz Platão, precisam fazer mais do que instituir leis. Eles devem servir como intermediários entre a lei e a simples

---

9. *A República*, Loeb Classical Library, Plato, V, 1, pp. 364-365; trad. port. Fundação Gulbenkian, p. 184.
10. *O Político*, 264a-267a; trad. L. Robin, Pléiade, V, 2, pp. 350-355.

admoníção. Na vida prática, ambos não devem silenciar diante dos jovens que estão sendo dirigidos para a vida pública. Eles não podem esconder-se numa neutralidade, como se a educação para a obediência da lei nada tivesse a ver com eles, produtores ou aplicadores das normas com suas penas.

O juiz deve ajudar na tarefa de fazer o elogio do cidadão que passa sua vida na obediência da lei.

> É preciso também que o legislador que realmente legisla não ponha as leis por escrito apenas, mas, além das leis, ele deve apresentar aos cidadãos tudo o que ele julga belo ou feio, enlaçando estes juízos ao código legislativo. Por outro lado, o cidadão eminente deve fixar com solidez estas prescrições na sua alma, além daquelas às quais a lei acrescentou a sanção e a penalidade.

A caça é um domínio difícil de ser regulado pelos legisladores e pelos juízes, continua Platão. Primeiro, há muitos tipos de caça, sob um só nome. Existe a caça aos animais aquáticos, aos alados, aos que andam,

> não apenas aos animais selvagens, mas vale a pena meditar na caça aos homens: uma, sob a forma da guerra, a outra, sob a forma da amizade. A primeira, deve ser objeto de denúncia, a segunda, de louvor. As rapinas, tanto dos ladrões quanto dos exércitos em campanha, são igualmente caças.

Nós todos lemos *A Guerra do Peloponeso*. Com o testemunho da bestialidade a que pode chegar um poder estatal imperialista, vimos o quanto pode ser feito pelos homens que servem à fria dominação política no teatro guerreiro. Sabemos muito bem, portanto, o que diz Platão quando se refere à "caça", ao definir as duas atividades problemáticas da vida sociopolítica: o banditismo e os atos bélicos oficiais. Trata-se de uma ação que reduz o outro ao *status* de bicho que pode e deve ser capturado, se possível com o máximo de astúcia, truculência, covardia. A educação grega, tão acarinhada pelos jacobinos modernos, com Rousseau como idealizador, consistiu em fazer dos jovens candidatos à cidadania assassinos de vizinhos não helênicos e ladrões ágeis, eficazes[11]. As ba-

---

11. Cf. Pierre Vidal-Naquet, *Le chasseur noir*, Paris, Maspero, 1981, p. 161, onde o autor, citando Waclismuth, fala no aprendizado militar dos jovens helênicos como "caça aos hilotas".

ses antropológicas dessa pedagogia violenta têm sido estudadas por muitos autores de hoje. Um texto estratégico, embora problemático nas suas fundamentações e resultados, foi escrito por Walter Burkert com título hobbesiano e assustador: *Homo Necans*[12]. Em seu livro sobre o modelo grego da guerra, assumido pelos ocidentais, David Hansen exibe a selvageria a que puderam chegar os cultos e refinados leitores de Platão. Violência como a descrita nesta obra é difícil de ser encontrada, mesmo depois das guerras modernas e contemporâneas[13].

Como podem agir o juiz e o legislador diante de todas as formas de caça? Eles não podem "dissimular a sua existência, fazendo de conta que elas não existem. Nem podem apenas aplicar ordenações e penalidades, instituindo regras de conduta sob forma ameaçadora". O alvo é fazer com que os jovens se afastem destas caças, sobretudo das ilícitas – em especial da caça ao homem – não pelo medo, mas porque foram convencidos pelos elogios aos cidadãos obedientes às leis. As advertências e ameaças devem ser atenuadas em proveito dos atos e discursos dos juízes educadores.

O Estado, em Platão, é um organismo vivo, e por isso qualquer regime político pode desagregar-se. A cidade onde os membros não respeitam a justiça e a lei está adoecida. O injusto é uma peste[14]. Na *República*, o governo injusto é um corpo enfraquecido que, ao menor abalo externo, cai doente. O papel do magistrado e do legislador é o de, como um médico, cuidar da cidade, conservando sua saúde. Um médico não tem receitas únicas e iguais para todos os doentes. Também este é o caso da cidade. No *Político*[15], a lei imutável e gelada é igual a um homem seguro de si mesmo, muito autoconfiado e ignorante, que não permite fazer nada que seja alternativo ao que nela, a lei, está escrito.

---

12. Berkeley, University of California Press, 1983.
13. David Hansen, *Le modèle occidental de la guerre*, Paris, Les Belles Lettres, 1991.
14. *A República*, 552 c, 563 e, 564 b. *Leis*, 736a.
15. Todas estas imagens podem ser encontradas, discutidas, em Pierre Louis, *Les metaphores de Platon*, Rermes, Imprimeries Réunies, 1945.

Na cidade sã os cidadãos unem-se por laços amigos, de tal modo que as penas e os contentamentos de um só constituem as dores e a felicidade de muitos, e vice-versa. "Se a um dos cidadãos acontecer seja o que for, de bom ou mau, uma *Pólis* assim proclamará sua esta sensação e toda ela se regozijará ou se afligirá juntamente com ele"[16]. Na mesma *República*, quando se analisa a democracia, regime no qual surge o demagogo, a "alma dos cidadãos torna-se tão melindrosa que, se alguém lhes ordena um mínimo de responsabilidade, eles se agastam e não a suportam; acabam por não se importar nada com as leis escritas ou não escritas". O desprezo das leis e o prazer de ganhar sempre elogios, cada vez mais mentirosos, com o progresso da arte da adulação (a qual se baseia no pior malefício político, o desejo que todos os homens têm de ser lisonjeados)[17], tudo isto faz a democracia passar, graças aos sofistas e aos demagogos, à tirania. "O tirano é cercado apenas por pessoas que, não sendo nem amigas nem inimigas, contentam-se em parecer o que lhe apraz que elas sejam, testemunhando deste modo ausência de caráter e uma ambição temível até para o próprio tirano"[18].

A peste da lisonja interpessoal e coletiva espalha-se pelos sofistas e demagogos. No entanto, vimos que Platão dá aos juízes e legisladores a incumbência de ensinar aos jovens, louvando os cidadãos obedientes às leis, evitando ao máximo apresentarem-se como simples carrascos. O juiz, na sua dignidade, não é apenas o que aplica uma lei, como se ela fosse um cadáver embalsamado, mas é o que ajuda a encontrar as palavras adequadas para as ações boas e más. Com isso, ele, com o filósofo, chega à técnica de produzir o que se nomeia corretamente: "a correta nomeação". Se há uma semelhante técnica, torna-se possível atingir a lei certa. A lei correta permite a cidade correta, sob a ação do legislador e dos juízes corretos. Há um círculo na fala e no pensamento, e, fora dele, a cidade adoece.

16. *A República*, 462 a-e, Ed. Gulbenkian, pp. 232-233.
17. Esta é a tese das *Leis*.
18. Cf. Jean-Claude Fraisse, *Philia: la notion d'amitié dans la philosophie antique*, Paris, Vrin, 1984, p. 160.

Mas como os juízes podem persuadir os que não querem abandonar a caçada ao homem? Eles não podem usar os recursos demagógicos ou sofísticos. Estes últimos são como feitiços e mágicas que encantam os homens, fazendo-os perder o juízo próprio. Aqui chegamos ao ponto mais grave dos textos platônicos, sobretudo no que diz respeito aos juízes e legisladores. Apesar de toda sua obra política banir a mentira no trato dos particulares entre si, e destes com os governantes, inclusive em face dos juízes (Platão interdita os juramentos nos tribunais, para evitar que uma das partes caia necessariamente em perjúrio)[19], desde o livro III da *República*, coloca-se o princípio da mentira como remédio a ser usado pela magistratura. Com isso, podem-se enganar os inimigos da cidade, mas também dirigir os cidadãos para a "via correta", se os líderes considerarem isto bom e útil.

Além desse traço, há um outro elemento na filosofia platônica que merece cautela. Como convencer os homens a seguirem o que os magistrados consideram bom e útil? Pela persuasão ou pelo constrangimento físico? Nas *Leis*, ambos os métodos aparecem de modo brutal. No livro X daquele texto, os ímpios devem ser postos na cadeia, e só podem receber a visita dos conselheiros que tentarão convencê-los. Se eles não mudarem de parecer, serão condenados à morte. Isso significa um fracasso da "lei correta" e do "juiz correto". Matar o que não pensa igual é muito pouco filosófico, como comenta um autor que venho seguindo de perto, Yvon Bres, no livro fundamental, *La psychologie de Platon*[20]. Platão prefere persuadir sem violência física. Mas suas imagens sugerem muita violência na busca do verdadeiro. Fala-se de modo sonhador no mito da Caverna. Pouco se diz que ali os homens impedidos de ver as coisas no original são presos como os indivíduos em estado de tortura. "No interior da caverna eles, desde sua infância, estão algemados de pernas e pescoços, de tal maneira que só lhes é dado permanecer no mesmo lugar olhando para frente; são incapazes de voltar a cabeça, por causa

---

19. *Leis*, livro XII, 948d-e.
20. Especialmente nos capítulos "L'education par la loi" e "Vérité et persuasion" (cf. Paris, PUF, 1973, p. 362).

dos grilhões"[21]. Page du Bois, em livro recente sobre a prova judiciária e o pensamento filosófico, indica a presença desta metáfora da tortura em Platão. "Durante séculos", diz ela, "nós idealizamos esta descrição da busca da verdade. Se a saída da caverna é de algum modo a alegoria do diálogo platônico... ela se aproxima da situação do Sofista, em que o *logos* e o filósofo são caçados e submetidos à tortura". Claro: trata-se aqui de "prova", em sentido analógico. O filósofo verdadeiro é "provado" como os que sofriam interrogatório. No fim, surgiria sua "verdade". "Mas por que", pergunta ainda a autora, "nós deveríamos construir nosso modelo da descoberta com uma alegoria de força e sofrimento?"[22] Entretanto, como persuadir sem enganar o povo, como o fazem os sofistas e demagogos?

Aqui, é preciso perceber o lado escuro da teoria platônica sobre leis e juízes. No livro II das *Leis*, diz-se que o vinho tem um papel importante na persuasão dos homens. O vinho, além de outras virtudes, torna "maleável a alma dos que o bebem, permitindo ao legislador agir sobre ela"[23]. Estaríamos longe dos métodos subliminares da propaganda clandestina, tão empregados em nosso tempo? Estaríamos afastados dos *hidden persuaders* de que nos falou Vance Packard[24]? Talvez seja um pouco de exagero, mas além deste elogio da embriaguez dirigida pelos magistrados, nas *Leis* encontramos outra forma de persuasão, ainda menos digna de louvor. No livro VIII, surge a preocupação de impedir a pederastia e as relações heterossexuais ilegítimas. O legislador assimila esses atos ao incesto. Se cada homem experimentasse diante dos jovens e das jovens um respeito igual ao que sente diante de seus filhos e filhas, a lei moral se reforçaria por esta espécie de lei "não escrita" Esta força coativa vem de sua "unanimidade". Desde crianças assistimos os espetáculos teatrais em que o comportamento de Édipo é reprovado. Nós o vemos dando-

21. *República*, 514a.
22. Page du Bois, *Torture and Truth*, New York, Routledge, 1991, p. 122.
23. *Leis*, livro II, 671b-c.
24. Vance Packard, *The Hidden Persuaders*, New York, Me Kay Company, 1957.

se à morte, quando descobre a enormidade de sua falta. E Megilos, um personagem das *Leis*, neste momento, aprova: "a opinião popular tem uma potência verdadeiramente extraordinária"[25]. Desse modo, vê-se Platão contando com a força das multidões para "persuadir os que não seguem os costumes corretos", sem precisar o juiz ou legislador definir uma força física imediata, ou um discurso imediatamente mentiroso. A persuasão vem do grupo social, pelo teatro. Há, pois, como diz Brés, "uma exaltação do grupo enquanto tal, ou pelo menos um inquietante recurso à força 'erótica' do coletivo".

Ora, trata-se aqui de se definir quem possui a força e como deve empregá-la. Vivemos depois do nazifascismo e vislumbramos a aurora de seu rebento, os neonazismos. Sabemos o perigo de se conceder aos governantes e juízes o direito de persuadir por razões de Estado a fim de "educar" a cidadania. Quem segue os casos de linchamento em nosso país sabe até onde vai a força dos grupos, convencidos pelos sofistas que, no rádio e na televisão, martelam as regras da moral "correta", mesmo quando filmam o suicídio de jovens inocentes para aumentar ainda mais a audiência. Mas o pior é o monopólio da mentira na língua sem escrúpulos da maior parte dos governantes. Contra isso, não há lei escrita que resista. Mais do que nunca, pois, os intelectuais e mantenedores da justiça, se quiserem cumprir seu papel, precisam duvidar, interpretar as leis, "ensaiar" ponderadamente, ou, numa só palavra, pensar. A pura e simples aplicação das normas, sem ponderação, pode ser um modo de destruir a confiança na justiça e na ciência.

Por que escolhi Platão para guiar o debate? Porque nele podemos discutir nossas mais antigas noções de caça ao homem, contra a qual surgiu a esperança de alguma justiça. As polícias brasileiras são exímias naquela arte, mas nela também entram, entre muitos, os cidadãos "honestos" que pagam aos outros por este mister. Mas em Platão encontramos o elogio da mentira empregada por legisladores e magistrados. E quem decide quando o poder é mantido pelas pessoas "corre-

---

25. *Leis*, livro VIII, 838c-d. Y. Brés, p. 364.

tas" ou não? O povo, já persuadido pelos modernos sofistas, a indústria do cinema, do rádio, da televisão? Os intelectuais? E se estes estiverem no mando, é-lhes lícito empregar a "santa mentira"? Quem acompanhou a história da ex-União Soviética, e os seus julgamentos com sentença estabelecida no Kremlin, sabe o quanto os intelectuais são destinados ao papel de sofistas, carrascos, ou vítimas. Eles, com freqüência assustadora, não resistem às antecâmaras do poder, caindo na armadilha dos governantes, tirânicos de preferência. Antigamente eram chamados "palacianos". Hoje, o apelido tornou-se mais sofisticado. Eles são os "assessores".

Tudo isso nos conduz à fala espantosa de Trasímaco, personagem sinistro da *República*, contra o qual, parece, Platão lutou até o fim. O que é a justiça? A resposta é fácil, diz Trasímaco. E arrazoa:

> Cada governo estabelece as leis de acordo com a sua conveniência. A democracia estabelece leis democráticas. A monarquia impõe leis monárquicas. E os outros procedem do mesmo jeito. Uma vez promulgadas estas leis, fazem saber que é justo para os governos aquilo que lhes convém, e castigam os transgressores, a título de que violaram a lei e cometeram uma injustiça. Aqui tens, meu excelente amigo, aquilo que eu quero dizer, ao afirmar que há um só modelo de justiça em todos os Estados – o que convém aos poderes constituídos. Ora, estes é que detêm a força. De onde resulta, para quem pensar corretamente, que a justiça é a mesma em toda a parte: a conveniência do mais forte[26].

Se *ethos* se refere ao que é hábito automático, podemos dizer que boa parte de nossos estadistas e intelectuais, formados na escola stalinista ou nazista, conservadora ou progressista, cobre-se com o manto desse realismo. Por sua causa, a democracia torna-se um sonho utópico, sempre adiado pelas alianças entre intelectuais e oligarcas, tendo em vista a razão mesquinha de Estado.

O século XIX conservador deduziu as lições de Trasímaco. Se lermos Donoso Cortés, nas suas lições de Direito Político (29.11.1836) encontramos isto: "O soberano possui a onipotência social. Todos os direitos são seus, porque se

---

26. *República*, 339a.

existisse um só direito que não estivesse nele, não seria onipotente e, não o sendo, não seria soberano. Pela mesma razão, todas as obrigações estão fora dele, porque, se ele tivesse alguma obrigação a cumprir, seria súdito. Soberano é o que manda, súdito, o que obedece"[27]. Basta abrir os textos sobre *Teologia Política* de Carl Schmitt para encontrar os frutos desta longa semeadura que vai de Trasímaco a Donoso Cortés: "soberano é o que manda", dizia o último, "soberano é quem decide sobre o estado de exceção"[28]. Este *extremus necessitatus casus* ajudou a racionalizar as piores violências que nosso tempo conheceu. *Difficile est satíram non scribere!* A frase, jogada por Hans Kelsen contra Ebers, pode, no entanto, voltar-se contra todos os intelectuais e magistrados "neutros" e "científicos", que não se arriscam nos ensaios da justiça. Deus nos livre de gente assim, para o bem de nossa triste República.

---

27. *Obras Completas*, BAC, vol. 1, pp. 337 e ss. (grifos nossos).
28. Além dos textos de Schmitt (uso a edição italiana, *Le Categorie dei "Politico"*, Bologna, Il Mulino, 1972), leia-se Karl Lowith. "Le Decisionisme – oecasionnel – de Carl Schmitt", *Les temps modernes*, n. 544, nov. 1991. Também A. Doremus, "Introduction à la pensée de Carl Schmitt", *Archives de philosophie*, n. 45, 565-585, 1982.

14. A DEMOCRACIA E A ÉTICA

Uma das críticas agudas à democracia, desde a aurora deste regime político, sinaliza que o governo popular abusa da palavra. Defensores ou inimigos do governo regido pelas assembléias concordam: nele, o perigo de as questões reais serem devoradas pelos discursos é iminente. Se abrirmos os diálogos platônicos, severo requisitório contra a "licença democrática", neles encontramos a imagem de um par sinistro, o qual, segundo Platão, destrói as bases éticas da cidade. Refiro-me ao sofista e ao demagogo. Ambos vivem do comércio sem peias da verborragia. Na sofística demagógica, os valores são obnubilados por intermédio de artifícios retóricos, cujo alvo é a persuasão absoluta. Seja para se ganhar uma causa nos tribunais, seja para se decidir um problema de ordem política, a democracia ateniense exigiu orações brilhantes, vazias, com efeito mágico sobre os ouvintes.

Os seguidores de Platão, importantes para a gênese das doutrinas ético-políticas do Ocidente, como Plutarco, preocuparam-se com o fenômeno do palavrório na vida estatal e particular. Dois livros de Plutarco marcam o pensamento da Europa, a partir do Renascimento, atingindo o século XIX. Trata-se, em primeiro lugar, do texto sobre o fenômeno da língua solta, o escrito conhecido, no título latino, como *De Garrulitate*. Depois, temos o seu correlato, o volume destinado a analisar os efeitos da fala bajuladora na vida pessoal e pública, denominado *De como Discernir o Amigo do Adulador*. Os dois trabalhos giram ao redor do abuso de todo poder e dos perigos dos cortesãos e demagogos, quando estes imperam na *pólis*.

As lições de Plutarco foram aceitas pelo Renascimento, especialmente na escrita política de Erasmo, Montaigne, Maquiavel, Thomas Morus, Francis Bacon. Sua influência continuou no século XVII. Os textos de Hobbes, entre outros, são ininteligíveis sem ele. Note-se, por exemplo, a cautelosa discussão sobre os sentidos das palavras, no início do *Leviatã*. O abuso discursivo é fonte de lutas entre os homens, destruindo qualquer República.

O século XVIII foi o tempo em que Plutarco recebeu o maior número de adeptos entre filósofos, moralistas, homens de Estado. Rousseau, Diderot, todas as Luzes francesas, as quais antecederam os eventos de 1789, devem em demasia ao autor das *Vidas Paralelas* e das *Moralia*. Certa idéia de virtude ética, em especial a preocupação com o público, entra nas teorias sociais do século XVIII, por intermédio de Plutarco, vínculo entre os pensadores modernos e Platão, Aristóteles e a maioria dos representantes gregos e romanos do direito e da filosofia. Mas, se admirava o laconismo, encantando-se com a circunspecção discursiva preconizada por Plutarco, o século das Luzes não deixou, entretanto, de ser gárrulo. "Da interpretação do falatório e da significação espiritual do improviso e da filosofia deriva o que é mais notável no estilo e no gênio do século XVIII". Esta frase de Leo Spitzer, um dos maiores estudiosos da cultura francesa no plano literário, serve para bem identificar a época em que foi gerada a moderna democracia.

Outro intérprete assim se refere à época em que floresceu o ideal do liberalismo político na França e na Europa:

O século da filosofia também é o tempo dos frasistas, e depois, de intermináveis discursos, espantosos faladores e polígrafos, tagarelas de boca e de pena. Quem não fala em demasia neste século de anedotas, de fofocas, de efusões? São legião os virtuoses, do falatório: belos espíritos e narradores que conhecem a fundo a arte de "bordar indefinidamente ao redor de nada", gazeteiros e poetastros, padres mundanos e jacobinos, Fígaro e Pangloss, Restif e Casanova, Voiserron e Galiani, o amigo dos homens e o amigo do povo [...] e toda uma esquadra de fracassados e entusiastas da Revolução. Rivarol "falava seu gênio e se esgotava"; Chassaignon, ilustre desconhecido, publica o *Dilúvio da Escribomania*, e, logo, os discursos de Danton formarão cataratas.

Fala-se, no século XVIII, como se o rio de frases fosse modificar a História e a Natureza, compensando-se, deste modo, a falta de seriedade nos atos. Maiores informes sobre este prisma do século iluminado podem ser encontrados no clássico livro de Georges Daniel[1].

Em suas críticas às Luzes, Hegel menciona com destreza esse mergulho nas grandes frases: a linguagem do século XVIII, lemos na *Fenomenologia do Espírito*, conduz "ao palavrório de um instante que logo se esquece". Robespierre utilizou o Terror e os discursos para definir a política por ele julgada especificamente democrática. Até os últimos instantes de seu poder, ele discursava longamente. Com o reino da virtude imposta, a ética dos "bons" contra os "bandidos", temos o adágio arcaico dominando: "Faça-se a justiça, pereça o mundo". O problema é que a "justiça" correspondia à facção dos "puros", a dos jacobinos. Cai por terra todo o procedimento judiciário, mesmo o que vigorava no Antigo Regime, com as garantias para todos os culpados, ou supostos culpados, de conspirar contra a segurança ou o erário públicos. No reino dos "honestos", comenta Hegel, ainda na *Fenomenologia do Espírito*, "ser suspeito substitui-se a ser culpado". Isto só conduz à brutal destruição do ser político, arruinado pela delação (um modo hediondo de se utilizar as palavras), pela demagogia, pela guilhotina.

---

1. Georges Daniel, *Fatalité du secret et fatalité du bavardage du XVIIIe siècle: la marquise de Merteuil et Jean-François Rameau*, Paris, Nizet, 1966.

Tantas frases de efeito, tanta linguagem, a inteligência foi gasta em ritmo acelerado. Com o golpe do Termidor, e o reino de Napoleão, instalam-se, além da delação universal, a polícia, a censura, o silêncio. À democracia imposta pela guilhotina e pelos longos discursos, substitui-se o governo de um só, o Imperador conduzindo seus exércitos. O resto da cultura, inclusive a ética, feneceu. Os discípulos de Rousseau, após a queda do regime democrático, marcaram esta geração termidoriana. Os jovens desse tempo "encontraram-se num mundo novo, que destruíra totalmente as suas esperanças, e no qual não puderam se sentir à vontade. Entraram em oposição a ele ou afastaram-se dele. Da herança de Rousseau guardaram somente [...] a necessidade de se isolar e de ficar sozinho; o outro lado da natureza de Rousseau, o lado revolucionário e combatente, este eles perderam"[2].

Contraposto aos discursos patrióticos e à virtude imposta a ferro e fogo, no reino democrático dos jacobinos, à sua ética corroída na inflação das palavras e dos atos antijurídicos, surgiu o moralismo da individualidade dobrada sobre si mesma, o anti-herói do romantismo propondo a fuga do mundo, especialmente da política. O ideal aristocrático e romântico rompe com as premissas da moderna democracia.

O discurso político perde credibilidade, portanto. Com ele, os planos éticos e a hegemonia da coisa pública. No século XIX, diz Richard Sennett, "os políticos são julgados dignos de confiança se despertam o mesmo gênero de adesão conseguida pelos atores no palco. O conteúdo do discurso político conta, desde agora, menos: as pessoas se interessam, sobretudo, pela vida do homem político"[3]. A Restauração antidemocrática foi sacudida pelos movimentos liberais e populares em 1848. O início destes remanejamentos foi uma verdadeira enxurrada de palavras de ordem. Como enuncia Karl Marx, citado por Sennett: o período que se seguiu a fevereiro de 1848 era "a insurreição comum, com suas ilusões, sua poesia, seu conteúdo imaginário e suas *grandes frases*".

---

2. Erich Auerbach, *Mimesis*, São Paulo, Perspectiva, 1973.
3. Richard Sennett, *O Declínio do Homem Público: As Tiranias da Intimidade*, São Paulo, Companhia da Letras, 1988.

Uma testemunha da época, Theodore Zeldin, relata: "De repente, éramos livres para falar como bem entendíamos, podíamos publicar qualquer livro, fundar jornais, sem taxas, sem caução, sem impostos e sem censura". Lamartine, o protótipo do orador demagogo de nossos dias, nos diz Daniel Stein, "subjuga a paixão das massas com a força de sua eloqüência incomparável". O carisma dos grandes líderes de multidões, ensandecidas pela verborragia, apenas continua em Hitler, Mussolini e demais ditadores do século XX, que se dirigem durante horas ao povo, utilizando frases grandiloqüentes sobre a "honra", a "grandeza", a "moralidade", signos hipnóticos. Conforme indica o mesmo Richard Sennett, mais adiante:

> O poder escondido de um orador como Lamartine reside no poder de mistificar. Lamartine não possui um "texto" próprio, e não pode, pois, ser medido com a régua da verdade ou da realidade concretas. A base de sua legitimidade só nos envia à qualidade de seus sentimentos e intenções. Isto pode conduzir à façanha de um Goebbels, o qual conseguiu convencer as pessoas, aliás inteligentes, de que os judeus eram ao mesmo tempo comunistas e membros da finança internacional.

Passada a era das revoluções proletárias e dos grandes oradores românticos surgiu, como subsistência de certa estrutura cognitiva, a noção de "uma personalidade pública em que se poderia acreditar, capaz de produzir um acontecimento público em que se poderia acreditar, capaz de produzir um acontecimento público com credibilidade, e não uma ação crível". Entrávamos, assim, na "política da personalidade", na qual o discurso racional sobre as virtudes, a ética, a democracia, perdeu toda força. A liderança carismática faz com que as massas sintam confiança em atos de salvação nacional, sem refletir sobre os instrumentos utilizados, sobretudo, sobre a propaganda. Desconfiadas das frases lógicas, ou dos esforços políticos para sanar males sociais e políticos, multidões são jogadas nos braços do "político ator", que as embala coma força da mídia eletrônica.

> A repressão completa das possíveis reações do público nas mídias eletrônicas cria a lógica do interesse pela personalidade. [...] A própria realidade política, com suas reuniões, comitês, burocratas, é muito tediosa. Para compreendê-la, o público deveria fazer um esforço ativo de interpretação.

Com a mídia, esta vida real é posta entre parênteses: deseja-se apenas saber "qual gênero de pessoa" faz com que "coisas aconteçam". E isto a televisão pode ensinar ao espectador, se ela deixa de lado todo diálogo, e se concentra sobre o que o político "sente".

Poderíamos completar estas frases de Sennett, notando o quanto o mundo político aparece, sobretudo nas colunas sociais, onde se misturam, por exemplo durante o "governo" Collor, as fofocas mais "quentes" sobre fulano ou beltrano, ou as "saias justas" entre poderosos, ou então, os feitos dos que ocupam o "trono" da hora, como as estripulias do "primeiro irmão" etc. O público observador, ávido de saber algo sobre a vida íntima dos que mandam, perde o *status* da cidadania, esquece a moral e a ética. Vale sempre o detalhe "picante" dos mercenários que se encarregam de escrever sobre as "novas" da "Corte". "Frituras" de ministros começam ali, nas "colunas" sociais.

E, continua Sennett, de modo lúcido:

> O interesse pela personalidade provocado na mídia e a política distrativa do político sentimental seguem juntos. Mas este feliz casamento entre a promoção tecnológica do carisma secularizado e o político que usa os sentimentos também pode conduzir a uma catástrofe para este último. Na medida em que todos os referentes, aqui, são de ordem psicológica, uma fraqueza, uma falta ou simples desfalecimento moral podem tornar suspeita a figura do político. Nixon é, sem dúvida, o exemplo melhor de um político que "escorregou" assim. Tendo procurado, durante toda a sua vida, legitimar-se ao se opor ao *establishment* ele acreditou, tendo atingido o cume do poder, que o público iria julgá-lo de modo diverso ao de seus adversários políticos.

Fenômeno idêntico tivemos no Brasil, com o impedimento de um presidente, mero produto da mídia. Este, julgando-se acima de todos e de tudo, imaginou que o público não se impressionaria com eventuais deslizes éticos ou morais. Mas o caçador dos marajás, o "Grande Honesto" criou a expectativa que já nos primeiros sinais de corrupção fez "escorregar" o seu carisma. O político sentimental ("Não me deixem só!"), arremata Sennett,

> arrisca perder constantemente toda legitimidade, pois uma falta em qualquer domínio de sua vida será considerada como signo de que ele é "mau".

Na medida em que a política da personalidade consiste em dissuadir o público de julgar o político com a medida de seus atos, na medida em que todos os elementos do caráter tornam-se simbólicos sem ter referentes concretos, toda mancha pode tornar-se um terrível agente de autodestruição.

Quando nos referimos, portanto, à questão democrática e ao problema ético, uma cautela básica é não confiar nas grandes frases, na repetição dos mesmos conceitos, nas expressões melífluas que movem a paixão das massas, mas pouco dizem ao cérebro, o único que procura julgar com acerto. Após a cautela com a inflação do verbo, passemos a um outro elemento fundamental, a própria inflação econômica. Esta última dissolve com eficácia absoluta os vínculos éticos e os valores. Se quisermos combater o esmigalhamento axiológico que destrói nossas relações sociopolíticas, precisamos atingir uma forma governamental democrática com força para atenuar a inflação e seus efeitos.

Elias Canetti, em seu tratado[4], relembra um fato incontestável: "Pode-se afirmar que, nas nossas civilizações modernas, excetuando-se as guerras e as revoluções, não existe nada que em sua envergadura seja comparável às inflações". Canetti mostra como há um nexo entre o corpo do homem, a sua mão principalmente, e a moeda. Com o enfraquecimento deste vínculo, após o papel-moeda (embora o padrão ouro ainda seja garantia de confiabilidade de uma economia segura), ainda permanece um ponto de estabilidade e confiança nos governos democráticos. Trata-se da cifra que indica o "milhão". Como indicador de um número, o "milhão" tanto pode referir-se ao dinheiro como a homens. E Canetti nos reconduz à íntima passagem entre a inflação verbal e a econômico-política.

Milhão: "O caráter duplo da palavra pode ser analisado muito bem nos discursos políticos. O prazer voluptuoso do número que cresce repentinamente, por exemplo, é característico dos discursos de Hitler. Em geral, ele se refere aos milhões de alemães que ainda vivem no exterior do Reich e que ainda precisam ser redimidos". Os presidentes brasileiros

---

4. Elias Canetti, *Massa e Poder*, Brasília, Editora da UnB, 1983.

também brandem seus milhões de votos como base de legitimidade, olvidando outros requisitos para esse fim.

Importa sublinhar o fato: no mundo atual, massa e milhão relacionam-se imperativamente. No processo inflacionário, entretanto, "a unidade monetária perde repentinamente sua personalidade. Ela se transformaria em massa crescente de unidades; estas possuem cada vez menos valor à medida que aumenta a massa. Os milhões, que tanto se quis possuir, estão repentinamente em nossas mãos, mas já não são mais milhões, apenas se chamam assim". Na inflação, ocorre um elemento perverso e perversor: "O que cresce torna-se cada vez mais fraco. O que antes era um marco é agora dez mil, depois cem mil, depois um milhão. A identificação do homem individual com seu dinheiro é abolida desta forma". O homem, que antes confiava na sua moeda ou bilhete, não "pode evitar sentir seu rebaixamento como um rebaixamento dele próprio. [...] A inflação não abala apenas tudo externamente; nada mais é seguro, nada permanece no mesmo local durante uma hora; em virtude da inflação, ele mesmo, o homem, diminui. Ele mesmo, ou o que ele foi, é nada; o milhão, que ele sempre desejou ter, também é nada. Todos o possuem. Mas cada um é nada".

O processo inflacionário, pensa Canetti, é uma "desvalorização dupla [...] o indivíduo sente-se desvalorizado, porque a unidade na qual confiou, que ele respeitava tanto como a si mesmo, começou a deslizar para baixo. A massa sente-se desvalorizada. [...] Como pouco se vale sozinho, igualmente pouco se vale unido aos demais. Quando os milhões aumentam, todo um povo de milhões se converte em nada". A massa, entretanto, não se esquece de sua desvalorização. "A tendência natural, a partir daí, é a de encontrar algo que valha ainda menos do que a própria pessoa, algo que possa ser desprezado da mesma forma como se foi desprezado antes." A massa busca um bode expiatório sobre o qual descarregar o sentimento de ser nada. Canetti aponta para o vínculo entre a inflação alemã e os milhões de judeus, supostamente inferiores aos arianos empobrecidos pela inflação, mortos nos campos de extermínio.

Mas nós podemos encontrar, em nosso cotidiano, provas dessas asserções. Nas periferias, os linchamentos evidenciam o acerto de Canetti. Os massacres desapiedados somam-se, no povo, à histeria moralizante que joga sobre este ou aquele político o fogo da vergonha e da culpa pelos males inteiros da sociedade e do Estado. Não apoiei o presidente Collor. É público que o critiquei durante todo o seu governo, por meio de artigos na *Folha de S. Paulo*. Mas tremi nos seus últimos instantes, sobretudo na tragicômica reunião do Congresso em que se decidiu pelo seu processo. A fila de parlamentares que tagarelavam nos microfones ("Voto sim pela minha pátria, pela minha família" etc.) e o coro das ruas assemelharam-se ao exorcismo primitivo no qual a vítima propiciatória, uma vez enviada ao deserto, garantiria a ordem jurídica e a fuga da inflação.

Tudo, no Brasil, respirava os ares da "moralidade". "Ética" era a palavra presente em todas as bocas.

As massas, exasperadas pela morte coletiva, presente no fenômeno inflacionário, primeiro se entregaram de mãos atadas ao homem que iria destruir a inflação "com um só tiro". Aceitou-se, em todas as classes, um confisco tirânico efetivado, diga-se de passagem, com aval do Congresso. As instituições e normas jurídicas foram consideradas de ordem menor, sem importância real. Caso a inflação fosse dominada, teríamos, somando-se o carisma tecnológico (por conta da mídia televisiva) à personalidade autoritária do Líder, um grande afastamento de toda e qualquer democracia. Os bodes expiatórios seriam outros, com segurança, os adversários do presidente.

As massas, assim preparadas pela inflação e pela instabilidade política, aceitaram com alma e coração o Plano Real, cuja maior virtude foi a de manter uma falsa paridade entre nossa moeda e a da maior e mais potente economia do mundo, o dólar. Durante anos as classes médias desfrutaram da fantasia de serem estrangeiras ao seu próprio povo, vivendo em ritmo e ares de Miami, enquanto as periferias compravam bagatelas produzidas na China por dois vinténs. Milhões aceitaram o "real", e apoiaram o governo que o utilizava como propaganda enganosa, porque já não mais suportavam a inflação espantosa dos últimos governos militares e do governo Sarney.

Algo semelhante ocorre em nossos dias. Descoberta a rede de corrupção imperante no Congresso, as massas brandem um ódio talvez legítimo, mas que se consuma na destruição de certos homens. Lembrando as advertências de Canetti: a cada milhão descoberto nas contas deste ou daquele deputado (ou de juízes como o Sr. Nicolau dos Santos Neto) há um prazer maligno e impotente na fala dos cidadãos: "São todos ladrões!" Logo a seguir, vem a descrença absoluta na democracia, os votos de retorno ao governo militar, o cinismo só comparável, digamos, ao exibido pelos próprios homens públicos que se corromperam. Desse modo, não há democracia que possa subsistir sob a inflação, pois esta dissolve todas as crenças e todos os valores, expulsando qualquer idéia ética, no social ou no político.

No Brasil, há um espelhamento perverso entre homens de Estado e particulares. Ambos possuem uma ética em que os favores pessoais passam por cima de nexos jurídicos, morais, religiosos, ideológicos. A violência cotidiana penetra nos Parlamentos e deles se irradia para a sociedade "civil". Por exemplo, o costume, essencial à ética de vastas camadas, ricas e pobres, do assassinato pago. Caso sejam as primeiras as beneficiadas, temos os tradicionais "capangas". Caso sejam as segundas, temos os "justiceiros". A vingança é lei primitiva que ainda perpassa as mais altas autoridades da República, mas repete-se em milhares de casos, tornando-se banal. Hegel, referindo-se à vingança nas suas *Lições sobre a Filosofia do Direito* (§§ 102 e 220), mostra que este ato, colocando o particular acima do público, as paixões dominando a razão, é sempre uma violação do direito, repetindo-se indefinidamente de geração a geração, sem limites. Em nota, ele esclarece: "A vingança é perpétua e sem fim nos povos não civilizados". No Estado democrático, pelo contrário, "na administração da justiça, é o universal lesado que toma o lugar da parte ofendida, desempenha um papel efetivo no interior do tribunal, empreende a busca e a repressão do crime". Desse modo, reconcilia-se o criminoso com a lei, o que é condição da legitimidade até mesmo da repressão.

No Brasil, ombreamos com amigos e adversários cuja ética, a qualquer momento, pode reduzir-se à vingança. No

Estado civil, definido pelo direito, só o poder público possui o monopólio da força física e do ordenamento jurídico, além da gestão do excedente econômico. Mas a passagem entre o que é público e o que pertence às relações pessoais é sempre iminente entre nós. Envergonha qualquer padrão civilizatório o fato de um governador de Estado atirar na boca de uma outra autoridade, em público, e não ser preso. Pior ainda, quando um partido, possuindo maioria eventual na Assembléia Legislativa, recusa-se a fornecer licença para que o criminoso evidente possa ser julgado. Escândalo e execração, entretanto, merecem as defesas dessa ética hedionda, quando o mais alto posto legislativo do País, na pessoa de seu presidente, defende a "hombridade" do criminoso, apelando para a "honra lavada", e elogiando-o por ter cometido o crime diretamente, sem intermédio de pistoleiros. Quantas mulheres, agora, no plano privado, foram mortas por simples canalhas, absolvidos porque "lavaram a sua honra"? Esta ética é uma das faces mais repelentes da sociedade brasileira. Com ela, impossível o Estado de direito e a democracia. Os linchamentos, os massacres, as violências contra os negros, os homossexuais, os nordestinos no sul do país, o anti-semitismo que prospera, tudo isto está contido nos costumes que produzem o cotidiano, os hábitos nacionais[5].

Numa sociedade onde crianças são mortas nas ruas aos milhares, onde meninas e meninos são utilizados para a prostituição, onde se constata a prática de escravidão em Estados como São Paulo, onde se somam aos milhões as mulheres que sofrem violência física, onde certos segmentos incontrolados da própria Polícia assassinam industrialmente, onde o tráfico de drogas só é punido nos seus agentes menos bem-situados na escala social, enquanto os grandes beneficiários aparecem nas colunas sociais como se fossem trêfegos peraltas, onde quem possui um carro julga-se no direito de matar impunemente, desrespeitando regras mínimas (a ONU não aceita o número de acidentes no trânsito brasileiro, ela os considera assassinatos), onde se admira a "espertza de particulares e

---

5. A. G. Guimarães, *A Autoridade, o Chefe e o Bandido: Dilemas e Saídas Educacionais*, Campinas, Unicamp, 1993.

políticos, onde o ensino é tido como atividade desprezível pelos governantes, enfim, numa sociedade onde todos estes lados são evidentes, é suma tolice parolar sobre a ética, a democracia.

> Todas as vantagens da sociedade não são para os poderosos e os ricos? Todos os empregos lucrativos não são desempenhados unicamente por eles? Todas as graças, todas as isenções não lhes são reservadas? E a autoridade pública não se coloca toda em seu favor? Não tem sempre a certeza da impunidade um homem de consideração que rouba seus credores ou pratica outras velhacarias? As cacetadas que distribui, as violências que pratica, mesmo as matanças e assassinatos de que se toma culpado não são assuntos que se abafam e dos quais não se fala mais ao fim de seis meses? Se esse mesmo homem é roubado, toda a polícia logo se põe em campo, e infelizes dos inocentes de quem se suspeita! Se ele tiver de passar por uma região perigosa, são providenciadas escoltas para protegê-lo, se romper-se o eixo de seu carro, todos correm em seu socorro, se fizerem barulho em sua porta, basta que diga uma palavra para todos se calarem; se a multidão o incomoda, faz um gesto e todos se afastam; se um caminhoneiro se colocar na sua passagem, seus homens estão prontos a espancá-lo e cinqüenta operários honestos, indo para o trabalho, seriam esmagados com mais facilidade do que um patife ocioso de sua equipe, que se atrasasse. Todas essas considerações não lhe custam uma só moeda, são direitos de um homem rico e não o preço de sua riqueza. Como é diferente o quadro para o pobre! Quanto mais lhe deve a humanidade, tanto mais a sociedade lhe recusa. Todas as portas estão fechadas para ele, mesmo quando tem o direito de fazer com que se abram. E, se algumas vezes obtém justiça, é com mais trabalho do que um outro obteria auxílio. Se há algum trabalho penoso a realizar, uma milícia a constituir, ele será o escolhido. Carrega sempre, além de sua carga, a de seu vizinho mais rico, que tem o poder de fazer isentar-se. Ao menor acidente que lhe acontece, todos se distanciam dele; se o seu fusquinha tomba, longe de ser auxiliado por alguém, considero-o feliz se escapar dos insultos dos leões-de-chácara de um filhinho de papai; numa palavra, toda a assistência gratuita lhe foge quando dela necessita, precisamente porque não tem com que pagar. Mas eu o considero perdido se tiver a infelicidade de possuir uma alma honesta, uma filha amável e um vizinho poderoso!

O trecho citado acima não foi escrito por um populista qualquer, pertencente a um partido de esquerda radical. Mas ele retrata perfeitamente a lógica e a ética imperantes na sociedade brasileira. Não, o trecho acima, salvo pequenas modernizações de minha lavra, pode ser lido inteiramente no *Discurso sobre a Economia Política*, de Jean-Jacques Rousseau, um patrono da moderna democracia. Alguns milhares de brasileiros bem-aquinhoados são subsumidos perfeitamente no retrato dos poderosos feito por Rousseau. Milhões cabem na pintura do homem honesto e pobre. Após indicar essas cautelas, quando queremos discutir ética e política, ética e democracia, precisamos passar a alguns pontos vitais.

Cheguemos ao elemento ético-institucional em nossa terra. Tenhamos sempre presente que "ética" no sentido próprio, "é a doutrina das condutas que se tomaram 'habituais', que se tomaram moral pelo hábito – as 'virtudes'. A palavra grega *Ethike* relaciona-se com os costumes. Hegel, na *Filosofia do Direito* une *ethos* e hábito (*Gewohnheit*). Há uma espécie de contaminação semântica entre *Gewohnheit* e *Wohnen* (habitar). Ali, onde nós habitamos, estão os nossos hábitos"[6]. O "lugar" onde vivemos, lá situa-se a nossa "casa". Quando estamos "entre nós", em nosso domicílio (*Heim*), somos o que somos, sem muitos disfarces. Nesse sentido, "sentimento da pátria" em Hegel é o de "estar no íntimo de nossa casa" (*Heimat* continua a idéia de nosso habitáculo). Impossível falarmos sobre a ética, esquecendo os modos que nos definem no campo das relações internacionais e no interior de nossa própria história.

Há certa unanimidade, entre nós, no juízo: a *res publica*, no Brasil, confunde-se com o privado, e vice-versa. O mais freqüente é notarmos que os administradores apropriam-se dos recursos materiais e humanos. É possível argumentar que semelhante destino é universal. Vemos na Itália, no Japão, nos Estados Unidos da América, na atual Rússia demasiados exemplos dessa passagem entre o privado e o público. Mas precisamos meditar sobre as formas específicas com as quais este fenômeno se presentifica em nossa terra.

Muitas tentativas históricas e descritivas já foram feitas, entre nós, para elucidar tamanha deficiência da República do Brasil. Considero estratégicos todos estes estudos. Mas vejo num texto clássico sobre a estrutura social brasileira e a origem do moderno Estado entre nós, o livro de Maria Sylvia de

---

6. Otto Pöggeler, "A Ética na Filosofia Prática de Hegel", em *Études hégeliennes*, Paris, Vrin, 1985.

Carvalho Franco, *Homens Livres na Ordem Escravocrata*[7], um veio importante para chegarmos a alguma compreensão dos prismas indicados. Valer-me-ei sobremodo dos capítulos daquele volume que trazem os seguintes títulos: "Patrimônio Estatal e Propriedade Privada" e "As Peias do Passado".

Hoje, constatamos a penúria dos recursos públicos e a utilização dos poucos meios para fins privados. Os dois itens brotam da miséria geral, sentida em todo o País. Mas semelhante quadro não aparece de repente em nossa Federação. Ele já se desenha no século XIX. A vida brasileira, desde aquele tempo, caracteriza-se, na economia, pela estagnação geral, mesmo no Sul, onde crescia a nova riqueza, o café. Também se estabilizam as tarifas de importação a um nível baixo, privando o Estado de sua maior fonte de arrecadação, e onerando o produtor brasileiro, transformando-se parte de seus lucros em meios para o governo.

Temos armada a equação que tem derrubado governos e governos brasileiros, do Império até a República. Esta equação, afirmemos, continua desafiando qualquer projeto político nacional. Ela não pode ser resolvida apenas com a mudança de administradores, ou de partidos no poder. Sua forma é gravíssima: como estabelecer, num país de grandeza continental, um governo centralizado e eficiente? Ou de modo diverso: como garantir um Estado federativo democrático e eficiente na ordem social, política, econômica? De qual fonte extrair meios para montar e garantir a máquina do Estado? No século XIX foi tentada uma via muito freqüente depois: os empréstimos externos. Na época, os óbices próprios à política internacional ligavam-se aos interesses imperiais britânicos. A segunda estrada, seguida também na época, foi melhorar a arrecadação interna. O aparelho tributário brasileiro somente se constituiu em plenitude no ano de 1934. Até hoje conhecemos as suas falhas. Mas desde o século XIX foram tomadas as medidas necessárias para racionalizar as finanças públicas.

---

7. M. S. de C. Franco, *Homens Livres na Ordem Escravocrata*, 4ª ed., São Paulo, Ed. Unesp, 1997.

O elemento estratégico, por excelência, foi o agente fiscalizador. Como garantir sua fidelidade ao poder público e central? Foi imaginada uma compensação pecuniária pelo seu bom desempenho. A partir de 1840 foi-se consolidando um governo centralizador, discriminando as rendas públicas em detrimento das Províncias (agora Estados) e dos Municípios. Diga-se de passagem, mas não sem sublinhar ao máximo: em detrimento sobremodo dos Municípios. Este é um mal que produziu muitas aberrações éticas e políticas, e que subsistiu até nossos dias. Impossível entender como os prefeitos, e até mesmo os governadores, são presas fáceis de intermediários, situados entre eles e o poder central, sem notar esta peculiaridade. Desde o século XX, portanto, observamos uma clara expropriação das agências intermediárias de governo, Províncias e Municípios, deixando-as na dependência do poder central.

Dissemos que o governo do Rio de Janeiro, para assegurar alguma lealdade do agente fiscal, deu-lhe certas vantagens pecuniárias. Mas, por mais bem pago que fosse, um agente localizado no interior do País, distante do Rio, tinha, em face dos governantes supremos, uma relação de estranheza e reserva. Exatamente o oposto ocorria com os seus vínculos na sociedade que o envolvia de imediato, a vida local, no Município. Ali, ele em "alguém", e ali recebia pressões diretas em vários sentidos. Existiam regras de trabalho e normas universais, mas elas eram diluídas pelas pressões das comunidades políticas às quais pertenciam os agentes. No Município, com seus "homens de bem", ricos fazendeiros etc., só poderiam imperar formas não universalizáveis de recursos para o que era público, mas local.

Todo Município tem tarefas próprias. O funcionário fiscal, entretanto, precisa priorizar, *ex officio*, os interesses de seu empregador longínquo e sem rosto definido, o "governo", ou o Estado nacional. Aí temos os primeiros óbices na constituição pública e universal do fisco. O servidor público no Município ou Província possui vínculos fortíssimos com a sociedade em que vive e existe, onde é "alguém". Esses vínculos não são compensados por uma atitude profissional. Desse modo, as regras e normas das operações diárias são conduzidas para o terreno dos costumes locais, o que é o hábito, o "normal" no ambiente próximo. Estamos em pleno *ethos* da formação política brasileira, em seu nascedouro, presa aos padrões consuetudinários. Nestes padrões, para ser "alguém", o agente administrativo precisa acolher os costumes dos fazendeiros e ricos locais, cuidar para que os interesses do Município sejam atendidos, e manter relações dissimuladas com o poder abstrato e distante, mas voraz, do Rio de Janeiro.

A penúria de recursos, digamos, abrange todas as instâncias administrativas. Isto, ao mesmo tempo, força as medidas racionalizadoras da administração e as impede. Franco indica um exemplo estratégico: em plena "civilização do café", em Guaratinguetá, onde reina o fausto e a riqueza, a cidade é apenas um aglomerado de ruas e largos em petição de miséria. Para construir o cemitério, foi preciso quase um século. Águas, esgotos, teatro, iluminação, portes, mercado, matadouro levaram o mesmo tempo para se instalarem. E isto só ocorreu com o alargamento das atribuições das Câmaras Municipais e a modificação das práticas financeiras.

Durante todo esse período, os Municípios permaneceram na penúria. Como ainda hoje permanecem, em grande maioria. As queixas sobre os serviços não efetivados são freqüentes. Diante desta impossibilidade real de atender aos requisitos mínimos das urbes, os poderes municipais tentam ampliar as rendas públicas legalmente. O crivo do imposto, diz Franco, descaracteriza o contribuinte, ao incidir sobre categorias amplas da população, definidas por critérios gerais, e faz do cidadão um devedor do Estado, exigindo sua participação indiscriminada em despesas administrativas também não especificadas. Assim, a provisão de fundos públicos pelo tributo dissolve, em certa massa de valores cujas origens, neste ou naquele bolso, ficam perdidas, as possibilidades de influência direta por parte de seus possuidores primitivos. Transfere-se, pois, em sua plenitude, o poderio impessoal encimado pelo dinheiro para as mãos dos que, em dado momento, representam a autoridade pública e gerem seus recursos.

Tudo isso tornou-se pálido, entretanto, diante da concentração de recursos públicos para o governo central. Este último deixou quase vazios os cofres dos Municípios. Os poderes locais permaneceram "trancados numa pobreza inerte". Dada esta lamentável expropriação, surge um traço ético ainda mais nocivo, em suas conseqüências, e que nos assola até hoje. Se o Município está falido, apela-se aos cidadãos com recursos, os "homens de bem", as "pessoas gradas" locais. Mesmo os precários remendos de rua, as calçadas, as pontes, em que se resumiram as "realizações" municipais por três quartos de século, ficaram muitas vezes na dependência da boa vontade dos habitantes urbanos mais bem aquinhoados pela sorte.

E chegamos ao ponto mais sinistro nesta gênese da confusão entre público e privado entre nós, a nossa ética, os nossos hábitos. Diante da impossibilidade de atender ao indispensável para a manutenção do modestíssimo patrimônio municipal, não foi raro – atentemos bem para este item – que seus agentes empregassem seus próprios recursos no reparo ou realização de obras públicas. Algumas autoridades chegaram a empatar consideráveis somas nas obras daquele tipo. Vazios os cofres municipais, e diante da urgência requerida pelas obras, o agente ou autoridade local colocava do seu, em forma de empréstimos. Ao que tudo indica, essa prática tornou-se costumeira. Nas Atas da Câmara de Guaratinguetá encontra-se a singela nota: "Que cada vereador adiante por empréstimo ao cofre municipal, pelo prazo de seis meses, a quantia de 100 mil réis, para o fim de executar-se alguns consertos urgentes" (8.1.1864).

Falta dinheiro, faltam prédios para o próprio serviço público? Novamente o recurso ao bolso do particular. Com a pobreza dos meios, o funcionário depende menos do poder normativo central, do Rio de Janeiro – distante, racionalizador, vampiro – e mais dos senhores locais, "as pessoas de bem". Em vez de o funcionário tornar-se um executivo que apenas gere os meios da administração, ele é obrigado a assumir o *status* de proprietário deles. Conhecemos todos a definição de uma burocracia estatal moderna, segundo Max Weber (citado por Franco): nela, os funcionários são expropriados dos meios administrativos, apenas gerindo-os.

No Brasil do século XX, os recursos oficiais eram escassos, até para o mínimo dos serviços públicos. Esta falta foi compensada pela passagem nos bolsos dos cidadãos e das autoridades locais. O servidor público torna-se dono dos serviços. "Seu era o dinheiro com que pagava obras; seu, o escravo que cedia, sua, a casa onde exercia as funções públicas".

Essa mistura entre a *res publica* e os negócios privados fundamenta a extensão do controle pessoal a todo o patrimônio do Estado. "O homem que sustenta", diz Franco,

> com recursos próprios, particulares, as realizações de governo, está subjetivamente pronto para considerar como seu o conjunto dos bens públicos confiados à sua guarda. Por que não o faria? Por que não satisfaria aos próprios objetivos com dinheiros do governo, se, não raro, as dificuldades deste último eram resolvidas com haveres seus, pessoais? Acaba por formar-se, de fato, nessas condições em que ficam completamente fluidos os limites entre o que é patrimônio da administração e o que é propriedade do administrador, um fundo de bens comuns cujos valores, indivisos entre os dois membros da associação formada, servem indistintamente ora a um, ora a outro.

Franco cita inúmeros casos. Um é particularmente esclarecedor. Num processo por peculato, o acusado termina sua defesa do seguinte modo: "O dinheiro existe, suficiente para cobrir os saldos; se não existisse, a fiança própria do denunciado bastaria para esse efeito. Como, pois, apresenta a honrada promotoria o denunciado como culpado de crime de peculato por ter-se apropriado ou consumido dinheiro a seu cargo?" Comenta Franco: esta é certa "moralidade" estranha aos princípios da promotoria e da Lei. Se o dinheiro existe, pensa o acusado, é de pouca importância que o governo entre na sua posse de acordo com prazos e prescrições legais. Para esta idéia particular de probidade, é irrelevante onde esteja o dinheiro – com o coletor, nas mãos do contribuinte faltoso ou nos cofres públicos –, desde que possa ser produzido.

Aí temos uma ética, comenta Franco, que se opõe à regulamentação legal da ação do funcionário, mas que vale de modo dominante na sua conduta efetiva, imaginando a observância da Lei como limitada a uma "formalidade" vazia de conteúdo e significação. Esta é a conciliação possível entre as duas ordens contraditórias a que estariam ao mesmo tempo sujeitos os atos do servidor público: a satisfação, muito de aparência, das normas legais, e a real orientação pelo que é costume, "ético".

Isso fica evidente no trecho da defesa em que arrazoa o acusado:

> O que a Lei pune, diz ele, é o desvio fraudulento, a subtração acompanhada de intenção culposa. É a fraude, a fraude só que constitui o desvio [...] O mandatário não desvia uma soma por isso só que a emprega em seu uso pessoal, se tem a intenção e meios de reembolsar [...] Não é verdade que o denunciado fazia jogo com arrecadação dos meses que corriam para cobrir os saldos dos meses decorridos. As entradas se faziam mensalmente no dia 5 de cada mês. Será possível que de 1 a 5 de cada mês a arrecadação produzisse rendimentos para semelhante jogo, aliás sem importância, desde que as entradas eram feitas em dia e o denunciado tinha fiança em bens próprios?

Esse comportamento, hábito, ética, era geral, aceito pelos habitantes dos Municípios. No caso em pauta, o acusado, conforme testemunhos recolhidos no processo, "era mesmo um dos mais votados eleitores da paróquia, tendo exercido sem censura, desde 1849, o cargo de escrivão da coletoria, no qual se manteve até passar, em 1872, ao exercício dos lugares de coletor geral e provincial". Carvalho Franco mostra que, além dos escassos recursos materiais, também tivemos pobres recursos humanos. Funções de mando e administração – desde a polícia até a vereança, o cargo de alcaide etc. – eram cumpridas por pessoas sem adestramento específico. Mas, justo por isto, por estarem elas imersas na sociedade local, conhecendo seus padrões costumeiros, cumpriam suas tarefas eficazmente, mesmo que estas fossem contrárias à Lei pública, proclamada no Rio de Janeiro.

O mesmo fato possibilitou a troca ambígua de influência entre autoridades e funcionários e as pessoas "gradas" do Município. As relações de favor, outra determinação social imperante no Brasil, mostram seu peso quando entram no espaço que existe entre a *res publica* e as pessoas privadas. Se há submissão ou conivência com os poderosos locais, por parte das autoridades do Município, ocorre uma outra conivência, agora com o próprio poder central. Os Municípios, principalmente os mais distantes geograficamente do poder central, são empobrecidos. Como atingir uma parcela do excedente econômico – monopolizado pela Federação de modo eficaz? Temos, então, a figura do intermediário entre Executivo nacional e prefeitos, apoiados pelas Câmaras de vereadores: o deputado. Este, utilizando-se de mecanismos que englobam desde os favores pessoais até as pressões no plenário, consegue trazer, para suas "bases", algum recurso para ser aplicado nos serviços públicos. Os mais eficientes recebem votos perenes, como gratidão dos munícipes pelos avanços e melhorias. São reeleitos tantas vezes que julgam "natural" e indispensável seu papel de intermediário de verbas. Ora, se o deputado presta "serviços", se é leal à sua gente, por que seria errado apropriar-se de algum recurso para garantir sua volta ao Parlamento, para continuar o trabalho "meritório"? Não se trata, pois, apenas de apropriação de dinheiro público.

Vale ouvir a lição de Norberto Bobbio, uma vez que sua terra, a Itália, teve maior experiência do que nós no que tange à corrupção política e à sua cura.

> São duas as situações nas quais observamos habitualmente nexos de corrupção: aquela em que o sujeito político age para conseguir ou conservar ou não perder o poder, e aquela em que, conquistado o mando, ele o mantém firmemente nas mãos, dele servindo-se para atingir vantagens privadas. Inútil lembrar que as duas situações são estreitamente ligadas porque no mercado político democrático o poder se conquista com votos; um dos modos de adquirir os votos é comprá-los e um dos modos para aliviar-se das despesas é servir-se do poder conquistado ou comprado para adquirir vantagens. O poder custa, mas rende. O jogo é arriscado: certa hora, de fato, custa mais do que rende, quando o candidato não é eleito; mas rende mais do que custa. [...] Considerada a arena política como forma de mercado, onde tudo é mercadoria, coisa a ser vendida e comprada, o político apresenta-se, num primeiro instante, como comprador (do voto), num segundo, como vendedor (dos recursos públicos dos quais, graças ao voto, ele tornou-se potencial dispensador)[8].

Conhecemos a tese de Jean Bodin, com raízes em Platão e Erasmo e com repercussões até hoje: tirano é o que usa os bens de seus dirigidos, como se fossem de sua propriedade. "Bens", aqui, tem sentido polivalente. Não é apenas a massa concentrada do dinheiro, embora esta seja estratégica. Conta, sobretudo, a marca espiritual corrupta, definida pelo açambar-

---

8. Norberto Bobbio, "Quale il Rimedio?", em *L'Utopie Capovolta*. Torino, *La Stampa*, Terza Pagina, 1990.

camento da língua, dos nomes, dos valores em proveito dos déspotas e de sua família. Durante o stalinismo, até mesmo perfumes recebiam o nome da filha querida do "Pai dos Povos". Em qualquer regime tirânico moderno, cidades e instituições recebem o nome do *benefactor*. Quem possui um pouco de dignidade cora ao visitar, por exemplo, Puerto Stroessner. Este hábito constitui uma ética nefanda, da China até os Ceaucescos. Basta-nos andar por nossas urbes, para toparmos com nomes de ditadores e seus parentes. Quando um deputado dá o seu nome, ou de algum familiar seu, a uma fundação de benemerência, ou de pesquisa, ou coisa que o valha, mesmo que o dinheiro chegue até os beneficiados, com justiça, há a instalação de uma ética monstruosa, que faz sugar o bem público pelo particular. Desse modo, um bem simbólico é ter o próprio nome colocado numa escola, num hospital, numa ponte, num anfiteatro. Se o nome de alguém da família é dado a uma rua, praça, avenida, importa que a "marca" do político lá está, lembrando ao povo do Município os "serviços prestados". Esta também é uma forma de pôr o sinete privado na *res publica*. O professor José Oliveira de Arapiraca, da Universidade Federal da Bahia, em notável pesquisa acerca do fisiologismo político, mostra o quanto, na Bahia e no Nordeste em geral, há uma verdadeira corrida aos nomes dos prédios escolares. No Estado baiano, poucos prédios escolares, comparativamente, recebem nomes como Rui Barbosa, Padre Vieira, Tiradentes. Em compensação, centenas de escolas ostentam os nomes de famílias poderosas, entre elas, a de Antonio Carlos Magalhães. Este, lembra Arapiraca, é um tipo de *marketing* gratuito, eficaz e permanente. Morre o político atual, seu filho ou neto ainda estarão beneficiando-se com a popularidade e familiaridade do nome.

Enquanto no século XIX o movimento era ambíguo entre os bolsos do funcionário e os cofres públicos (o funcionário ou autoridade colocava seus bens a serviço do público e exigia o retorno, quando preciso, para seus objetivos particulares), hoje, especialmente após o período desenvolvimentista – época em que mais se enriqueceu no País, por meio de empreiteiras e da excessiva centralização do poder central em detrimento dos Estados e municípios –, a prática não é tão ambígua, no sentido anterior. Os benefícios cargo-indivíduo que o ocupa, no século XIX, tinham mão dupla. Hoje, eles têm apenas um sentido: raríssimas autoridades colocam seus bens próprios no serviço público para financiar prédios, pessoas, materiais diversos. Mas inúmeras servem-se dos cofres públicos em proveito próprio. Este traço, pois, pode ser compreendido em termos históricos, econômicos, administrativos, para além dos longos e repetitivos discursos sobre a "ética" na política. Enquanto os municípios patinharem na miséria, enquanto o poder central açambarcar a quase totalidade do imposto, existirá a figura do intermediário entre prefeituras e ministérios. Ele pode deixar de ser o deputado, mas semelhante papel será, necessariamente, cumprido por alguém. Nesta trilha, a "corrupção", para os ilustres juristas, ou a taxa por "serviços prestados", o costumeiro e ético, produz-se.

Evidentemente, todo esse problema é mais vasto. O livro de Franco é complexo e cheio de matizes. Desejei, neste item, apenas indicar que, além da conjuntura e da inflação discursiva e monetária, temos que nos haver com uma longa crônica "ética" de relações que invertem o público e o privado entre nós, e que esta crônica se instala em problemas de ordem institucional e histórica. É preciso romper com as peias do passado, mas, para isso, *conditio sine qua non* é conhecê-lo.

Ética e democracia. Nunca é demais recordar que, em nosso País, o poder central é quase nominalmente, apenas, federativo. Em reuniões muito extensas de povos e territórios, um imperativo democrático é a Federação livre, garantindo os direitos de todos os Estados no seu interior, e, no âmbito dos Estados, os dos Municípios. Nesse prisma, as gradações de eminência e responsabilidade permitem dosar o maior ou menor grau de relevo democrático, desde as decisões até a fiscalização do excedente econômico.

Nesse ponto, precisamos refletir sobre a história política de nossa Federação. Desde a Colônia, com efeito, a unidade política do território brasileiro foi garantida pelas Forças Armadas e pela diplomacia. Outra força que ajudou nesta missão foi a Igreja católica. Após a Independência, os exércitos, reunidos pela Corte, no Rio de Janeiro, praticamente aniquilaram os movimentos centrífugos e as tentativas de autonomia absoluta, de norte a sul do Brasil. Além dessa força coativa, mantendo no solo nacional as regiões onde o separatismo era almejado, as Forças Armadas, com a Marinha e a Aeronáutica, assumiram papéis supletivos na instauração de serviços públicos, essenciais à integridade do Estado central e às populações locais. No mesmo passo em que os castrenses reprimiam os revoltosos, eles serviam para reatar os nexos entre os poderes locais e regionais e o núcleo do poder. Este, por sua vez, por meio de uma competente instituição diplomática, que veio a se consubstanciar no Itamarati, resolvia delicadas questões a partir dos atos guerreiros. O Duque de Caxias, de um lado, e o Barão do Rio Branco, de outro, são personalidades simbólicas dessas duas instituições que garantiram o Estado central no País.

Enquanto os poderes ordinários rumavam para a ambigüidade entre particularismo e lei universal, por força da própria dialética na formação do aparelho de Estado nacional, as Forças Armadas e a diplomacia seguiram para o tratamento das questões em que se jogava o Todo da Federação. Ou seja: sem as mãos militares e sem as argúcias diplomáticas, já estaríamos, há muito tempo, pulverizados em múltiplas formações estatais soberanas. Ocorre que, embora cumprindo papel supletivo na instauração de serviços públicos em todo o País, as Forças Armadas não puderam, nem poderiam, atenuar a situação de carência dos poderes civis locais. Sua ação globalizante, no entanto, ajudou a fortalecer em demasia o poder central, o que facilitou ainda mais o quase monopólio dos impostos e taxas do Rio de Janeiro em detrimento dos Estados e Municípios. Efeito próximo ocorreu com as atividades diplomáticas. Como resultado, aumentou o lapso entre as instâncias locais e regionais e o aparelho burocrático-administrativo do Rio ou, mais tarde, de Brasília. Este processo centralizador é tanto mais grave quanto é possível verificar que não foi propriamente o Estado na sua totalidade, mas o Executivo, o alvo desta superconcentração. O Judiciário manteve a duras penas o seu caráter de poder autônomo, mas com graves fraturas em seu interior, causadas pelo Executivo. O Parlamento, por sua vez, raras ocasiões teve para definir-se como força nacional, decidindo espontaneamente questões relativas ao Todo da Federação, sem dependências ou lutas surdas contra o Executivo. O próprio fato de os representantes servirem, quase sempre, como intermediários entre os planos locais e os Ministérios, de certo modo, colocou, não raro, o Congresso como ante-sala do Executivo. Dominado este último por forças hostis ou alheias aos interesses locais e regionais, a tensão entre os dois poderes tornou-se uma permanente guerra de oposições, quando os oposicionistas se colocaram abertamente contra o Executivo, ou deu-se uma pouco sutil atividade de pressões e contrapressões, trocando-se projetos, verbas, postos decisórios por votos no plenário.

Com a recente e ainda trêmula democratização no âmbito federativo, dois fenômenos são previsíveis. O primeiro é a continuidade do privilégio do poder central em face dos Estados e Municípios. Aumentando-se, por isso, a necessidade de se utilizarem todos os meios possíveis, legais ou ilegais, para garantir recursos às instâncias estaduais e municipais, corremos o risco de ver a famosa "corrupção" ética e o mau uso das coisas públicas continuarem, a cada vez com novos personagens e novos "escândalos". A cultura do ceticismo com relação à Federação pode fazer germinar novos movimentos centrífugos, alguns com marcado sentido autoritário e, por que não dizer, racista e particularizante. Constatamos isso em várias regiões, deixando essas atitudes o patamar do folclore, adentrando em planos mais graves. Caso este movimento se espalhe definitivamente, a única saída seria a intervenção, mais uma vez, das Forças Armadas e da diplomacia. Sem resolver o problema da harmonia distributiva e produtiva entre poderes regionais e locais, o resultado só pode ser, outra vez, o reforço do poder central. Como isto dificilmente poderá realizar-se nos limites; do Estado de direito, a Federação deverá ser tutelada, novamente, pelos quartéis e pela diplomacia. Esta hipótese não pode ser afastada *a priori*, sobretudo se unirmos à falta de prudência e contenção lingüística dos políticos a inflação, a recessão e os sucessivos "escândalos" a partir dos quais as massas ressentidas buscam bodes expiatórios e grupos ou indivíduos providenciais.

Nessa linha de raciocínio, pouca esperança haveria para a incipiente vida democrática brasileira. Uma outra possibilidade é assegurar as bases da vida municipal e estadual, diminuindo-se as oportunidades de particularismo autonomista e de corrupção. O Estado federativo, ao lado de uma representatividade mais equânime, no Parlamento e nos Ministérios, atenuaria seu poder centrípeto, garantindo uma Federação verdadeira. Nesse caso, a força física estaria reservada ao sustentáculo da soberania do Todo federativo, mas não o tutelando. *Idem* para o setor diplomático.

Nesse plano, as eleições gerais são importantes tanto para a Federação quanto para Estados e Municípios. No entanto, elas sempre podem renovar o Congresso, abrindo caminhos, seja para uma revisão constitucional em profundidade, na qual se encare de vez o problema do desnível entre poder central, Estados e Municípios, seja para a convocação de uma Assembléia Nacional Constituinte, à qual, como primeira tarefa, se confiaria o encaminhamento político de um novo pacto federativo, ao contrário do que ocorreu até hoje.

De qualquer modo, é preciso aproximar a cidadania das decisões, inclusive para fins de educação cívica dos atuais pagadores de impostos e eleitores. O vínculo com os Poderes da República, para os que habitam nos Municípios, ainda é distante, intermediado pelos deputados e senadores. A tentação absenteísta apenas reforça esta distância, acirrando os males da corrupção: as pessoas, nos Municípios e Estados, continuam precisando viver, alimentar-se, ter seu corpo e alma tratados por especialistas, gozar de mecanismos higiênicos coletivos, locomover-se etc. Para isso, é preciso apoiar as instituições do Estado. Por mais autônomos que sejam os Municípios e os Estados ricos, eles não bastam para garantir, sozinhos, esses itens. Precisam da colaboração das demais regiões. Esta, por sua vez, só ocorre numa federação escolhida e determinada por representantes legítimos. Sem um pacto federativo, mediante um Congresso renovado e comprometido com os poderes particulares e com o universal (toda a Federação), poderemos constatar a imposição, pela força militar, do Estado central, atenuando-se mais uma vez a idéia federativa, ou teremos a explosiva, anarquiados vários Estados, influenciados pelo separatismo.

Podemos avançar, com Hegel, afirmando que a ética plena ocorre no plano do Estado. Quem julga assegurar para si o estatuto de ser moral, afastando-se das lides políticas, na verdade contribui para a perpetuação de hábitos públicos que podem e devem ser modificados, pela vontade e pela inteligência. Conforme define Nicolai Hartman: "A realidade ética do Estado é o solo real sobre o qual crescem os indivíduos, o solo que gera o que é verdadeiramente moralizante. A situação é análoga à da vida natural do indivíduo na vida do gênero: aparentemente são os indivíduos o lado real, enquanto na verdade realiza-se neles a mais vasta vida unitária do gênero [...] Por isto, é utopia isolar o homem do Estado"[9]. Hegel lembra, nesse sentido, um sábio pitagórico a quem um pai perguntava como educar moralmente seu filho. Responde o sábio: "Torna-o cidadão de um Estado com boas leis".

Na atual busca de atos lesivos ao público, no Brasil, não se pode permitir a confusão entre a essência do Estado e suas determinações empíricas, assim como constatamos até hoje. Uma verborragia moralista, a fuga do político, decretando-se o fim, das instituições, sobretudo do Parlamento, só ajuda os que recusam a democracia e desejam um Estado central autoritário sem Federação. Há um belo livro, escrito por Jean Starobinski, que trata do problema dos males éticos de nossa civilização, diagnosticados por Rousseau. O título é eloqüente: *O Remédio no Mal*.

No caso da democracia, é possível encontrar nela mesma o remédio para os seus males. Na política, sempre é permitido recorrer ao tratamento homeopático, encontrando, no próprio mal, o seu remédio. Podemos também apelar para uma cura que vem de fora. "Nas duas eventualidades" diz Starobinski, "o mal terá servido, mas, no primeiro caso, ele ter-se-á mostrado apto a se transformar em bem; no segundo, ele terá, pelo seu próprio excesso, apelado para sua destruição, sua troca por uma potência antagônica"[10]. Ou seja: se recusarmos tratar a democracia brasileira na medida da própria democracia, se buscarmos sua cura, como já foi feito no passado, em grupos e intervenções cirúrgicas "moralizantes", cortando as

---

9. N. Hartman, *La Filosofia dell Idealismo Tedesco*, Milano, Mursia ed., 1983.
10. J. Starobinski, *Le remède dans le mal*, Paris, 1989.

instituições do Estado democrático e de direito, estaremos abrindo caminho direto para a tirania, civil ou militar.

Ora, concordamos com Hegel: não existe ética sem liberdade. A ética "é o conceito de liberdade que se tornou mundo existente e natureza". De que se conclui que, num Estado onde falta a liberdade, sobretudo a política, inexiste ética e moral. Urge romper com a ética que nos aparece como natureza, dada a sua longa presença entre nós. Mas, para isto, atos políticos e mudanças institucionais conseqüentes devem efetivar-se. Novos hábitos, novas instituições, demandam tempo para se tornarem "uma segunda natureza". Os costumes que nos informam, definidos pela inversão do público e do privado, levaram séculos para se tornarem puramente reflexos. Boa parte dos acusados de corrupção, hoje, julgam "natural" o que fizeram. Sua ética ameaça a *democracia*. Não é abolindo a segunda que atingiremos a mudança da primeira. Pelo contrário. No processo de regeneração democrática e ética, os Parlamentos têm muita responsabilidade. Como diz o sábio pitagórico, para bem formar os cidadãos, são requeridas boas leis. Diplomas legais promulgados sem o consentimento dos povos, ou de seus representantes, testemunham pura escravidão. Os servos nunca são morais. Temos confiança em Deus de que ultrapassaremos este momento de mudança ética e institucional, atingindo, muito em breve, a democracia, fundamento de toda e qualquer justiça social verdadeira.

15. O REINO ANIMAL DO ESPÍRITO: EQUÍVOCOS DO MUNDO UNIVERSITÁRIO

Uma tarefa política das mais difíceis para os democratas, e, no entanto, das mais necessárias, é analisar as posições dos intelectuais nos seus nexos com o poder. Nas próximas linhas eu recordarei alguns elementos da teoria dialética sobre as pessoas que, supostamente, atingem a universalidade. Depois, passarei à figura heideggeriana do equívoco no trato que os pesquisadores estabelecem entre si e com o público.

O que é um "intelectual"? Pergunta antiga, que retroage, pelo menos, à Renascença. Nos séculos XV e XVI, de forma notória, indivíduos começaram a vender sua pena e sua mente aos Governos, às Igrejas e às pessoas ricas, o futuro embrião da "sociedade civil". Toneladas de papel foram movidas para descrever a figura do escritor e do funcionário. Nos séculos XVII e XVIII, eles começaram a se tornar independentes do modelo descrito por Jacques Le Goff, no ensaio sobre "universidade e poderes" (*18 Essais sur le Moyen-Âge*). Ali, o grande historiador mostra que os acadêmicos, nos tempos da universidade nascente, tinham como horizonte de emprego as também nascentes burocracias da Igreja, do Rei, ou o serviço contábil para a burguesia mercantil.

Nos séculos XV e XVI, a Igreja e os Estados nacionais, estes já estabelecidos em grandes linhas, forneciam trabalho para os intelectos brilhantes, em tarefas às vezes nobres, como foi o caso de muitos juristas dedicados às humanidades, ou vis, como ocorreu com os inquisidores, os docentes das universidades de teologia, e os que racionalizaram o mando absoluto. Erasmo e Lutero mostram a força explosiva dos grupos acadêmicos. Ambos, para milhares e milhares de seguidores, representaram a quebra com os padrões tradicionais de poder e autoridade. Eles só conseguiram levar a cabo suas tarefas com o decidido apoio dos príncipes. Nos séculos XVII e XVIII, essa dependência se manteve, apesar de já se perceber naqueles tempos, com nitidez, o esboço do "intelectual escritor", pesadelo dos governantes que os apoiavam. Os nexos entre enciclopedistas como Diderot e os "déspotas esclarecidos", entre eles Frederico II e Catarina I, foram conturbados. O namoro terminou em ruptura barulhenta. Diderot chamava Frederico e Catarina de "tiranos", enquanto a última culpou, com melancolia, seu filósofo predileto pela morte de Luiz XVI. O século XIX trouxe o que Paul Benichou chama "a sagração do escritor". Os vínculos deixam de ser, imediatamente, entre escritores e reis, papas, duques, comerciantes[1], para se deslocarem rumo ao "povo".

Não retomo, aqui, as análises de Richard Sennett, em *O Declínio do Homem Público* (*op. cit.*) sobre Lamartine, um dos primeiros intelectuais a dirigir-se, com desprezo e sucesso, às massas. Lamartine representa algo importante porque,

---

1. Estes últimos, como indica Jacques Le Goff, tentam domesticar os intelectos para o seu serviço. Contra as despesas "enlouquecidas", praticadas pelos príncipes mecenas, os representantes dos três estratos, principalmente o dito Terceiro, recomendavam ao governo "o licenciamento dos funcionários supérfluos, e especialmente dos 'parasitas': artistas, músicos, atores. Por vezes recomendavam mesmo que se gastasse menos com 'inúteis' obras de arte". Cf. Hugh Roper-Trevor, *Il Rinascimento*, Bari, Laterza, 1987, p. 235. Roper une esta mão dura dos súditos ao processo inflacionário sutil que se definia no século XVII.

de sua atitude, surgem o que hoje conhecemos, de um lado, como "demagogo da mídia" e, de outro, "o intelectual empenhado". Tudo, na oratória de Lamartine, era produzido de modo artístico. Seus discursos, ele os ensaiava diante do espelho, até chegar a sugerir com perfeição "espontânea simplicidade" e "sinceridade". Lamartine saberia tudo o que se passava. O povo, e isto o orador dizia abertamente às massas em suas arengas, sendo por elas aplaudido, era composto de imbecis. Uma distância sublime se estabelece entre o intelectual, que entra na política para dirigir as multidões, e estas últimas. O fascínio deste tipo mostrou seus limites: enquanto Lamartine obteve 17 mil votos, na eleição presidencial de 1848, Napoleão o sobrinho recebeu 5 milhões e 500 mil.

Os intelectuais, no período, assumem uma liderança contra a opinião pública vigente. O caso extremo é o de Émile Zola, no processo Dreyfus. Com o jornal e argumentos humanitários, Zola desafiou o anti-semitismo francês, influente até hoje, além de instituições poderosas e conservadoras, como o Judiciário e o Exército. Desse modo, surgiu a imagem do intelectual crítico dos preconceitos (coisa feita desde o Renascimento, mas acentuada nos séculos XVIII e XIX), liberto das amarras dos poderes (civis ou eclesiásticos), unido ao povo mas acima dele, assumindo uma labuta pedagógica de "esclarecimento" político (em *Que fazer?*, texto paradigmático, encontramos este modelo de pedagogia tecnicamente perfeita). O intelectual representa um novo sacerdócio, unindo o povo ao seu destino, nos planos nacionais e na história do mundo.

Comentando esse tipo que ainda agora habita como fantasma boa parte das falas sobre os acadêmicos, Gérard Lebrun lembra um dito de Schumpeter. Os intelectuais… "Acorrem de todos os cantos da sociedade, e grande parte das suas ações consiste em se combaterem entre si e em formar as vanguardas de interesses de classe que não são os seus". Do que, nesta representação, tem-se como resultados: 1) os intelectuais não compactuam com o poder, nem o exercem; 2) eles, como porta-vozes da opinião pública, seja qual for a sua profissão (advogados, médicos, professores etc.), podem tratar de qualquer assunto; 3) o mais puro intelectual é o que se dirige ao público pelos jornais, como crítico dos governos estabelecidos. Mais consciente do que os governantes e do que o povo, o intelectual nunca sossega numa atitude ortodoxa, e quando faz isso é porque deixou de ser intelectual e passou, desprezado na república das letras, ao nível de funcionário e racionalizador dos vários mandos. Esta última tendência, sempre presente, de cooptação, ampliou-se no século XX. Quantos intelectuais aderiram ao nazismo, como Heidegger, para manter uma reitoria, uma administração etc.? Quantos deles submeteram-se ao Partido Comunista, para manter um lugar na Academia de Moscou, mesmo por tempo limitado? Mas a prática dos cerebrinos, de modo geral, é a crítica dos poderes. Como acabar com esta gente? Responde Gérard Lebrun: "O problema é insolúvel [...] na democracia burguesa, o intelectual não pode deixar de ser alguém que protesta"[2].

Essas linhas foram escritas antes do fim da URSS e do comunismo oficial. Mas Lebrun coloca o dedo na ferida. Como os senhores se lembram, Lamartine fascinou a massa, mas conseguiu parcos sufrágios. "Não são aplausos que faltam aos intelectuais, mas sim votos aos partidos que eles apóiam [...] uma coisa é formar o discurso político, outra é ter poder sobre a vida pública". Como disse, estas linhas foram redigidas em 1979. A esquerda sem votos era composta por muita gente. As várias esquerdas e as ex-esquerdas, na França, na Alemanha, na Inglaterra, no Brasil, possuem milhões de votos. E o ferrão foi-lhes retirado na luta política. Com raras exceções, os intelectuais dedicam-se prosaicamente à faina de atingir ou manter-se nos gabinetes poderosos, impondo restrições cada vez mais duras aos críticos.

Voltemos a um traço estratégico, assinalado por Schumpeter, sobre os intelectuais: a sua emulação constante. Inexistiria o mundo do espírito sem a luta permanente, conduzida pelos escritores e cientistas, contra todos os seus "pares". Se existe oxímoro saboroso é o que reza existir uma "comunidade universitária". Esta é a tese hegeliana. O Espírito, o universal, abarca todos os indivíduos. Mas, dentre estes últimos, os intelectuais pretendem atingir o conceito mesmo do universal, com ele confundindo a sua pessoa particular. Desse

2. Gérard Lebrun, *Passeios ao Léu*, São Paulo, Brasiliense, 1983.

modo, ser "crítico" significa anunciar, sem interrupção, a "verdade" do próprio discurso, e a mediocridade alheia. Este tipo interessante de pessoa forma-se na luta para "ter razão" em todos os níveis da cultura, das ciências à ética. Mas como o universal concreto, o Eterno, não se abala com essa guerra de formigas (satirizada pelo riso amargo de Luciano, de Erasmo, de Diderot, de Voltaire, de Swift, de Joyce, de Kafka etc.), os intelectuais, rápido, dão-se conta de que suas "verdades" limitam-se ao tempo e com ele desaparecem. Donde a invenção de conceitos fantasmagóricos: a hipóstase das verdades na Verdade, assim mesmo, em maiúscula, seguida pela Beleza, pelo Bem. Os intelectuais nunca se interessariam pelas pequenas coisas, eles se dirigem ao Absoluto. Assim, imaginariamente, seria uma perda de substância, de sua parte, "tomar partido", ou se prender a esta ou àquela causa "mesquinha".

Um traço relevante no livro de Schumpeter, não sublinhado por Lebrun, é a recusa da soberania popular.

Dada a propensão dos indivíduos de se interessarem ainda menos pelas questões políticas do que pelas questões econômicas dada sua propensão a ceder "a impulsos e preconceitos irracionais ou extra-racionais" não haveria como supor um comportamento racional dos indivíduos na esfera política. Ambas as críticas do autor à teoria clássica da democracia irão constituir o pano de fundo para a proposição de uma teoria alternativa por ele denominada de "realista". Schumpeter propõe a substituição da idéia de democracia enquanto soberania pela idéia da democracia enquanto método[3].

Schumpeter, desse modo, teria afastado definitivamente a idéia de uma vontade geral, substituindo-a pelas vontades plurais, que podem "no máximo, chegar a um acordo entre si sobre procedimentos comuns para a resolução de divergências"[4]. Ou a tese de Schumpeter é certa, ou ela não dá conta justamente deste suposto acordo. No caso dos intelectuais, eles nunca agem de modo a obedecer as regras mínimas de qualquer acerto.

3. Cf. Leonardo Avritzer, *A Moralidade da Democracia*, São Paulo, Perspectiva, 1996, pp. 106 e ss.
4. *Idem*, p. 107.

O velho Hegel ajuda bem a entender a figura dos intelectuais: todos eles, se autênticos, julgam-se puros, dignos de unirem seu nome às divindades acima indicadas, ou seja, ao Verdadeiro com maiúscula, ao Belo, ao Bom. Mas como todos estão imersos no tempo, e todos querem, simultaneamente, atingir o Absoluto, todos gastam a maior parte de seu trabalho procurando destruir a obra dos demais. Sua realização, ilusória, passa pelo suicídio coletivo. Rápido, todos descobrem que o "desinteresse" alegado é uma impostura (*Betrug*). Assim, o intelectual, sobretudo o que se deseja "grande e célebre", não se interessa de fato pela sociedade, pelo Estado etc. Ele sonha com o

sucesso de sua obra; ele quer atingir uma "situação", ter um "lugar", um "posto", no mundo dado (natural e social). Assim, ele não se sacrifica pelo Verdadeiro, pelo Belo, pelo Bem [...] o universo ideal que ele opõe ao mundo é fictício. O que o intelectual oferece aos outros não possui valor efetivo; ele os engana, pois. E os outros, admirando ou invectivando a obra e o autor, o enganam por sua vez, pois não o "levam a sério". Eles enganam a si mesmos, pois acreditam na importância de seu ofício (a "elite intelectual"). A república das letras é um mundo de ladrões roubados.

Na vida política e na vida biológica, para Hegel, a "luta mortal" é um início inelutável. Mas na "pseudo-sociedade da república das letras, o desejo de reconhecimento é apenas uma sede de celebridade: basta ser 'conhecido'".

Logo, ainda segundo Hegel, os intelectuais, neste clima e nesta corrida, devem chegar a dois pontos, quando deixam as lutas entre si, e perdem a emulação puramente teórica, e as paixões ligadas à síndrome da celebridade: ou eles se tornam tirânicos (querendo, ao se instalarem no poder, impôr pela força leis não válidas para o todo social), ou se abismam na anarquia, negando abstratamente o Estado, as leis[5].

Ou seja: o "reino animal do espírito" desemboca na positividade do acadêmico que renega sua obra e sua luta pelo

---

5. Toda essa passagem é calcada na exemplar hermenêutica de Hegel, proposta há muitos anos por A. Kojeve: *Introduction a la lecture de Hegel. Leçons sur la phénomenologie de l'esprit, professées de 1933 à 1939 à l'École des Hautes-Études*, Paris, Gallimard.

reconhecimento científico, e no exercício, violento como poucos, do poder, ou se dirige para a negatividade pura, jamais assumindo a direção do Estado como algo seu. Em ambas as situações, o fato de "ser conhecido" é estratégico: como analisa Elias Canetti, importa, acima de tudo, "que o nome seja pronunciado". Enquanto alguém se preocupa, diz o mesmo autor,

com os donos das bocas que dizem nomes, enquanto as recruta, as corrompe, as incita ou fustiga, ainda não é totalmente célebre. Neste caso, ele está apenas preparando as bases para o seu futuro exército de sombras. Uma vez atingida, a glória pode permitir-se não ter preocupações com os demais, sem que perca nada com isso. As diferenças entre o rico, o detentor do poder e o famoso podem ser resumidas mais ou menos assim: o rico coleciona montes e rebanhos. No lugar destas coisas está o dinheiro. Os homens não lhe interessam; para ele basta o fato de poder comprá-los. O detentor do poder coleciona homens. Os montes e os rebanhos nada significam para ele, a não ser que necessite deles para a aquisição de homens. Mas ele quer homens que vivam, para arrastá-los ou para levá-los consigo à morte. Os que nasceram antes e os que nascerão depois têm para ele importância secundária. O famoso coleciona coros. Destes, quer escutar apenas o seu nome. Eles podem estar mortos ou vivos, ou podem nem ter nascido ainda; tudo isto lhe é indiferente. Basta que sejam numerosos e que tenham sido exercitados em repetir seu nome.

Outro elemento a ser considerado na prática dos intelectuais em busca de fama ou poder, ou fama, poder, riqueza, além da luta aberta de todos contra todos (tudo é pior quando esta luta torna-se escondida), encontra-se no equívoco, sempre eminente na própria comunicação nos *campi*, nos laboratórios etc. Heidegger, apesar de sua opção nazista, matéria de intermináveis debates, soube como ninguém, segundo o seu crítico marxista Lukács, descrever comportamentos filistinos da classe média e dos intelectuais.

No século XVIII, e depois de forma constante, a filosofia buscou arrancar o equívoco da linguagem comum e dos enunciados científicos. No *Plano de Universidade para a Rússia* (*op. cit.*), Diderot imaginava a geometria como "a melhor e a mais simples de todas as lógicas, a mais própria para fornecer inflexibilidade ao juízo e à razão". Os mal-entendidos da linguagem seriam reparados pelas matemáticas: "se nossos dicionários fossem tão bem feitos ou, o que é o mesmo, se as palavras usuais fossem tão bem definidas quanto as palavras 'ângulos' e 'quadrados', sobrariam poucos erros e disputas entre os homens. É a este ponto de perfeição que todo trabalho sobre a língua deve tender".

Comunicação científica e social ganham com o modelo matemático, o grande corretivo da linguagem comum. Sem translucidez na escrita e na fala dos acadêmicos, a vida social submerge na falta de sentido e no palavrório. "Pense bem, meu amigo", diz Diderot,

> alguns sábios, alguns bons espíritos se instruem através de escritos e nas bibliotecas, retificando pela reflexão, a leitura e a conversa, o vício de suas idéias; o erro, entretanto, permanece e circula nas ruas, nos templos, nas casas, com as imperfeições do idioma. O espírito renovou-se e é sempre a mesma língua que se fala. É portanto o idioma que precisamos reinstaurar, trabalhar, ampliar, a menos que queiramos, como na China, fazer o sapatinho da criança servir no pé do homem.

E mais:

> é do idioma de um povo que precisamos nos ocupar, quando queremos dele fazer um povo justo, razoável, sensato. Isto é tão importante que, se o senhor refletir um momento sobre a rapidez incompreensível da conversa, o senhor conceberá que os homens não profeririam vinte frases num dia, se eles se impusessem a necessidade de ver distintamente em cada palavra por eles dita qual é a idéia ou a coleção de idéias que a ela se apegam.

Apesar dessa confiança na matemática e na correção lógica da língua, Diderot confessa a nossa impotência nesta tarefa: "As palavras, desde que bem definidas, uma questão logo se propõe". Esse é o pressuposto de uma cura da linguagem. "Este é um erro", enuncia Diderot. E não se pense, acrescenta, tratar-se apenas de unir experiências à querela. Assim, a briga muda apenas de objeto, "a dificuldade aumenta a tal ponto que alguns homens ajuizados disseram que os fatos nada provam, tamanha era a pena para constatar os fatos e aplicá-los à questão". E se fosse escrito o célebre dicionário, em que se fixasse a "verdadeira" significação das palavras? Resposta de Diderot: "este dicionário bem-feito acabaria com muitas disputas, mas não com todas. Os geômetras as mantêm entre si, elas subsistem desde longa data, e não sei quando terminarão".

Deixemos as Luzes, por um instante, e apanhemos o pensamento que se encontra nos seus antípodas. A filosofia, mesmo aquela que sucumbe aos fascismos, expõe páginas de lucidez. Em *Ser e Tempo*, no § 37, Heidegger também analisa o equívoco, não apenas entre cientistas e público, mas no interior da própria "comunidade acadêmica". Primeiro, a constatação banal: o saber, na era de sua divulgação máxima, tornou-se dificilmente distinto das suas várias expressões vulgares. Com a imprensa, "tudo assume a aparência de ter sido o verdadeiro captado, colhido, expresso, mas no fundo nada o foi". Num mundo onde a informação se acelerou ao máximo, a parolagem dogmática de intelectuais e jornalistas é a norma:

> Cada um, não apenas conhece e discute o que se passou e o que está vindo, mas cada um sabe também falar sobre o que deveria ocorrer, sobre o que ainda não ocorreu, mas deveria "evidentemente" ser feito. Cada um sempre farejou e pressentiu de antemão o que os demais farejaram e pressentiram. Este modo de seguir pelos traços e pelo ouvir-dizer [...] é insidioso o bastante para que o equívoco faça entrever ao existente possibilidades que, ao mesmo tempo, ele abafa no germe.

Na sociedade das informações, os termos científicos e acadêmicos circulam de modo imediato. Assim, "todos" sentem-se em condições de falar sobre a pesquisa e suas dificuldades, porque "todos" ouviram dizer ou seguiram os traços nas revistas, nos manuais etc. Deixa de haver distinção entre conceitos originários e palavras, e os que só "conhecem" estas últimas imaginam ser fácil a tarefa de quem se dedica à produção dos primeiros. Frente a um trabalho científico, apresentado em sua facilidade enganosa, o público curioso e, dentro dele, indivíduos podem dizer sem muitas invectivas: "Isto? Nós também poderíamos fazer!". Se "qualquer um" faz o trabalho do cientista e do intelectual, por que se gasta tanto dinheiro em seu labor? Desperdício...

Mas, continua Heidegger, ainda há pior: o tempo é essencial no trabalho da pesquisa. Vimos isto, por outro prisma, em Hegel. Agora temos, nas palavras de Heidegger, "o silêncio reservado da execução ou do verdadeiro fracasso" da pesquisa. Nesta última ocorre "um tempo diferente que, medido pela régua do tempo público, é fundamentalmente mais lento do que o do palavrório, o qual vive muito mais rápido". No intervalo entre o tempo lento da investigação e a rapidez geral dos que "já sabem" (os jornalistas são mestres nesta arte de ridicularizar e menosprezar a importância do saber original) dá-se o choque: os cientistas *ainda* estão procurando, e os "informados" pelos meios de divulgação *já* se colocam a falar da última novidade. Desse modo, os investigadores, para o público mediatizado, "chegam sempre muito tarde" frente ao consumo das "últimas". Afirma Heidegger, e com razão, que

a parolice e a curiosidade entretêm seu equívoco, para que a obra autêntica e nova pareça, quando surge na opinião pública, já ultrapassada. Esta obra só manifestará seu valor heurístico após ter mostrado a ineficácia do palavrório que a camuflava, e após ter-se apagado o interesse "comum" que ela suscitava.

Em pleno fervor público, dentro e fora dos *campi*, os pesquisadores autênticos estão sempre "atrasados" em relação aos meros divulgadores. Quando um antropólogo analisa, durante anos, as estruturas lógicas e os modelos gerados por Lévi-Strauss, e finalmente publica um texto sobre as suas dificuldades ou vantagens, os rápidos consumidores de novidades "já estão mais avançados", ridicularizando o cultivador de velharias epistemológicas. "Mas você ainda fala disto! Já deixamos tais doutrinas e métodos há muito tempo!" Borboletas da cultura e da ciência seguem os ventos das novidades, bisbilhotando os temas em vez de pesquisá-los. O farfalhar de suas asas, entretanto, como retórica, rende muito em verbas e prestígio. Assim, de ruído em ruído, os faladores e curiosos criam muita animação, diz Heidegger, mas no seu mundo, efetivamente, "nada se passa".

A curiosidade e o falatório operam ao largo da pesquisa paciente, e se dedicam às novidades. Mas, além disso, os curiosos não se detêm tanto nas "idéias" de fulano ou beltrano, famoso no mundo acadêmico e na mídia. Eles seguem, céleres, para a pessoa e os atos particulares dos ditos personagens. Tanto o público, quanto os "pares", começam a "vigiar o outro para ver como ele se comportará e o que ele vai dizer sobre isto ou aquilo. O ser em comum no modo do 'se', de jeito algum é uma 'coexistência' indiferente de indivíduos isolados mas, pelo contrário, um modo inquieto e equívoco de se espiar reciprocamente, um jeito secreto de todos para tocaiar as palavras de cada um. Sob a máscara do 'para outrém' joga o ser-contra-o-outro". Estas últimas frases de Heidegger são impiedosas, mas qualquer indivíduo que tenha pisado os corredores dos departamentos universitários sabe que elas refletem perfeitamente o que ali ocorre.

Deixemos de lado os equívocos trazidos pelo charlatanismo, mantido por cientistas e acadêmicos que usam títulos e *curricula* antes dedicados aos laboratórios e bibliotecas, como é o caso dos exemplos narrados por Michel de Pracontal (*L'imposture scientifique en dix leçons*, Paris, La Découverte, 1986). Neles, também se define um problema grave de comunicação, pois a maior parte dos abusos ocorre em campos "onde a fragmentação do saber e da prática científica se coloca de modo agudo, nos domínios onde apenas um número muito restrito de especialistas pode avaliar a pesquisa e, evidentemente, uma fraude eventual será muito difícil de detectar, porque poucas pessoas são capazes de juízo nestes casos" (Pracontal, *op. cit.*, p. 199). Os vínculos entre saberes estão imersos em equívocos, de tal modo que a média dos instruídos não consegue captar até mesmo as bases elementares do que ultrapassa a sua "especialização". Esta é a atitude descrita, de modo preciso, por Heidegger: no palavrório "cultivado",

> a linguagem utilizada por quem a pronuncia já inclui uma certa compreensão média; é por isto que se pode, numa larga medida, entender um discurso comunicado, sem que o ouvinte se coloque numa relação de compreensão original do que é referido pelo discurso. Apega-se menos a compreender o ente de que se fala e não se ouve [...] os enunciados mantidos. Compreende-se a palavra, mas se compreende apenas de modo aproximativo e superficial o objeto da palavra; os interlocutores ouvem a mesma coisa, porque o que se diz se compreende em seu sentido comum, mediano [*Ser e Tempo*, § 35].

A mídia opera deste modo, como a propaganda: pela repetição. Continua Heidegger:

> Como o discurso perdeu, ou nunca engendrou, o nexo com o ser original do ente sobre o qual se fala, a comunicação que ele estabelece não consiste em se apropriar originalmente deste ente mas apenas em *transmitir* e *repetir este próprio discurso*. Semelhante discurso se estende a ouvintes

cada vez mais numerosos e toma uma caráter autoritário. As coisas são assim, porque se diz. Esta repetição e esta transmissão puras e simples, se agravam constantemente, até à perda de qualquer fundamento, a cisão inicial da palavra e do seu objeto, constituem o palavrório. Este não se restringe apenas à repetição verbal, mas se prolonga na palavra escrita como "escrito". A repetição não se fundamenta, pois, em primeiro lugar no ouvir dizer. Ela se nutre de leituras puramente maquinais. A compreensão média do leitor nunca poderá decidir sobre o que foi produzido e conquistado originalmente e sobre o que é repetido. Bem mais, esta compreensão média recusa semelhante distinção; ela não precisa disto, porque ela compreende tudo [*idem*, grifo nosso].

Impossível deixar no silêncio, após esses enunciados de Heidegger, algumas análises de Shoshana Felman. "O exercício sociolingüístico da repetição", diz ela,

torna-se uma espécie de automatismo. Toda prática lingüística repetitiva veicula uma força de hipnose, a qual induz o indivíduo a comportamentos sociais ou mentais estereotipados, nos quais ele abdica de sua subjetividade [...] todo lugar-comum, todo clichê, é na realidade um tipo de prece, funcionando através do mesmo mecanismo de repetição e sugestão, veiculando na vida social a mesma força hipnótica das rezas na vida religiosa [*La folie et la chose Littéraire*, Paris, Seuil, 1978].

O ensaio da escritora é sobre Flaubert. Mas suas constatações agarram de modo inteiro as ortodoxias das seitas metodológicas, epistemológicas, ideológicas e políticas que se digladiam nos campi. Todas possuem os seus oráculos sagrados, todas se mantêm pela repetição de enunciados, todas anatemizam os diferentes, e todas se imaginam as mais sofisticadas no mundo dos conceitos. O proselitismo, desse modo, corre solto entre as seitas, e se mostra especialmente nos congressos, seminários, colóquios. Entre a superstição do carvoeiro, com sua fé "simples" e repetitiva, e a superstição dos acadêmicos, a diferença principal reside nos rótulos e no prestígio.

Mas as repetições dos textos célebres, dos autores sagrados, das notabilidades intocáveis, nem sempre guardam a letra dos antigos evangelhos "científicos". Nem sempre a repetição é apenas textual. As frases mudam, mas o espírito permanece, repetindo como "velha caduca" (é o juízo de Francis Bacon sobre os procedimentos da universidade decrépita) as mesmas teses, reduzindo-as ao "sistema" (idealista, materialista, marxista etc.). Oportunas e necessárias as advertências de um cientista contra os que, na filosofia por exemplo, têm a pretensão de ensinar aos demais pesquisadores o "bom modo" de pensar.

> Ciência sem epistemologia [...] é primitiva e confusa. Entretanto, caso o epistemólogo, que procura um sistema claro, o tenha encontrado, ele está propenso a interpretar o conteúdo da ciência por meio de seu sistema e a rejeitar seja o que for que não se ajuste aos seus sistemas. O cientista, contudo, não pode se dar ao luxo de levar tão longe seu empenho pela sistemática epistemológica... o cientista, por este motivo, deve parecer ao epistemólogo sistemático um oportunista inescrupuloso [Einstein, cit. por A. Sokal e J. Bricmont, *Imposturas Intelectuais*, Rio de Janeiro, Record, 1999; aliás, esta é uma das mais provocadoras análises e denúncias dos procedimentos sectários e obscurantistas nas cátedras modernas, um serviço inestimável para a filosofia alheia às repetições de *slogans* propagandísticos, no *marketing* pós-moderno].

As seitas, sejam elas reacionárias ou progressistas, matam o pensamento no altar dos sistemas ideológicos. Desse modo, aos fiéis só resta a repetição de conceitos, sem abertura ao empírico, ao contraditório, ao efetivo. Após milênios, impera nas suas hostes o melancólico. "Ele assim o disse", referindo-se ao Mestre. Os demais escutam e ampliam o discurso dogmático, o que produziu tragédias (como no caso Lyssenko) e comédias. O equívoco é um problema grave, tanto no plano *intra* quanto na esfera *extra* da pesquisa. Desde Platão, chegando a Spinoza, o conhecimento mais baixo é o por "ouvir dizer". Heidegger, na era da imprensa, indica que este conhecimento é transposto para as letras dos jornais e dos livros destinados à "divulgação científica". O leitor, deste modo, tem certezas e descarta a errância de quem pesquisa. Assim, ele não pode saber a dificuldade, as dúvidas, de quem investiga os objetos. Ele lê as palavras, compreende-as na sua mediania. E considera conhecido e óbvio todo o campo discutido. Tanto a garrulice jornalística quanto o dogmatismo acadêmico, pela repetição, reforçam a distância entre o dito e o que nele se visa. A fala torna-se cada vez mais desprovida de sentido original e autoritária. É assim, porque é assim. O creme de dente, o modelo econômico, a medida política, tudo isto e muito mais, está provado, "é científico". A propaganda respira esta religião das trevas intelectuais.

Judith Schlanger (*Les metaphores de l'organisme*, Paris, Vrin, 1971), no início de seu trabalho sobre a comunicação entre cientistas, e destes com o público medianamente cultivado, analisa um artigo de "divulgação" saído no prestigioso jornal *Le Monde*, a respeito das descobertas efetivas pelo ganhador do Prêmio Nobel, François Jacob. Ela mostra como o texto jornalístico constitui uma espécie de "bricolagem" de termos de origem científica, técnica, administrativa etc. Desse modo, o administrador de empresas fica sabendo que a célula é "regulada administrativamente" e assim por diante. Este problema da comunicação com o público, cujos conhecimentos são parcelares, duplica-se na própria comunicação entre os cientistas e acadêmicos. As percepções estabelecidas, não raro, operam como uma rede que impede ou obstaculiza as transferências de significados, forçando o cientista, à semelhança do poeta, a inventar linguagens, cuja captação vai além da média de seus pares (cf. da mesma autora, *L'Invention intellectuel*, Paris, 1983 e "Dire et connaitre", em M. Meyer, (ed.), *De la métaphysique à la rhétorique*, Bruxelas, 1986, pp. 95-101). Se é difícil e árdua a tarefa de comunicar novos conceitos e técnicas fundamentais entre os cientistas e acadêmicos, e se a mídia educa o público para que este considere "conhecidos" elementos do saber que, pelo contrário, são alvo de custosa busca (em todos os sentidos, econômicos e espirituais), também no relacionamento entre cientistas e artistas existem ruídos graves de comunicação, equívocos.

Um caso exemplar, neste sentido, é o MIT. Fundado em 1865, apenas em 1945 surgiram propostas de ensino, naquela instituição, de elementos culturais e artísticos. Essas propostas foram extendidas até 1970. História da arte, ciências humanas e sociais foram disciplinas estabelecidas para educar os olhos dos futuros engenheiros, ou como diz o Relatório Hayes (o de número 1 sobre estes planos): "Eu disse muitas vezes que um grande número de rapazes e moças diplomados em nossas instituições eram visualmente 'iletrados'". Note-se que muitos cientistas que propunham as novas disciplinas estiveram implicados em experiências nucleares, como Cyril Stanley Smith e Philip Morrison.

Ocorre que um instituto de engenheiros ligado à indústria e à produção militar dificilmente pode romper esses vínculos. Hoje, como enuncia Judith Epstein ("Contrechamp outre Atlantique: les dérives d'une politique", *Autrement*, número especial: "Chercheurs ou artistes? Entre art et science, ils rêvent le monde", out. 1995), no MIT

> alguns artistas são convidados a utilizar as tecnologias, sobretudo em música. Eles são poucos, mas seu estatuto é muito mais oficial do que antes. Ele se tornou mais próximo do usufruído pelos cientistas; eles são reconhecidos e integrados na instituição: são artistas-engenheiros. Este estatuto se justifica em parte pelo fato de existir uma aprendizagem técnica relativamente aprofundada indispensável para o uso do computador. Mas tem-se a clara impressão de que os artistas afiliados ao *Media Lab* são convidados para estar ao serviço da tecnologia, para mostrar quais aplicações podem dela ser feitas. A arte tornou-se um álibi. É claro que não se trata de um reconhecimento da arte enquanto tal, mas de um reconhecimento da utilidade das aplicações artísticas como um traço, entre outros, dos rendimentos e aplicações tecnológicas.

Deste modo, "O MIT retornou ao que era antes da última guerra: um instituto de formação de engenheiros ligado à indústria e à produção militares. As virtudes morais da estética não são mais invocadas ali. Os discursos sobre a necessidade de humanizar a sociedade tecnocrática e alargar a sensibilidade do engenheiro não têm mais vez na fala da administração". Além disso,

> as explorações informáticas são ligadas às aplicações militares, sem que isto levante contestações. O fascínio pela informática substituiu a ameaça nuclear de uma destruição humana extensa, com conseqüências de longo prazo e sem limites controláveis pela humanidade toda. A informática parece menos ameaçadora porque suas aplicações são múltiplas, ligadas a jogos como o Nintendo e à robótica doméstica. As novas tecnologias militares se caracterizam pela sua precisão nas delimitações dos alvos. Isto fornece guerras "limpas" e mediáticas. A mediatização do militar tem uma tal capacidade de enceguecimento dos homens, que certos intelectuais europeus e americanos analisam este fenômeno sem pôr em causa a realidade das guerras.

O texto inteiro merece debate, a partir destes aspectos. Claro, o MIT possui pensadores como Noam Chomsky, um dos mais duros críticos do imperialismo norte-americano. Estas e outras perspectivas, entretanto, acentuam os equívocos entre vida civil, pesquisa científica e artes.

Por todos esses motivos, é possível perguntar sobre a relevância das interrogações filosóficas como as de J. Habermas (para uma apreciação antiga, mas eficaz, dos encaminhamentos habermasianos, seus pontos fortes e insuficências, cf. Klaus Dörner, *Burgen und Irre: Zur Sozialgeschichte und Wissenschaftsoziologie der Psychiatrie*, F.A.M., Europäische Verlagsanstalt, 1969). E também de seus pares, que idealizam um campo democrático em que comunicação e diálogo seguem juntos. Como sabemos, as buscas de Habermas tentam ser uma crítica das atitudes, consideradas "apocalípticas", assumidas pelos teóricos da chamada "escola" de Frankfurt. Especialmente após o conhecido ensaio de Habermas sobre a ciência, a técnica, a ideologia, ocorreu um recuo diante de autores como Herbert Marcuse. Este, em *One Dimensional Man*, invectiva, com justeza ou não, o pensamento que se "racionalizou" na figura do mercado, apagando toda negatividade. Assim, Marcuse acentua a denúncia da linguagem contemporânea: "no universo do discurso público, a fala se move por sinônimos e tautologias; na verdade, ela nunca se move rumo a uma diferença qualitativa" (*One Dimensional Man*, Boston, Beacon Press, 1967, p. 88). É notável, sobretudo para nossos dias, a sua inspeção da linguagem abreviada, em especial no que tange às siglas. Após o vagalhão do "pós-modernismo" e do "deconstrucionismo", e da maré irenística do pensamento habermasiano e similares, que deseja manter o discurso no plano da concórdia democrática, mal ignorando a contradição social e discursiva, penso que vale a pena reler autores como Herbert Marcuse, agora sem a pressa e o equívoco de uni-lo de imediato às reivindicações de 1968. Algo mais amplo e profundo se diz em *One Dimensional Man*.

Por que essas considerações ao redor do intelectual e do equívoco? E por que, nestes passos, dar tanto relevo à comunicação e ao nexo dos acadêmicos com a mídia e ao modo pelo qual as seitas universitárias repetem certezas? Porque é possível, desde as análises hegelianas, até as fórmulas de Heidegger, ver um traço forte nas formações compreendidas sob a rubrica de "comunidade" universitária. No mundo moderno, do mercado e dos átomos sociais, o intelectual não pode ser exceção. Desse modo, a ética definida nos *campi*, desde o século XVI, mas aprofundada nos séculos XIX e XX, é a da busca individual, e da recompensa não menos solitária. Mesmo os setores que mais trabalham em grupo não podem ignorar o fato de que os indivíduos de uma equipe levam em conta mais o seu sucesso pessoal do que o coletivo. Neste plano, a universidade mostra-se fértil em testemunhos de individualismos brutais, servindo a instituição apenas como trampolim para que a pessoa atinja melhores "posições" no universo do pensamento, da política, ou da economia. Na hora certa, a pesquisa e o ensino são postos em último plano.

Se o equívoco e o vale-tudo espiritual definem parte considerável do ser acadêmico, qualquer governo (mesmo e talvez sobretudo os de "esquerda") em que eles predominem certamente mover-se-á no e pelo equívoco. Some-se a isto a nova sofística, a propaganda, palavrório autoritário no sentido heideggeriano, e temos um retrato muito próximo dos governos "democráticos" atuais. De certo modo, nestes governos os universitários, dada a sua formação e à falta de quadros, sempre são candidatos aos postos de mando, nos quais não reina a pesquisa, mas a retórica. Não basta, pois, criticar os contorcionismos ocorridos na linguagem mantida pelos intelectuais que servem ao poder. Urge a inspeção de nossa própria linguagem.

Não se trata de apontar "erros" ou "ignorância" apenas nas frases dos intelectuais que servem aos governos. Todos lemos o *Hípias Maior* platônico: mente melhor quem mais sabe. Mas a repetição da mentira, abusando um pouco das frases enunciadas por Heidegger, da mediania, do "as coisas são assim porque são assim", é técnica hipnotizadora e auto-encantatória. Para agir, é preciso que o poderoso se justifique aos seus próprios olhos e ouvidos. E disto nenhum candidato ao mando, direto ou indireto, pode fugir. Não é raro encontrarmos radicais de esquerda que, com a simples proximidade dos gabinetes, assumem o ar grave da "ética da responsabilidade", invectivando seus antigos pares como "radicais inconseqüentes". Claro, junto com o jargão novo, segue toda a liturgia do poder.

Há uma clara mediatização, ou melhor, uma face cada vez mais propagandística nos vínculos entre produtores de conceitos e público. A lógica do "publica ou perece" faz lançar no mercado, em especial no setor das ciências humanas, textos sem maiores controles empíricos ou lógicos. Aumenta o número dos que "sabem" pela metade. Ao mesmo tempo, grande parte da imprensa martela a inutilidade de investimentos, sobretudo em época de "globalização", nas pesquisas originais. Existem cientistas que lutam contra esta maré montante. Muitos sucumbem, entretanto, fechando seus laboratórios por falta de recursos materiais e humanos. Existem os "realistas", dispostos a sacrificar o último sopro de ética que lhes resta, na tarefa inglória de manter seu "prestígio" e suas verbas.

Heidegger, modelo de todo reitor "realista", no seu discurso de posse, na Universidade de Friburgo, traçou o retrato dos que assumem este cargo sem compromissos com a defesa dos cientistas e da pesquisa. Encarnando o que dissera dos outros, em *Ser e Tempo*, ele assumiu o papel do servo que obedece ao mais atroz autoritarismo. Citemos, apenas como *memento,* o primeiro parágrafo daquela fala paradigmática:

> A assunção da Reitoria obriga à liderança espiritual desta escola superior. O séqüito de professores e alunos é desperto e se fortalece unicamente por seu enraizamento verdadeiro e comum na essência da universidade alemã. Porém, essa essência só adquire clareza, dignidade e poder se, antes e o tempo todo, os próprios chefes forem eles mesmos chefiados. Chefiados pela inexorabilidade da sua missão espiritual que, ao se lhes impor, imprime no destino do povo alemão o cunho de sua história[6].

O "destino" da universidade, e do povo alemão, naquele instante, Heidegger tinha plena consciência disto, era Hitler. Quem não desejasse submeter-se ao "destino", tinha um rumo certo: o estrangeiro ou os campos de concentração. Quando o poder é autoritário, lutamos contra ele, ou somos "liderados". Não passou pela cabeça de Heidegger, intelecto poderoso,

---

6. Cf. M. Heidegger, "A Afirmação de si da Universidade Alemã", em *Discurso de Posse na Reitoria*, trad. Fausto Castilho, Curitiba, Secretaria da Cultura, 1997, p. 1.

apresentar-se como "mediador" entre os que abusavam do mando e os cientistas perseguidos. A clareza, aqui, não permite equívocos. Os intelectuais "realistas" de hoje mergulharam na equivocidade: eles são os "neutros" na luta entre os *campi* e os que dispensam as verbas. Ou os cérebros acadêmicos representam os cientistas e docentes, ou são dominados pelos que mandam na política. A máscara da terceira forma, a "mediação", não atinge sequer o estatuto da *dissimulazione onesta*, para lembrar Torquato Aceto.

Deixemos os ideólogos e os que fazem da universidade um trampolim para os cargos e as benesses. Como enfrentar a mídia, o governo, e vastas camadas do público que julgam "inúteis" as pesquisas científicas? Se na Alemanha, na França, nos EUA, existe o fenômeno da semicultura, amplamente analisado por Theodor Adorno, em outro texto "esquecido" pelo pensamento crítico, nós, no Brasil, enfrentamos algo ainda mais complexo: ao lado de um analfabetismo impiedoso, que incapacita massas enormes para o mais elementar convívio com as ciências, as técnicas, as artes, possuímos um forte contingente urbano de egressos da universidade, mas formados dentro de regras estreitas das "especializações", sem bases para exercer várias atividades e para enfrentar o desemprego nesta ou naquele setor. São conhecidos em demasia os casos dos engenheiros, advogados, psicólogos, economistas etc., trabalhando em meios pouco condizentes com o que foi aplicado neles pelos cofres públicos.

Em qualquer hipótese as universidades que recebem dinheiro público, oficiais ou particulares, têm tudo a ganhar com uma política de transparência, que preste contas de sua aplicação. O sigilo no emprego de verbas, no julgamento de projetos etc. deve ser abolido com máxima presteza. Se as universidades nada têm para esconder, e precisam distinguir, para governantes e público, o que é ciência e simulacro de pesquisa, uma prestação de contas sobre os meios e os recursos dará maior autoridade ética e respeito aos fins da universidade.

Sou profundamente pessimista sobre os próximos anos da ciência e da pesquisa no Brasil. O convívio acadêmico hobbesiano, como para testemunhar as teorias hegelianas e heideggerianas sobre o individualismo e o palavrório, parece acentuar-se mais. Nas áreas ditas "humanas", o padrão dos trabalhos atingiu níveis baixos. Teses, apesar dos recursos trazidos pela informática, pelos arquivos etc., mostram consistência lógica cada vez mais tênue. Representantes das outras áreas também indicam esta quebra do rigor.

Em um livro "antigo", segundo as formas de pensamento hoje imperantes na universidade, Ogden enunciava: além da "peculiar sobrevivência" da apologética religiosa, temos no século XX a força que favorece sua ampla difusão. Entre os fatores do emburrecimento coletivo que permite a alegria dos "pastores eletrônicos" e quejandos, destacam-se a posse, pelos jornalistas e letrados, "de um imenso vocabulário semitécnico, e a sua falta de oportunidade ou vontade de pesquisar o seu uso próprio". Aumenta, desse modo, o abismo entre público e pensamento científico. O resultado é "a exploração, com finalidades políticas e comerciais, da imprensa, através da disseminação reiterada dos clichês" (*The Meaning of Meaning*).

Desse fenômeno dá-se conta Pracontal, no livro citado acima. "É de bom tom", diz ele,

considerar que a mídia poderosa favorece a democracia. Sem dúvida, mas o pluralismo da informação, não raro, só garante a diversidade das imposturas. No relativo à democracia, a mídia vive sob a ditadura das cifras de venda e números de audiência. Seu discurso visa sobretudo obter uma adesão incompatível com o ceticismo e a dúvida científica. Para captar a atenção de seu público, a mídia envia a mensagem que mais oferece oportunidades de adesão (*L'imposture scientifique*).

Some-se à mídia os atos dos governos e o populismo de setores da oposição, para que seja previsível, em plano geral, o esvaziamento das salas de aula, dos laboratórios, dos arquivos, das bibliotecas. Ao mesmo tempo, existem os "centros de excelência" que não sabem onde recrutar novos quadros competentes, dado que não apenas a pós-graduação está sucateada, mas também a graduação. Estes centros, como na fábula, ajudam, talvez sem consciência plena, a matar a galinha dos ovos de ouro, quando aceitam verbas aos milhões, extraídas de programas que, se corrigidos caso estivessem em rumo errado, forneceriam quadros novos para a pesquisa.

Voltemos ao artigo de Lebrun, citado no início destas considerações. Ele tenta matizar o retrato anamorfótico dos intelectuais, sem grande sucesso, pois a imagem está desenhada no pano de fundo definido por uma longa tradição cultural, que estigmatizou o escritor dedicado ao debate de assuntos alheios à sua competência como uma criança inconsciente, pouco séria. Lebrun procura colocar alguns bemóis neste hino contra os intelectuais. Ele adianta que "o sectarismo não é apanágio dos intelectuais de esquerda (é bem disto que tratava Schumpeter!), e estes pelo menos não têm condições de recorrer ao braço secular". Esta frase de Lebrun é errônea, infelizmente. Quem possui conhecimento do *modus operandi* de muitos setores "progressistas", sabe que ali reinam pontífices laicos, poder religioso, que servem como santificadores dos piores autoritarismos dos "políticos", os donos dos partidos. Mas arremata Lebrun esta parte afirmando, corretamente, que "a crítica das instituições e privilégios sempre terá mais atrativo que a banal apologia da ordem estabelecida".

Hoje, uma inspeção nos bancos universitários e nos gabinetes magistrais conduziria a outros resultados. Poucos se encantam com a crítica dos valores dominantes propagados pela imprensa. A maior parte dobra-se frente à "realidade". Além de sua atitude irresponsável, política ou científica, Lebrun acrescenta um elemento no retrato do acadêmico: ele age segundo preconceitos. Ele é um viciado em denúncias, "sempre deve dar um jeito para encontrar desmandos que alimentem a sua cólera". Elias Canetti analisou a atitude que mimetiza o mando de modo perverso, nomeando-a como um exercício paranóico do desmascaramento alheio. Esta técnica é a tática permanente da pior política. Quando na oposição, os candidatos à tirania adoram desmascarar governantes. Logo que se instalam nos gabinetes, colocam na face certa máscara, mais hedionda do que a exibida pelo antigo poderoso de plantão. Norberto Bobbio recorda, a este respeito, a dialética entre o palácio e a praça pública. Uma coisa é a arenga à massa. Outra, é o panorama visto da janela governamental. Toda seita ou partido tem seus dias de praça e de palácio. Raros indivíduos ou grupos conseguiram manter o controle do governo a partir da praça.

411

A "pureza" de quem desmascara os concorrentes na corrida rumo ao mando é uma boa máscara. E esta cai nos instantes de "negociação" entre as forças partidárias. O intelectual tem como alvo a "opinião pública", seu tipo modelar seria o sobrinho célebre de Rameau, talentoso mas sem a disciplina necessária para produzir algo. Não por acaso, Diderot teria aplicado a este ser que dança com a vida, em rodopios incessantes, o dito de Horácio: *Vertumnus, quotquot sunt, natus iniquis*[7].

O nexo entre intelectuais e crença pública, assim como o experimentamos, vem do nascimento de ambos. Apenas com a burguesia, no século XVIII, começam a surgir, segundo Lebrun, as famosas "opiniões públicas", mantidas pela conversa dos escritores e dirigidas para a crítica da ordem estabelecida. O nome mais notório, nesta linhagem, é o de Immanuel Kant. Este último escrevera no portão de sua primeira grande obra que sua época seria a da crítica, "dela procuram fugir a religião, alegando sua santidade, e a legislação, a sua majestade, atraem contra si justificadas suspeitas, e não podem desejar aquela estima não simulada, que a razão só concede a quem soube resistir ao seu livre e público exame"[8]. Claro, logo após Kant, veio Hegel, como lembramos acima, o estraga-festas, para repelir este exercício crítico, afirmando que o "público" em geral é ignaro. Os sofistas modernos, kantianos ou não, teriam como os seus pares gregos um setor de pessoas tolas que imaginam saber, quando em lugar da *epistéme*, a ciência rigorosa, ostentavam apenas a velha e tenaz *doxa*, o preconceito como alimento. Enquanto Hegel estigmatiza a famigerada *Eitelkeit*, a tolice palavrosa, os intelectuais seguem rumo ao público, o qual eles louvam como instância máxima de juízo das coisas espirituais.

Não que Kant tivesse excelente juízo do povo. Apesar das suas poesias em prosa em louvor de Rousseau, ele se

7. "Nascido sob a caprichosa malícia de todos os Vertumnios reunidos [...]". *Vertumnus*, da raiz *vorto/verto*, é o Deus que preside as mudanças dos tempos e das estações. Cf. a análise de Jean Fabre, editor crítico do *Neveu de Rameau* diderotiano (Genève, Droz, 1977, p. 111).

8. Cf. *Kritik der Reinen Vernunft*, *"Vorrede"* (1781), Hamburg, Felix Meiner Verlag, 1956, p. 7.

mantinha longe de proclamar a soberania dos homens comuns. Estes, em geral, são crianças, incluindo as mulheres. Como sugere Klaus Dörner, para Kant "os pais da pátria mantêm seus súditos e o clero os leigos em minoridade, para o bem deles mesmos", pois, e agora citando o filósofo diretamente, "a submissão mecânica dos homens sob a autoridade de outros é o meio mais eficaz de busca da ordem legal"[9].

Desse modo, a "liberdade" no sentido kantiano torna-se bem restrita, afunilando ao máximo a "opinião pública" por ele defendida. Detenha-mo-nos neste prisma, vital para nossa análise. É bem conhecido o formalismo do pensamento kantiano. Todos os seres humanos ostentam a forma da razão. Pela forma, qualquer homem pode tornar-se apto para a ciência e para a moral. O imperativo categórico define-se pela sua forma universal. Esta forma é o elemento de juízo crítico, para que eu saiba se estou realizando algo moral ou algo científico. No caso da moralidade, basta que me pergunte: "todos poderiam querer isto?" Só posso ter garantias de ato moral de minha parte, se em mim a vontade universal se torne uma lei. É o que lemos nos *Fundamentos da Metafísica dos Costumes*: "sem experiência quanto ao curso do mundo, incapaz de dominar todos os acontecimentos que nele se produzem, basta que eu pergunte: podes querer também que tua máxima torne-se uma lei universal? Se não o podes, a máxima deve ser rejeitada"[10].

Ninguém pode recusar semelhante juízo, rico ou pobre, sábio ou tolo. Mesmo o povo tem condições para submeter-se a semelhante universalização. Assim, a liberdade moral independe do saber e das luzes. A razão sempre foi popular[11].

---

9. Immanuel Kant, "Antropologie in pragmatischer Hinsicht", em Klaus Dörner, *Bürger und Irre: Zur Sozialgeschichte und Wissenschafttsoziologie der Psychiatrie*. Citado acima.

10. Kant, *Fondements de la métaphysique des moeurs*, trad. V. Delbos, Paris, Delagrave, 1975, p. 105. Cf. também, Kant, *Die Metaphysik der Sitten. Einleitung zur Tugendlehre*, IX, em *Werkausgabe*, Band VIII, FAM, Suhrkamp, 1977, p. 526: "Das oberst Prinzip der Tugendlehre ist: handle nach einer Maxime der Zwecke, die zu haben für jedermann ein allgemeines Gesetz sein kann".

11. Sigo o instigante texto de Catherine Kintzler, *Condorcet: l'instruction publique et la naissance du citoyen*, Paris, Minerve, 1984.

Trata-se de um problema para o olhar atento, e não de instrução. Kant tornou a razão popular, combatendo assim o intuicionismo e a moral do sentimento. Mas, no mesmo golpe, ele desarmou a moral do intelecto. Ao mesmo tempo ele superou Rousseau, negando a moral do vigário saboiano, do *Emílio*, e recusou os cálculo das paixões, como este foi praticado nos séculos XVII e XVIII[12]. O homem comum poderia ter acesso à razão, desde que prática, isto é, a que se exerce de modo imediato, sem inteligência e sem objeto. A virtude não exige sapiência teórica. A razão prática kantiana segue a via de se opôr a toda resistência à opressão. Esta é a base da Doutrina do direito kantiana, a primeira da *Metafísica dos Costumes*.

Kant dissocia moralidade e saber, legitimidade e conhecimento, uso prático e teórico da razão. Todas estas separações voltam-se contra a racionalidade filosófica anterior, antiga ou moderna. A razão prática garante a igualdade. Enquanto a razão teórica hierarquiza os indivíduos, pela diferença dos graus de conhecimento, a prática os coloca num mesmo horizonte. Como diz Catherine Kintzler, "pela primeira vez na história da filosofia, o racionalismo iluminava os pobres de espírito". Entretanto, Kant se dirige para os homens, ou seja, para os que são capazes de humanidade e conhecimento. O idealismo, a começar por Kant, marcou nossa consciência jurídica, negou a soberania popular e o direito de rebelião[13] em prol dos intelectuais. Voltemos a Hegel, o crítico de Kant, nas *Lições sobre a Filosofia do Direito* (§301, nota)

---

12. Para maiores detalhes, peço ao leitor a leitura do texto "O Caldeirão de Medéia", nesta coletânea.

13. "Contra o legislador supremo do Estado não há oposição legal do povo; pois um estado jurídico só é possível pela submissão à uma vontade legisladora universal; não existe, pois, direito de sedição, embora menos um de rebelião [...]". *Metafísica dos Costumes, Doutrina do Direito*, trad. Delbos, citada, pp. 202-203. Domenico Losurdo, em livro que tenta negar esta perspectiva, afirmando-a produto, em Kant, de uma autocensura, apresenta razões ponderáveis para dizer que o filósofo visava, nas linhas acima, aos contra-revolucionários que se insurgiram face à Revolução Francesa. Este é um ponto ainda a ser muito debatido na história da filosofia política. Cf. Domenico Losurdo, *Autocensura e Compromesso Nel Pensiero Politico di Kant*, Napoli, Bibliopolis, 1983.

para ler enunciados brutos como o seguinte: "O povo, na medida em que esta palavra designa uma parte ou um grupo particular dos membros do Estado, representa o setor que não sabe o que quer. Saber o que se quer e, ainda melhor, saber o que exige [...] a razão, é fruto de um conhecimento e de uma inteligência profunda, e este não é o assunto do povo".

O golpe de misericórdia no conceito de soberania popular e de "opinião pública" é dado quando o pensador define o objeto da imprensa. Esta seria constituída "pelo que é o mais passageiro, mais particular, mais contingente na opinião, com a infinita diversidade do conteúdo e dos modos de exprimir este conteúdo" (eu sublinho). Entre a "opinião" imersa no diverso, e a ciência, deve-se escolher a segunda. O modo científico residiria numa fala "inequívoca". A ciência paira acima da opinião pública. É deste modo que Hegel reinterpreta os ataques platônicos à democracia, com sua base no choque entre o "opinar", próprio dos não-sábios, e o "saber", inerente aos filósofos.

A fonte dessas distinções encontra-se no Platão da *República*. Aquele diálogo exorciza a democracia, regime doentio, pois nela "cada um poderá dar à sua própria vida a ordem que quiser, a que lhe aprouver". "É nessa forma de governo que [...] se encontram homens de espécies mais variadas." A caçoada platônica sobre a democracia explode a seguir: semelhante regime seria a "mais bela das constituições. Tal como um manto de muitas cores, matizado com toda espécie de tonalidades, também ela, matizada com toda a espécie de caracteres, apresentará o mais formoso aspecto. E talvez que, embevecidas pela variedade do colorido, tal como as crianças e as mulheres, muitas pessoas julguem esta forma de governo a mais bela [...]" (*República*, 557 a-c). A democracia, na *República*, é "uma forma de governo aprazível, anárquica, variegada, e que reparte a sua igualdade do mesmo modo pelo que é igual e pelo que é desigual" (*idem*, 558 c).

Na democracia, lemos ainda na *República*, "os governantes parecem governados, e os governados parecem governantes". Nela, "o professor teme e lisonjeia os discípulos, e estes têm os mestres em pouca conta". Nela, ainda, "os jovens imitam os mais velhos, e competem com eles em palavras e em atos; ao passo que os anciãos condescendem com os novos, enchem-se de vivacidade e espírito, a imitar os jovens, a fim de não parecerem aborrecidos e autoritários". Na democracia, o princípio unilateral da liberdade faz com que, no trânsito das ruas, "os cavalos e burros" andem "acostumados a uma liberdade completa e altiva, embatendo sempre contra quem vier em sentido contrário, a menos que saiam do caminho; e tudo o mais é assim repleto de liberdade" (*idem*, 563 c).

Nesse governo, a alma dos cidadãos torna-se "melindrosa": "se alguém lhes impõe um mínimo de submissão, se agastam e não o suportam; acabam por não se importar nada com leis escritas ou não escritas [...] a fim de que de modo algum tenham quem seja senhor deles". Como é do excesso que surge a doença, a liberdade sem peias leva ao seu oposto, o escravismo, pois "do cúmulo da liberdade é que surge a mais completa e selvagem das escravaturas" (*idem*, 564 a-b).

Não é possível aceitar *in totum* as teses de Karl Popper e de seus pares, como Cassirer, que apontam o dedo rumo a Platão na gênese do totalitarismo estatal. Nem é possível dizer, com eles, que Hegel é o seminário único do qual teriam surgido o nazismo e o stalinismo, desgraças políticas de nosso tempo. Mas tanto para o pensador grego, quanto para o germânico, a democracia é o regime dos diversos, do flutuante, instável, caprichoso. Nela, com seus panejamentos multicoloridos, as crianças e as mulheres, "seres essencialmente sensíveis", encantam-se. E o povo criança é enganado pelos sofistas e demagogos, por meio da retórica, arte de colorir a fala para agradar os ouvidos. A diversidade se prende à opinião, e não se eleva à ciência, ao *uni*-versal. Assim também a democracia, baseada no opinar do povo, é, para aqueles filósofos, a antítese do Estado bem dirigido pelos teóricos.

Como analisa ainda Gérard Lebrun no artigo já referido, na "opinião pública" Hegel ressalta a palavra *opinião*, "para dar-lhe o seu sentido pejorativo, platônico. A opinião é a instância frívola que julga sem conhecer, e a qual os intelectuais (ao abastecê-la com 'idéias', argumentos, temas mobilizadores) dão a ilusão de conhecer"[14]. Enuncia o mesmo autor em outro

---

14. G. Lebrun, *Passeios ao Léu*, *op. cit.*, p. 204.

texto: "na linha de Hegel, a 'formação' do homem só poderá ser um 'aplainamento' (*Glättung*), um apagar de todas as diferenças que separam os indivíduos, estes átomos turbulentos, sempre rebeldes à boa totalização ética".

O combate comum do conservadorismo, laico ou religioso, do século XIX até nossos dias, volta-se contra a liberdade individual, de um lado, e contra a soberania do povo, de outro. A primeira recebeu um ferrete infamante: "individualismo", a segunda foi invectivada através de um apelido propagandístico: "anarquia". Ambas, no pensamento contrário aos direitos humanos e ao exercício democrático, foram definidas como "doença". A atitude contrária ao regime democrático aparece no fantasma do Todo orgânico, cuja célula seria a família. Como diz o inimigo exemplar do regime democrático, L. De Bonald, "os indivíduos só vêem os indivíduos como eles [...] o Estado só vê e só pode ver o homem na família, como ele só vê a família no Estado". O programa retrógrado propõe, com De Bonald, "conservar as famílias e consumir os indivíduos".

"Se não podem subsistir os indivíduos, resta o Povo. Mas este, para os românticos de todos os matizes, é eterna criança que deve ser 'protegida'." Diz ainda De Bonald: "A razão do povo deve ser seus sentimentos; é preciso portanto dirigi-los e formar seu coração e não o seu espírito". Um povo, segundo o romantismo acentuado e inimigo da moderna democracia, "como uma criança, é um problema individual, pedagógico" (Novalis).

Em suma: os ideários conservadores modernos, com base numa tradição milenar, aberta pelas críticas platônicas à democracia produziram resultados letais em nossa época. Entre eles, tivemos a forçada *identificação* dos indivíduos num ideal de cultura e formação. Neste plano, a idéia democrática foi exorcizada, varrendo-se as noções de soberania popular e de juízo público. O debate, como caminho para resolver os problemas coletivos, foi desprezado, nestas representações, em proveito do papel dos intelectuais e dirigentes, cuja "missão" eterna seria "educar o povo", criança que nunca atingiria a maioridade. O Estado dirigido pelos sábios garantiria a unidade e identidade do Todo. Ele sempre estaria ameaçado pela diversidade de opiniões populares.

A tarefa pedagógica dos intelectos que regem a coisa pública é a de "aplainar" e "polir" a mente dos homens comuns[15]. A soberania, como diz Hegel, é atributo do Estado, e não do povo, visto abstratamente. O tema da identidade, neste rumo, conduziu às representações de pretensas etnias superiores. Como entidade política, o povo deve ser dirigido pelos cérebros dos sábios. Mas como fonte substancial do Estado, ele produz uma "alma", a sua "cultura", em séculos de história, gerando a "tradição". Esta não pode ser violada, e recebe um *culto*. Assim surgiram, no pensamento romântico, as bases do populismo sentimental e xenófobo, elevando determinadas nacionalidades sobre as demais, e definindo quais povos mereceriam continuar existindo, e quais não.

Essas teses sobre a abolição das diferenças em nome de identidades programáticas foram continuadas nos séculos XIX e XX. O socialismo autoritário[16], buscando impor certa medida comum da política, baseada na "ciência", definiu a face do autoritarismo epistêmico e pedagógico. Já Saint-Simon enunciava que a "concepção do novo sistema deve ser unitária, isto é, formada por uma só cabeça; uma assembléia não pode produzir um sistema". Seu discípulo, Augusto Comte, afirmava que o alvo da política científica, e da pedagogia *idem*, era "transformar o cérebro humano num espelho exato do mundo exterior" (*Politique positive*, II). De Bonald inaugurou a própria ciência como crença a ser assumida sem debates. "É preciso acreditar", diz ele, "nas verdades universais, necessárias à conservação da sociedade, como acreditamos a partir do testemunho de alguns homens, nas verdades particulares úteis à nossa existência individual".

Com essa crença "científica", o povo foi reduzido ao estatuto definitivo de criança. Um povo, proclamou De Bonald,

---

15. Analiso este traço em meu livro *Conservadorismo Romântico: Origem do Totalitarismo*, São Paulo, Ed. Unesp (2ª edição), 1997. O livro foi resenhado por vários escritores, mas a mais aguda análise que recebeu, no meu entender, é a de Alberto Beuttenmüller, "As Ideologias do Rebanho", *Jornal do Brasil*, 23.1.1982.

16. Uma excelente análise do socialismo autoritário no século XIX foi realizada por Paul Benichou. Cf. *Les temps des prophetes, doctrines de l'âge romantique*, Paris, Gallimard, 1977.

"deve saber, e não pesquisar". Em Augusto Comte esta forma bruta de pensamento dogmático adquiriu contornos que se apresentam até hoje, em mestres e alunos universitários, conservadores mas sem disto possuir plena consciência. Segundo Comte, "o caráter próprio da vida científica é o de criar espontaneamente a unanimidade ao redor das verdades devidamente certificadas graças ao emprego dos métodos positivos". O dogmatismo, para Augusto Comte, é o "estado normal da inteligência humana". O perigoso é a consciência crítica e democrática.

> Se esquece, quando se fala de política, que ela é uma ciência positiva, a mais elevada e a mais complexa de todas. Ninguém possui autoridade nas ciências, se não tem ao mesmo tempo competência. O povo não tem a idéia de fazer com que domine ali a sua opinião; e, quando se trata de ciência, todos os que não são capazes de entender as demonstrações são povo. A convergência dos intelectos deve supor, portanto, previamente, a renúncia voluntária e motivada do maior número deles ao seu "direito soberano de exame". Deste modo, este direito não é retirado de ninguém. O seu uso é apenas delegado pelos incompetentes aos competentes. Esta delegação, livremente aceita por todos, dura enquanto as condições durarem, as condições que a tornaram necessária. Não existe ordem moral compatível com a "vagabunda liberdade dos espíritos atuais", se ela deveria persistir indefinidamente. Não é possível que todo homem, competente ou não, coloque cada dia em discussão as próprias bases da sociedade[17].

A antropologia resultante desta separação entre competentes e incompetentes é edificante: alguns, pondo em funcionamento o seu intelecto, entram de modo definitivo na humanidade. Outros, deixando seu cérebro inativo, saem do gênero humano, passando a integrar o número dos "produtores de esterco" (*Catecismo Positivista*). Os intelectuais, pois, entram no rol dos que vivem, pelo menos provisoriamente, porque "a humanidade compõe-se essencialmente de mortos, e 'a admissão dos vivos sempre será apenas provisória'" (*Política Positiva*)[18]. Comte é herdeiro legítimo do romantismo aristocrático, como seus pares, franceses ou alemães, como Novalis por exemplo, a idéia suprema é a da morte[19].

17. Cf. L. Lévy-Bruhl, *La philosophie d' Auguste Comte*, Paris, Félix Alcan, 1913, p. 344.
18. *Idem*, p. 390.
19. Como em Novalis, lembrando o conselho platônico de que filoso-

Contra as doutrinas românticas e idealistas sobre a política e a ciência, as quais acentuaram a unidade absoluta em detrimento das diferenças, na época moderna e contemporânea, surgiram atitudes que procuraram guardar o elemento democrático, a soberania do povo. Sem possuir a radicalidade exibida por Rousseau, o pensamento dos pais da *Encyclopédie*, em especial Denis Diderot, já definira, antes da Revolução e de seu oposto, o romantismo conservador, a ciência e a formação intelectual como convívio dos diversos.

Diderot, no já discutido *Plano de Universidade para a Rússia*, destina os *campi* para a população no seu todo, sem aceitar elitismos na sua entrada. "Uma universidade", ele afirma, "é uma escola cuja porta está aberta indistintamente para todos os filhos de uma nação, e onde mestres pagos pelo Estado os iniciam no conhecimento básico de todas as ciências". Vale a pena citar a explicação dessas frases pelo próprio Diderot.

> Digo indistintamente, porque seria tão cruel quanto absurdo condenar à ignorância as condições subalternas da sociedade. Em todas elas existem conhecimentos dos quais não se poderia ser privado sem conseqüência. O número de choupanas e dos outros edifícios particulares estando em relação aos palácios numa proporção de dez mil para um, há dez mil para apostar contra um que o gênio, os talentos e a virtude sairão mais de uma choupana do que de um palácio [...] Falando propriamente, uma escola pública só é instituída para os filhos de pais cuja fortuna pequena não bastaria para a despesa de uma educação doméstica e cujas funções diárias desviariam do cuidado de vigiá-la. Esta é a maior parte de uma nação[20].

A identidade fundamental, a nação na sua maior parte, no programa diderotiano, não impede que o plano de sua universidade seja regido pelas diversas ciências particulares, cada

---

far é um aprendizado que se volta para a morte: "Penetremos no Reino da Noite, separemo-nos de nossa vontade, experimentemos as delícias da morte". Citado por A. Viatte, *Les sources occultes du romantisme*, Paris, Honoré Champion, 1969, t. II, p. 59. Também Roberto Romano, *Conservadorismo Romântico*, *op. cit.*, p. 95.

20. O *Plano de Universidade para a Rússia* foi traduzido de forma excelente e rigorosa, para o português, pelo Prof. J. Guinsburg. Cf. *Diderot, Obras*, em dois volumes, *op. cit*. Remeto o leitor para aquele trabalho, mais fino do que eu consegui fazer com as passagens citadas de Diderot.

uma delas tendo o direito de ser representada no *campus*. Um programa eficaz de ensino supõe essa diversidade. O instaurador do estudo acadêmico não pode privilegiar esta ou aquela ciência, esta ou aquela disciplina do espírito. Se isto fosse feito, "o teólogo teria conduzido tudo (no ensino universitário) a Deus; o médico, tudo à saúde; o jurisconsulto, tudo à legislação; o militar, tudo à guerra; o geômetra, tudo às matemáticas; o belo espírito, tudo às letras; e cada um faria como o dançarino Marcel, o qual acreditava que um império só poderia ser mal governado, quando não se dançava, nele, superiormente, o minueto". O particular não pode nem deve ser universalizado. O imperialismo desta ou daquela matéria não deve ser aceito. Se a maior parte dos jovens, sobretudo os pobres, deve entrar para as faculdades, nestas últimas nenhuma tendência pode se impor às outras, excluindo-as.

Impossível entender Diderot, e o pensamento educacional do século XVIII, sem as elaborações de Francis Bacon, de Hobbes, de Newton, de J. Locke, de Berkeley, de Hume. Deste modo, uma forma de pensar – a junção de matemáticas e experiência empírica – com a recusa das "hipóteses metafísicas", une-se à uma forma de ensinar, ancorada na liberdade humana dentro do tempo e do espaço. Filosofia inglesa, de um lado, com suas escolas, mas também o ensino alemão, herdeiro da Reforma protestante. Diderot se detém longamente na experiência pedagógica alemã.

Na Alemanha, ele relembra, o ensino dividia-se em três escolas diversas, às vezes até mesmo separadas. As destinadas ao ensino da leitura, de escrita e contas. As crianças aprenderiam os rudimentos dos cálculos, podendo aprofundá-los na prática do comércio. Estes estabelecimentos são para o povo em geral. Do primeiro ministro ao camponês, afirma Diderot, é bom saber ler, escrever, contar. Nos países protestantes, toda aldeia tem um professor e todo aldeão lê, escreve, conta. Ler: sobretudo a Bíblia, junto com as bases da matemática, essenciais para a vida regrada e controlada pelo cálculo. Este modo "racional" de vida dos camponeses, apresenta inconvenientes para a nobreza, diz Diderot. Os nobres ricos acham que saber contar, ler, escrever, torna os camponeses "chicaneiros e possessivos". Ou seja, eles passam a defender, na justiça, os seus

421

direitos, contra os "costumes" tradicionais que favorecem os nobres. Pano de fundo: a revolta dos camponeses alemães do século XVI, surgida em todos os países protestantes, esmagada pelos príncipes e pelo clero. Lutero foi contra ela. Estimativas modestas falam em 130 mil camponeses mortos pela repressão. O clero, a nobreza, as cidades, foram atingidos pelas insurreições camponesas.

Se os homens rurais se revoltam, pensam os poderosos, eles trazem instabilidade política com seu movimento. Ora, escreve Diderot, o fato de os camponeses saberem ler, escrever, contar, não é motivo de pânico de sua possível subversão, a exemplo do que ocorreu no século XVI. A instabilidade política vem do fato de que os pobres, sendo ignorantes, deixam-se explorar sem limites pela nobreza, e quando se revoltam, fazem-no de modo duro e cego. Um povo que sabe cálculo, leitura etc. não se deixa explorar pelos dominantes, e suas lutas não são violentas como a dos camponeses do século XVI.

Nos países protestantes, continua Diderot, o catecismo é ensinado nas escolas populares. Este catecismo serve para ensinar a ler, matando dois coelhos com uma só cajadada. Isto é bom, mas seria desejável que existissem, além dos catecismos religiosos, catecismos cívicos, nos quais se aprenderiam "as primeiras noções das leis do país, dos deveres dos cidadãos", instruindo o povo. Ao mesmo tempo, seria bom que os pobres pudessem ter um "catecismo" sobre as coisas da vida civil, como os pesos e medidas, diferentes Estados, profissões, usos que o povo tem interesse em aprender etc.

Depois do "primário", vêm os ginásios, governamentais e gratuitos, inspecionados pela autoridade municipal. O que neles se aprende? Latim e um pouco de grego, e no início os fundamentos da gramática. Depois, seguem a retórica e seus truques e um pouco de filosofia. Embora entusiasta dos antigos, em filosofia e teatro, nosso filósofo pensa que se pode reduzir muito o tempo empregado no estudo das palavras, substituindo-o pelo conhecimento das coisas. Seria preciso, diz Diderot, ensinar aos jovens todos os saberes necessários à cidadania, das leis às artes mecânicas: é bom conhecer as diferentes relações pelas quais cada arte mecânica contribui para a vantagem social. As crianças, curiosas, sentem-se atraídas por estas artes.

Diderot traça a história do saber: quanto mais os homens progridem no conhecimento, mais aumenta a necessidade do estudo de línguas. O conhecimento das palavras prejudica o conhecimento das coisas, o estudo das línguas antigas é abandonado, nesta marcha, pelo das línguas modernas. O francês, o italiano, o inglês e o alemão são hoje, diz Diderot, quatro línguas quase essenciais numa educação liberal. Quanto mais os povos se civilizam, mais línguas serão necessárias, pois é muito certo que as artes, as ciências, as letras, viajam, sendo impossível fixá-las. A língua de um povo é sua riqueza antiga, as novas línguas são sua riqueza atual.

Diderot define "ensino" e universidade. "Instruir uma nação" adianta ele, "é civilizá-la". Nela apagar os conhecimentos é jogá-la no primitivo estado de barbárie. A Grécia foi bárbara, tornou-se florescente em termos espirituais, no século XVIII ela é bárbara. A Itália seguiu o mesmo caminho. Também a África e o Egito. "Este será o destino dos impérios em todos os lugares da terra e em todos os séculos futuros".

No plano de universidade, já mencionei, Diderot considera o cálculo um instrumento de afirmação para a cidadania: os homens pobres, se conhecem aritmética, podem defender seus direitos e irritam os ricos nobres. Para Diderot, nenhum estudo deve ser empreendido sem que o estudante conheça os princípios da aritmética, a qual é, de todas as ciências, a mais útil e fácil. No seu plano, tudo começa pelo ensino da aritmética, da álgebra e da geometria,

porque [afirma ele] em todas as condições de vida, desde a mais alta até a mais simples das artes mecânicas, precisamos destes conhecimentos. Tudo se conta, tudo se mede. O exercício de nossa razão reduz-se freqüentemente a uma regra de três. Não existem objetos mais gerais do que o número e o espaço.

Saber geometria, considera Diderot, e ser geômetra são coisas diversas. Poucos homens são geômetras.

Mas todos podem aprender aritmética e geometria. Só é preciso uma inteligência comum, e o jovem que não serve para este estudo não serve para nada. Creio que é mais fácil ensinar aritmética e geometria elementar do que a ler. As crianças aprendem jogos que exigem mais memória, combinação e finura do que a geometria. O uso diário nos dispõe, a todos, desde o nascimento até a escola, à aritmética e à geometria. Todos nós não cessamos de somar, subtrair, medir.

É sobretudo nas matemáticas que as verdades são idênticas. Elas são a lima da alma, que limpa todos os preconceitos populares. "Um povo é ignorante e supersticioso? Ensinai-lhe, desde a infância, a geometria e vereis com o tempo o efeito desta ciência." O espírito de geometria conduz imperceptivelmente ao de invenção. Esta é uma recusa da tese de Pascal, grande geômetra, de que o espírito de geometria cartesiano é inferior ao de finura.

Se nossos dicionários fossem bem-feitos ou, o que é mesmo, se as palavras usuais fossem tão bem-definidas quanto "ângulos" e "quadrados", haveria pouco erro e disputa entre os homens. É a este ponto de perfeição que todos os trabalhos sobre a língua devem tender. Nada do que é obscuro satisfaz uma cabeça geométrica. A desordem das idéias a desagrada e a inconseqüência a fere.

Acrescento ao plano de estudos, diz Diderot, "a ciência das combinações, o cálculo das probabilidades, porque tudo se combina. [...] Esta parte dos conhecimentos tem muitos usos nos assuntos da vida. Ela abarca as coisas mais graves e as mais frívolas". A probabilidade, continua Diderot, "rege os seguros, as loterias, as rendas constituídas por uma ou mais pessoas, a maioria dos objetos das finanças e do comércio. Ela indica a decisão mais segura e a menos incerta, consola quando o acontecimento não responde a uma espera bem-fundada".

Toda nossa vida, citemos novamente Diderot, "é apenas um jogo de azar; tentemos atrair a sorte para nós". Com isto, lembramos o grande poeta de nosso tempo, Mallarmé, quando este escreve: "um lance de dados jamais abolirá o acaso". O pensamento de Diderot é crítico, não assume apenas uma perspectiva. Lembro outro texto de sua lavra, no qual se discute o problema da língua vulgar confusa, e da matemática, a qual garantiria univocidade às frases e compreensão universal. Todos os outros pensadores democráticos do século XVIII afirmavam que para instaurar a democracia, seria preciso a mudança na língua do povo. Este, acostumado à distorção das leis e dos vocábulos, realizada pelos tiranos, acostumara-se a ouvir uma coisa e entender outra. A demagogia dos poderosos faria com que "escravidão" significasse "liberdade" etc.

Segundo Diderot:

> é do idioma de um povo que devemos nos ocupar, se queremos dele fazer um povo justo, razoável, sensato. Isto é tão importante que, se refletirmos um instante sobre a rapidez incompreensível da conversa, veremos que os homens não profeririam vinte frases num dia, se eles se impusessem a necessidade de notar distintamente em cada palavra por eles dita, qual é ou a idéia ou coleção de idéias que a ela se apegam.

Diderot deseja que todas as ciências sejam cultivadas na universidade, sem que nenhuma tenha o privilégio de ser a única. Ele desconfia de uma gramática, que expressaria uma razão, com uma ética. Se é verdade que o povo repete lugares-comuns, também os intelectuais, dos gramáticos aos matemáticos, podem cair em puras repetições, discutindo sem sentido. A ciência, para ele, é como a própria gramática. Cada língua possui regras gerais, e idiotismos. Existem idiotismos de profissão, de Estado, de sexo etc. Os idioletos que falamos, cada um de nós em nossa "especialização" formam idiotismos. Diminuí-los e alcançar o universal, inteligível para todo e qualquer ser pensante, este é o alvo das Luzes no século XVIII, e de Diderot. Parece que este ideal democrático sumiu de vez em nosso tempo. O resultado é o fato de que a nossa escola produz, cada vez, idiotas a serviço do mercado e das especialidades. Diderot apelaria para o refinamento das matemáticas e das probabilidades. Como ele diz, toda nossa vida é um jogo de azar.

Com a Revolução Francesa, os ideais democráticos de Diderot, Condorcet etc. foram afirmados nas tentativas de instrução popular. Mas após o seu fracasso, com a violência termidoriana, e o advento do império napoleônico, as escolas passaram a formar "especialistas" distantes do povo. Na Renascença e na Idade Moderna, os maiores pensadores surgiram fora e contra os estabelecimentos oficiais de ensino, do Rei ou da Igreja. Se no século XVIII tivemos planos, como o de Diderot, de instaurar uma universidade forte em tecnologia e em ciências especulativas, ambas ancoradas na matemática, no reinado de Napoleão, o intento de unir universidade e povo foi esmagado, fazendo da primeira o reino dos especialistas e burocráticos produtores de ideologias justificativas do poder político.

Na Alemanha, foi dada à universidade a tarefa de instaurar uma consciência nacional única, dado que aquele país, ainda no século XIX, era uma reunião de pequenos países, com a hegemonia da Prússia. Os professores alemães que, bem ou mal, sujeitaram-se à tarefa de ideologizar a unidade nacional em proveito de um Estado forte, permaneceram na universidade. Os demais foram dela expulsos.

No Brasil, o problema da ciência e da tecnologia, bem como a própria identidade nacional, liga-se ao estatuto de nossa Federação. Os mineiros da assim dita "inconfidência", previam a instalação de fábricas e de uma universidade, como tarefa fundamental[21]. Note-se que eles tiveram o impacto do pensamento francês, de Rousseau, mas também de Diderot e de seus amigos. Em várias bibliotecas públicas de Minas Gerais, os pesquisadores encontraram exemplares da *Enciclopédia* dirigida por Diderot, livros e jornais que propagavam o saber e as luzes democráticas.

Até 1776, a censura portuguesa se efetivou no Brasil por meio da Real Mesa Censória. Os textos de Diderot foram examinados e proibidos por este tribunal. Aos seus livros é recusada publicação, "porque o autor é um filósofo bem conhecido" e porque ele "havia trabalhado para a Enciclopédia". Este é um despacho do referido juízo, conservado ainda hoje na Torre do Tombo. Não apenas em Minas foram lidos os autores do século XVIII democrático ou liberal. No *Catálogo da Primeira Biblioteca de São Paulo*, organizado pelo Padre José Antonio dos Reis, SJ, (Arquivo Nacional, caixa 363, doc. 5,

---

21. Cf. Keneth Maxwell, *A Devassa da Devassa: A inconfidência Mineira. Brasil e Portugal. 1750-1808.* Rio de Janeiro, Paz e Terra, 1977, pp. 147-151. Maxwell acentua o peso dos pensadores europeus nas idéia da Inconfidência. Entre vários, cita a *Encyclopédie* diderotiana e a *História das Duas Indias* do Padre Raynal. Como sabemos hoje, grande parte deste último livro foi escrito por Diderot e, justamente, as que mais fortemente acentuam o direito de rebelião dos povos submetidos.

1827) pode-se encontrar o nome de Montesquieu, Locke, Mably, Condillac, Voltaire, Condorcet, e outros[22]. Na biblioteca dos Rezende Costa, pai e filho, doada à Biblioteca da cidade de São João del Rei, estavam os livros de Condorcet, Montesquieu, Rousseau, Voltaire, Mably, Beccaria, Adam Smith, e a notória *Histoire des deux indes*, escrita a quatro mãos por Raynal e Diderot, além da *Encyclopédie*. Nas bibliotecas de Manoel da Silva Alvarenga, Mariano José Pereira e Jacinto José da Silva, da Sociedade Literária, encontram-se os textos de Mably e de Raynal. A biblioteca de Alvarenga foi vendida à Biblioteca Real, conservando-se ainda a lista de seus 1.576 volumes: Fenelon, Montesquieu, Voltaire, Adam Smith, e o *Jacques le Fataliste*, diderotiano. Na biblioteca de Mariano José da Silva, estava o *Supplément au voyage de Bouganville*[23].

Fica certo, pois, que no século XVIII e início do XIX, os poucos intelectuais brasileiros liam os autores das Luzes e almejavam, inclusive no relativo à universidade, uma educação ampla e profunda. Se o movimento da Inconfidência era conservador, ou não, este é um ponto a ser melhor definido. É difícil concordar *in totum* com o juízo de José Veríssimo, quando este qualifica o que ocorreu em Minas como "a maior mentira de nossa história, que apenas um preconceito patriótico faz sobreviver" (Prefácio a *Marília de Dirceu*, citado por Leopoldo Jobim Collor).

O Império brasileiro foi uma época de imposição do poder central, com a unificação do fisco e da força militar. As energias políticas se dirigiram mais para a unificação do país, esmagando revoltas regionais, e menos para a instauração de uma política científica em sentido amplo. Várias daquelas revoltas possuíam líderes inspirados no pensamento inglês – Francis Bacon e Locke – e francês – Rousseau, Diderot etc.

---

22. O texto clássico de levantamento bibliográfico, no Brasil, é o de Eduardo Frieiro, *O Diabo na Livraria do Cônego*, Belo Horizonte, Cultura Brasileira, 1946.

23. Todos estes pontos foram expostos por Leopoldo Jobim Collor, "Diderot et le Brésil", *Colloque International Diderot (1713-1784)*. Paris, Sèvres/Reims/Langres, 4-11 juillet, 1984. Actes Réunis et Préparés para Anne Maire Chouillet. Paris, aux Amateurs de Livres, 1985.

Com o fracasso da instauração de pequenos países – com as características democráticas – tivemos perdas científicas e culturais. Após o primeiro Império e as regências, conturbadas pelas lutas intestinas e pela repressão, o segundo Império deu maior incentivo às técnicas, às artes e às ciências.

No segundo Império já se firmaram, no mundo e no Brasil, concepções positivistas de ciência, técnica, política. O positivismo recusa o saber e a democracia instaurados pela Revolução Francesa e pelos Direitos Humanos. Para seus representantes, a luta democrática só teria sido "negativa", ela apenas teria derrubado o Antigo Regime, sem construir um Estado positivo, máquina de controle social.

Em tal doutrina se fazia o elogio dos especialistas, sobretudo no campo da engenharia – mesmo a ciência sociológica foi vista como uma espécie de engenharia social – que se distanciavam das reuniões populares. Para os positivistas, como vimos, é salutar uma ditadura de pessoas sábias, competentes, as quais não precisariam discutir com o povo as medidas de governo, dado que estas seriam matéria de conhecimento e não de opiniões. O positivismo trouxe a figura atual de nosso Estado federativo, com a hipertrofia do Executivo e poder menor dos outros segmentos estatais[24]. Pensavam e diziam os positivistas: os trabalhadores seriam cidadãos no interior das fábricas, e não fora delas. Sua cidadania terminava no trabalho, nada mais. Comte elaborou uma biblioteca mínima para os trabalhadores. Embora ela seja mais ampla do que a leitura de muitos professores de hoje, era um limite a partir do qual

---

24. Ivan Lins cita o ideal de uma ditadura do poder central, nas palavras do Coronel Cândido José da Costa, publicado no *Diário Oficial* (14.12.1889): "Para termos uma república estável, feliz e próspera, é necessário que o governo seja ditatorial e não parlamentar; que seja temporal e não espiritual [...] o que implica a supressão de todos os privilégios". Cf. Ivan Lins, *História do Positivismo no Brasil*, São Paulo, CEN, 1964, p. 325. Não apenas os militantes positivistas definiram esta ditadura. Pierre Laffitte assim descreveu o regime saudável para o Brasil: nele, a "preponderância do Governo sobre as Assembléias" se caracterizaria pela "preponderância que se caracteriza sobretudo pela iniciativa; e, em segundo lugar, pela concentração, numa única pessoa, dessa ação diretora governamental", cit. por Lins, *op. cit.*, p. 331.

seria inútil e perigoso encher a cabeça dos trabalhadores. Satisfeitos com as escolas politécnicas, e temendo a presença democrática e religiosa nas universidades, os positivistas não incentivaram a criação daquelas formas de instituição de ensino[25].

Diga-se, em honra dos positivistas, que eles propuseram uma educação para a classe trabalhadora superior à que se pratica ainda hoje no Brasil. Teixeira Mendes, entre outros, redigiu um projeto de melhorias das condições do proletariado, submetido por ele ao Governo Provisório em 1889, através de Benjamin Constant. Adianta o texto, em determinada altura:

o desenvolvimento da indústria moderna vai exigindo do proletário cada vez maior instrução para bem manejar as máquinas. E, por outro lado, a vida republicana exigindo que cada cidadão cumpra espontaneamente o seu dever, vai impondo a cada um maior grau de moralidade e de instrução para a prática e o conhecimento do mesmo dever. E como conseguir isso enquanto o filho do proletário, isto é, a massa da nação futura viver na miséria e ao abandono de todos os recursos?[26]

Como resultado dessa política positivista, que persiste até nossos dias, sobretudo na cultura dos intelectuais universitários, que vendem suas "especialidades" nos postos de assessorias governamentais e privados, e ajudam a manter uma ditadura do poder Executivo de causar inveja em qualquer membro da Igreja comteana do século XIX, temos o aplainamento das diferenças e a imposição de uma identidade artificial, gerada na Esplanada dos Ministérios em Brasília. Este reducionismo impõe regras e leis federais que abafam as identidades dos povos que habitam as diferentes regiões federativas. Se a União, entre nós, foi produzida pelos arcabuzes portugueses, pelos canhões de Caxias, pelo controle do território, pelas Forças Armadas, ela também resultou de uma diplomacia interna e externa, levada a termo com muita astúcia pelo Itamarati. Esta política aumentou o lapso entre as instâncias

---

25. *Idem*.
26. *Idem*, p. 165.

locais e regionais e o aparelho burocrático-administrativo do Rio ou, mais tarde, de Brasília. Este processo centralizador é tanto mais grave, quanto é possível verificar que não propriamente o Estado na sua totalidade, mas o Executivo, o alvo desta superconcentração. O Judiciário manteve às duras penas o seu caráter de poder autônomo, mas com graves fraturas em seu interior, causadas pelo Executivo. O Parlamento, por sua vez, teve raras ocasiões para definir-se como força nacional, decidindo espontaneamente questões relativas ao Todo federativo, sem dependências ou lutas surdas contra o Executivo. O próprio fato de os representantes servirem, quase sempre, como intermediários entre os planos locais e os Ministérios, de certo modo, colocou, não raro, o Congresso como ante-sala do Executivo.

Com a crescente e ainda trêmula democratização no âmbito federativo, dois fenômenos são possíveis de previsão. O primeiro é a continuidade do privilégio do poder central em face dos Estados e Municípios brasileiros. Aumentando-se, por isto, a necessidade de se utilizarem todos os meios possíveis, legais ou ilegais, para garantir recursos às instâncias estaduais e municipais, corremos o risco de ver a famosa "corrupção" ética e o mau uso das coisas públicas continuarem, a cada vez com novos personagens e novos "escândalos". A cultura do ceticismo com relação à Federação pode fazer germinar novos movimentos centrífugos, alguns com marcado sentido autoritário e, por que não dizer, racista e particularizante. Constatamos isso em várias regiões, deixando tais atitudes no patamar do folclore, adentrando em planos mais graves. Nessa linha de raciocínio, pouca esperança haveria para a fragílima vida democrática brasileira. Uma outra possibilidade é assegurar as bases da vida municipal e estadual, diminuindo-se as oportunidades de particularismo autonomista e de corrupção. O Estado federativo, ao lado de uma representatividade mais equânime, no Parlamento e Ministérios, atenuaria seu poder centrípeto, garantindo uma Federação verdadeira.

A cultura política no Brasil deve romper a casca de normas impostas pela Federação, que se baseia na lógica do centralismo, com reforço na ditadura permanente do Executivo, para encontrar as múltiplas identidades regionais e municipais. O universal, quando o singular e o particular são vazios, tende a se esvaziar rapidamente, tornando-se um vampiro que suga toda vida nova que surge nas fontes. E estas fontes são os municípios. Neles os cidadãos vivem, amadurecem e morrem. A educação, se o alvo for constituído pela democracia, deve passar por esta instância. Experiências como as lideradas pelo Partido dos Trabalhadores, visando incentivar os orçamentos participativos, chocam-se com a prática centralizadora e que esmaece todas as diferenças. Os dois modelos estão diante de nós. Um, é velho de séculos e oferece arrogância dos intelectuais guindados ao poder, desprezo pelo povo, corrupção e violência física ou propagandística para se garantir. Outro, aproxima intelectuais e povo, coloca os primeiro a serviço do segundo, permite fiscalizar os atos do Executivo, evitando a corrupção e o desvio de recursos. Nos próximos tempos iremos definir o que desejamos para os povos do Brasil.

Servir ao social ou servir ao político da hora? Incentivar o saber universalizante ou preparar especialistas? Estas interrogações angustiam, mas elas precisam ser pensadas por nós, em conjunto. Em caso contrário, corremos o risco de ficar alheios ao que ocorre no social e no Estado. É isto o que observamos hoje.

O que preocupa são as pré-condições para que entremos no processo mundial de modo inventivo, e não apenas como consumidores de saberes e técnicas. *Knowledge and power meet in one*. Esta frase resume o movimento científico e político mais importante da Era Moderna. Enunciada por Francis Bacon, sua tradução tem sido infeliz, deixando na sombra o quanto é importante, na gênese do conhecimento, uma política autônoma. O costume é traduzir o trecho de Bacon como "saber é poder". Mas quem investiga a história da ciência e do Estado, desde o Renascimento, valoriza, naquele aforismo, o termo "encontrar". De fato, jamais passaria pela cabeça de um estadista inglês, que preparou a hegemonia de sua terra na Europa e no mundo, dizer que imediatamente, sem esforços paralelos de sábios e homens públicos, a ciência e a política dariam as mãos.

Desbravar no mundo novos caminhos científicos e tecnológicos é ato que exige opção política, querer unificado de um povo, estratégia nacional dirigida por uma república soberana. Quando os dirigentes querem poder para seu país, eles se empenham na produção de ciências e métodos capazes de emular os saberes produzidos por outros povos, adquirindo *know how* e o espalhando entre a maioria dos cidadãos. Atualizando, no século XVIII, as advertências baconianas sobre ciência e poder, Denis Diderot, como vimos, afirmava no *Plano de Universidade para a Rússia*, que o *campus* deve ser aberto "indistintamente para todos os filhos de uma nação". Leitor de Bacon e de Maquiavel, Diderot media as palavras: um povo sem treino básico nas ciências e técnicas não garante sua própria sobrevivência em longo prazo. Os instauradores da república americana leram Francis Bacon e os filósofos iluministas. Inspirados por ambos, eles incentivaram uma tendência já constatável na ética protestante, desde o século XVI: a de instaurar universidades e laboratórios de pesquisa, como forças expansivas da sociedade à qual pertenciam. Os puritanos da América herdaram dos seus avós inglêses os ideais de "uma expansão educacional para todas as classes, com oportunidades semelhantes para todos". Embora não sendo única, semelhante aposta no saber científico e técnico, repartido o mais possível entre a cidadania, foi uma causa importante para a liderança hegemônica dos Estados Unidos no século XX. Os frutos do conhecimento se espalharam pelo mundo. Isto produziu uma divisão básica de poder, na qual os desprovidos de ciência seguem os ditames dos que a possuem. A grande novidade, neste quadro, foi o surgimento, após a Segunda Guerra Mundial, do Japão e de outros países orientais que souberam se apropriar dos saberes gerados na Europa e nos EUA, expandindo sua própria força econômica, política, estratégica. Seus produtos, antecedidos por uma extensa rede de ensino interna, cuidadosamente preparada, competem e ameaçam, nos próprios continentes europeu e norte-americano, os fabricados naquelas terras.

Medindo o alheiamento que muitos governantes e líderes da sociedade civil brasileira exibem no setor das ciências e das técnicas (apenas pequena parcela do nosso PIB segue, de fato, para C/T) e a preocupante baixa produção neste campo, por parte de instituições dedicadas formalmente à pesquisa, temo bastante, no campo técnico e científico, pelo futuro educacional do Brasil. As nossas universidades públicas, as únicas no país onde se pratica investigação científica digna do nome, atravessam a sua pior crise, com exigências *interna* e *extra corporis* de romper de uma vez por todas os vínculos entre ensino e pesquisa.

Desde 1943, um etnólogo avisado, André Leroi-Gourhan, discutindo os meios de trabalho e de produção técnica, indica um "movimento de evolução próprio a cada povo, movimento muito variável em intensidade e direção, que faz girar em espiral um grupo enquanto os outros seguem em linha reta, depois o lança bruscamente para diante" (*L'homme et la matière*). Um povo progride, pois, tecnicamente, por meio da identidade que ele conquista, pela mediação da diferença que estatui nos seus vínculos com outros povos.

Indiquei rapidamente os nossos movimentos espiralados, sobretudo na política, que repunham o isolamento nos saberes e nas práticas, para todos os povos brasileiros. À cada volta do parafuso oligárquico, retornava a censura, a repressão, o fechamento técnico e científico. Perdemos, neste movimento, força inventiva como ser coletivo. Como não temos bases técnico-científicas na massa de nossos povos, e nosso ensino fundamental foi desintegrado, especialmente na última ditadura, com ajuda da Usaid, entramos no campo mundial de comunicação desprovido de condições para receber, inventivamente, inovações técnicas e saberes. Alguém elogiava outro dia, na imprensa, o grande progresso no interior do país, porque ali se domina *softwares,* na produção e no comércio. Mas, e no campo do *hardware*, como está a nossa gente?

Volto a Leroi-Gourhan, utilizando a linguagem daquele etnólogo: chegou até nós a *tendência* mundial de comunicação, que rompe fronteiras das piores e mais atrasadas ditaduras. A tendência é inevitável, previsível, retilínea. Mas o *fato* de nossas capacitações como povo é uma outra coisa. Ele é imprevisível e particular. Citando o nosso autor, "é tanto do encontro da tendência e de mil coincidências do meio, isto é, da invenção, quanto do empréstimo puro e simples a um outro povo" que dependerá o nosso progresso e integração no plano científico e técnico nos próximos anos. Mais importante é a advertência de Gourhan em um outro trabalho (*Milieu et techniques*), sobre a invenção e o empréstimo: um povo não empresta eficazmente instrumentos e procedimentos técnicos, "se ele não está em condições de utilizá-los". Consideração banal, afirma Gourhan, "mas que deve estar posta na base de toda construção da evolução técnica". E mais: "qualquer técnica só pode fixar-se (isto é, ser inventada ou adotada) num meio que corresponda sensivelmente ao seu nível" (*L'homme et la matière*).

Quaisquer que sejam as críticas a serem feitas aos textos de Gourhan, devemos estar atentos para as verdades que eles trazem, sobretudo em nossa terra. Se estamos deixando os controles internos, que nos tornaram alheios à vida inteligente do planeta, com ele tendo contacto só por meio de pequenos grupos de intelectuais, estamos, também, entrando num processo para o qual não temos base de instrução de massas para receber, inventivamente, as inovações. Preparamo-nos para agir como consumidores de ciência e técnica, aceitando uma divisão mundial de trabalho que nos dá o papel de mercado de reserva, ao mesmo tempo em que milhões de brasileiros já estão condenados à exclusão sem nenhuma força para captar criativamente as linguagens e as técnicas.

Quebrar as amarras mentais, abrir o espaço para a recepção criativa das mudanças técnicas e científicas, exige preparar massas imensas de brasileiros para este mister. Semelhante tarefa vai contra os interesses oligárquicos internos e externos, que açambarcam o mercado e as próprias soberanias nacionais. Se acompanharmos a política internacional com olhos críticos, veremos que o saber e o poder são destinados, hoje, às poliarquias, elites transnacionais que procuram dominar o comércio e a produção internacional. Para estas elites, só interessa um número eficiente de compradores, de saberes e instrumentos. Os que ficam fora do mercado recebem as sobras do espírito e são acossados pelas armas das polícias e dos exércitos, agora "profissionais". Há duas palavras de ordem sobre a democracia e os saberes, em nosso tempo. A primeira, a partir da Conferência Trilateral, pensa em democracia limitada, e no controle das massas excluídas dos benefícios econômicos e tecnológicos. Nesta concepção, elites transnacionais devem usar os Estados nacionais para controlar massas, cuja única participação no ato político resume-se às eleições. Se estas massas forem ignaras, desconhecendo o sentido e o significado da "democracia" restrita que lhes é imposta, excelente. O outro conceito, seguindo o movimento que vem da Renascença, com o direito natural, e de 1789, insiste na soberania popular e na educação técnica e científica das massas. No primeiro ideário, importa que os inventos sejam restritos a determinadas elites e aos interesses políticos e estratégicos a elas ligados. No segundo, os inventos devem se espalhar ao máximo, não nas aplicações apenas, mas no seu engendramento. Para isto, *conditio sine qua non* é uma democracia popular, unida à produção de ciência básica e de técnicas *idem*.

Se queremos ser parceiros dos outros povos, no século XXI, e não mais colonizados, a nossa história de cinco séculos, incentivemos a educação de massas, sobretudo nas matérias que podem reverter a incapacidade técnica de nosso povo. Precisamos entender a cadeia que une as duas pontas do saber, o empréstimo e a invenção, a identidade e a diferença, como pressupostos que se exigem reciprocamente. Sem isto, estaremos condenados ao "empréstimo", como exigem as poliarquias que almejam o controle do planeta, ou ao isolamento. Pensemos em escala planetária, não esquecendo que temos um papel, o qual dependerá de escolhas políticas muito graves.

NOTA BIBLIOGRÁFICA

* "Caldeirão de Medéia: O Problema da Soberania Estatal e das Ciências, Hoje". *Revista da Procuradoria Geral do Estado de São Paulo*, n. 45-46, dez.-jan. 1996.
* "A Transparência Democrática", palestra feita ao Ministério Público do Paraná, em Foz do Iguaçu, dez. 2000.
* "Razão e Retórica em Hobbes". *Revista de Sociologia Política*, n. 6-7, Universidade Federal do Paraná, jun.-nov. 1996.
* "A Dança e a Lira". *Revista Humanidades*, n. 18, Universidade Federal de Brasília, jun. 1988.
* "Hegel e a Guerra". *Revista de Sociologia e Política*, n. 2, Universidade Federal do Paraná, jun. 1994.
* "A Razão Sonhadora". *Revista da USP*, n. 8, Universidade São Paulo, 1990.
* "Voltaire e a Sátira". *Revista Transformação*, n. 20, 1997.
* "Diderot, Penélope da Revolução". *Revista da USP*, n. 1, Universidade São Paulo, 1989.
* "O Pensamento Conservador". *Revista de Sociologia e Política*, n. 3, Universidade Federal do Paraná, nov. 1994.
* "O Sublime e o Prosaico". *Revista Brasileira de História*, n. 20, Associação Nacional de professores Universitários de História, ago. 1990.

* "Igreja, Domesticadora de Massas". Caderno *Primeira Versão* do IFCH (Unicamp), 1989, separata mimeografada.
* "Lembra-te de que és Homem". Revista *Justiça e Democracia*, n. 1, Associação Juízes para a Democracia, 1º sem. 1996.
* "Sob a Sombra de Trasímaco". Revista *Justiça e Democracia*, ano 1, jul.-dez. 1996.
* "A Democracia e a Ética". *Revista do Legislativo*, Assembléia Legislativa de Minas Gerais, jan.-jun. 1994.
* "O Reino Animal do Espírito: Equívocos do Mundo Universitário". Palestra pronunciada na UERJ - Universidade Estadual do Rio de Janeiro, em 1998.

SOBRE O AUTOR

Roberto Romano é professor de Filosofia na Universidade Estadual de Campinas e ensaísta com presença marcante no debate de idéias, no Brasil. Voltado sobretudo para os temas e os problemas, contemporâneos ou clássico, da ética, da política e da estética, seu pensamento crítico vem se traduzindo em larga colaboração na imprensa e em palestras e conferências, bem como em numerosos estudos e ensaios publicados em revistas especializadas ou em livros. É autor de *Brasil, Igreja contra Estado*; *Conservadorismo Romântico*; *Corpo e Cristal. Marx Romântico*; *Lux in Tenebris* e *Silêncio e Ruído*.

Impressão e acabamento:

ESCOLAS PROFISSIONAIS SALESIANAS
Rua Dom Bosco, 441 • 03105-020 São Paulo SP
Fone: (11) 3277-3211 • Fax: (11) 279-0329